国家社科基金
GUOJIA SHEKE JIJIN HOUQI ZIZHU XIANGMU
后期资助项目

海洋保护区法律
与实践之国别研究

Laws and Practices of Marine Protected Areas in Different Countries

蒋小翼 著

社会科学文献出版社
SOCIAL SCIENCES ACADEMIC PRESS (CHINA)

国家社科基金后期资助项目
出版说明

  后期资助项目是国家社科基金设立的一类重要项目，旨在鼓励广大社科研究者潜心治学，支持基础研究多出优秀成果。它是经过严格评审，从接近完成的科研成果中遴选立项的。为扩大后期资助项目的影响，更好地推动学术发展，促进成果转化，全国哲学社会科学工作办公室按照"统一设计、统一标识、统一版式、形成系列"的总体要求，组织出版国家社科基金后期资助项目成果。

全国哲学社会科学工作办公室

前　言

　　人类长期以来对海洋非可持续性的过度开发利用使海洋环境面临巨大的挑战。最新的研究报告表明，海洋情况日趋恶化。栖息地遭到破坏、生物多样性锐减、过度捕捞、海洋污染、气候变化和海水酸化等使海洋系统濒临崩溃。加强海洋保护区建设已被公认为是保护海洋生物多样性和防止海洋生态环境恶化的重要方式。尽管海洋生态环境问题一直没有取得与陆地同等的重要地位，海洋保护区的数量和面积也远远少于陆地保护区，但是近年来，海洋保护区开始受到国际社会和各国的广泛关注，数量和面积快速增长。几乎所有的海洋国家都采取了海洋保护区这一划区管理工具，超过16%的国家管辖海域已建立了海洋保护区。仅从2016年的国家实践来看，全球新建海洋保护区大潮方兴未艾，超过77个国家和地区依据《生物多样性公约》的要求，做出新增海洋保护区网络的承诺；24个国家在南极罗斯海共同建立了世界上最大的海洋保护区；美国扩大了位于夏威夷的国家海洋保护区的规模，并创建了在大西洋的第一个海洋保护区。

　　海洋保护区法规是建立和开展特定区域海洋保护及管理的依据与保障。海洋保护区是在划定的区域内，采用特殊的措施保护海洋生态环境。因此，其本身包含许多不同的保护和管理方法，各国的海洋保护区立法也不尽相同，如有的国家制定了海洋保护区专项法律，有的国家仅在关于保护区的一般立法中针对海洋保护区做出部分规定。总体而言，美国、澳大利亚、加拿大等国家在海洋保护区法律保护方面积累了大量实践经验，颁布了专项的保护区法律法规，实现了海洋保护区立法的体系化和层次化，形成了比较完整的海洋保护区管理法律制度。

　　中国的海洋保护区建设起步较早，但发展速度较慢，直到近年，在国家政策的推动下开始加强海洋保护区建设。尽管取得了跨越式发展，但是中国海洋保护区建设依然存在诸多问题。中国的海洋保护区立法还不够成熟，已颁布的海洋保护区法规数量较少，效力层级低，部分法律规定内容不太合理。对此,需要正确的理论和实践指导。事实上,中国正在加强保护地立法,海洋保护区是保护地的重要类型。2017 年 10 月 18 日,十九大报告两次提到国家公园体制,"国家公园体制试点积极推进","建立以国家公园为主体的自然保护地体系"。由此可见,中央进一步强调了保护地在生态文明制度体系中的地位和对生态环境保护的作用。在 2017 年 8 月发布的《中国落实 2030 年可持续发展议程进展报告》提出,到 2020 年中国将致力于海洋保护区面积占中国管辖海域面积比例达 5% 以上;加快海洋保护区选划工作,制定修订海洋保护区规范化建设和管理规章制度。在这种背景下,有必要分析海洋保护区的全球发展状况,全面考察世界主要海洋国家建立海洋保护区的法律和实践,为完善和推动中国海洋保护区建设提供借鉴。

近十年来,针对海洋保护区的理论研究和实践探索层出不穷,国内外已有大量文献围绕海洋保护区的技术监测、评估、选址、管理等方面展开专项研究。目前,对海洋保护区是海洋生态系统管理和海洋生物多样性养护的最佳工具之一已基本达成共识,主要的研究内容集中于如何评估和提高海洋保护区的效能。主流学术观点认为目前海洋保护区的管理和效果并不理想。

相较国外研究,国内针对海洋保护区的研究仍然较为薄弱,并具有以下特点。第一,中国的海洋保护区建设最早可追溯到 1963 年在渤海海域划定蛇岛自然保护区。与此同时,中国涌现出一批在海洋保护区方面颇有建树的研究成果,为海洋保护区研究奠定了基础,如《海洋保护区:概念与应用》一书对海洋保护区的基本概念和应用进行了介绍;《中国海洋保护区》对中国海洋保护区的建设和相关理论进行了全面介绍。第二,国内一部分研究为将海洋保护区的全球经验在中国进一步推广,翻译了一部分关于海洋保护区的国际研究成果,如《保护地立法指南》《海洋保护区》等译作为海洋保护区的建立提供了借鉴。第三,国内对海洋保护区法律和实践的国别研究主要集中在美国、澳大利亚两个国家,并对其进行了评析;对加拿大、新西兰、法国、英国、斐济、马来西亚和南非等国有所涉及,但仍然以介绍为主。第四,海洋保护区的理论和现实存在一定程度的脱节。一方面,现有的大多数科研成果未能准确识别和回应海洋保护区建设中存在的现实问题;另一方面,虽然针对海洋保护区的相关研究呈现增长趋势，但海洋保护区的有效保护并没有完全跟上。

　　海洋保护区是国际社会的关注点之一，中国政府也认识到海洋保护区在海洋强国建设和实现海洋可持续发展方面的重要性，并不断采取措施推动海洋保护区的发展。然而，国内对建设海洋保护区的相关研究还不够深入和系统，也与中国海洋保护区的实践脱节。在此情况下，需要对海洋保护区法律和实践进行全面的研究，国别研究是理论研究的重要部分。鉴于世界主要海洋国家已经建立了大量的海洋保护区，并在法律及实践方面积累了不少经验，有必要对其进行系统梳理和分析。

　　本书的研究目标为梳理世界主要国家和地区建立海洋保护区的法律和实践，为中国建立和完善海洋保护区体制提供借鉴。本书以区域和国别为篇章结构展开研究。首先，对全球海洋保护区的法律框架和建设情况进行介绍和分析。主要通过已有的相关文献以及国际环保组织发布的关于海洋环境和保护区的指南及报告，对海洋保护区的分布和建立的基础、国际法律规定及趋势进行梳理。其次，从在国家管辖海域内建立的海洋保护区的面积、数量，对海洋环境保护的有效性、管理水平是否具有代表性等几个方面综合考虑，选取美国、澳大利亚、加拿大、新西兰、日本、塞舌尔等国家（联盟）为研究对象，并对这23个国家（联盟）分别进行研究。各国和地区海洋保护区的研究内容主要包括以下五个部分：海洋自然环境与海洋保护区建设概况；海洋保护区的法律与政策框架；建立海洋保护区的实践，包括管理实践以及最新实践活动等；对海洋保护区建设情况的评析以及小结与启示。但由于各国和地区在海洋自然环境与海洋保护区进展等方面存在较大差异，为了更好地阐明各国和地区海洋保护区的法律与实践的基本情况及特点，每一章节的结构并不完全一致。此外，本书中所涉及部分国家划定海洋保护区情况只是为了学术研究进行客观叙述，不等于认可，相关领土划界问题以中国政府立场为准。

　　本书研究的重点在于全面收集、准确分析和比较世界主要国家和地区建立海洋保护区的法律和实践。拟突破的难点有以下几点。第一，做好国别研究的前提在于准确选择具有代表性的海洋国家。目前全世界已经有超过100个国家通过立法建立了海洋保护区。要在众多国家中挑选出具有研究价值的对象，需要科学的挑选标准。本书以全球海洋环境和海洋保护区的现状为基础，挑选出在建设海洋保护区方面比较突出和具有代表性的国家。第二，在进行具体的国家海洋保护区法律和实践分析时，资料的查找和研读存在一定的困难。主要由于关于海洋保护区的国际文献不计其数，而相关国别研究的文献存在两个极端。一方面，美国和澳大利亚等国的文献相对比较多，要梳理这些国家的材料，就需要找准关键词进行搜索；另一方面，一部分国家如南非和斐济等国的相关资料比较少，在这种情况下，需要查找原始资料。

本书以环境法和国际法为基础，结合海洋生物学、管理学、国际关系学等相关学科的知识，综合运用文献分析、案例分析、历史分析、比较研究、统计分析等方法进行综合研究。

文献分析法：通过查找相关资料，挑选具有代表性的国家和地区，并梳理和分析这些国家和地区的法律和实践。相关的资料来源主要包括国际组织发布的研究报告、数据库查找的文章和专著、相关国家主管机构的网站。

案例分析法：海洋保护区具有很强的实践性，同时，不同保护区的实际情况和采取的措施也不尽相同。因此，进行案例分析和实地考察是全面了解海洋保护区法律和实践的必不可少的一种研究方法。本书选取具有典型特征的海洋保护区进行案例分析。

历史分析法：运用历史分析法对全球和各国的海洋保护区的发展历程进行整理和分析，找出海洋保护区产生的原因和发展的规律，以便更好地理解和设计海洋保护区以实现海洋资源的养护和可持续利用。

比较研究法：通过对各国海洋保护区的法律和实践情况进行比较研究，客观地评述各国建立海洋保护区的经验和教训，以为中国解决海洋环境保护和发展问题提供借鉴。

统计分析法：收集与海洋保护区相关的各种信息资料和数据。通过统计分析这些数据，得出发展海洋保护区的共同规律。根据这些规律，识别海洋保护区法律和实践中存在的问题并提出相应的解决措施。

目　录

第一编　概况

第二编　美洲国家

第三编　大洋洲国家

第四编　欧洲国家（联盟）

第五编　亚洲国家

概　况

第一章　世界海洋保护区发展概况

一　全球海洋自然环境

海洋面积占据地球表面积的 71% 左右。全世界超过 200 个国家和地区中，大约仅有五分之一的国家为内陆国，超过 150 个国家为沿海国。其中，加拿大、印度尼西亚、格陵兰岛、俄罗斯、菲律宾、日本、澳大利亚、挪威、美国、新西兰等国和地区拥有较长的海岸线。[①] 从人类活动的分布来看，全世界有一半以上的人口居住在沿岸 60 千米以内的范围，有 32 个重要大城市坐落在海岸带。[②] 超过 30 亿人的生计依赖海洋和沿海的多种生物，其中包括发展中国家的许多人口，对他们来说，捕鱼是其主要的生活和商业活动。[③]

19 世纪的法国作家儒勒·凡尔纳在其创作的长篇小说《海底两万里》中提及"海洋是一切"。的确，海洋对人类的重要性不言而喻，人类的生存离不开海洋。海洋在气候循环和维持生命的进程中起到至关重要的作用。地球生命起源于海洋，海洋如今也是众多地球生物的家园，其所包含的生物物种的丰富程度远远高于陆地生物。海洋为人类提供食物，据估计，大约有 31 亿人依靠海洋提供其所需要的 20% 的动物蛋白质。[④] 并且，超过 5 亿人从事与海洋相关的经济活动。[⑤]海洋支撑着日益增长的旅游业和娱乐业的发展。海上运输依然是全球贸易的主要方式。

---

①　List of Countries of the World Order by Coastline, http://www. listofcountriesoftheworld. com/coastline. html, last visited on March 20, 2020.

②　范晓婷主编《公海保护区的法律与实践》，海洋出版社，2015，第 13 页。

③　《2030 年可持续发展议程目标 14》，https://www. un. org/sustainabledevelopment/zh/oceans/，最后访问日期：2020 年 3 月 5 日。

④　FAO, The State of World Fisheries and Aquaculture, Rome, 2016.

⑤　UNDP, Catalysing Ocean Finance Volume I Transforming Markets to Restore and Protect the Global Ocean, New York, 2012.

海洋为医药的使用提供大量的全新化学物质。此外，海洋不仅仅是沿海部落和居民，同时也是全人类文化的固有部分，并且还是世界自然和文化遗产的组成部分。

然而，目前几乎所有的文献都表明：随着人类活动水平的提高，世界各地的海洋面临着前所未有的挑战和压力。世界 60% 的主要海洋生态系统已经退化，并且正在以不可持续的方式被使用。[①] 20 世纪 80 年代以来，据估计，全球 20% 的红树林和 19% 的珊瑚礁已经消失。[②] 不当的海洋管理实践产生的累计经济影响约为每年 2000 亿美元。[③] 如表 1 - 1 所示，引起海洋生态系统退化的主要原因包括过度捕捞和开发、污染、生境的破坏、气候变化和外来物种入侵。

表 1 - 1　引起海洋生态系统退化的主要原因

主要原因	对海洋环境和生态的影响
过度捕捞和开发	相较 1974 年 10% 的比例，2013 年已有 31% 的鱼群以生物不可持续的方式捕捞（比如过度捕捞）。在 2013 年评估的鱼群总量中，达到可持续捕捞界限最大值的鱼群比例为 58%，仅有 11% 的鱼群仍可大量捕捞。非法、不报告和无管制捕鱼活动依然带来挑战。非法、不报告和无管制捕鱼活动导致每年大约减少 1100 万至 2600 万吨鱼，平均损失占所有捕鱼业的 18%
污染	当化学物质、细小颗粒、工农业和生活废物、噪声进入海洋，或者外来入侵生物蔓延，其所产生的有害或具有潜在危害的影响会带来海洋污染。大部分海洋污染（80%）来自陆地非点源污染，比如农业径流
生态环境的破坏	海岸带和海洋中生态环境的破坏产生于有害捕鱼行为，包括拖网捕鱼或炸药捕鱼；农业、海洋发展和林业部门的不当土地使用行为；其他人类行为，包括采矿、疏浚和锚固，以及旅游业和海岸侵蚀
气候变化	气候变化正迅速影响已经遭受其他压力的物种和生态系统。气候变化对海洋生态系统的影响已导致全世界范围内 50% 的盐沼、35% 的红树林、30% 的珊瑚礁以及 20% 的海草消失或者退化

---

① UNEP, Towards a Green Economy：Pathways to Sustainable Development and Poverty Eradication—A Synthesis for Policymakers, 2011, Nairobi.

② UNDP, Catalysing Ocean Finance Volume I Transforming Markets to Restore and Protect the Global Ocean, New York, 2012.

③ UNDP, Catalysing Ocean Finance Volume I Transforming Markets to Restore and Protect the Global Ocean, New York, 2012.

主要原因	对海洋环境和生态的影响
外来物种入侵	这些外来物种导致严重的环境影响，比如由于干扰原有的生态环境而改变了原有的生态系统、一些海洋动植物的灭绝、降低海水质量、增加物种之间的竞争和掠夺以及传播疾病

资料来源：OECD, Marine Protected Areas: Economics, Management and Effective Policy Mixes, 2016, p. 3；FAO, The State of World Fisheries and Aquaculture, Rome, 2016；David J. Agnew et al., "Estimating the World Wide Extent of Illegal Fishing", *PLoS ONE* 4 (2009): e4570；全球海洋委员会：《从恶化到恢复：全球海洋救助方案》，2014，第 1 页；Scott C. Doney et al., "Climate Change Impacts on Marine Ecosystems", *Annual Review of Marine Science* 4 (2012), p. 12。

二　海洋保护区概述

作为应对海洋生态系统的挑战，尤其是过度捕捞和开发以及生境破坏的主要政策工具之一，海洋保护区（Marine Protected Area, MPA）已经受到国际社会和各国政府的日益关注。从渔业资源的角度而言，海洋保护区并不是一个新概念，其已经以其他多种形式存在数千年。[1] 几百年来，一些传统的渔业社区就依据传统或法律封闭海域以保护其渔业资源维持生活。[2] 但作为一种海洋环境综合管理工具，海洋保护区在近几十年出现并逐渐被一些国家接受。

由于各地对海洋保护区的认识和发展思路不同，多数国家选择沿用陆地保护区的概念和理论发展各自的海洋保护区体系，因此造成海洋保护区在定义、保护目的和管理内容上存在巨大差别。在实践中，各国海洋保护区的名称并不统一，不同的国家和地区有不同的习惯。目前在世界范围内存在几十种不同名称的海洋保护区，如海洋公园（Marine Park）、海洋保留区（Marine Reserve）、渔业保留区（Fishery Reserve）、养护区（Conservation Area）、生物圈保护区（Biosphere Reserve）、封闭区（Closed Area）、禁取区（No-take Area）、禁采带（No-take Zone）、海洋庇护区（Marine Sanctuary）、荒野区（Wilderness Area）、地方管理区

---

[1] R. Q. Grafton, T. Kompas and V. Schneider, "The Bioeconomics of Marine Reserves: A Selected Review with Policy Implications", Economics Discussion Paper, No. 0405, 2004.

[2] WWF, Creating a Sea Change: The WWF/IUCN Marine Policy, 1998.

（Locally Managed Area）等。

这些名称都用于描述海洋保护区，其中一些名称具有大致相似的意义。如海洋公园一般是指大型的多用途海域，面积从几百到数千平方公里不等，并具有特定的分区；而海洋保留区则指相对较小的海洋保护区，面积从数十平方公里到数百平方公里不等。而另一些术语的定义在不同国家、地区或国际社会可能有很大的差别。如在美国，海洋庇护区是指大型的多用途分区海洋保护区，面积可达数千平方公里，但并不禁止渔业开发，仅禁止海上油气资源的开发；在澳大利亚，原有的海洋庇护区则是指不分区的、严格的小型生境保护和渔业管理保护区，或者保护涉禽的潮间带海洋保护区；而在英国和南非，海洋庇护区又变成对所有物种进行严格保护的海洋保护区。①

（一）概念

目前，海洋保护区并没有一个统一的概念，对其的理解通常与保护地的概念相结合。对海洋保护区概念的国际规定使用最频繁的为世界自然保护联盟（International Union for Conservation of Nature，IUCN）和《生物多样性公约》中给出的定义。IUCN 把海洋保护区作为一种特殊的保护区类型，因此适用于保护地的一般要素也同样适用于海洋保护区。IUCN 在 1991 年发布的《建立海洋保护区指南》、1994 年发布的《保护地管理分类指南》和 1999 年发布的《海洋保护区指南》中对保护地和海洋保护区分别给出了定义，海洋保护区是指"任何通过法律程序或其他有效方式建立的，对部分或全部环境进行封闭保护的潮间带或潮下带陆架区域，包括其上覆水体及相关的动植物群落、历史及文化属性"。②中国的学术研究中大多沿用此概念。但是，IUCN 在 2008 年发布的《适用保护地管理分类指南》中已经对保护地的定义进行了修改，并给出了新的定义。保护地是指"任何通过法律或其他有效方式承认、致力和加以管理的，以实现长期的自然保护以及生态系统服务和文化价值为目标

---

① 刘洪滨、刘康编著《海洋保护区——概念与应用》，海洋出版社，2007，第 111 页。

② G. Kelleher and R. Kenchington, Guidelines for Establishing Marine Protected Areas, 1991, p. 7；IUCN-WCPA, Guidelines for Marine Protected Areas, 1999.

的明确限定的地理空间"。①根据新的定义，只有主要目标为自然保护的区域才能被认为是保护地。这也意味着任何以经济目的为主的进行封闭保护的区域都不能被认定为保护地。

在《生物多样性公约》框架下，公约的正文仅规定了保护地的定义，而海洋保护区的定义在"海洋和海岸保护区临时技术专家小组"中得以规定。公约第二条规定保护区是指"一个划定地理界限、为达到特定保护目标而指定或实行管制和管理的地区"。技术专家小组对海洋保护区的定义明显依据 IUCN 在 1999 年对海洋保护区的概念规定进行修改，为"任何已经通过法律程序或其他有效方式，包括习惯，建立和明确划定的海洋环境内和临近海洋环境的区域，以及其上覆水体及相关的动植物群落、历史及文化属性，以实现其海洋和海岸生物多样性比其周边享有更高保护水平的效果"。②该定义承认了海岸区域在海洋生物多样性保护的重要性。"临近"一词指的是朝向海洋边界或正处于高潮位以上的陆地保护区。③

结合 IUCN 和《生物多样性公约》给出的定义，可以看出海洋保护区的概念包括以下几点含义。第一，海洋保护区通常涵盖海洋环境，但也包括海岸带和岛屿。当保护地所围绕的海洋总面积超过其边界内的陆地面积时，该保护地可以被称为海洋保护区，或者一个大型的保护地的海洋部分的面积足够大，可以将其归为独立的海洋保护区。第二，海洋保护区可以被法定保护，但是不完全依据法律进行保护。比如，在太平洋，许多海洋保护区是依据习惯传统建立的。第三，整个区域的保护程度并不一定相同，大多数大规模的海洋保护区确实有必要分为不同影响和适用的区域。第四，海洋保护区及其管理应当不仅包括海床，至少也包括其上覆水体及相关的动植物群落。第五，海洋保护区不仅仅与自然

---

①　Nigel Dudley, Guidelines for Applying Protected Area Management Categories, Gland: IUCN, 2008, p. 8.

②　"Marine and Coastal Biodiversity: Review, Further Elaboration and Refinement of the Programme for Work", Report of *Ad hoc* Technical Expert Group on Marine and Coastal Protected Areas, 8th Meeting of the Subsidiary Body on Scientific, Technical and Technological Advice, Montreal, Canada, March 10 – 14, 2003.

③　UNEP-WCMC, *National and Regional Networks of Marine Protected Areas: A Review of Progress*, Cambridge: UNEP-WCMC, 2008, p. 28.

特质相关，还包括对文化特征的保护，比如沉船、历史灯塔和码头。[①]
此外，许多海洋保护区包含国际组织划定的区域，比如联合国教科文组
织划定的生物圈保护区、拉姆萨尔区域或者世界遗产保护区。

（二）分类

海洋保护区的定义比较宽泛，只要符合保护目标，不同类型和规模
的保护地都可以被包括在内。在海洋保护区的实践中，由于各地海洋的
地理情况和差别很大，所以海洋保护区建立的目的也不尽相同，其本身
也包含许多不同类型的保护方式。如表 1 - 2 所示，按照海洋保护区的保
护措施的不同进行分类，可分为四类。[②] 一些禁取区对促使鱼群的恢复
至关重要，而其他一些类型的保护区却允许对其资源的多重使用。按照
保护区的规模进行分类，包括小型的和大型的海洋保护区。按照保护程
度的差异又可以分为严格的海洋保护区和综合的海洋保护区。目前，世
界上已建立的海洋生物保护区按照保护对象的不同又可以分为河口型
（Estuaries）、海洋型（Marine）、海岸型（Littorals）、岛礁型（Islands or
Islets）和珊瑚礁型（Coral Reefs）五种类型。因此，缺乏一个统一的标准
对其进行规范，已对世界范围内海洋保护区代表性系统的建立和海洋保护
区管理造成了一定的干扰。

表 1 - 2　海洋保护区的分类

无使用地带	禁取地带	缓冲地带	多重使用地带
禁止任何活动	采取措施保护种群数量可能受到其他地带或区域影响的物种。比如产卵和养育场地。禁止任何的开发行为，比如潜水和下锚	从禁取地带到多重使用地带的过渡地带。只允许有限制的行为，比如钓鱼、有限的水产养殖、有限的旅游业	允许所有的捕鱼、有限的水产养殖和有限的旅游活动。允许的行为包括潜水、浮潜、手工捕鱼、大规模的商业捕鱼和水产养殖

资料来源：世界自然保护联盟（IUCN），2015。

为了规范和统一世界各地保护区的管理和分类标准，IUCN 建立了保

---

① IUCN-WCPA, Guidelines for Marine Protected Areas, 1999.

② IUCN, Blue Solutions at the IUCN World Parks Congress 2014, 2015, p. 25.

护地分类体系。按照管理目的和内容，保护地分为六大类：

Ⅰ　严格的保护地（Strict Protection）：Ⅰa 严格的自然保留区（Strict Nature Reserve），Ⅰb 原生荒野区（Wilderness Area）；

Ⅱ　国家公园（National Park）；

Ⅲ　自然纪念地（National Monument）；

Ⅳ　生境或物种管理区（Habitat or Species Management Area）；

Ⅴ　陆地景观或海洋景观保护地（Protected Landscape or Seascape）；

Ⅵ　资源管理保护地（Managed Resource Protected Area）。[1]

IUCN 在 2008 年的适用指南中对该分类的基本目标、适用及管理等做出了详细规定。尽管该标准和规范主要是基于陆地保护区做出的，但同样适用于海洋保护区。然而，与陆地保护区相比，海洋保护区的数量较少，因此该指南并不适用于海洋保护区，且已经造成了具体适用的不准确和不统一。例如，在一些已经按照该标准进行分类的海洋保护区中，大约有一半的海洋保护区是被错误分配了，因为仅仅是以海洋保护区的名称进行分类，而不是依据设立海洋保护区的管理目标。鉴于该情况，IUCN 在 2012 年发布了如何将这些分类适用于海洋保护区的指南。[2]这些指南阐明了对包含不同区域的多重使用的海洋保护区的分类适用。比如，其中严格的海洋保护区是为了进行纯粹的海洋自然生态保护，不允许进行任何的经济开发活动；有些是保护型的资源开发区，可以进行适当的渔业、游憩及相关产业开发活动，具有很高的经济收益，如海洋国家公园、海洋自然纪念地和海洋景观保护区；也有些是为了物种保护及自然资源可持续利用，具有很高的潜在经济收益，如海洋生境或物种保护区和海洋资源管理区。[3]

现阶段，世界上大多数海洋保护区允许公众进入，并进行游憩娱乐和适度的捕捞活动。旅游业发达、海岸带开发强度大的国家，如欧洲国家、日本和韩国等国的海洋保护区以自然纪念地和陆地或海洋景观保护

---

①　Nigel Dudley, Guidelines for Applying Protected Area Management Categories, Gland: IUCN, 2008, https://portals.iucn.org/library/sites/library/files/documents/PAG - 021.pdf, last visited on April 10, 2019; IUCN, Guidelines for Protected Area Management Categories, 1994.

②　IUCN, Guidelines for Applying the IUCN Protected Area Management Categories to Marine Protected Areas, 2012.

③　范晓婷主编《公海保护区的法律与实践》，海洋出版社，2015，第 14 页。

区（Ⅲ/Ⅴ）为主；而海岸线相对原始，地区自然景观保存相对完好的美国、加拿大、澳大利亚、南非、加勒比海等一些国家和地区的海洋保护区多为国家海洋公园和海洋生境或物种保护区（Ⅱ/Ⅳ），兼顾保护和开发、旅游和捕捞等有条件发展；而严格的海洋保护区（Ⅰ）相对较少，海洋资源保护区（Ⅵ）则主要为大型渔业保护区。[1]

（三）功能

海洋保护区类型有很多，功能较齐全，主要包括以下三个方面：

（1）生态功能：保全有代表性的海洋生态地理区域或生态系统、保护关键生境类型、保全生物多样性热点、保持基因多样性与保护珍稀和濒危物种及其生境；

（2）社会和经济目的：管理和增强渔业，保全、管理重要的游憩、教育和研究区域；

（3）文化目的：保护传统的利用方式、历史沉船遗址及其他文化属性。[2]

尽管不同类型的海洋保护区的设立目的存在明显差异，但是建立海洋保护区的主要目标为海洋生物多样性养护和可持续利用。建设海洋保护区已经成为判断沿海国重视海洋环境和生物多样性保护的重要评价标准之一。2008 年，IUCN 对海洋保护区的新定义已明确，自然保护是海洋保护区的首要功能。

除了保护珍稀和受威胁物种及其栖息地以及具有其他生态重要性的海域，海洋保护区可以提供确保人类福祉基本的其他多重生态系统服务，包括渔业、对抗暴风雨和侵蚀的海岸保护、旅游和娱乐。2006 年，联合国《生物多样性公约》缔约国大会特别提出，维持海洋生态系统服务功能与保护生物多样性对于海洋保护区而言同等重要，即海洋保护区要兼顾保护与收益。[3] 因此，服务功能和文化价值也是海洋保护区建设中要

---

[1]　刘洪滨、刘康编著《海洋保护区——概念与应用》，海洋出版社，2007，第 114 页。

[2]　刘洪滨、刘康编著《海洋保护区——概念与应用》，海洋出版社，2007，第 97 页；IU-CN-WCPA, Guidelines for Marine Protected Areas, 1999。

[3]　张晓：《国际海洋生态环境保护新视角：海洋保护区空间规划的功效》，《国外社会科学》2016 年第 5 期。

考虑的重要因素。以生态保护为主，兼顾社会经济文化的发展，实现设立海洋保护区区域的社会、经济和环境的健康持续发展是海洋保护区的根本目的。

（四）海洋保护区与划区管理工具

海洋区域和资源受到日益增加的人类活动、全球气候变化及其相关的累积和复合效应的影响。由于单个影响的相关作用，独立管理各个活动不足以养护海洋生态系统和提供海洋资源的可持续利用。在这种背景下，必须采取生态系统方式，以一体化的方式管理多重压力。生态系统方式为在最大化地保持经济、社会和文化利益的同时，提供更好的管理整体性环境多重影响的有效方法。目前存在多种不同的生态系统方式，如《生物多样性公约》和世界粮农组织提出的方式，以及传统的和土著的方式等。

1. 划区管理工具及其类型

尽管目前并没有普遍接受的概念，划区管理工具包括对在空间界定的区域内发生的人类活动进行综合、可持续的管理，范围从离散的斑块到更大的生态系统规模的区域。在生态系统的背景下，划区管理提供了应对累积效应的工具。划区管理由于提供对一种或多种人类活动的更严格的管制，一般被认为比周边地区具有更高的保护标准水平。虽然划区管理无法补救对海洋生态系统和物种的所有实际和潜在影响，但它确实为管理大部分的累积压力源提供了重要的基础，并可能有助于增强对无法直接解决的压力源的复原力。

划区管理工具包括海洋空间计划和海洋保护区与保护区网络，以及包括土著、社区和私人管理区域在内的"其他有效的划区养护措施"。划区管理也可以包括一些部门工具，如在某些脆弱区域禁止捕鱼、航行或采矿。

海洋保护区是划区管理工具的一种类型，可以具有多项目标和提供不同水平的保护，包括从严格保护区到允许具有有限正式保护的多重可持续利用的区域。尽管海洋保护区和海洋保护区网络形成了养护和可持续利用的支柱，海洋空间计划提供一种在不损害养护价值的前提下整合人类活动的方法。海洋空间计划提供了通过涉及所有利益攸关方积极计划实施生态系统方式的方法。通过海洋空间计划,利益攸关方可以提出对一个区域的愿景,识别当前人类活动的发生地和希望它们将在未来可能发生的地点;识别不同海洋用途之间以及在人类活动和期望的保护结果之间的现实或潜在冲突。由此产生的空间规划可以提供可持续利用,同时通过海洋保护区和其他适当措施以避免潜在冲突的方式保护特定区域。

2. 现有国际文书、组织和框架下的主要划区管理工具

现有划区管理工具主要包括区域性渔业管理组织(Regional Fisheries Management Organization,RFMO)划定的渔业管理区、区域性海洋组织(Regional Seas Organization,RSO)制定的有限的海洋保护区、世界粮农组织(Food and Agriculture Organization of the United Nations,FAO)的脆弱海洋生态系统(Vulnerable Marine Ecosystems,VME)、国际海事组织(International Maritime Organization,IMO)的特别敏感海域(Particularly Sensitive Sea Areas,PSSA)、国际海管局(International Seabed Authority,ISA)的特殊环境利益区域(Areas of Particular Environmental Interest,APEI)和保存参考区(Preservation Reference Zones,PRZ)。此外,联合国教科文组织(UNESCO)也同样考虑在国家管辖范围外海域内指定世界自然遗址。同时,尽管并不是划区管理工具,还应当包括通过12次区域性研讨会所做出的关于生物多样性缔约方描述具有重要生态或生物学意义的海洋区域(Ecologically or Biologically Significant Areas,EBSAs)。

(1)区域性渔业管理组织(RFMO)划定的渔业管理区

RFMO是由分享管理和养护特定区域的鱼类种群的实践或经济利益的国家组成的国际机构。这些国家包括为一定鱼类种群提供栖息水域的沿岸国,以及远洋捕捞国,它们的捕鱼船队到鱼类种群所在区域捕鱼。RFMO经国际协议或条约设立,并可以采取不同的形式。

目前全球范围大约有17个覆盖不同地理范围的RFMO,并且其中一些是重合的。其中的5个组织被称为金枪鱼区域性渔业管理组织,主要包括南方蓝鳍金枪鱼保护委员会、美洲间热带金枪鱼委员会、大西洋金枪鱼国际委员会、印度洋金枪鱼委员会及中西太平洋渔业委员会。它们管理以金枪鱼为主的高度洄游物种。

RFMO通常主要针对为人类消费的具有商业价值的物种,一般管

理高度洄游物种，如金枪鱼。它们也管理跨界鱼类种群，在多个国家水域之间或国家和国际水域之间移动。尽管主要针对商业鱼群，但是近期建立的一些组织需要管理其他物种或是涉及海洋生态系统的其他方面。

（2）区域性海洋组织（RSO）制定的有限的海洋保护区

目前仅有四个组织具有覆盖国家管辖外的授权：通过《巴塞罗那公约》建立的地中海地区；通过《南极海洋生物资源养护公约》（Convention for the Conservation of Antarctic Marine Living Resources，CCAMLR）建立的南大洋地区；通过《奥斯陆巴黎保护东北大西洋海洋环境公约》（另称《保护东北大西洋海洋环境公约》、OSPAR 公约）建立的东北大西洋地区以及通过《努美阿公约》建立的南太平洋地区。

a. 地中海派拉格斯庇护区

1999 年 11 月 5 日，经过十年的讨论和信息共享，法国、意大利和摩纳哥在罗马签署了《关于建立地中海海洋哺乳动物庇护区协议》，决定在地中海建立派拉格斯（Pelagos）庇护区。派拉格斯庇护区是一种具有地中海重要性的特殊保护区（SPAMIs）。SPAMIs 名录是在联合国环境规划署（UNEP）的主持下，由作为 1976 年巴塞罗那公约的生物多样性议定书的地中海行动计划编制的。该条约于 2002 年 2 月 21 日生效，致力于使三国通过建立联合协调行动，保护鲸类动物及其栖息地防止所有干扰源，包括污染、噪声、偶然性捕获和伤害及破坏等。

b. 南极海洋保护区

CCAMLR 是南极条约体系的一部分，管辖着南极洲周围南大洋（约占地球海洋面积的 10%）的海洋资源保护。海洋保护区是 CCAMLR 海洋空间保护办法的一个工具，其中包括捕鱼限制和渔具限制。但是，CCAMLR 没有对海洋保护区的正式定义，而是将这一概念称为"为其所含全部或部分自然资源提供保护的海洋区。在海洋保护区范围内，为实现具体的养护、生境保护、生态系统监测或渔业管理目标，某些活动受到限制或完全禁止"。在界定海洋保护区时，CCAMLR 区分了不允许捕鱼的禁捕区和可能允许某些捕鱼、研究或其他人类活动的多用途区。2009 年，CCAMLR 在南奥克尼群岛建立了世界上第一个公海保护区。其后，经过几次尝试和修改建议，罗斯海地区海洋保护区于 2016 年成立。

c. 东北大西洋公海保护区

OSPAR 公约是由位于欧洲西海岸及流域的十五个政府与欧盟一起合作保护东北部大西洋海洋环境的机制。缔约方为比利时、丹麦、芬兰、法国、德国、冰岛、爱尔兰、卢森堡、荷兰、挪威、葡萄牙、西班牙、瑞典、瑞士、英国以及欧盟。命名为 OSPAR 是由于最初的《奥斯陆公约》和《巴黎公约》，其中 OS 代表奥斯陆，PAR 代表巴黎。OSPAR 始于 1972 年的《奥斯陆公约》，该公约防止倾倒废物及其他物质污染海洋。1974 年，《巴黎公约》将范围扩宽至陆源海洋污染和海上开采业。1992 年，这两个公约被合并为 OSPAR，并进行了更新和拓展。1998 年采纳了关于生物多样性和生态系统的新的附件，包含了会给海洋带来负面影响的非污染性的人类活动。缔约方已经开始实施位于国家管辖外东北大西洋海洋保护区的管理行动，截至 2021 年已经建立 7 个公海保护区。

d. 通过《努美阿公约》建立的南太平洋地区

《保护南太平洋区域自然资源和环境公约》（1986 年）又称《南太平洋区域环境保护公约》或《努美阿公约》。该公约有两项议定书也于 1990 年生效。该公约是南太平洋区域保护自然资源和环境的主要多边总括协定。公约第 14 条规定建立特殊保护区及对野生动植物的保护。"缔约方应单独或共同采取一切适当措施，保护和保全公约区域内稀有或脆弱的生态系统、枯竭、受威胁或濒危的动植物及其生境。为此，缔约方应酌情建立保护区，如公园和保护区，并禁止或管制任何可能对这些地区旨在保护的物种、生态系统或生物过程产生不利影响的活动。设立这些领域不应影响其他缔约方或第三国根据国际法享有的权利。此外，双方还应就这些地区的行政和管理交换信息。"

（3）《生物多样性公约》的具有重要生态或生物学意义的海洋区域（EBSAs）

2010 年，《生物多样性公约》启动了 EBSAs 的描述进程，目的是利用《生物多样性公约》制定的 EBSAs 描述标准识别出全球具有重要生态或生物学意义的海洋区域。到 2015 年底，基本完成全球开阔海域和深海栖息地 EBSAs 描述，包括涉及中国相关利益的东亚海地区 EBSAs 描述。EBSAs 是海洋中的特殊区域，以某种方式服务于重要目的，以支持海洋的健康运行及其提供的许多服务。值得注意的是，EBSAs 标准只是以科学和技术目标而适用,并不具有管理上的意义。

(4) 世界粮农组织（FAO）的脆弱海洋生态系统（VME）

VME概念为因其物理和功能的脆弱性而容易受到破坏的海洋生态系统。2006年,联合国大会邀请FAO考虑建立一个全球脆弱群体信息数据库国家管辖范围以外海域的海洋生态系统,以协助各国评估底鱼捕捞对这些底栖生态系统的任何影响。2008年8月,FAO制定的《国际深海渔业管理准则》得以通过,它们继而定义了确定识别VME的详细标准。这些准则的主要目标是着眼于深海渔业的可持续管理,以在确保海洋生物资源的养护和海洋的保护生物多样性的同时,促进提供经济机会的负责任的渔业。该准则是自愿性的工具,通过它可以实现更好地管理渔业和保护VME。

(5) 国际海事组织（IMO）的特别敏感海域（PSSA）

PSSA是通过IMO的行动需要特别保护的区域,因为它们对公认的生态、社会经济或科学原因的重要性,但却容易受到国际海事活动的损害。PSSA是为了保护某些海洋区域免受国际海事活动的损害,如航运。PSSA仅限于专属经济区,必须由其领土主权所属的成员国的识别。PSSA也可能与其他国际机制重合。PSSA的申请由成员国提交至IMO。为了被确定为PSSA,该区域应至少满足生态、社会经济或科学标准。此外,该地区应面临国际航运活动的风险。例如,国际海事组织更适合应对航运威胁,而不是其他对生物多样性的威胁,如过度捕捞。同时,IMO可以必须采取措施保护该区域。一旦海事组织成员国政府确定并批准了PSSA,则必须通过本国立法制度,确保所有悬挂本国国旗的船舶遵守该地区的相关海洋保护措施。

(6) 联合国教科文组织（UNESCO）的世界遗产

目前,UNESCO正在讨论通过1972年的《世界遗产保护公约》保护国家管辖外海域的可能性。根据UNESCO世界遗产中心和世界自然遗产咨询机构IUCN的一份新报告,位于不属于任何国家的公海的五处遗址可以根据《世界遗产公约》得到承认。在这份名为《公海世界遗产:时代已到》的报告中确定了五个地点,这些地点展示了不同的特殊生态系统,从生物多样性丰富的地区到覆盖地球一半以上的公海中发现的巨型海底火山。但是,这些遗址都不属于任何国家管辖范围,因此都不能列入世界遗产名录。它们包括：哥斯达黎加圆突区（太平洋），一个独特的海洋绿洲，为多种濒危物种提供了重要的栖息地；大白鲨咖啡馆（太平洋），北太平洋唯一已知的白鲨聚集点；马尾藻海（大西洋），这里有一个标志性的生态系统，它围绕着一个漂浮的藻类聚集而建；失落之城热液区，一个 800 米深的区域，由高达 60 米的碳酸盐岩组成；还有亚特兰蒂斯浅滩，一个位于印度洋亚热带水域的沉没化石岛。

（7）国际海管局（ISA）的特殊环境利益区域（APEI）和保存参考区（PRZ）

ISA 的成立是为了管理国际海底的采矿活动，保护海洋环境免受其有害影响。迄今为止，世界上已知的最大的海洋矿产资源矿床位于太平洋的克拉里昂－克利珀顿区（CCZ），那里有几十亿吨的锰结核分布在欧洲同等面积的区域。为了保护和保存这一广大地区底栖生物的重要栖息地，国际海底管理局在 2012 年第 18 届会议上通过了一项 CCZ 环境管理计划。该计划确定了九个 APEI，禁止开采海洋矿物。每个 APEI 由一个长度和宽度至少为 200 公里的四边形核心区组成，周围有一个 100 公里宽的缓冲区，以确保 APEI 中的底栖生物群落不会被正在开采的区域内漂移的矿柱掩埋或受到不利影响。

环境管理计划不仅指定了九个 APEI，还要求承包商在开发开始前指定能够代表各种生境和物种组合的区域。PRZ 指代表矿区的区域，不得进行采矿，以确保海底生物群具有代表性和稳定性，以便评估采矿活动造成的海洋环境动植物群的任何变化。这些参考区应具有足够的规模，具有与影响区相似的地形和生物多样性，不得开采。实际上，这意味着将不会在全部许可证区域开展工作，而只在特定部分工作。其目的是保护自然生境，作为随后对开采区重新划定的基础。

三　海洋保护区的国际实践和现状

从全球范围来看，目前海洋保护区主要由各国政府进行实质性的管理，相关国际机构为其提供政策和智力支持等。目前，世界保护地体系主要由世界自然保护联盟（IUCN）旗下的世界保护地委员会（The World Commission on Protected Areas，WCPA）和联合国环境规划署－世界保护监测中心（The UNEP World Conservation Monitoring Centre，UNEP-WCMC）负责协作管理。此外，《生物多样性公约》秘书处和缔约方大会、联合国教科文组织的《保护世界文化和自然遗产公约》、人与生物圈计划、联合国粮农组织、《国际重要湿地公约》管理机构等非政府机构和国际组织颁布了一系列建立海洋保护区的指南和评估报告，在推动海洋保护区法律和实践发展中发挥了重要的作用。

（一）海洋保护区的发展

针对海洋环境损害的加剧，从 20 世纪 60 年代起，全球开始加强海洋综合保护。1962 年，第一届世界国家公园与保护区大会通过了设立海洋公园和保护区的决定，正式提出海洋类型的自然保护区的明确定义。1972 年，联合国环境规划署启动了区域海洋计划项目，提出促进建立海洋保护区网络和沿岸海洋保护区维持保护区生物多样性。"海洋保护区"概念在刚提出时，因多数沿海国家对海洋环境和资源采取放任的态度，发展缓慢。[①] 1970 年，27 个国家建有 118 个海洋保护区，美国率先建立国家级海洋自然保护区。此后，海洋保护区得到联合国粮农组织、美国和欧盟等国际组织和国家的高度关注。1975～1995 年，以 IUCN 为主的国际组织召开了多次围绕海洋保护区的国际会议，从最初认识到海洋生态系统的重要性，到将建立海洋保护区作为重点目标，都是以保全生物多样性和维持可持续发展为基础展开的。[②]

进入 21 世纪后，在 2002 年召开的约翰内斯堡世界可持续发展峰会上，与会各国确定了将更多海洋纳入保护体制，以及在 2012 年之前建设有代表性的海洋保护区网络的目标。2003 年，IUCN 在南非德班召开第五届世界国家公园大会，呼吁建立全球范围的保护区网络体系，将至少20%～30% 的各类海洋生境纳入严格保护的海洋保护区网络。2000～2007 年，联合国粮农组织围绕"海洋保护区和渔业"召开了多次专题研讨会，旨在促进海洋保护区作为渔业管理的一种新方法，实现可持续性渔业和生物多样性保护的多重目标。2006 年，《生物多样性公约》第八

---

① 范晓婷主编《公海保护区的法律与实践》，海洋出版社，2015，第 17 页。
② 范晓婷主编《公海保护区的法律与实践》，海洋出版社，2015，第 17 页。

次缔约方大会提出的目标之一为世界重要生态区的 10% 得到有效保护，而实际上，当时海洋保护区面积占比仅 1% 多一点。2010 年，《生物多样性公约》第十次缔约方大会又提出 2011～2020 年生物多样性战略规划，目标之一是到 2020 年，全球至少 10% 的沿海及海洋区域得到保护，特别是对于生物多样性和生态系统服务功能异常重要的那些区域。

近两年，国际社会正在积极谈判制定《联合国海洋法公约》关于养护和可持续利用的联合国大会国家管辖范围以外区域海洋生物多样性问题执行协定的谈判。其中包括公海保护区在内的划区管理工具是谈判和协定的主要内容之一。联合国可持续发展目标（Sustainable Development Goals）是一系列新的发展目标，在千年发展目标到期之后继续指导 2015～2030 年的全球发展工作。2015 年 9 月 25 日，联合国可持续发展峰会在纽约总部召开，联合国 193 个成员国在峰会上正式通过 17 个可持续发展目标。《2030 年可持续发展议程》于 2016 年 1 月 1 日正式启动，第 14 个目标为保护和可持续利用海洋和海洋资源以促进可持续发展。在得到有效管理和充足资源的情况下，海洋保护区是重要的海洋生命保障机制。[1]各国政府均把建立和扩建海洋保护区作为落实 2030 年可持续发展目标的主要手段之一。超过 70 个国家和领地已经做出承诺增加 1500 万平方公里的海洋保护区。[2] UNEP-WCMC 和《生物多样性公约》秘书处正在负责跟踪各国做出的扩展保护区网络的承诺。

（二）关于海洋保护区的主要国际条约和计划

海洋环境保护区被普遍认为是旨在实现沿海和海洋环境的可持续发展和保护的管理策略的一个重要部分。在一些相关的国际环境条约中，海洋环境保护区也已同样被建议作为沿海和海洋环境可持续发展的重要机制。这些对建立海洋保护区起到特殊价值的国际条约主要包括《联合国海洋法公约》《生物多样性公约》《拉姆萨尔公约》《保护世界文化和自然遗产公约》《波恩公约》，以及与海洋保护区相关的区域性条约等。

---

① 《2030 年可持续发展议程目标 14》，https://www.un.org/sustainabledevelopment/zh/oceans/，最后访问日期：2020 年 3 月 20 日。

② Protected Planet, https://www.protectedplanet.net/marine, last visited on March 20, 2020.

1. 《联合国海洋法公约》

1992年《联合国海洋法公约》是迄今有关海洋的国际法的最全面和最权威的编纂。公约虽未明确提及"海洋保护区"，但是其中的一些规定涉及海洋生物资源的养护以及海洋环境保护，主要表现在以下两个方面。其一，公约第十二部分为海洋环境的保护和保全，为各国利用和保护海洋资源的行为确立了一般义务以及对各国保护国际海洋环境规定了基本的法律要求和制度。其二，公约同时规定各国有依据其环境政策和按照其保护和保全海洋环境的职责开发其自然资源的主权权利。公约确立了不同区域的法律制度，在领海、毗邻区、专属经济区和大陆架内，沿海国享有环境保护的管辖权，该权利为沿海国所专有，其他国际协定、条约需要通过该海域的沿海国得以实施。因此，该公约为建立海洋保护区以及在领海以外的区域保护海洋环境提供了法律基础。更为重要的是，1994年该公约生效后，为各国保护海洋环境、防止海洋污染创设了正式的义务。

2. 《生物多样性公约》

《生物多样性公约》于1993年11月生效，主要目标为保护生物多样性、持久使用其组成部分以及公平合理分享由利用遗传资源而产生的惠益。该公约包括许多支持海洋保护，尤其是建立海洋保护区的条款。依照该公约的相关规定，国家有义务制定国家生物多样性战略，查明和监测对保护和持久利用生物多样性至关重要的生物多样性组成部分，建立保护区系统保护生物多样性，在保护区域的邻接地区促进无害环境的持久发展以增进这些地区的保护以及重建和恢复已退化的生态系统。此后，在1995年的《关于海洋和沿海生物多样性的雅加达授权》中，各国政府肯定了海洋和海岸生物多样性的重要性。需要采取行动的五个主要方向包括了海洋和海岸保护区。并且两个方面的行动规划得到批准：研究和监测海洋和海岸保护区的价值以及发展建立和管理海洋和海岸保护区的标准。

3. 《拉姆萨尔公约》

《关于特别是作为水禽栖息地的国际重要湿地公约》（简称《湿地公约》，另称《拉姆萨尔公约》）于1975年12月生效，其宗旨为"通过当地和国家行动以及国际合作保护和合理利用所有的湿地，为实现全世的可持续发展做出贡献"。① 尽管该公约的初衷为针对迁徙水鸟所在的湿地，但是公约现已考虑到湿地所有的功能和价值，以及以统一的方式进行管理的实际需求。

公约缔约方的重要义务为在湿地（不论是否已列入《具有国际意义的湿地名录》）建立自然保护区。每一个缔约国都应当尽量避免被任何列入《名录》和其领域内的湿地的生态特征的改变，并对该改变做出相应的对策安排。目前公约已有 169 个缔约国，全球已有 2200 个拉姆萨尔湿地区，面积为 210 万平方公里。② 拥有最多湿地区的国家为英国和墨西哥，分别为 170 个和 142 个。

全球已经建立 960 个海洋和海岸湿地，占所有湿地区数量的 43.6%。③ 海洋保护区的管理者可以因此将划定拉姆萨尔湿地认定为海洋保护的另一种形式。公约缔约方大会曾督促各国有限划定现有名录中已有的湿地类型的新的湿地，包括大堡礁、红树林和海草海床等。

4. 《保护世界文化和自然遗产公约》

《保护世界文化和自然遗产公约》（简称《世界遗产公约》）于 1972 年由联合国教科文组织大会通过，并于 1975 年生效，目前已有 193 个缔约国。公约的秘书处设在联合国教科文组织世界遗产中心。公约的目的是确定和保护具有突出的普遍价值的文化和自然遗产遗址。

世界遗产由各国政府提名，世界遗产委员会接受后，以自然、文化或自然和文化混合遗产列入世界遗产名录。目前，世界遗产名录中已经包括 167 个国家的 1073 个世界遗产，其中有 832 个文化遗产、206 个自然遗产和 35 个混合遗产。④ 此外，公约还在防止列入名录遗产的损害方面发挥着重要的作用，受到损害的遗产可以被列入处于濒危世界遗产名录中。目前，已有 54 处世界遗产属于濒危世界遗产。来自联合国教科文组织成员国的世界遗产基金的资金能够为该类世界遗产提供一些经济

---

① The Ramsar Convention and Its Mission, Ramsar, https://www.ramsar.org/about/the-ramsar-convention-and-its-mission, last visited on March 20, 2020.

② Wetlands of International Importance (Ramsar Site), Ramsar, https://www.ramsar.org/about/wetlands-of-international-importance-ramsar-sites, last visited on March 20, 2020.

③ Ramsar Sites Information Service, Ramsar, https://rsis.ramsar.org/ris-search/? solrsort = area_off_d%20desc, last visited on March 20, 2020.

④ World Heritage List, WHC, http://whc.unesco.org/en/list/, last visited on March 20, 2020.

援助。

37 个国家涉及海洋和海岸领域的世界遗产现有 49 处，包括 45 处自然遗产和 4 处混合遗产。其中，澳大利亚、墨西哥和美国分别拥有 6 处、4 处和 3 处海洋世界遗产。[①]

5.《保护迁徙野生动物物种公约》

1979 年签署的《保护迁徙野生动物物种公约》（另称《波恩公约》）为框架性公约。其目标在于保护陆地、海洋和空中的迁徙物种的活动空间范围，被视为保护通过国家管辖边界以外野生动物中的迁徙物种而订立的国际公约。目前该公约已有 126 个缔约国，中国并未签署该公约。[②]依据该公约，各政府签订协议、谅解备忘录以及行动计划以保护各自的迁徙物种。已达成的协议以保护海洋生物为主，如 1990 年关于瓦登海海豹的协议，1996 年关于黑海、地中海及临近大西洋地区鲸目动物保护协议。虽然这些协议的主要内容为物种的管理、控制取出、事故的损害和污染控制，但是可能会涉及建立保护区，比如在瓦登海海豹的协议中就包括了关于在产卵和养育时期禁止所有活动的一系列海豹保护区。

6. 区域性条约

除此以外，目前存在若干个规定海洋保护区制度的区域性条约，如依据保护地中海海洋环境的《巴塞罗那公约》已建立了 35 个具有地中海重要性的特殊保护区；依据 1992 年的《保护波罗的海地区海洋环境公约》，有关国家在相关海域已划定了若干保护区；2002 年，旨在保护北海环境的环北海九国环境部长会议通过的《卑尔根宣言》确定，在 2010 年前把北海的有关海域划定为海洋保护区；1992 年的《保护东北大西洋海洋环境公约》中也有关于海洋保护区的相关规定。东北大西洋海洋环境公约委员会尤其关注推动建立海洋保护区网络，以保护和保存海洋生物多样性和生态系统，并且在 2003 年发布了《在东北大西洋海洋环境公约的海洋区域管理海洋保护区指南》。

区域性海洋条约在支持可持续管理和使用海洋和海岸环境方面发挥

[①]　World Heritage List, WHC, http://whc. unesco. org/en/list/, last visited on March 20, 2020.

[②]　Convention on the Conservation of Migratory Species of Wild Animals, http://www.cms.int/en/parties-range-states, last visited on March 20, 2020.

着关键作用。如这些区域性公约中的保护东北大西洋海洋环境公约组织以及《南极海洋生物资源养护公约》加快了建立公海保护区网络的实践，初步形成了位于东北大西洋和南极地区的公海保护区网络。

全球性的公约和区域性条约均对海洋保护区进行了规定，不仅要求各国有责任和义务保护海洋环境和生态系统，对一些敏感和脆弱的海洋区域，还需要划定专门的区域进行保护。这些条约从不同的方面为建立海洋保护区提供了法律基础和依据，并为海洋保护区的管理和评估提供了基本的法律指南。

7. 联合国教科文组织人与生物圈计划

联合国教科文组织人与生物圈计划 (Man and the Biosphere Programme, MBP) 的目的为针对生物多样性丧失的生态、社会和经济维度，利用知识共享、研究监测、教育培训和决策参与的世界生物圈保护区网络减少这种丧失。[1] 世界生物圈保护区网络代表一个框架，在此框架内国家保护地可以被指定为生物圈保护区。1968 年，联合国教科文组织构想将生物圈保护区作为强调保护和利用地球资源的人类因素的区域。现在，生物圈保护区的定义为 "国际上承认的作为促进和展示人类与自然平衡关系的陆地和海岸海洋生态系统的区域"。因此，生物圈保护区包括沿海生态系统区域，与海洋保护区有着密切的相互关系。

虽然尚无管理该网络的国际条约，但是所有联合国教科文组织成员已经接受了《世界生物圈保护区网络章程框架》，并将此作为世界生物圈保护网络的法定框架。尽管该章程缺乏法律约束力，各国政府可以据此向联合国教科文组织提名，将特殊的地区纳入其中。迄今已建立 120个国家的 669 个生物圈保护区，其中包括 20 个跨界保护区。每个生物圈保护区都有各自的治理体系以确保其功能和目标，并且其建立是自愿的。另外，该章程鼓励各国在立法中涵盖生物圈保护区，建议生物圈保护区由三个相互关联的区域组成，它们分别是核心区、缓冲区和外围过渡区或合作区。同时，各国可以自行决定它们将如何基于每个分区的目标设计法律文件。生物圈的保护方案也适用于海洋环境，如澳大利亚大堡礁

---

① Man and the Biosphere Programme, http://www. unesco. org/new/en/natural-sciences/environment/ecological-sciences/, last visited on March 20, 2020.

海洋公园包含了 120 个核心区，各核心区设有缓冲区和过渡区相互连接。尽管如此，目前基本没有哪个海洋保护区是完全按照生物圈保护区的模式正式建立，而且也缺乏海洋生物圈保护区建设指南。

（三）海洋保护区的现状

1. 海洋保护区的整体状况

据统计，到 2019 年底，全球已建立 16928 个各类海洋保护区，覆盖海域面积约为 2700 万平方公里，占全球海洋总面积的 7.44%，其中完全的"禁取区"占全球海洋总面积的 2.25%。①

全球海洋系统分为国家管辖海域（国家海域）和国际海域（另称国家管辖范围以外海域，Areas Beyond National Jurisdiction，ABNJ）。国家海域是指从沿海国基线延伸至 200 海里界限的专属经济区内的沿海水域区域。ABNJ 包括了公海以及"区域"。当一国具有专门的法律体系的时候，各国能够在其国家海域内相对容易地建立海洋保护区，而在 ABNJ 区域内建立海洋保护区比较困难，主要因为现实存在的复杂的法律框架。因此，目前在国家海域内建立的海洋保护区的比重要远远高于 ABNJ 的比重。虽然国家海域仅占全球海洋面积的 39%，但是，如今已有超过 17.3% 的海域被划定为海洋保护区。相反地，ABNJ 占全球海洋面积的 61%，其中仅有 1.18% 的海域建立了海洋保护区。正因如此，国际社会正积极谈判协商如何制定、简化和建立 ABNJ 海洋保护区的程序和规则。

在过去的几年里，海洋保护区的数量和面积迅速增长。在 2000 年，海洋保护区覆盖海域面积仅为 200 万平方公里，占全球海洋总面积的 0.7%；如今，已经增长了 10 倍。尤其是自 2010 年以来，海洋保护区的覆盖面积增加了 1400 多万平方公里。面积的增长主要由于扩增的海洋保护区，比如美国的帕帕哈瑙莫夸基亚（Pahānaumokuākea）海洋国家遗址扩增到超过 1500 万平方公里；新建立的海洋保护区，比如英国皮特凯恩群岛（Pitcairn Islands）的海洋保留区面积超过 80 万平方公里以及在库克群岛（Cook Islands）最近划定的玛瑞莫娜（Marae Moana）海洋公园

---

① 保护区世界数据库（World Database on Protected Areas），https://www.protectedplanet.net/marine，last visited on March 20，2020.

面积为 197 万平方公里。此外，在过去的 12 个月里，海洋保护区网络的面积增加了 660 万平方公里。这些增加的海域皆为国家海域，而相较国家海域，近几年 ABNJ 的海洋保护区的面积并没有太大变化。

近几年海洋保护区面积的增长主要源于建立了超过 10 万平方公里的超大型海洋保护区以及对一些国家拥有的海外国家和领地的海洋保护区的扩增。美国、法国和英国在其拥有的海外领地建立的海洋保护区占所有海洋保护区面积的 50%，澳大利亚、库克群岛、新西兰和墨西哥另占 30%。此外，美国、澳大利亚、法国和英国管辖的 30% 以上的海域都建立了海洋保护区。近几年建立大型海洋保护区的一些国家，比如美国已经在其海外领地的周边海域建立了海洋保护区，南太平洋的库克群岛已经将其整个国家海域划为海洋保护区。目前，最大的海洋保护区为 2017 年底生效的多国政府联合管理的罗斯海地区海洋保护区。20 个最大的海洋保护区占全球海洋保护区面积的 70%。

尽管海洋保护区的发展势头可观，但是从全球的范围来看，海洋保护区在覆盖面积和代表性方面存在不平衡和差距，同样会削弱现有海洋保护区的保护效果。在 62 个海洋地区（marine provinces）中，一般而言，海域的 10% 被海洋保护区覆盖；最广的，如法属阿姆斯特丹 - 圣保罗岛屿海域（Amsterdam-St. Paul）和厄瓜多尔加拉帕戈斯（Galapagos）群岛被全部覆盖；而最少的，如大陆性南极高地地区（Continental High Antarctic）和法属马克萨斯群岛海域（Marquesas）则不到 1%。因此，在 ABNJ 或一些已确定的重要生境区域建立新的海洋保护区，可以有助于促进产生全球范围的有代表性的海洋保护区网络。

2. 公海保护区的现状

目前在全球范围内已建立四个部分的或完全的公海保护区：东北大西洋公海海洋保护区网络、地中海派拉格斯庇护区、南奥克尼群岛南大陆架海洋保护区以及罗斯海地区海洋保护区。

（1）《保护东北大西洋海洋环境公约》（OSPAR）框架下的公海保护区

OSPAR 公约缔约方已经开始实施国家管辖外海洋保护区的管理行动。如表 1-3 所示，目前 OSPAR 框架下共有 7 个公海保护区。这些国家管辖外保护区包括查理 - 吉布斯南部海洋保护区、米尔恩海山复合海洋保护区、亚速尔群岛北部大西洋中脊公海保护区、阿尔泰海山公海保护区、安蒂阿尔泰公海保护区、约瑟芬海山公海保护区以及查理-吉布斯北部公海保护区，总面积为 464839.7 平方公里，占 OSPAR 海域的 8.2%。前五个海洋保护区建立于 2010 年，查理-吉布斯北部公海保护区因当时外大陆架界限尚未确定，因而推迟到 2012 年建立。查理-吉布斯南部海洋保护区和米尔恩海山复合海洋保护区的保护范围包括海床、水体和水面；亚速尔群岛北部大西洋中脊公海保护区、阿尔泰海山公海保护区、安蒂阿尔泰公海保护区、约瑟芬海山公海保护区以及查理-吉布斯北部公海保护区因位于葡萄牙和冰岛的外大陆架部分，保护区的保护范围仅包括水体和水面。

表1-3　OSPAR 框架下的公海保护区

公海保护区	建立年份	面积（km²）	管辖权
查理-吉布斯南部海洋保护区 （Charlie-Gibbs South MPA）	2010	146032	这两个海洋保护区完全位于国家管辖范围之外。它们的海床、底土和水体共同被缔约国所保护
米尔恩海山复合海洋保护区 （Milne Seamount Complex MPA）	2010	20914	
亚速尔群岛北部大西洋中脊公海保护区 （Mid-Atlantic Ridge North of the Azores High Seas MPA）	2010	93570	这四个海洋保护区位于葡萄牙向联合国大陆架界限委员会提交的大陆架延伸部分。葡萄牙表达了希望采取措施保护这四个海洋保护区的海床和底土的意愿。在葡萄牙的邀请下，OSPAR 委员会同意共同保护其水体
阿尔泰海山公海保护区 （Altair Seamount High Seas MPA）	2010	4384	
安蒂阿尔泰公海保护区 （Antialtair High Seas MPA）	2010	2807	
约瑟芬海山公海保护区 （Josephine Seamount High Seas MPA）	2010	19363	
查理-吉布斯北部公海保护区 （Charlie-Gibbs North High Seas MPA）	2012	178094	该保护区位于冰岛向联合国大陆架界限委员会提交的大陆架延伸部分。水体部分受全体缔约国保护，海床和底土未受 OSPAR 保护

资料来源：OSPAR Commission, 2018 Status Report on the OSPAR Network of Maine Protected Areas, 2019, https://www. ospar. org/documents? v = 37521, last visited on March 20, 2020。

根据 OSPAR 网站公布的信息，7 个公海保护区除了在管理适用范围方面存在不同，其他管理情况并无太大不同。国家管辖外保护区的管理机构为 OSPAR 委员会，有明确的 OSPAR 公约养护目标和具体地点的养护目标、受保护的物种和栖息地清单。目前在这些区域内的人类活动一般包括专业远洋拖网捕捞和延绳钓捕捞、航运、飞越和科学研究。但是，这些保护区的管理不仅没有相关设施和运行的预算，也没有全面的管理计划，或被记录的管理计划；既没有实施能够实现养护目标的措施，只实施了东北大西洋渔业委员会规定的捕鱼限制，其他的活动并不受管制，也没有评估管理措施的监测活动，尽管有一些科学监测活动，但是对于该保护区的监测计划并没有被实施。因此，这些保护区并没有朝着或已经实现其养护目标，是因为没有监测计划或是否遵守管理措施的监测方式，所以这个问题是未知的。

（2）地中海派拉格斯庇护区

1999 年，法国、意大利和摩纳哥决定在地中海建立派拉格斯庇护区。在科索－利古里亚－普罗汶卡尔（Corso-Liguro-Provençal）海盆创设庇护区是因为在 19 世纪 80 年代在此地所观察到较多的大型和多样性的海洋哺乳动物种群。该庇护区的设立是为了保护海洋哺乳动物防止所有人类活动干扰源的影响，旨在发展社会经济的同时，为该区域内的栖息地及生活的物种提供所需的保护。庇护区面积达 87500 平方公里，是地中海地区最大的海洋保护区，涉及 2022 公里的海岸，覆盖 241 个城镇，其中法国 129 个，意大利 111 个以及摩纳哥 1 个。

派拉格斯庇护区的独特之处在于它是由三个不同权威机构进行管理。1995 年，修订后的《巴塞罗那公约特别保护区议定书》允许考虑建立公海保护区，这提供了一个在意大利、摩纳哥和法国公众对海洋保护的强烈支持下向前迈进的机会，并推动了派拉格斯庇护区的建立。地中海沿岸国家当时并未宣布延伸至 200 海里的专属经济区。因此，超过 12 海里领海的海域为公海，没有国家管辖权下的管理制度。在这种情况下，派拉格斯庇护区设立之初部分涉及公海，保护区水域包括利古里亚海与科西嘉岛和伊特鲁里海的部分区域。由于三国并没有对这些海域主张其专属经济区，该保护区一部分（约占保护区面积的 53%）属于公海海域，此外还包括 15% 的内水、32% 的三国领海水域。因此，三国政府率先通过保护区的方式对公海进行保护。从 2011 年起，剩下原先毗邻的 53% 公海部分已经成为法国专属经济区的一部分和意大利生态保护区区域的一部分。

　　总体而言,派拉格斯庇护区对于建立国际海洋保护区具有重要的意义。三个周边缔约方国家的一致推动和努力对于该庇护区的发展发挥着关键作用,编制了详细的管理计划和监测项目,同时保证财政的有效支持。该庇护区的养护对象也相对单一,即相关海域的鲸类动物的养护。

　　(3)南极地区的海洋保护区

　　保护南极地区的环境,对于保护地球环境和人类的生存具有极为重要的意义。1959年《南极条约》是南极条约体系的主干,其规定"冻结"任何国家对南极地区的领土主权权利或领土的要求。1980年《南极海洋生物资源保护公约》(CCAMLR)的目的为保护南极海洋生物资源,该公约的适用范围大于《南极条约》的适用范围。除法国、澳大利亚等国家亚南极不存在主权争议的岛屿及其附近的专属经济区外,CCAMLR所涵盖的大部分海域被视为国家管辖外。2009年,CCAMLR建立了世界上第一个公海保护区——南奥克尼群岛南大陆架海洋保护区,面积约为94000平方公里。保护区被禁止商业捕鱼,但是允许进行科研活动。经过几次尝试和修改建议,罗斯海地区海洋保护区于2016年成立。经过谈判和妥协,最后的海洋保护区面积减少了40%,155万平方公里中约有72%禁止捕鱼。除了禁捕区,它还包括一个特别研究区和一个磷虾研究区,这两个区域都允许有限的捕捞。

四　海洋保护区的法律分析

　　虽然《联合国海洋法公约》(以下简称《公约》)并没有提出"海洋保护区"的概念,只是针对不同海域对海洋环境保护及海洋生物资源养护提出了一般要求,但是为海洋保护区的建立提供了总体法律框架。首先,《公约》规定,各国有开发和养护其自然资源的主权权利;同时各国有保护和保全海洋环境的义务,以及采取必要措施,防止、减少和控制任何来源的海洋环境污染。其次,根据《公约》的规定,海洋被划分为八个不同的海域,即内水、领海、毗连区、专属经济区、大陆架、用于国际航行的海峡、群岛水域、公海和国际海底区域。这些海域在法律地位、法律性质和制度适用等方面都各不相同，各沿海国和内陆国在不同的海域也享有和承担不同的权利、管辖权和义务。因而，设立在不同海域的海洋保护区也具有不同的法律效力。

（一）国家管辖范围内海洋保护区的法律分析

目前建立的大部分海洋保护区都位于国家管辖范围内，国家管辖范围内的海域包括内水、领海、毗连区、专属经济区和群岛水域。这部分的水域可进一步分为两类，一类是完全处于国家主权之下的海域，包括内水、领海、群岛水域；另一类是主要受国家主权权益支配的海域，包括专属经济区等。

在不同水域建立海洋保护区的法律基础和适用的具体措施有所不同。在完全处于国家主权之下的海域内建立海洋保护区主要依据一国的国内法规定，因此一国在其内水范围内建立海洋保护区的法律规定具有完全的法律效力。沿海国的主权及于其领海，但是对于领海的主权的行使受《公约》和其他国际法规则的限制，如在领海受无害通过制度的制约。《公约》同时约定沿海国可依国际法规则，对养护海洋生物资源和保全沿海国的环境，并防止、减少和控制该环境受污染方面制定关于无害通过领海的法律和规章，行使无害通过领海权利的外国船舶应遵守所有这种法律和规章。因此，沿海国在其领海范围内建立和管理海洋保护区的法律效力依然适用于行使无害通过领海权利的外国船舶。同样地，群岛国在其群岛水域内建立和管理海洋保护区的法律效力依然适用于行使无害通过群岛水域权利的外国船舶。

《公约》规定沿海国在专属经济区内有养护和管理海床上覆水域和海床及其底土的生物资源为目的的主权权利，同时具有海洋环境的保护和保全事项的管辖权。因此，沿海国在专属经济区内对两种事项享有不同的权利，即生物资源的主权权利和海洋环境的管辖权，这就决定了在专属经济区范围内因不同目的而采取的不同措施则具有不同的法律效力。为养护生物资源而建立的海洋保护区和为防止污染而建立的海洋保护区，就涉及这种沿海国在专属经济区所享有权利的差别，影响着其所建立海洋保护区的对外法律效力。沿海国在海洋保护区中关于生物资源养护和利用的法律和规章具有最高的法律效力，并且可采取为确保其制定的相关法律和规章得到遵守所必要的措施。在适当情形下，沿海国和各主管国际组织应进行合作。在专属经济区内为防止污染而建立的海洋保护区主要依据国际法的相关规定及沿海国的权益主张，受到国际法规则和其他国家权利的规制，沿海国对此类保护区和行为仅具有作出决定和规范以及实施监督的特殊权利。

（二）国家管辖外海洋保护区的法律分析

就目前而言，依然缺乏全球性的法律框架规范国家管辖外海洋保护区的有关活动。有关国家管辖外海洋保护区的划定、确认和管理的国际责任与机制等内容散见于现有的一些国际条约和有约束力的国际组织决议中，如《公约》《生物多样性公约》等条约的一些规定对于公海和"区域"的生态环境和生物多样性保护有所涉及。以上国际条约中所涉及的保护措施主要是针对防止污染或者特定事项的保护，保护范围有限，不能实现基于生态系统的综合管理办法，而海洋保护区在目的和方法上更具有综合性，并且旨在实现长期的保护。

1. 公海保护区法律规定的复杂性

国家管辖范围外区域包括公海和国际海底区域，尽管已有不少讨论涉及国际海底区域保护区的建立和发展，但是由于国际海底区域开发与保护涉及的技术较为复杂，目前主要还是以公海保护区为主。在目前的法律背景下，公海海洋保护呈现出一种多角色、多领域、多层面的纷繁态势。① 首先，主体多元带来利益冲突。建立公海保护区所代表的利益与诉求多种多样，形成了主体利益交融、重叠甚至冲突的状况，使公海保护变得更加复杂。其次，法律文件多样导致规则冲突。由于各个法律文件对公海保护的方式、范围、深度的不同，各个法律文件之间经常存在严重的冲突。最后，地理区域割裂形成的体制冲突。基于最初尚不科学的认识，《公约》对海床、洋底和底土的保护与管理做出了规定，而对水体本身则适用了"公海自由"的原则，这就造成了公海相互紧密联系的各区域之间受不同的体制管辖，影响了保护的有效性和规则的一致性。领海之外专属经济区、公海甚至南极地区，这些区域之间的管理体制

---

① 何志鹏、高潮：《国际法视角下的公海海洋保护》，《甘肃社会科学》2016 年第 3 期。

也是存在差异的，每个区域都由不同的公约、条约形成的体制所管辖，适用不同的国际法律制度，这种差异为公海海洋的一体管理造成了严重的障碍。因此，在海洋法领域，国家管辖范围之外的海洋保护区更需要与国际法协调，实现公海保护区建设仍然有许多工作要做。

2. 建立和管理公海保护区的法律效力

建立和管理公海保护区的法律效力问题涉及建立公海保护区和采取相应措施的法律权限；其他国际机构在公海保护区内保护生物多样性和生态系统的法律权限；以及公海保护区管理机构的法律权限与《公约》和国际习惯法授予非缔约方权利义务之间相互作用的法律问题，包括在公海保护区内管理活动的可能性。

（1）建立公海保护区和采取相应措施的法律权限

目前，规定设立公海海洋保护区的区域性条约及相关文件是现阶段最直接的国际法基础，这些规则明确了建立公海保护区和采取相应措施的法律权限，而这些区域性条约及相关文件仍然以《公约》为基础。因此，在区域性法律机制和机构框架下的所有行为需要符合《公约》的规定。有权指定公海保护区的相关规定为《公约》第十二部分第 192 项下的一般性义务和第 197 条的合作义务。第 194 条进一步阐释了这些义务，要求采取必要的措施，这些义务同样适用于公海。《公约》第 87 条规定的公海自由行动也应当与保护和保全海洋环境的义务相符合。

《生物多样性公约》是需要考虑的另一个国际法律框架。该公约承认国家对其生物多样性的主权，缔约国有权追求养护目标。第 4 条规定当行动涉及生物多样性的成分，如特别生境，该公约的范围仅限于成员方国家管辖范围内。然而，在一缔约方管辖范围之下的过程和行动的范围由成员方国家管辖内的区域和国家管辖外区域组成。

在国家管辖范围外的许多人类活动都属于《公约》的调整范围，比如科学研究、铺设电缆、倾废、建设人工岛屿和设施等措施。表 1 - 4 列出了《公约》中的相关规定。然而，在这些区域建立管理人类活动的保护性措施时，相关管理机构的权限是有限制的，因为保护海洋生物多样性的重要措施都是在管理机构权限范围之外，比如渔业。如果这些权能属于其他机构或组织，那么需要跟这些机构或组织开展合作。但是，其实在国家管辖范围内根据《公约》第 58 条关于其他国家在专属经济区的权利和义务也是这样的，但并没有成为建立保护区的障碍。因此，这在国家管辖范围外建立海洋保护区并不是一个新的问题。

表 1-4　《联合国海洋法公约》对国家管辖范围外人类活动的相关规定

国家管辖范围外的人类活动	《公约》的主要规定
捕鱼	第 63 条第 2 款；第 87 条第 1 款（1）；第十二部分第二节
采矿	第十一部分
结构的安置：	
－ 人工岛屿和其他漂浮设施	第 87 条第 1 款（d）；第 147 条；第 209 条；第 258 条
－ 电缆和管道	第 87 条第 1 款（a）；第 112 - 115 条；第 79 条第 5 款
过境和交通事宜：	
－ 航行	第 87 条第 1 款（c）；第 211 条；第 217 - 220 条
－ 军事力量	第 236 条（主权豁免）
－ 飞越	第 87 条第 1 款（b）
废物和其他物质倾倒	第 87 条第 1 款（a）和（b）；第 145 条；第 210 和 216 条；
海洋施肥	第 87 条第 1 款（f）；第 210 和第 216 条；第十三部分
物种的引进	第 196 条
生物勘探	第十一部分；第十二部分
海洋科学研究	第 87 条第 1 款（f）；第 143 条；第十三部分
劫掠和毁坏文化遗产	第 149 条；第 303 条

资料来源：根据《联合国海洋法公约》相关规定整理。

（2）其他国际组织在国家管辖外海域保护生物多样性和生态系统的法律权限

其他的一些适格机构已经在相关公海海域采取了多种保护性的措施，如区域性渔业管理组织（RFMO）涉及渔业管理的问题的项目和措施，包括东北大西洋渔业委员会（NEAFC）的捕鱼封闭区和禁止底部拖网保护脆弱栖息地的措施；并且涉及航运的事宜由国际海事组织（IMO）处理。表 1-5 列举出现有主要职能国际组织对国家管辖外海域生物多样性和生态系统保护作用的法律权限，对人类活动的调整及其法律基础。

表 1 - 5　其他国际组织的法律权限

国家管辖范围外的人类活动	法律基础	主要国际组织	管理权限	主要管理措施
捕鱼	《联合国鱼类种群协定》第 8 条第 4 款	区域性渔业管理组织（RFMO）	可以采取对其缔约方在公海的有约束力的措施，以通过封闭或捕鱼方法等加强海洋保护区关于合理开发鱼群的整体效力	捕鱼封闭区渔具限制港口国控制
采矿	《公约》第 162 条第 2 款	国际海底局管理局（ISA）	可以采取对其成员有约束力的禁止采矿的措施，以加强海洋保护区关于"区域"采矿的整体效力	保存参考区
结构的安置： －人工岛屿和其他漂浮设施				
－电缆和管道				
过境和交通事宜： －航行	《国际防止船舶造成污染公约》《国际海上人命安全公约》第五章	国际海事组织（IMO）	可以采取对其成员有约束力的适用于船旗国或特殊海域等的 IMO 标准、规则、安全行为准则，以加强海洋保护区关于该公海区域的共同制定的船舶污染、特殊安全标准或航线的整体效力	特殊区域特别敏感海域航线强制船舶报告
－军事力量				
－飞越		国际民航组织（ICAO）	采取对其缔约方有约束力的全球或区域性航空协议，以加强海洋保护区关于空中安全和操作功能或空中航线的整体效力	

续表

国家管辖范围外的人类活动	法律基础	主要国际组织	管理权限	主要管理措施
废物和其他物质倾倒		《伦敦倾废公约》(1972) 及其1996年议定书	可以采取对其缔约方有约束力的关于海洋倾废的措施,以加强海洋保护区关于倾废的整体效力	许可证
海洋施肥		《伦敦倾废公约》(1972) 及其1996年议定书		第 LC - LP.1 (2008) 号决议
物种的引进		国际海事组织(IMO)		《国际船舶压载水及其沉积物控制和管理公约》(2008)
生物勘探				
海洋科学研究	《公约》第256条	《国际捕鲸管制公约》(1946)联合国教科文组织-海委会(UNESCO- IOC)国际海洋开发委员会(ICES)	可以评审或修订对其缔约方有约束力的措施,以加强海洋保护区关于捕鲸的整体效力 UNESCO 通过其海委会是 UNCLOS 海洋科学研究(第十三部分)和海洋技术转移(第十四部分)领域所承认的适格国际组织享有可持续利用商业鱼群和整体生物资源状况和养护情况提出建议的权能	形成养护措施和管控措施的研究全球海洋观察系统
养护事宜	《公约》第64和第65条	《生物多样性公约》;《波恩公约》;《国际捕鲸管制公约》		养护措施鲸鱼庇护区
文化遗产	《公约》第149和第303条	联合国教科文组织	《水下文化遗产公约》(2001) 将对其缔约方具有约束力,当文化遗产区正好是公海保护区时,那么就有了相关性	保护水下文化遗产

资料来源:作者整理编制。

（3）公海保护区管理机构的法律权限与《公约》和国际习惯法授予非缔约方权利义务之间相互作用的法律问题

设立公海海洋保护区的区域性条约措施仅适用于该条约的缔约方，唯一的例外为一项条约规定措施的主题事项具有国际习惯法的地位。为了让非缔约方不采取有害于该公海保护区的行动，公海保护区管理机构应与其他相关国际组织合作制定约束非缔约方的标准，如涉及渔业、海事交通和深海采矿管理，由该相关机构负责。一般而言，该公海保护区管理机构的成员方也是其他国际文书的缔约方，并且这些机构如 IMO 具有更多的缔约方或成员，能够对更多的国家产生约束力，有些机构如 NEAFC 还具有约束第三方的权限。

因此，公海保护区管理机构只能约束其缔约方并且不能管控在国家管辖范围外的所有人类活动。公海保护区管理机构最好与其他国际组织合作，致力制定或实施更多的措施。就目前而言，与其他机构进行合作没有固定模式和程序，可自由选择，也可以就某事项单独或联合提请相关机构注意。

就目前而言，依然缺乏全球性的法律框架规范公海保护区的有关活动。有关公海保护区划定、确认、管理的国际责任与机制等内容仅散见在现有的一些国际公约和有约束力的国际组织决议中，如《公约》《生物多样性公约》等公约的一些规定对于公海和"区域"的生态环境和生物多样性保护有所涉及。以上国际公约中所涉及的保护措施主要针对防污染或者特定事项的保护，保护范围有限，不能实现基于生态系统的综合管理。而海洋保护区在目的和方法上更具有综合性，并且旨在实现长期的保护。另外，规定设立公海海洋保护区的区域性条约及相关文件是现阶段最直接的国际法基础。

在这种法律背景下，公海海洋保护呈现出一种多角色、多领域、多层面的纷繁态势。① 首先，主体多元带来的利益冲突。建立公海保护区代表的利益与诉求多种多样，形成了主体利益交融、重叠甚至冲突的状况，使公海保护变得更加复杂。其次，法律文件多样导致的规则冲突。由于各个法律文件对公海保护的方式、范围、深度的规定不同，

---

① 何志鹏、高潮：《国际法视角下的公海海洋保护》，《甘肃社会科学》2016 年第 3 期。

各个法律文件之间经常存在严重的冲突。最后，地理区域割裂形成的体制冲突。基于最初尚不科学的认识，《公约》对海床、洋底和底土的保护与管理做出了规定，而对水体本身则适用了"公海自由"的原则，这就造成了公海相互紧密联系的各区域之间受不同的体制管辖，影响了保护的有效性和规则的一致性。领海之外专属经济区、公海甚至南极地区，这些区域之间的管理体制也存在差异，每个区域都由不同的公约、条约形成的体制管辖，适用不同的国际法律制度，这种差异为公海海洋的一体化管理造成了严重的障碍。因此，在海洋法领域，国家管辖范围之外的海洋保护区更需要与国际法协调，实现公海保护区建设仍然有许多工作要做。

五　海洋保护区的挑战和发展趋势

（一）海洋保护区发展评析

从海洋保护区的发展现状来看，近几年，随着环境保护意识的提高，海洋保护区的概念快速普及，有关海洋保护区的价值和作用也逐步得到了认可。因而海洋保护区的建设和发展取得了显著的成绩，无论是在数量还是在覆盖的面积方面，都得到了突飞猛进的发展。国际社会和各国政府也充分肯定了海洋保护区在实现海洋可持续发展方面的作用，加大了海洋保护区的建设和发展的力度，但是对如何评估和有效管理海洋保护区等方面依然存在诸多质疑。具体来说，海洋保护区的发展主要存在以下两个方面的问题。

首先，针对海洋保护区的理论研究和实践探索层出不穷，海洋保护区已经在理论上稳固地建立起来，但在现实中尚不太稳固。近几十年来，在讨论建立海洋保护区的需要及其设计和监测科学的论文和书籍数量方面出现了快速增长，但海洋保护区实际划定的速度和有效保护并没有跟上。尽管越来越多的学者对海洋生态系统和渔业的衰退表示担忧，但是海洋生态环境问题在国际上一直没有取得与陆地同等的重视地位。IUCN 综合各种统计数据，多次得出了"海洋生态环境保护落后于陆地保护"的结论。[①]实

---

① IUCN, Blue Solutions at the IUCN World Parks Congress 2014, 2015.

际上，各国政府在其国家海域建立海洋保护区方面已经取得了很大发展，而公海保护区的发展仍然期待取得突破。另外，统计显示，海洋保护区覆盖面积增长的主要原因为美国、法国和英国等国其海外领地对海洋保护区的扩增。

其次，相关研究表明全球海洋保护区保护成效堪忧。由多个国家研究人员组成的调查团队于 2014 年曾在美国《自然》期刊上发布规模最大的全球海洋保护区状况调查报告《海洋保护成效依靠具有五个关键特征的海洋保护区》。[①] 该研究为海洋保护区设立了五项指标，分别为开放渔业许可的程度、强制保护的力度、设立成为保护区的时限长度、保护海域的范围大小、鱼类自由迁徙海域的连续性。以此考察海洋保护区在海洋生态保护方面的成效，即有效的保护需要全部的保护、保护的有力执行、不少于 10 年、面积不小于 100 平方公里以及由深海或沙滩隔离开来。只有满足三项以上指标的海洋保护区才具有潜在的保护价值。该项研究调查了全球 87 个海洋保护区中的 964 个站点，就全体鱼类种类的丰富性程度而言，这些海洋保护区与捕鱼区并没有显著的区别。研究人员表示，仅近六成海洋保护区达标，因此，总的来说，全球海洋保护区的成效并不乐观。全球范围内海洋保护区整体指标偏低，主要是因为大部分海洋保护区所处海域并未得到管辖国家的有效保护，因此对于当地海域的海洋生物多样性恢复帮助甚微。研究人员认为，各国需要在建立海洋保护区、持续性管理，以及确保海洋保护区环保目标实现等方面采取更为有力的强制措施，以此实现建立海洋保护区以及保护当地海洋生物多样性的初衷。

（二）海洋保护区的发展趋势

全球海洋保护区的建设取得飞速发展，同时其发展呈现出规模化、网络化和国际化的趋势。

1. 由小到大的规模化发展趋势

就保护区的大小设计而言，按照岛屿生物地理学"物种与面积关

---

① Graham J. Edgar et al., "Global Conservation Outcomes Depend on Marine Protected Areas with Five Key Features", *Nature* 506 (2014), pp. 216 – 220.

系",如果要让群落物种数量增加1倍,保护区的面积就需要增加9倍。所以,一般认为保护区面积越大越好。尽管实践证明,海洋保护区不论面积大小均能发挥一定的保护和恢复作用,但小型海洋保护区所能保护的鱼类和无脊椎动物总群小,可能难以维持自身的发展。为了确保海洋保护区的种群获得幼体的补充和支持,保护区的面积必须相当大。[①]

大型的海洋保护区更加符合系统性方法和预防性原则的要求,可以由核心区、缓冲区、过渡区构成,增加了保护区的弹性,更有利于达到保护的目的。在实践中,建立"大规模海洋保护区"(Large-Scale Marine Protected Areas, LSMPAs)也已成为一种趋势。尤其是珊瑚礁和远洋群岛及其邻近海域具有丰富的生态系统,其海洋生物多样性保护代表国际公共利益,已得到国际社会和主要海洋大国的特别关注。[②] 2018年初,IUCN-WCPA发布了《大型海洋保护区:设计与管理指南》,为建立大型海洋保护区奠定了基础,同时相关案例研究具体解释了如何设计和管理大型的海洋保护区。

第一个大型的海洋保护区是澳大利亚于1975年创建的大堡礁保护区。进入21世纪以来,海洋保护区逐步呈现大型化发展趋势,美、英等国先后建立大型海洋保护区。早期的保护区大多关注较小区域内的珊瑚或沿海鱼类资源,而新的大型保护区的目标则集中在保护海洋生态系统上,包括在较广阔区域生存的鱼类及其他生物。大型海洋保护区网络正在增加,近期建立的面积甚至超过了100万平方公里,如美国在太平洋上建立了超过100万平方公里的海洋保护区以及南极罗斯海地区海洋保护区正式建立,明确反映出国际上出现了追求更大面积的海洋保护区的趋势。

对于大型的海洋保护区,目前并未有国际社会广泛认可的界定,但一些非政府组织,如皮尤环境组织(Pew Environment Group)将该类保护区定义为面积超过10万平方公里的海洋保护区,而IUCN-WCPA的

---

① 〔美〕拉佛雷等:《建立弹性海洋保护区网络指南》,王枫译,海洋出版社,2009,第10页。

② Elizabeth M. De Santo, "Missing Marine Protected Area (MPA) Targets: How the Push for Quantity over Quality Undermines Sustainability and Social Justice", *Journal of Environmental Management* 124 (2013), p. 137.

2018 年指南给出的定义为保护面积大于 15 万平方公里的海洋保护区。该指南认为无论是从生态系统保护方面，还是从地区文化方面以及大规模应对气候变化方面，大规模海洋保护区都具有一定的优势，但是在设计、计划和管理大规模海洋保护区的方面存在诸多挑战。① 多数学者也认为尽管小型海洋保护区依然非常重要，但是大型海洋保护区是最有希望遏制全球范围内海洋生态系统衰退的。② 另外，一些学者指出设立海外大型远洋群岛的海洋保护区是美、英、法等国家在海洋生物多样性这面"绿色"大旗下，维护海洋霸权、获取全球海洋利益的重要途径。美、英、法等国家巧妙运用海洋生态环境保护这一道义平台强化对远离本土群岛及邻近海域的实际管控。③这一方面必须引起警惕。

2. 全球海洋保护区网络化发展趋势

大规模海洋保护区是实现海洋保护区目标的最优选择，然而，在很多地区，由于经济、社会和政治条件的限制，要建立单个海洋保护区，其面积大到足以保证支持和自我维持所有物种种群是不现实的。把若干中小型海洋保护区组建成网络，可能有助于在维护自然保护和渔业利益的同时，减少对社会经济的影响。④设计良好的网络不仅提供了维持生态系统的过程和关联性所必需的主要空间联系，还能在遭遇局部灾害、气候变化、管理无效或其他危险情况的时候，通过分散风险提高弹性，这样比单个保护区更有助于确保种群的长期可持续性。⑤因此，海洋保护区网络也成为越来越有价值的管理手段。

在各国的管理实践中，不同类型的海洋保护区往往单独管理，资源分散，效果并不理想。鉴于此，国际社会和各国政府越来越重视将现有的或新建的保护区置于系统的保护网络之下，实现综合管理、资源共享。

① IUCN, Large-Scale Marine Protected Areas: Guidelines for Design and Management, 2017.
② Robert J. Toonen et al., "One Size does not Fit All: The Emerging Frontier in Large-scale Marine Conservation", *Marine Pollution Bulletin* 77 (2013), p.10.
③ 郑苗壮等：《美、英、法等国建立大型远岛海洋保护区的影响》，《吉林大学社会科学学报》2016 年第 6 期。
④ 〔美〕拉佛雷等：《建立弹性海洋保护区网络指南》，王枫译，海洋出版社，2009，第 10 页。
⑤ 〔美〕拉佛雷等：《建立弹性海洋保护区网络指南》，王枫译，海洋出版社，2009，第 10 页。

国际社会已经开始认识到建立海洋保护区网络的必要性，并在近十几年内不断呼吁建立全球性的海洋保护网络系统。比如，2003 年的第五届世界公园大会提出大幅度提高海岸带和海域中保护区的覆盖率，同时呼吁力求各类生境中至少有 20% ~30% 属于严格保护区。[①] 2004 年的《生物多样性公约》缔约方大会就建立和维护海洋保护区以形成全球化的网络达成一致。因此，建立覆盖所有主要海洋生境与生态系统的海洋保护区网络，将是恢复和维持海洋健康的重大步骤之一。如果被广泛采用，海洋保护区网络将有助于防止海洋资源的丧失，不仅有助于恢复海洋生物，而且有助于恢复整个生态系统。如果获得有效实行，海洋保护区网络可以扩大网络成员保护区的效益，保护大尺度的海洋生态过程，降低濒危海洋物种消失的速度，并恢复衰竭的渔业资源。

世界各国的海洋保护区实践也体现了保护区的网络化发展进程，如澳大利亚、加拿大、美国、新西兰等国在其海洋管理政策中都提出了建立海洋保护区网络。自 20 世纪 90 年代，澳大利亚便开始启动国家海洋保护区网络计划，如今已经建成了几乎覆盖所有国家海域，包含不同的海洋生态系统和栖息地的联邦和各州海洋保护区网络；加拿大在 2000 年提出要建立一个综合、协调的全国海洋保护区网络；2000 年，美国克林顿总统发布第 13158 号行政命令，致力建立海洋保护区网络工作；新西兰在整合现有海洋保护区时也明确提出"应该建立全国性的保护区系统或网络"。这些国家的海洋保护区网络实践对建设全球代表性的海洋保护区网络体系具有重大的推动作用。

3. 由国家管辖范围之内扩展到国家管辖范围之外的国际化发展趋势

ABNJ 占全球海洋面积的 61%，其中仅有 1.18% 的海域建立了海洋保护区。大量证据表明，公海区域内的资源开发导致了公海环境恶化。而《公约》在实践中缺乏快速应对新挑战的能力，更无法加强管理以保护公海生物多样性、生态系统和渔业资源面临的日益加剧的威胁和危险。[②] 若要实现全球海洋生态系统和海洋多样性的保护目标，必须促进公海保护区的建设和发展。

---

① 〔美〕拉佛雷等：《建立弹性海洋保护区网络指南》，王枫译，海洋出版社，2009，第 11 页。

② 全球海洋委员会：《从恶化到恢复：全球海洋救助方案》报告摘要，2014，第 1 页。

　　对公海保护区的倡议始于 20 世纪 80 年代。20 世纪 90 年代以后，沿海国逐渐完成国家管辖范围以内的海域确权问题。随着海洋环境和海洋资源问题出现，各国对其管辖海域的管控措施越发难以有效地应对日益凸显的全球海洋环境问题。国际社会的关注点开始从国家管辖以内海域扩展到国家管辖以外的海域制度的修改和调整上，国家管辖范围以外海洋生物多样性的保护问题开始引起广泛关注和讨论，并由此提出公海保护区方式。进入 21 世纪以来，国家管辖范围以外区域海洋生物多样性保护问题已经得到国际社会和各国的高度重视，公海保护区建设开始成为热点。在 2000 年举行的第二届世界保护大会、2002 年的可持续发展世界峰会、2003 年的第五届 IUCN 世界保护区大会以及 2006 年举办的联合国第八届《生物多样性公约》缔约方大会等大量的国际会议上均明确提出了"建立公海保护区"的议题。

　　目前已建立四处公海保护区。尽管国内外学术界对建立公海保护区的必要性已基本达成一致，认为现行的公海保护体系下采取额外的措施进行公海保护十分必要，但是仍有学者表示对建立公海保护区的适当性的质疑，认为其至少是一个值得高度防范的方式。反对理由主要包括三个方面：建立公海保护区对现行的公海法律制度造成严重冲击；基于人类对公海认识的局限性，珊瑚礁受到破坏和气候变暖等现象的科学原因尚待解答，以建立公海保护区应对这些问题的科学性有待考察；人类从海洋获取的生物资源大多位于专属经济区内且国际海事组织已经为船舶在公海上的污染防治做出了一定努力，因而对建立公海保护区可能导致的对人类经济利益的限制提出质疑。①

　　目前，各国针对国家管辖范围外区域海洋生物多样性（Marine Biological Diversity of Areas Beyond National Jurisdiction，BBNJ）的养护和可持续利用问题形成具有法律约束力的国际文件展开了多轮谈判，其中包括海洋保护区在内的划区管理工具是联合国确立的四大谈判议题之一。尽管目前还存在诸多争论不休、矛盾难以调和的关键性问题，达成最终

---

① Vladimir Kotliar, Marine Protected Areas on the High Seas (Some Legal Aspects), 2001, http://www. academia. edu/1613911/Marine_Protected_Areas_Beyond_National_Jurisdiction-Existing_Legal_Principles_and_Future_Legal_Frameworks Marine Protected Areas on the High Seas, last visited on March 20, 2020.

的国际文件还有很长一段路要走，但是各国就 BBNJ 建立海洋保护区已经达成一致，建立公海保护区是未来的必然趋势。

（三）海洋保护区发展的挑战

除了致力逐渐增加海洋保护区的数量和覆盖面积，推动和实现海洋保护区的规模化、网络化和公海保护区的进一步发展，在海洋保护区的有效设计、划定、选址、监测和管理等具体实践方面也存在着诸多挑战。

首先，迫切需要对全世界范围内海洋保护区的有效性进行评估和了解。因而，建立客观、科学和公正的海洋保护区效率评估标准存在着挑战。目前许多地方的海洋保护区都使用保护区管理效率（Protected Area Management Effectiveness，PAME），尤其是使用管理效率追踪工具（Management Effectiveness Tracking Tool，METT）进行评估。Gill 等使用这些评估工具，在其 2017 年发表于《自然》的文章中指出，虽然生态因素是加强海洋保护区效果的关键，但是可获得的能力，包括资源和人员才是海洋保护区有效管理的基本要素。[①] 此外，IUCN-WCPA 创设了符合全球受保护和保全区域标准的 IUCN 绿色名录，用以评估全球海洋保护区管理的效果，以增加有效和公平管理的保护区的数量以及传达保护的结果。

其次，在海洋保护区的实践中主要存在以下挑战。[②] 潜在海洋保护区的识别，即如何正确认定何种海洋区域需要建立海洋保护区。其中关键部分在于设立挑选标准和采用风险预防的方式收集相关数据。指定海洋保护区。一方面，需要确定该海洋保护区的基本目标，决定最优的面积、数量和位置；另一方面，需要确定保护区的资金体系。海洋保护区的管理应当制定管理计划，包括保护区的基本目标、管理规划，规划的执行、监测和治理等方面。

六　小结

海洋对整个地球和全人类而言都具有至关重要的意义。自有历史记

---

①　David A. Gill et al. , "Capacity Shortfalls Hinder the Performance of Marine Protected Areas Globally", *Nature* 543 (7647) (2017), p. 669.

②　IUCN, Blue Solutions at the IUCN World Parks Congress 2014, 2015.

载以来，海洋的神秘莫测和丰富资源就吸引着人类。千百年来，洋流与天气变化一直挑战着航海者和捕捞者，而多姿多彩的水下景观和丰富的海洋生物被波浪掩盖而不为人所知。直到最近的两百年里，航海者和科学家才开始逐渐揭开海洋的神秘面纱，从而使人类对海洋了解得更多。然而，先进的科学技术和更深入的研究已经揭露：由于人类活动的影响，世界各地的海洋正面临着前所未有的挑战和压力。

在这种背景下，海洋保护区已经受到国际社会和各国政府的日益重视。海洋保护区最初以保护渔业资源和维持生计的目的而存在，作为一种海洋环境综合管理工具，则是在近几十年才逐渐被一些国家所接受。在一些相关的国际环境条约和计划中，海洋环境保护区也已同样被建议作为沿海和海洋环境可持续发展的重要机制。但是，各国依据本国不同的国情，对海洋保护区的实践不尽相同，因而海洋保护区在定义、分类、保护目的、管理内容和法律规定上也存在巨大差别。IUCN 等一些国际组织已发布关于海洋保护区的相关指南，试图为海洋保护区的建立和管理提供统一的指导和规范，以促进全球范围的海洋保护区的发展。

因此，在过去的几年里，国际社会和各国政府充分肯定了海洋保护区在实现海洋可持续发展方面的作用，加大了海洋保护区的建设和发展的力度，海洋保护区的数量和面积迅速增长，但是在如何评估和有效管理海洋保护区等方面依然存在诸多质疑，有待进一步完善。面对这些质疑，海洋保护区呈现出由小到大的规模化、全球海洋保护区网络化以及由国家管辖范围之内扩展到国家管辖范围之外的国际化的发展趋势。与此同时，海洋保护区的发展在有效设计、划定、选址、监测和管理等具体实践方面面临着诸多挑战。

参考文献

一　中文

1. 范晓婷主编《公海保护区的法律与实践》，海洋出版社，2015。
2. 何志鹏、高潮：《国际法视角下的公海海洋保护》，《甘肃社会科学》2016 年第 3 期。

3. 刘洪滨、刘康编著《海洋保护区——概念与应用》，海洋出版社，2007。

4. 〔美〕拉佛雷等：《建立弹性海洋保护区网络指南》，王枫译，海洋出版社，2009。

5. 全球海洋委员会：《从恶化到恢复：全球海洋救助方案》，2014。

6. 全球海洋委员会：《从恶化到恢复：全球海洋救助方案》报告摘要，2014。

7. 张晓：《国际海洋生态环境保护新视角：海洋保护区空间规划的功效》，《国外社会科学》2016 年第 5 期。

8. 郑苗壮等：《美、英、法等国建立大型远岛海洋保护区的影响》，《吉林大学社会科学学报》2016 年第 6 期。

二　英文

1. Agnew, David J. et al., "Estimating the Worldwide Extent of Illegal Fishing", *PLoS ONE* 4 (2): e4570, 2009.

2. Dudley, Nigel, Guidelines for Applying Protected Area Management Categories, Gland: IUCN, 2008.

3. Doney, Scott C. et al., "Climate Change Impacts on Marine Ecosystems", *Annual Review of Marine Science* 4 (2012).

4. De Santo, Elizabeth M., "Missing Marine Protected Area (MPA) Targets: How the Push for Quantity over Quality Undermines Sustainability and Social Justice", *Journal of Environmental Management* 124 (2013).

5. Edgar, Graham J. et al., "Global Conservation Outcomes Depend on Marine Protected Areas with Five Key Features", *Nature* 506 (2014).

6. FAO, The State of World Fisheries and Aquaculture, Rome, 2016.

7. Grafton, R. Q., Kompas, T. and Schneider, V., "The Bioeconomics of Marine Reserves: A Selected Review with Policy Implications", Economics Discussion Paper, No. 0405, 2004.

8. Gill, David A. et al, "Capacity Shortfalls Hinder the Performance of Marine Protected Areas Globally", *Nature* 543 (7647) (2017).

9. IUCN, Guidelines for Protected Area Management Categories, 1994.

10. IUCN, Guidelines for Applying the IUCN Protected Area Management Categories to Marine Protected Areas, 2012.

11. IUCN, Blue Solutions at the IUCN World Parks Congress 2014, 2015.

12. IUCN, Large-Scale Marine Protected Areas: Guidelines for Design and Management, 2017.

13. Kelleher, G. and Kenchington, R. A., Guidelines for Establishing Marine Protected Areas, 1991.

14. Kotlia, Vladimir, Marine Protected Areas on the High Seas (Some Legal Aspects), 2001.

15. "Marine and Coastal Biodiversity: Review, Further Elaboration and Refinement of the Programme for Work", Report of *Ad hoc* Technical Expert Group on Marine and Coastal Protected Areas, 8th Meeting of the Subsidiary Body on Scientific, Technical and Technological Advice, Montreal, Canada, March 10 – 14, 2003.

16. OECD, Marine Protected Areas: Economics, Management and Effective Policy Mixes, 2016.

17. OSPAR Cominission, 2018 Status Report on the OSPAR Network of Marine Protected Areas, 2019, http://www. ospar. org/documents? v = 37521.

18. Toonen, Robert J. et al. , "One Size does not Fit All: The Emerging Frontier in Large-scale Marine Conservation", *Marine Pollution Bulletin* 77 (2013).

19. UNEP-WCMC, *National and Regional Networks of Marine Protected Areas: A Review of Progress*, Cambridge: UNEP-WCMC, 2008.

20. UNEP, Towards a Green Economy: Pathways to Sustainable Development and Poverty Eradication a Synthesis for Policy Makers, 2011, Nairobi.

21. UNDP, Catalysing Ocean Finance Volume I Transforming Markets to Restore and Protect the Global Ocean, 2012, New York.

22. WWF, Creating a Sea Change: The WWF/IUCN Marine Policy, 1998.

三　主要参考网站

1.《2030 年可持续发展议程目标 14》, https://www. un. org/sustainabledevelopment/zh/oceans/。

2. Convention on the Conservation of Migratory Species of Wild Animals, http://www. cms. int/en/parties-range-states.

3. List of Countries of the World Order by Coastline, http://www. listofcountriesoftheworld. com/coastline. html.

4. Man and the Biosphere Programme, http://www. unesco. org/new/en/natural-sciences/environment/ecological-sciences/.

5. Protected Planet, https://www. protectedplanet. net/marine.

6. Ramsar Sites Information Service, https://rsis. ramsar. org/ris-search/? solrsort = area_off_d% 20desc.

7. World Heritage List, http://whc. unesco. org/en/list/.

第二编

美洲国家

第二章 美国：强大技术支撑下庞大
且复杂的海洋保护区体系

一 美国海洋自然环境与海洋保护区建设概况

（一）海洋自然环境

美国位于北美洲南部，东临大西洋，西靠太平洋，南濒墨西哥湾，北与加拿大接壤，其中东北与加拿大接壤部分为五大湖。美国拥有世界第四大的国土面积，仅次于俄罗斯、加拿大和中国。全国包括50个州和1个特区（哥伦比亚特区），其中包括48个"本土"州，位于加拿大和墨西哥之间的北美中部，与加拿大接壤的阿拉斯加州，位于北美的西北部，南至太平洋，北至北冰洋以及位于中太平洋群岛上的第五十个州夏威夷州。此外，美国还拥有分散于太平洋和加勒比海的海外领地。

美国的海外领地是由美国联邦政府直接监督的次国家行政分支，并不享有国家主权。美国在加勒比海、南太平洋和北太平洋的西部拥有16个海洋领地。其中的五个海外领地，即美属萨摩亚（American Samoa）、关岛（Guam）、北马里亚纳群岛（Northern Mariana Islands）、波多黎各（Puerto Rico）和美属维尔京群岛（U.S. Virgin Islands），有人常居于此；另外的11处为小型岛屿、环礁和珊瑚礁，没有原住民和长久居住民，巴霍努埃沃礁（Bajo Nuevo Bank）是在加勒比海发现的珊瑚礁，与塞拉尼亚浅滩（Serranilla Bank）由哥伦比亚管理；纳瓦萨岛（Navassa Island）和威克岛（Wake Island）处于美国和其他国家的领土纠纷中。依据美国国会的法案，当从地理学的角度使用"美国"一词，指的是美国大陆、阿拉斯加、夏威夷、波多黎各、关岛和美属维尔京群岛，随后又包含了美属萨摩亚和北马里亚纳群岛。中太平洋的远洋群岛大部分由美国内政部和军方管辖，多为美国的海外军事基地，战略地位十分重要。

美国国家海洋和大气管理局公布的美国本土及本土外主要领地的海岸线总长度为 153646 公里，[①] 其中大西洋沿岸海岸线较曲折，长 3330 公里，有许多优良的海湾和港口；太平洋沿岸和墨西哥湾的海岸线较平直，太平洋（含夏威夷）沿岸海岸线长 12268 公里，墨西哥湾海岸线长 2625 公里；阿拉斯加北极地区海岸线长 1706 公里。[②]美国未加入《联合国海洋法公约》，但是主张 12 海里的领海、24 海里的毗连区以及 200 海里的专属经济区。美国的领海面积为约 80 万平方公里，拥有世界上面积最大的专属经济区，围绕着超过 13000 海里的海岸线和主张包含 340 万平方海里的海域——超过所有 50 个州的总面积。美国对相当一部分的五大湖区拥有管辖权。五大淡水湖及其支流构成了地球表面最大的淡水池，覆盖大约 72000 平方海里的面积。美国的八个州与五大湖相邻，具有与整个北极海洋大致相同的长度。[③]美国海洋的海域覆盖面积为陆地覆盖面积的 1.4 倍，因此，美国自称"海洋国家"。

因为具有较长的海岸线和世界上最大的专属经济区，从北极到大湖区再到热带地区，美国的海岸、海洋和五大湖的水域包含了广泛的生境类型。各不同区域的生境类型维持着具有显著特征的物种，包括濒危物种和具有商业、娱乐和文化重要性的有机物。因此，一方面，美国的海洋环境对维持异常丰富的生物多样性发挥着非常重要的作用；另一方面，美国的海洋环境的差异性比较大，其生态重要性和价值经常因地而异。

此外，美国的海洋能够极大地代表丰富的文化遗产和海洋的联系。同样地，人类对海洋的多重使用，维持生计以及在海洋和海岸环境进行的其他活动能够促进整个国家巨大的自然和文化遗产的可持续健康发展。美国 39 个州沿海，海岸线附近人口稠密，承载着全国一半以上的人口。海岸和海洋活动，比如海上货物运输、近海能源钻井、资源开采、渔业

---

① National Ocean Service, NOAA, https://oceanservice.noaa.gov/facts/shorelength.html, last visited on March 20, 2020.

② 李景光主编《国外海洋管理与执法体制》，海洋出版社，2014，第 1 页。

③ US Commission on Ocean Policy, An Ocean Blueprint for the 21st Century, 2004, https://www.gc.noaa.gov/documents/2011/012711_gcil_maritime_eez_map.pdf.

养殖、娱乐和旅游业是国家经济的一部分，占美国国民生产总值的58%。[①] 因此，美国的海洋区域不仅对自然生态系统具有重要性，与文化遗产的保留密切相关，也有益于社会经济的发展。

　　然而，随着人口的增长和海洋资源使用的增加，人类活动对附近的海洋生态环境的平衡也带来了压力。尽管当地政府努力加以控制和规范，但是因为人为因素导致的海岸和近海生态系统仍然继续退化。造成退化的原因很多，主要包括：污染物；带有沉积物和化学品的陆源径流；海岸的发展，比如有报告指出美国14%的海岸都"穿上了混凝土"，并预计到2100年将达到三分之一，这种情况在波士顿、洛杉矶和佛罗里达的大部分地区尤为普遍，将会对海岸生态环境带来破坏[②]；外来物种入侵；过度捕捞和副捕捞物；栖息地改变；海平面上升和气候变化，大约2500万人居住在易于遭受海平面上升影响的地区。[③]

　　由于具有广泛影响力的事件及其呈现出的趋势，公众更多地意识到海洋环境的退化，包括墨西哥湾一个大型的季节性"死亡地带"、海洋石油泄漏带来的环境影响、诸多主要鱼种种群的减少，以致无法维持商业甚至是娱乐性捕捞以及珊瑚礁白化。应对这些环境问题以及确保这些生态系统的健康，维持人类需要的可持续利益需要综合的管理方式。但是，美国现有的管理海洋环境资源的方式由于持续性的人口增加和环境质量的下降而显得似乎是无效的，因此需要寻找其他的替代方案。[④]

（二）美国海洋保护区建设

　　美国现在所使用的海洋保护区的定义是由第13158号行政命令第

---

① S. C. Moser et al., "Ch. 25: Coastal Zone Development and Ecosystems", in J. M. Melillo, Terese (T. C.) Richmond and G. W. Yohe, eds., *Climate Change Impacts in the United States: The Third National Climate Assessment*, U. S. Global Change Research Program, 2014, pp. 579 – 618.

② Garbriel Popkin, Fourteen Percent of U. S. Coastline is Covered in Concrete, http://www.sciencemag.org/news/2015/08/fourteen-percent-us-coastline-covered-concrete, last visited on March 15, 2020.

③ FEMA, Coastal AE Zone and VE Zone Demographics Study and Primary Frontal Dune Study to Support the NFIP, 2008, Washington, DC: Federal Emergency Management Agency Technical Report, p. 98.

④ Harold F. Upton and Eugene H. Buck, Marine Protected Areas: An Overview, CSC Report for Congress, 2010, p. 1.

二部分所规定的，是指"根据联邦、州、领地、部落或地方的法律或规定，为对其中部分或全部自然和文化资源的持续保护而保留的任何海洋环境区域"。

通常认为，美国是最早建立国家级保护区的国家。1872 年，美国联邦政府成立了世界上第一个现代意义上的国家公园——黄石国家公园，并在 1916 年成立国家公园服务局（National Park Service，NPS），开创了国家保护区建设的先河。然而，相较陆地保护区，美国的海洋保护区发展起步较慢。事实上，美国的所有海域都以某种方式进行保护，但并不是所有的海域都能被认为是海洋保护区。新西兰、西班牙、澳大利亚和加拿大等一些国家早已经在它们管辖的海域内有效实施了海洋保护区。[①]美国在利用海洋保护区方面是落后于这些国家的。美国直到最近十几年才开始承认海洋保护区的重要性，并且朝着将其作为美国海洋管理政策的一个重要组成部分而加以实施的方向发展。[②]2000 年，克林顿总统发布第 13158 号行政命令，寻求增加海洋保护区的数量和建立海洋保护区网络工作，以及环境团体要求更大程度和范围的保护海洋资源，使海洋保护区重新获得了关注。如今海洋保护区在数量上已取得了飞跃式的发展，许多海洋区域已经由联邦和州政府进行划定，并提供不同程度的保护。

1. 海洋保护区的发展进程

海洋保护区的形式在美国已经存在了上百年时间。虽然当时已经具有进行国际海洋保护区运动的意识，但是直到 20 世纪 90 年代后期，美国才开始正式采取海洋环境保护区政策的一致性努力。几乎很少有关于促成美国对海洋保护区采取正式立场的事件链的文件，但从相关的一手报道中可以整理出如表 2 - 1 所示关于海洋保护区发展的历史回顾。[③]

---

① Randall S. Abate, "Marine Protected Areas as a Mechanism to Promote Marine Mammal Conservation: International and Comparative Law Lessons for the United States", *Oregon Law Review* 88（2009）, p. 258.

② Randall S. Abate, "Marine Protected Areas as a Mechanism to Promote Marine Mammal Conservation: International and Comparative Law Lessons for the United States", *Oregon Law Review* 88（2009）, p. 258.

③ National Marine Protected Areas Center, Marine Protected Areas of the United States: Conserving Our Oceans, One Place at a Time, 2015.

表 2 - 1　美国海洋保护区的发展进程

年份	事件	影响
1903	西奥多·罗斯福（Theodore Roosevelt）总统建立了美国第一个海洋保护区和第一个国家野生生物庇护区——鹈鹕岛鸟类保护区	第一个海洋保护区
1913	在加利福尼亚州的卡比路（Cabrillo）国家遗址内建立了第一个国家公园体系内的海洋保护区	第一个国家公园体系内的海洋保护区
1967	恐龙湾（Hanauma）海洋生物养护区被划定为夏威夷的第一个禁取海洋保护区	第一个禁取海洋保护区
1972	通过《国家海洋保护区法案》	为建立国家海洋保护区提供法律依据
1974	莫尼特（Monitor）号蒸汽炮舰残骸被提名为国家海洋保护区，并且在 1975 年正式成为第一个国家海洋保护区	第一个国家海洋保护区
1980	创建密歇根水下保护体系为后代保护历史遇难船的遗骸	建立密歇根水下保护体系
1987	佛罗里达州开始发展水下公园的州级体系	水下公园的州级体系
1998	在加利福尼亚州蒙特雷召开国家海洋会议。克林顿总统和戈尔副总统呼吁海洋全国行动的综合性规划	国家海洋会议
1999	通过《加利福尼亚州海洋生物保护法案》	
2000	克林顿总统发布第 13158 号行政命令，呼吁建立海洋保护区国家体系。同年建立国家海洋保护区中心。动用总统特权第一次宣布建立西北夏威夷珊瑚礁海洋生态系统保留区，面积约为 34 万平方公里，是当时世界最大的海洋保护区	
2001	在圣约翰岛和佛罗里达重要国家海洋庇护区内分别建立维尔京群岛珊瑚礁国家遗址和托图格斯（Tortugas）生态保留区	
2002	加利福尼亚州在海峡群岛（Channel Islands）国家公园和国家海洋保护区内建立了 10 个海洋保留区和 2 个海洋养护区	
2006	布什总统在夏威夷建立了帕帕哈瑙莫夸基亚（Papahānaumokuākea）海洋国家遗址，成为美国最大的海洋保护区	
2007	国家公园服务局将德赖托图格斯（Dry Tortugas）国家公园保留研究自然区作为禁取区	

续表

年份	事件	影响
2009	布什总统动用总统特权在中、西太平洋的三个区域建立马里亚纳海沟（Marianas Trench），太平洋偏远岛屿（Pacific Remote Islands）以及罗斯（Rose）环礁海洋国家遗址，被美国各界广泛认为是布什总统任期内留给世人的最后政治遗产	海洋保护区国家体系正式建立，具有 225 个联邦和州海洋保护区成员
2010	奥巴马总统建立国家海洋政策保护和规定海洋资源的可持续利用	
2012	加利福尼亚州完成了州级海洋生物保护区法案的海洋部分，建立了 124 个海洋保护区的网络，其中包括 58 个禁取海洋保护区。俄勒冈州建立了一个禁取海洋保留区	
2013	美国已经建立了超过 1700 个海洋保护区	
2014	奥巴马总统第 12 次行使特权建立海洋保护区，扩大美国太平洋偏远岛屿海洋国家保护区面积，受保护海域面积达到 127 万平方公里，是近 50 年来美国建立海洋保护区面积最大的总统	
2016	奥巴马总统宣布扩大帕帕哈瑙莫夸基亚海洋国家遗址的面积，现有 150 万平方公里，是当时世界上最大的海洋保护区	
2017	特朗普总统命令其行政部门评价部分主要的海洋遗址，并考虑减少它们的面积或对商业捕鱼重新开放	会造成这些海洋保护区成为"纸上公园"

资料来源：部分根据美国国家海洋保护区中心 2015 年发布的资料整理而成。

2. 海洋保护区的分类

美国有许多不同类型的海洋保护区和术语，比较常见的有国家海洋庇护区、国家公园和国家野生生物避难区、许多州级公园和养护区域以及各种渔业封闭管理区。如此复杂和多样的海洋保护区类型和目的使政策制定者和利益相关方面临着很多挑战。因此，国家海洋保护区中心基于海洋保护区的物种特征制定了一套分类体系，如表 2-2 所示，包含养护焦点、保护的水平、保护的持久性、保护的稳定性以及保护的生态范围这五个方面，其中主要的两个特征为养护焦点和保护的水平。①

---

① National Marine Protected Areas Center, Definition & Classification System for U. S. Marine Protected Areas, 2011, https://nmsmarineprotectedareas. blob. core. windows. net/marineprotectedareas-prod/media/archive/pdf/helpful-resources/factsheets/mpa_classification_may2011. pdf.

表 2 - 2　美国海洋保护区分类体系

标准	主要内容	保护区的名称
养护焦点：大多数的海洋保护区都有法定目标、养护目的以及预期目标。比较常见的例子包括为养护生物多样性而建立海洋保护区以支持研究和教育；为恢复过度捕捞鱼群而保护深海生境；为海事教育而保护和诠释失事船骸而建立的海洋保护区。这些对海洋保护区的描述反映在地区养护焦点上，代表了建立海洋保护区以保护海洋的特点。养护焦点反过来也影响该区域的许多关键方面，包括设计、位置、面积、范围、管理战略和对周边生态系统潜在的贡献	自然遗产：为了全部或部分维持、保护、修复和理解保护区的自然生物多样性、生物种群、生物群落、生境和生态系统等而建立和管理的海洋保护区或区域	大多数的国家海洋庇护区、国家公园、国家野生生物避难区和许多州级海洋保护区域
	文化遗产：为了部分和全部保护和理解现在继承和保持及其赠予后代的地理证据的遗产和集体或社会的无形价值而建立和管理的海洋保护区或区域	一些国家海洋庇护区、国家和州公园以及国家历史遗址
	可持续生产：为了部分和全部支持海洋保护区内生存的可再生物资源（鱼类、贝类、植物、鸟类或哺乳动物）的持续性开采，或在其他地方开采但是依靠保护区的生境作为它们生态或生命史的关键要素（产卵、交配等）而建立和管理的海洋保护区或区域	一些国家野生生物避难区和许多联邦和州渔业区域，包括为恢复过度捕捞鱼种、保护副捕捞物种或保护重要渔种生境而建立的保护区
保护的水平：美国的海洋保护区在对区域的自然和文化资源以及生态过程实施的法定保护的水平和类型差别很大。任何一个海洋保护区或者一个更大型的海洋保护区内的管理区都可以被认定为六种不同保护水平的其中一种，这六种不同的保护水平将会直接影响其对环境和人类使用的效果	统一的多重使用：在保护区的所有区域具有一致性的保护水平、可允许的活动和限制的海洋保护区或区域。自然和文化资源的开采使用可能会被限制	美国海洋保护区最常见的类型，包括许多庇护区、国家和州公园和文化资源海洋保护区
	划区的多重使用：海洋保护区允许整个区域内的一些开发性活动，但是利用海洋区划给相应的地方和时间分配特定的使用，以减少使用者冲突和负面影响	美国海域里日益常见的类型，包括一些海洋庇护区、国家公园、国家野生生物避难区和州海洋保护区
	设有禁取区的划区的多重使用：包含至少一个法定建立的禁止资源开采的管理区的多重使用的海洋保护区	美国海域逐渐增加的类型，主要在一些国家海洋庇护区和国家公园

标准	主要内容	保护区的名称
保护的水平：美国的海洋保护区在对区域的自然和文化资源以及生态过程实施的法定保护的水平和类型差别很大。任何一个海洋保护区或者一个更大型的海洋保护区内的管理区都可以被认定为六种不同保护水平的其中一种，这六种不同的保护水平将会直接影响其对环境和人类使用的效果	禁取区：海洋保护区或区域允许人类进入，甚至一些潜在的有害使用，但是完全禁止对自然和文化资源的开采和重大的损害。包括帕帕哈瑙莫夸基亚海洋国家遗址，允许当地夏威夷人通过许可证的方式进行非常有限的维持生计的捕鱼活动	禁取的海洋保护区在美国比较稀少，主要发生在州海洋保护区，一些为渔业管理或濒危物种保护而封闭的联邦区域，或者更大的多重使用的海洋保护区域内作为小型特殊使用（研究）区域，也被称为海洋保留区或生态保留区
	无影响：海洋保护区或区域允许进入，但是禁止损害区域内资源或打扰保护区所能提供的生态和文化功能的一切活动。在无影响海洋保护区所禁止的典型活动包括对任何种类的捕鱼、收集或采矿资源的开采；污染物的排放；材料的处置和安装以及改变或打扰水下文化资源、生物聚集物、生态互动、生理化学和环境特征、受保护的生境或支持保护区的自然过程	无影响的海洋保护区在美国很少见，主要发生在小型的被隔离开的海洋保护区或更大的多重使用的海洋保护区域内仅用于研究的小型区域。其他常见的使用术语包括完全保护的海洋（或生态）保留区
	禁止进入：海洋保护区或区域禁止所有人进入该区域，以防止潜在的生态干扰，除非为研究、监测或恢复等特定使用的特别许可	禁止进入的海洋保护区在美国极少见，主要为更大的多重使用的海洋保护区域内仅用于研究的小型区域。其他常见的使用术语包括荒野区或海洋保留区
保护的持久性：并不是所有的海洋保护区都被永久性地加以保护。很多保护区的有效保护期时间长短不同，这种差异性反过来也深刻影响着它们对生态系统和使用者的最终效果	永久性的：海洋保护区或区域的法定机构为了后代，永久性地为该区域提供一定水平的保护，除非被无法预期的未来立法或规制行动取消	大多数国家海洋庇护区和所有的国家公园
	有条件的：海洋保护区或区域有潜力和经常被期待进行长期的管理，但是这些区域的法定机构只有有限的期间，必须被主动地更新或基于定期表现的政府评估才能被批准	一些适用于州级海域部分海洋保护区的附有"日落"条款的国家海洋庇护区
	暂时性的：设立海洋保护区以应对需要通过在有限的期间保护特定的生境或物种的相对短期的养护或管理，并且没有预期或特定的更新机制	一些集中于快速恢复物种（如扇贝）的捕鱼封闭区

续表

标准	主要内容	保护区的名称
保护的稳定性：并不是所有的海洋保护区都能对受保护的生境和资源提供全年的保护。美国的海洋保护区中有三种不同程度的稳定性的保护	全年保护：海洋保护区或区域全年为该区域提供稳定的保护	所有的海洋庇护区、国家公园、避难区、遗址和一些渔业保护区
	季节性保护：海洋保护区或区域保护特定的生境和资源，但是只在固定的季节或当人类的适用可能干扰生态地敏感季节过程，如产卵、生育或哺育过程	一些敏感生境周围的渔业和濒危物种封闭区
	滚动式保护：海洋保护区在一套固定的地理区域中连续地或可预见地循环，以满足短期养护或管理目标（如已修复种群的重新开采后的当地种群补给）	滚动式的海洋保护区在美国依然很少见，包括一些为了连续地修复当地种群到可捕捞的水平而建立的动态渔业封闭区
保护的生态范围：美国的海洋保护区在其提供的保护生态范围方面差别很大。海洋保护区养护目标包括整个生态系统及其相关的生物物理过程到中心生境、物种或其他被认为具有经济或生态重要性的资源。区域的养护目标的生态范围一般反映其潜在的法定机构，以及反过来强烈影响区域的设计、选址、管理方式和其他可能的效果	生态系统：海洋保护区或区域保护的法定机构和管理措施用以保护区域边界内生态系统的所有因素和过程	生态系统规模的海洋保护区包括大多数的海洋庇护区、国家公园和国家遗址
	焦点资源：海洋保护区或区域保护的法定机构和管理措施专门针对特定的生境、复合种群或单一的资源（自然或文化的）	许多渔业和文化资源区域，包括一些国家野生生物避难处和海洋庇护区

资料来源：美国国家海洋保护区中心，2011。

3. 海洋保护区现状

美国国家海洋和大气管理局的海洋保护区名录记录了美国水域的所有海洋保护区（包括海洋、河口和大湖水域）。根据其 2017 年发布的报告①以及可获得的相关资料，可以整理出美国海洋保护区的概况。

美国有超过 1200 个海洋保护区，②覆盖超过 320 万平方公里，即

---

① National Marine Protected Areas Center, Marine Protected Areas of the United States: Conserving Our Oceans, One Place at a Time, 2017, https://nmsmarineprotectedareas. blob. core. windows. net/marineprotectedareas-prod/media/archive/pdf/publications/conserving-our-oceans-one-place-at-a-time-v11. pdf.

② 2015 年的报告显示美国有 1700 多个海洋保护区，而 2017 年的报告显示美国有 1200 多个海洋保护区。说明海洋保护区的数量处于不断变动之中。

26%的美国水域。美国海洋保护区面积的96%都位于太平洋群岛。联邦机构管理的更大型的海洋保护区约占美国海洋保护区面积的99%，但是州机构管理着许多较小的海岸区域（面积小于1000平方公里）。① 州和领地政府管理着大约76%的国家海洋保护区，但是面积仅占1%。②

至2017年底，有力保护的海洋区域约占美国水域的23%。③ 其中，各州领海水域中的1.3%为有力保护的海洋区域，而23.9%的联邦水域为有力保护的海洋区域。85%的海洋保护区为多重使用，一些开采活动是被允许的，但是其中80%的保护区都禁止商业捕鱼。④ 大约3%的美国水域（40万平方公里）为禁取海洋保护区，禁止所有的开采活动（捕鱼、采矿等）以对海洋生物提供最高级别的保护。有力保护的海洋区域覆盖面最广的海域为夏威夷、美属萨摩亚、加利福尼亚州和美属维尔京群岛。如果把太平洋偏远岛屿和罗斯环礁海洋国家遗址对商业捕鱼开放，那么有力保护区的数量将会进一步下降至12.5%。此外，如果除去太平洋群岛的海洋保护区，仅有1%的州海域和0.01%的联邦水域是有力保护的海洋保护区。

美国海洋保护区主要目的为保护生态系统、生物多样性和文化遗产，其面积在2005年和2016年之间增加了20倍。美国受保护的海域迅速增加，基本可归因为位于太平洋的大型海洋国家遗址的扩张。帕帕哈瑙莫夸基亚海洋国家遗址建立于2006年，原本是美国最大的禁取海洋保护区。马里亚纳海沟、太平洋偏远岛屿和罗斯环礁海洋国家遗址建立于2009年。太平洋偏远岛屿在2014年扩建，帕帕哈瑙莫夸基亚海洋国家遗址在2016年扩建。⑤

---

① National Marine Protected Areas Center, Marine Protected Areas of the United States: Conserving Our Oceans, One Place at a Time, 2017, p. 3.

② National Marine Protected Areas Center, Marine Protected Areas of the United States: Conserving Our Oceans, One Place at a Time, 2015, p. 1.

③ 有力保护的海洋区域是指禁止商业开采，通过许可证仔细管理和高度限制娱乐性开采以及最少维持生计使用的区域。

④ Status of U. S. Marine Protected Areas, 2016 Statistics, http://noaa. maps. arcgis. com/apps/Cascade/index. html? appid = 64e5659d8fc04edc910a1721c27cec06, last visited on March 15, 2020.

⑤ Marine Protected Areas of the United States, Marine Protected Areas of the United States: Conserving Our Oceans, One Place at a Time, 2017.

因为陆地保护区比海洋保护区的建设时间更长，美国海洋保护区中近一半是更大规模的陆地保护区的一部分。45%的海洋保护区是海岸保护区（主要位于海洋，但是可能包括陆地的成分，所有的区域位于海滨 1 英里内），以及 8%的近海保护区（至少离海滨 1 英里）。几乎所有的自然和文化遗产的海洋保护区都是海岸保护区，包含着围绕海岛的大片海洋区域。①

此外，有时会因为一些非生态保护的原因，如经济使用、人类健康或安全、公共或私人财产的保护或国家安全而正式划定一些特殊区域。所谓的美国海域的事实上的海洋保护区（De Facto MPA）是指因为一些非保护或自然资源管理的原因通过法律限制活动的地方。常见的例子包括安全、安保或危险地带、受限制的区域、禁火区、一些抛锚区以及交通隔离规划。由于事实上的海洋保护区能够影响人类的进入和海洋使用，它们的位置、面积和目的与使用者、环保者、科学家和海洋计划制定者相关。② 在美国 200 海里的专属经济区内已经建立了 1200 多个事实上的海洋保护区，覆盖美国 3%的水域面积，面积从小于 1 英亩到大于 4 万平方公里不等。③ 许多美国联邦机构都参与了事实上的海洋保护区的管理，包括军队的五大成员——海岸护卫队、空军、海军、陆军和海军陆战队，以及环境保护局、美国陆军工程兵及国家航空和空间管理局。尽管事实上的海洋保护区也有可能会产生环保效益，但是目前还没有文献专门对区域内的环境影响做出评价和分析。

二 美国海洋保护区法律与政策框架

（一）美国签署的相关条约与建立国际海洋保护区的工作

美国签署的与海洋保护区相关的条约主要为《生物多样性公约》和

---

① National Marine Protected Areas Center, Marine Protected Areas of the United States: Conserving Our Oceans, One Place at a Time, 2015, p. 10.

② De Facto MPA, https://marineprotectedareas. noaa. gov/dataanalysis/defacto/, last visited on March 15, 2020.

③ National Marine Protected Areas Center, State of the Nation's De Facto Marine Protected Areas, 2008, https://nmsmarineprotectedareas. blob. core. windows. net/marineprotectedareas-prod/media/archive/helpful_resources/inventoryfiles/defacto_mpa_report_0608. pdf.

《拉姆萨尔公约》。美国1993年签署《生物多样性公约》，但至今未批准生效。《拉姆萨尔公约》于1986年在美国生效，现已设立38处湿地，其中14处为海洋和海岸湿地。

此外，美国参与和发起了多项支持海洋保护区的建立和管理的国际项目。美国与其邻国和其他国家共享许多海洋资源。迁徙物种（如鲸、海龟、远洋鱼类和许多鸟类）在不同的生命阶段依靠许多不同国家的海洋和海岸水域，并且跨越国际边界。区域海洋保护区网络可以通过保护主要的栖息地海洋资源和跨越它们地理方位的物种加强海洋资源的管理。美国认为海洋资源保护并不限于自然资源，还包括文化资源。具体而言，美国参与的国际项目包括以下内容。

IUCN海洋和极地项目：致力有效应对海洋和极地环境的关键性的全球挑战，确保维持海洋和极地生态系统、生物多样性和生产力的恢复以及资源的可持续和公平使用。

世界保护区委员会－海洋：世界保护区委员会是保护区专业知识的首要网络。世界保护区委员会－海洋的作用是通过促进建立一个全球的、有代表性的有效管理和持续的海洋保护区网络，激励、告知和促使人们有能力保护海洋。

联合国教科文组织海洋世界遗产项目：确保世界遗产海洋区域的保护。通过对世界遗产委员会和国家政府提供的基于科学数据和分析的关键性支持，使它们能监测和评估世界遗产海洋区域的保护状况。

国际海事组织－特别敏感海域：特别敏感海域是由国际海事组织提出的一个概念。美国现有佛罗里达群岛附近海域与帕帕哈瑙莫夸基亚海洋国家遗址被列为特别敏感海域。

大海洋－超大型海洋保护区实践社区：是由成员和合作者自愿加入的非正式的网络。目的为帮助大型海洋保护区发展、实施和增加该领域的最佳实践标准。现已有10个国家的17处保护区成员，其中包括美国的三处大型海洋保护区：帕帕哈瑙莫夸基亚海洋国家遗址和世界遗产，马里亚纳海沟海洋国家遗址和太平洋偏远岛屿海洋国家遗址。

美国也参加了区域性协同合作。支持海洋保护区网络的区域性协同合作项目主要包括以下内容。

海洋合作委员会－北美海洋保护区网络（美国、加拿大和墨西哥）：

三国共同努力保护共享的环境。1994 年，三个国家通过《北美环境合作协议》协同保护北美的环境。该网络的使命为在日益增长的三国之间的经济、贸易和社会联系的背景下，为了当代和后代的利益加强合作和公众参与，促进美国环境的保留、保护和加强。北美海洋保护区形成了美国、加拿大和墨西哥海岸沿线值得关注的地方的网络，并保护着北美大陆富有多样性的海洋生物和帮助维持周边社区。

北极理事会－泛北极海洋保护区网络：北极理事会的北极海洋环境的保护部门于 2015 年发布了《泛北极海洋保护区网络框架》，为北极的海洋保护区网络和发展的国际合作提供指导。美国在北极建立了 15 个海洋保护区，所有的保护区都允许多重使用。①

特殊保护区和野生生物议定书（大加勒比区域）：联合国环境规划署在 1981 年建立了加勒比海环境规划。该项目下的特殊保护区和野生生物议定书于 1990 年签署，于 2000 年生效，致力于"采取必要的措施以可持续的方式保护、保留和管理需要保护特殊价值的区域和受威胁或濒危动植物物种"。美国签署了该议定书。

（二）美国海洋保护政策的发展

在 1966 年发布的《有效利用海洋》的报告中，总统科学咨询委员会建议"应该建立和管理一个永久性的海洋荒野保留区体系"。② 尽管如此，该报告依然强调的是在经济扩张利益下，对当时所认为的"无限"供应的海洋资源的最佳利用，直到美国海洋政策委员会于 2004 年提出 212 条应对美国海洋和海岸资源现状的建议。③ 作为一个国家，美国在这近 40 年里，经历了从相信海洋资源不会枯竭到意识到已经过度开采资源和海洋生态系统退化。

而美国对海洋保护区采取正式的立场体现在 2000 年的第 13158 号行政命令中。在 20 世纪 90 年代初，国家海洋庇护区项目处和国家公园服

---

① PAME, Framework for a Pan-Arctic Network of Marine Protected Areas, 2015, https://pame. is/images/03_Projects/MPA/MPA_Report. pdf.

② U. S. President's Science Advisory Committee, in Effective Use of the Sea, United States White House, Washington, DC, 1966, p. 18.

③ Katherine R. Peet, Documenting and Evaluating a New Approach to Establishing Large-Scale Marine Protected Areas in the U. S. , Master's thesis, University of Washington, 2014, pp. 6 – 9.

务局这两个海洋调控机构对加利福尼亚州的海峡群岛产生了重叠的管辖权。双方机构人员卷入了一场谁将会管理这片海域的"争夺势力范围之战"。实际上，在 20 世纪 80 年代，这片同样的地理区域就是国家海洋庇护区项目处和内政部关于在提议的海洋庇护区内发展油气资源权利的冲突来源。①双方的争端加剧，并被提交至国家海洋和大气管理局，然后升级到商务部，最终提交至白宫。环境质量理事会也牵涉该冲突中。当时，环境质量理事会的阿萨斯（Ellen Athas）就表现出对海洋保护和国家海洋庇护区的兴趣。虽然海峡群岛冲突是地方性冲突，机构行动强调了更重要的事务——缺乏一种协调的方式和缺乏机构管理和协调的框架。

在 1999 年克林顿总统第二个任期快结束时，海峡群岛冲突升级。来自国家海洋和大气管理局、内政部、海洋保护生物研究所（非营利组织）和环境质量理事会的人员在 2000 年召开了海洋保护区相关的研讨会。他们看到了更多的海洋资源保护和美国合作项目的机会，但是也发现了随着任期期满临近，该机会稍纵即逝。② 于是这些机构开始着手草拟第 13158 号行政命令，召开了海洋保护区研讨会，拟定了一份行政指令，并且在几个月内一致签署了该指令。草拟和签署第 13158 号行政命令因而被认为是美国海洋保护区工作的起源。

（三）相关立法

美国国内已有超过 140 部关于海洋环境的法案和规则，20 个联邦机构以及超过 55 个掌管海洋和海岸管理的国会委员会和分委员会。③ 联邦环境保护区管理机构及其义务来自大量不同的法案。然而，一方面，目前的联邦法律并没有如许多海洋保护区支持者对其概念所设想得那么全

---

① P. Hoagland, "Federal Ocean Resource Management: Interagency Conflict and the Need for a Balanced Approach to Resource Management", *Virginia Journal of Natural Resources Law* 3 (1) (1983), p. 14.

② Rosemarie A. Bradley, Evaluating U. S. Federal Marine Protected Areas Programs: A Comparative Analysis and Conceptual Framework, Ph. D. diss., Antioch University New England, 2008, p. 13.

③ Rosemarie A. Bradley, Evaluating U. S. Federal Marine Protected Areas Programs: A Comparative Analysis and Conceptual Framework, Ph. D. diss., Antioch University New England, 2008, p. 17; U. S. Commission on Ocean Policy, An Ocean Blueprint for the 21st Century, Washington, D. C., 2004.

面地保护海洋区域；另一方面，尤其是一些商业利益相关者的其他人却认为海洋保护区应当是对真正特别的区域进行保留，并且现有的联邦法律已足够实现这个目的。[①]

以下列举的法律允许在海洋环境中划定保护区，其中大多数适用于海岸保护区，但是这些法案都有着不同的目的，并采取不同的方式。[②] 不同海洋保护区内海洋适用的管理程度通常高度依赖与该管理机构相应的授权、管辖和优先性。区域和机构特定的海洋保护区目标从确保"生态系统水平健康和完整性"到集中单一物种管理目标，如促进受威胁或濒危物种的恢复或支持有商业价值物种的可持续性捕捞。[③] 美国的海洋保护区同样也反映了大量的分区管理设计，包括但不限于融合禁取和混合使用区的区域规划、捕鱼渔具封闭区、季节性捕鱼封闭区以及禁止准入区。[④] 不同类型的联邦海洋保护区之间的地理界线和管理机构发生重合的情况也经常发生。如果国会选择授权一个海洋保护区体系，可能得出的结论是，现有项目中的一个或一些混合体已能够为这一新的体系提供基础，或者认为应当颁布一部全新的授权法规。[⑤]

1. 联邦综合性立法

《海洋法案》[⑥] 于 2000 年 7 月 25 日由国会通过，并于 2000 年 8 月 7 日生效。2000 年国会颁布的《海洋法案》试图发展"一个协调的和全面的国家海洋政策"以及解决"国家面对的关于海洋和海岸资源管理和使用中最紧急的事务"。该法案建立了美国海洋政策委员会，以及最终创立了国家海洋和大气管理局——国家最大的负责处理海洋资源管理和保护

---

① Harold F. Upton and Eugene H. Buck, Marine Protected Areas: An Overview, CSC Report for Congress, 2010, p. 17.

② Harold F. Upton and Eugene H. Buck, Marine Protected Areas: An Overview, CSC Report for Congress , 2010, p. 17.

③ Katherine R. Peet, Documenting and Evaluating a New Approach to Establishing Large-Scale Marine Protected Areas in the U.S., Master's thesis, University of Washington, 2014, p. 13.

④ S. Murawski, "Ten Myths Concerning Ecosystem Approaches to Marine Resource Management", *Marine Policy* 31 (2007), p. 683.

⑤ Rosemarie A. Bradley, Evaluating U. S. Federal Marine Protected Areas Programs: A comparative analysis and Conceptual Framework, Ph. D. diss., Antioch University New England, 2008, p. 224.

⑥ The Ocean Act of 2000, https://www.congress.gov/106/plaws/publ256/PLAW – 106publ256. pdf.

的机构。该法案为海洋环境保护和海洋污染防治奠定了法律基础。

2. 联邦海洋保护区立法

表 2 – 3 列举了关于海洋保护区的主要现有联邦立法，为不同的联邦机构和政府实体建立、管理、监测和评估海洋保护区提供了相关规定。

表 2 – 3　涉及海洋保护区的主要联邦立法

序号	名称	颁布或修订年份
1	《国家海洋庇护区法》（National Marine Sanctuaries Act）	1972，2000
2	《玛格努森 – 斯蒂文斯渔业养护与管理法》（Magnuson – Stevens Fishery Conservation and Management Act）	1976，2006
3	《国家公园服务组织法》（National Park Service Organic Act）	1916
4	《国家野生生物避难区体系管理法》（National Wildlife Refuge System Administration Act）	1966
5	《海岸带管理法》（Coastal Zone Management Act）	1972
6	《鱼类和野生生物协调法》（Fish and Wildlife Coordination Act）	1934，1965
7	《文物法》（Antiquities Act）	1906
8	《国家历史保留法》（National Historic Preservation Act）	1966
9	《荒野法》（Wilderness Act）	1964

资料来源：笔者根据相关信息整理编制。

（1）《国家海洋庇护区法》最接近海洋保护区倡导者的构想。该法授权商务部部长在自然保护、休闲娱乐、生态学、历史、科学、文化、考古学、教育或美学价值等方面具有国家意义的海洋区域建立国家海洋庇护区，并进行管理。该法的基本目的为保护珊瑚礁、有历史意义的沉船或独特的栖息地。该法要求部长促进所有符合资源保护基本目标的公共和私人的资源使用。建立一个国家海洋庇护区是一个复杂而漫长的过程，需要广泛的环境影响研究，考虑多种因素和公众意见，要求商务部部长与其他联邦、州立机构和官员进行磋商，国家海洋和大气管理局事先需要准备一份环境影响评价草案。海洋庇护区依据国家海洋和大气管理局国家海洋庇护项目处准备的该区域特定的管理计划进行管理，该管理计划作为禁止或限制与目的不相容活动的基础。

国家海洋和大气管理局依据该法案建立的每一处庇护区都有特定的理由，从保护文化手工艺品到保护整个生态系统。在大多数的保护区里，最具争议的问题是在制定和修改该区域管理计划的时候，什么活动是不相容的以及如何被限制。由于每一处庇护区都有设立的特定原因，因而在如何管理以及何种使用是被允许的等方面差别非常大。佛罗里达重要国家海洋庇护区被认为最能体现海洋保护区的概念。在该庇护区内，占总面积6%的24处区域被完全保护，最大限度地限制捕捞海洋生物。然而，这仅仅是个例，因为尽管现有的庇护区大多数禁止油气开采和建设，但很少限制捕鱼、航运或娱乐，这使庇护区成为多重使用区域而不是禁止会损害海洋环境活动的区域。

虽然一般情况下捕鱼并不会被限制，但是如果考虑是否调控捕鱼行为的时候，该法规定由适格的区域性渔业管理理事会决定是否需要制定捕鱼规范以及草拟该规则。一般情况下，商务部部长必须接受理事会的提议。区域性理事会已经支持了少数几处区域禁止所有的捕鱼活动。因此，一些海洋保护区的倡导者认为庇护区体系并不是渔业恢复的有效方式。

（2）《玛格努森－斯蒂文斯渔业养护与管理法》建立了在美国200海里内水域的联邦渔业管理机构。1976年的《渔业保护和管理法案》建立了8个区域渔业管理理事会负责、制定渔业管理计划。1996年的修订法案中，国会通过1996年的《可持续渔业法》为国家渔业管理融入了风险预防原则和可持续发展目标。国会授权理事会指定和管理重要的渔业栖息地，其中包括管控捕鱼行为和建立封闭区。封闭区通常由国家海洋渔业服务处基于区域渔业管理理事会的建议推行。但是由于该法的主要目的是推动可更新渔业资源的可持续商业和娱乐适用，永久性的和完全的封闭区域很少见。

该法要求区域渔业管理理事会在海洋渔业管理计划中评估和考虑捕鱼规则对渔业参加者和捕鱼社区的生态的、经济的和社会的影响。该法1996年的修正案要求渔业管理计划描述并确定基本鱼类栖息地，首次为海洋生境提供了直接保护，将捕捞对鱼类栖息地的不利影响减至最小。主要的鱼类栖息地一旦建立，每个联邦机构必须通过国家海洋渔业管理局与商务部部长协商有关授权、资助或承担的行动，而这些行动可能对基本鱼类栖息地产生不利影响。

（3）《国家公园服务组织法》创建了国家公园服务局行政管理国家

公园体系，促进和管理国家公园系统的利用，以保全其中的景观、自然和历史物品以及野生生物，使其不受损害，可以让后代人享用。每一个国家公园都拥有各自的管理结构。国家公园系统的建立目的是促进多种使用价值，公园系统的各单位旨在解决保护自然以使其保持原状的问题。该法规定不能授权减损资源价值和建园目的的活动，内政部部长依据该法颁布了一些法定要求的补充规定。许多具有海洋成分的国家公园都被归类为国家海滨公园。一些国家公园允许娱乐捕鱼，甚至还有些允许商业捕鱼。因此，国家公园服务的保留与公众使用和享乐的双重使命导致了希望要求提供更多准入和游客设施的利益群体与更高层次保护的冲突。

（4）《国家野生生物避难区体系管理法》建立国家野生生物避难区体系中避难区的基本目的为保护鱼类和野生生物及其栖息地，以及允许符合这些区域建立的主要目的的其他用途。内政部的鱼类和野生生物服务局为其行政管理机构。娱乐性钓鱼、狩猎、野生生物观察、环境教育和解释、自然摄影等都是享有公众使用中的优先权的，在大多数避难区内都是被允许的，但是，只有小部分避难区允许油气开采。鱼类和野生生物服务局通过控制人类进入以管理生态系统和保护濒危物种和迁徙鸟类的栖息地。但是，一些人认为避难区体系的管辖权在海洋环境方面是受限的。①

（5）《海岸带管理法》由国家海洋和大气管理局进行行政管理，为保护包括五大湖在内的海岸带和海洋资源提供了管理机制，以及为平衡海岸带资源利用和保全的决策提供了法律框架。该法规定了三个国家项目：国家海岸带管理项目、国家河口研究保留区系统以及海岸和河口土地保护项目。首先，联邦政府根据该法制定海岸带管理计划，为符合条件的州和领地实施保护沿岸资源的海岸带管理计划提供激励机制。目前几乎所有的州和领地都加入了该计划。其次，另一机制为通过建立一个自然保护区系统研究和保护某些沿海河口区域。这个系统被称为国家河口研究保留区系统，鼓励通过单个国家河口保护区形成的网络保护和研

---

① 如部长助理 Randolph D. Moss 在司法部 2000 年 9 月 15 日的报告中总结道："但是，我们无法相信总统会有权在领海或专属经济区内建立国家野生生物避难区。"

究河口地区。各州在州水域确定研究保留区地址，经联邦批准后进行管理。每一处研究保留区具有相应的研究计划。国家河口保护区一旦建立，各州应将其融入海岸带管理工作中，联邦政府协助当地社区和区域团体管理该保护区并进行研究。海岸和河口土地保护项目给州和地方政府提供相应的资金购买受威胁的海岸和土地或获得保护地役权。

（6）《鱼类和野生生物协调法》为美国鱼类和野生生物服务局评估提议的水资源发展对鱼类和野生生物的影响提供了基本的授权。该法要求鱼类和野生生物资源应受到同等的考虑，并与水资源发展项目的其他特征相协调。该法也要求建设、颁发执照或批准允许水资源发展项目的联邦机构必须首先与鱼类和野生生物服务局（有时为国家海洋渔业服务处）和州渔业和野生生物机构就对鱼类和野生生物资源的影响和减缓这些影响的措施进行商讨。

（7）《文物法》[①] 允许总统宣布具有科学或历史意义的地址为国家遗址，并已被多次用于海洋区域。商务部部长通过国家海洋和大气局与内政部部长磋商，负有管理国家海洋遗址的主要责任，而内政部部长通过鱼类和野生生物管理局专门负责管理国家遗址的某些陆地区域。作为国家遗址的土地必须限于与对保护对象的适当保护和管理相一致的最小面积。根据该法建立国家海洋遗址要求有环境影响报告，但不需要进一步的研究和公众评议。因此，一些人认为该法应当被用于划定海洋保护区，因为其能够被迅速地适用。然而在海洋区域适用该法依然需要包括国会经费承诺以及代表利益和受影响方的当地委员会参与的"协商、教育和共识建设"的过程。[②] 在帕帕哈瑙莫夸基亚海洋国家遗址的案例中，保护区的划定相对容易是因为公众已经在考虑该区域作为国家海洋庇护区时参与其中了。

（8）依据《国家历史保留法》，国会授权联邦州府作为历史保留的完全的合作方和领导者，以便领导保留、对保留做出贡献并给予最大的

---

① Carol Hardy Vincent, National Monuments and the Antiquities Act, 2018, https://fas.org/sgp/crs/misc/R41330.pdf.

② Jeff Brax, "Zoning the Ocean: Using the National Marine Sanctuaries Act and the Antiquities Act to Establish Marine Protection Areas and Marine Reserves in America", *Ecology Law Quarterly* 29 (2002), p. 96.

鼓励，以及促进现代社会与史前和历史的资源能够和谐有效地共存。

（9）《荒野法》建立了国家荒野保留体系，对联邦拥有的土地由国会划定区域进行限制或禁止一些活动以减少人类对之的改变。这些区域一般为5000英亩或更大，并保留其自然状态的荒地。四个联邦机构对该体系进行行政管理：土地管理局、美国鱼类和野生生物服务局、美国森林服务局和国家公园服务局。一般说来，该法案禁止商业活动，除非在建立该区域之前这些活动就已经存在了。事实上，国会也已经授权了一些与一般禁止规定不相符的活动。

有越来越多的声音探讨建立海洋荒野的前景。尽管认为海洋是共同财产的人质疑把该法的授权扩展到海域，但是超过国家边界的且离海岸线200海里以内的联邦管辖范围内的海域可以有资格被国会指定为"荒野"。目前为止还没有海域被划定。支持的人认为该法建立了保护程度和种类的模型，应当被认为是海洋保护区，即使该法本身并没有准备转向海洋区域。

3. 环境标准立法

许多其他的联邦法案通过调控海岸和近海活动影响海洋环境的质量。这些立法典型的做法是设定最低环境质量标准或保护海洋环境的特定因子，而不是划定区域使用或保护。在这方面最值得关注的法案包括表2－4列举的《濒危物种法》、《联邦水污染防治法》和《海洋哺乳动物保护法》。

表2－4　影响海洋保护区的环境标准立法

序号	名称	颁布和修订年份
1	《濒危物种法》（Endangered Species Act）	1973，1982
2	《联邦水污染防治法》（Federal Water Pollution Control Act）	1948，2002
3	《海洋哺乳动物保护法》（Marine Mammal Protection Act）	1972，1994

资料来源：笔者根据相关信息整理编制。

（1）《濒危物种法》的目的是提供一种以保护濒危和受威胁物种所依赖的生态系统的手段，同时提供一个保护这些濒危和受威胁物种的计划，使已列入濒危或受威胁物种名录的物种免受危险，并帮助其恢复。该法由内政部的鱼类与野生生物管理局及商务部的国家海洋和大气管理局的国家海洋渔业管理处共同执行。一般情况下，内政部对鸟类、陆生和淡水物种负责，而商务部则对海洋和溯河产卵物种负责。两个部门决定是否列入受威胁或濒危物种名录，在物种被列入之时或一年内制定养护该物种所必需的重要栖息地，制定并实施恢复计划。联邦机构必须避免对列入名录物种的损害以及为恢复工作提供援助，相似的责任义务同样适用于非联邦实体。《濒危物种法》鼓励联邦政府与各州合作共同保护名录中的物种。

（2）《联邦水污染防治法》经 1972 年修订后，通常被称为《清洁水法》，建立了管控美国水体排放污染物和管控地表水质量标准的基本结构。根据该法制定的国家河口计划，规定各州在其境内指定河口区域，并要求为这些区域的恢复和保护制定管理计划。该法要求环境保护署与州和地方实体共同制定管理计划，并为制定这些管理计划提供财政援助。海洋排放标准是《清洁水法》的另一种机制，通过要求为某些物质排入所有海洋水域提供许可证保护海岸带和海洋区域。此外，该法要求环保署颁布相关规章，以实施海洋排放的许可程序和标准。

（3）《海洋哺乳动物保护法》以保护和管理海洋哺乳动物及其产品（如皮和肉的使用）为宗旨，并以维持海洋生态系统的健康和稳定为主要目标。主要的实施机构为美国鱼类和野生生物服务局和国家海洋渔业服务处。该法禁止"取"海洋哺乳动物，被定义为"打扰、捕猎、抓捕或捕杀，或企图打扰、捕猎、抓捕或捕杀海洋哺乳动物"。

4. 州和地方立法

除了大量的国际协议和公约具有海洋环境内容以及联邦法律授权海洋保护区的划定和管理外，州和地方立法中也包含各自的海洋保护区相关法律规定。在全面保护水域表现最佳的沿海州（夏威夷和海洋领地除外）为加利福尼亚州、俄勒冈州和佛罗里达州。①比如，加利福尼亚州于 1999 年颁布了《海洋生物保护法》，以重新设计和改善加州的海洋保护区体系。立法者发现该法案设想的保护与之保护和养护海洋生物及其栖息地的潜力相差甚远。在 2004 年，两次尝试实施该法案失败后，加利福

---

① CPAWS & MCI, Dare to be Deep: SeaStates Report on North America's Marine Protected Areas (MPAs), 2016, p. 5.

尼亚州通过两个州机构之间的谅解备忘录和一个私人资助的机会设立了《海洋生物保护法》倡议，确立了计划过程的目标、时间表以及为关键机构明确了职能和作用。①该倡议在第三次尝试实施《海洋生物保护法》和建立第一个加州范围内的海洋保护区网络方面发挥着关键作用。该创新性计划过程的成功之处在于强有力的法律授权、公共和私人合作机制带来的充足的资金和能力，富有活力的利益相关方的参与、强大的科学指导、透明的过程、有效的志愿者领导机制和有力的政治支持。该倡议成功地推行了海洋保护区的替代方案，支持委员会的行动，增加了包括禁取区在内的加利福尼亚州海洋保护区的数量、面积和有效性。在加利福尼亚州的带动和影响下，包括俄勒冈州、华盛顿州所在的整个美国西海岸又掀起了建立和重新规划海洋保护区，并发展成为地方海洋保护区网络的海洋保护区建设的浪潮。

三　美国建立海洋保护区的实践

（一）海洋保护区的管理实践

第 13158 号行政命令对海洋保护区的建设和发展进行了重新规定，指定商务部和内政部，与国防部、国务院、交通部、环保署、国家科学基金会和其他相关的联邦机构进行协商，建立海洋保护区国家体系。这些部门应当协调和分析相关信息等，以进一步增强和扩大现有海洋保护区的保护，并且建议或推荐建立新的海洋保护区。

1. 联邦系统下的主要管理机构

（1）商务部

美国商务部的主要职能为与内政部和其他部门协商，以促进联邦、州、领地和部落建立和管理海洋保护区的行动。商务部与海洋保护区最相关的职能为设立国家海洋和大气管理局（见图 2-1）。

---

① John Kirlin et al. , "California's Marine Life Protection Act Initiative: Supporting Implementing of Legislation Establishing a Statewide Network of Marine Protected Areas", *Ocean & Coastal Management* 74 (2013), p. 3.

```
                        ┌─────────────┐
                        │   商务部     │
                        └──────┬──────┘
                ┌──────────────┴──────────────┐
                │    国家海洋和大气管理局      │
                └──────────────┬──────────────┘
     ┌──────┬──────┬──────┬──────┬──────┐
┌────────┐┌────────┐┌────────┐┌──────┐┌────────┐┌──────┐
│国家环境││国家海洋││国家海洋││国家 ││国家海洋││海洋和│
│卫星数据││渔业服务││服务处 ││气象 ││和航空 ││大气 │
│和信息  ││处     ││      ││服务 ││运行   ││研究 │
│服务处  ││      ││      ││处   ││办公室 ││办公室│
└────────┘└───┬────┘└───┬────┘└──────┘└────────┘└──────┘
     ┌──────┬──┴──┬──────┬──────┬──────┐
  ┌──────┐┌──────┐┌──────┐┌──────┐┌──────┐
  │可持续││受保护││栖息地││海岸 ││国家海洋│
  │渔业  ││资源  ││保护  ││管理 ││庇护区 │
  │办公室││办公室││办公室││办公室││办公室 │
  └──────┘└──────┘└──────┘└──────┘└──────┘
```

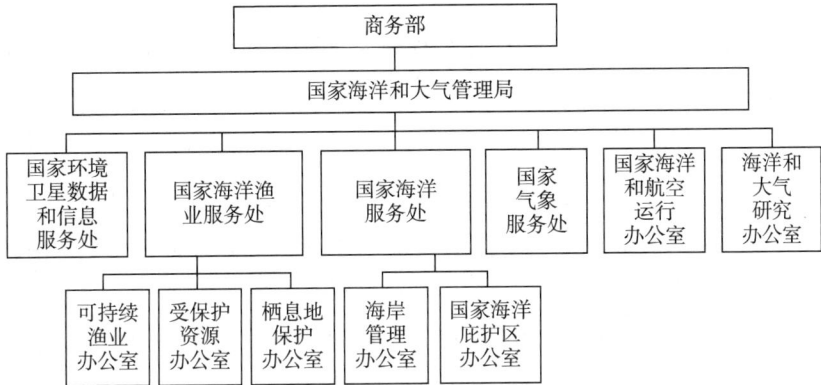

图 2 - 1　商务部海洋保护区机构

资料来源：笔者根据美国商务部网站的信息整理编制。

a. 国家海洋和大气管理局

国家海洋和大气管理局（NOAA）是隶属于商务部的科技部门。成立于 1970 年，其前身是成立于 1807 年的海岸测量局。NOAA 主要关注地球的大气和海洋变化，提供对灾害天气的预警，提供海图和空图，管理对海洋和沿海资源的利用和保护，研究如何改善对环境的了解和防护。NOAA 机构庞大，职员众多，现有 12000 名人员、6773 名科学家和工程师。NOAA 的工作任务范围从太阳表面到大洋深处，涵盖的主要领域包括天气、气候、海洋和海岸、渔业、卫星、研究、海洋和航空、制图和庇护区。根据不同的业务分工，机构下设 6 个业务管理部门：国家环境卫星数据和信息服务处、国家海洋渔业服务处、国家海洋服务处、国家气象服务处、国家海洋和航空运行办公室以及海洋和大气研究办公室。

NOAA 的职能领域中与海洋保护区最直接相关的为海洋和海岸研究。国家海洋服务处（NOS）提供支持海岸经济及其对国内经济贡献的数据、工具和服务，工作的使命是通过协作合作的方式为应对美国海洋和海岸的经济、环境和社会压力提供以科学为基础的措施。工作重点为安全和有效的交通和商业、提供准备工作和降低风险、管理、娱乐和旅游，这部分的工作与海洋保护区最为相关。美国海岸旅游和娱乐产业在 2009 年的价值为 620 亿美元。NOS 在保护和促进进入这些特殊海岸和海洋区域发挥着关键作用。此外，NOS 被委托管理水下公园网络。在所有的国家海洋庇护区中，像商业捕鱼、旅游和娱乐这样的活动每年能产生 80 亿美元的地方经济收益。

国家海洋庇护区办公室是水下公园网络的受托管理机构。水下公园网络围绕着从华盛顿州到佛罗里达群岛以及从休伦湖到美属萨摩亚的超过 60 万平方英里的海岸、海洋和五大湖水域。该网络包括 13 个国家保护区及帕帕哈瑙莫夸基亚和罗斯环礁海洋国家遗址。此外，国家海洋庇护区办公室领导国家海洋保护区中心。国家海洋庇护区体系保护美国最有代表性的自然和文化海洋资源，地球上没有其他地方能够与之媲美。①该系统与众多的合作伙伴和利益相关者一起促进负责任的和可持续的海洋使用，以确保富有价值的海洋区域的健康。

NOS 同时也与各州合作管理国家河口研究保护区。海岸管理办公室负责保护区系统的行政事务。每一个保护区由一个最重要的州机构或大学进行日常管理，并与地方合作者进行合作。保护区的任务是使用保护区系统，通过创新研究和教育实践促进海岸和河口的管理工作。

海岸管理是指采取行动保持居住安全、经济发展和自然资源功能，由联邦和州合作项目完成。联邦法规提供了主要的授权，其中《海岸带管理法》是实现管理目的的指导性立法。海岸管理办公室是负责具体实施的联邦机构，进行行政管理和协调一系列联邦和州合作项目，以及给予技术和经济援助与提供培训，加强各州管理海岸区域的工作。同时也为各州和当地的管理者提供保护和合理利用海洋资源的训练机会、数据、科学评估和技术工具。并与国家海洋服务的其他办公室合作共同参与了海岸和海洋空间规划等活动，以及发展和使用工具帮助海岸社区应对海平面上升等挑战。

NOAA 渔业办公室为渔业和水产养殖、海洋哺乳动物、濒危物种及其栖息地提供以科学为基础的保护和管理。工作的重点有两个方面：一是通过以科学为基础的决策和规则确保渔业及捕鱼社区的生产率与可持续性；二是恢复和养护鲸、海龟及三文鱼等受保护的资源。该部门设有 8 个管理办公室、5 个区域办公室、6 个科学中心和超过 20 个实验室。其中与海洋保护区最相关的 3 个办公室为可持续渔业办公室、受保护资

---

① National Marine Sanctuaries, https://sanctuaries. noaa. gov/about/, last visited on March 20, 2020.

源办公室和栖息地保护办公室。

可持续渔业办公室为《玛格努森 – 斯蒂文斯渔业养护与管理法》的实施提供支持，管理大西洋高度洄游物种的渔业，帮助确保美国售卖海产品的安全。办公室和地区渔业管理委员会、州际海洋渔业委员会以及各州合作，与机构内的区域办公室和科学中心共同确保美国渔业的可持续发展。

受保护资源办公室依据《濒危物种法案》和《海洋哺乳动物保护法案》建立，在商务秘书的监督下提供项目监督、国家政策指引以及一些海洋哺乳动物和濒危物种及其栖息地养护的指导；为相关受保护资源项目发展提供国家指南和政策；为管理受保护物种和海洋保护区的科学方面提供监督、建议和指导。

栖息地保护办公室保护和修复栖息地，以维持渔业、恢复受保护区物种和维持有弹性的海岸社区和生态系统。主要的法律依据为《玛格努森 – 斯蒂文斯渔业养护与管理法》、《濒危物种法案》和《石油污染法》。

b. 国家海洋保护区中心

依据第 13158 号行政命令，商务部的 NOAA 设立国家海洋保护区中心。国家海洋保护区中心与 NOAA 和美国内政部相联系。位于 NOAA 的国家海洋庇护区办公室致力于为所有联邦、州、海外领地和部落项目服务，负责国家海洋的健康。海洋保护区中心并不管理特定的海洋保护区，而是通过提供信息、工具和能力建设等方式支持海洋保护区项目的规划和管理。该中心编写了全国海洋保护区系统框架，对系统的管理目标、管理机制、规划准则、资源共享和评估手段等做出了详细说明。该中心与联邦、州、部落和地方政府、部落居民和利益相关者合作以发展和实施国家海洋保护区系统。这些协作努力帮助确保现在和将来的海洋保护区得到更加高效和有效的使用，以保存和维持国家重要的海洋资源。

基于第 13158 号行政命令，国家海洋保护区中心具有三个目标：第一，建立和维持海洋保护区国家系统；第二，完善海洋保护区管理工作和有效性；第三，促进海洋保护区活动的国际、国内和地区协调合作。为了执行以上目标，中心的三个基本职能分别为建设联邦和州海洋保护区项目以更加有效地管理自然和文化资源；与利益相关者交流并建立紧密联系以加强海洋保护区和社区的联系；作为唯一的和中立的海洋保区相关的科学、信息、海岸和海洋政策决定者的工具来源。

c. 海洋保护区咨询委员会

依据第 13158 号行政命令，为了实施关于建立国家海洋保护区体系的要求，商务部和内政部应该通过一个海洋保护区咨询委员会寻求非联邦科学家、资源管理者和其他具有相关利益的个人和机构的建议和推荐意见。鉴于此，商务部建立了海洋保护区咨询委员会，为商务部部长和内政部部长提供执行命令相关规定的建议。委员会由 20 名非联邦成员构成，主要包括：科学家和关于海岸和海洋生态系统的不同资源其他学科的研究者代表、海洋地区和大湖区的资源管理者，如沿海州、美国部落当地人、阿拉斯加当地人组织、领地和区域性渔业管理理事会、州际渔业委员会，以及负责建议对海岸和海洋资源有管辖权的联邦机构的联邦咨询委员会的代表、与海岸和海洋资源事宜相关的环保、慈善及其他非政府组织、来自近海矿藏、能源、海上运输、捕鱼、划船、潜水、娱乐、海事、历史社区的代表等受影响的群体。

（2）内政部

美国内政部保护和管理国家的自然资源和文化遗产、提供关于这些资源的科学和其他信息，以及兑现对美国印第安人、阿拉斯加当地人和附属岛屿社区的承诺。内政部是内阁级别的机构，包括 9 个技术局和许多的办公室。其中与海洋保护区最相关的两个机构为国家公园服务局和美国鱼类和野生生物服务局（见图 2－2）。

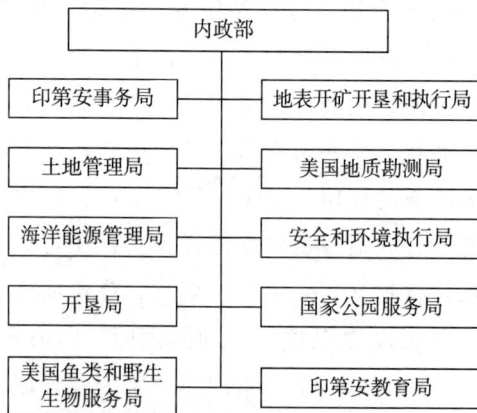

图 2－2　内政部机构

资料来源：笔者根据美国内政部网站的信息整理编制。

从 1916 年起，国家公园服务局就已经被委托看护国家公园，与公共机构和私人合作，照顾多种多样的自然、文化和娱乐资源，以及为了当代和后代人的享用而保留这些资源。

美国鱼类和野生生物服务局的任务是为了美国人民的持续利益与其他机构或个人一起养护、保护和增强鱼类、野生生物和植物及其栖息地。完成任务的方式包括：执行联邦野生生物法、保护濒危物种、管理迁徙鸟类、修复国家重要鱼类、养护和修复野生生物栖息地，如湿地、协助外国政府进行国际保护的努力，以及通过野生生物和运动鱼类恢复项目（Sport Fish Restoration Program），发放上亿美元的捕鱼和猎具的消费税给州鱼类和野生生物机构。该机构管理着 1.5 亿亩的国家野生生物避难区体系，包括超过 560 处国家野生生物避难区、上千处小型湿地和其他特别管理区域，其中包括 107 处海洋保护区。

（3）其他主要部门

国防部、国务院、交通部、环保署、国家科学基金会等相关机构也具有海洋环境保护的部分职能，主要进行协商、配合和协调工作。

国防部：美国陆军、海军、空军和海军陆战队均需要海洋来完成它们的使命。[①] 与海洋保护区相关的工作主要包括如美国陆军工程兵司令部根据《河流与港口法》《清洁水法》《海洋保护、研究与保护区法》负责管理、维护、保护和利用美国可航行水道和湿地；根据《海洋保护、研究与保护区法》，陆军工程兵司令部负责海洋倾倒许可证管理工作；美国海岸护卫队根据 1990 年国会通过的《石油污染法案》于 1991 年建立了国家污染基金中心。该中心致力于保护美国的环境，确保如果发生石油泄漏，载有石油的船舶有经济能力运用赔偿的方式为环境提供预先保护。

国务院：美国联邦政府负责外交事务的行政部门，前身为美国外交部，目前亦相当于其他国家的外交部。在海洋环境事务方面，国务院的工作为制定并协调与国际海洋环境相关政策，并通过各种场合和渠道执行美国的国际政策，维护本国在国际海洋事务中的利益。这些渠道和场所包括与其他国家、非政府组织、区域组织和联合国建立的双边关系以

---

① 李景光主编《国外海洋管理与执法体制》，海洋出版社，2014，第 10 页。

及多边会议与论坛等。① 在众多机构中，海洋和国际环境和科学事务局下设海洋和极地事务办公室以及海洋保护办公室。海洋和极地事务办公室负责制定和执行关于海洋、南极和北极国际事务的美国政策，其中包括罗斯海地区海洋保护区、海洋生物多样性、《联合国海洋法公约》、海洋环境等方面。海洋保护办公室负责制定和执行关于海洋生物资源养护和管理的广泛的国际事务的美国政策。办公室协商多边和双边的渔业协定，参加区域和全球性的国家渔业养护和管理机构的安排，在其他广泛的海洋生物资源养护和管理相关的国际论坛中代表美国。②

交通部：依据 1966 年国会法案成立，使命为确保快速、安全、高效、可使用和方便的交通系统。③ 其中设有两个海事部门：海事管理局和圣劳伦斯海路发展公司。海事管理局下设环境办公室，负责提供海事环境方面的支持。圣劳伦斯海路发展公司隶属于交通部，负责运营和维护圣劳伦斯海路的美国段。大湖区圣劳伦斯海路被称为美国的"第四海岸"，是美国重要的商业运输通道。④

环保署：使命为保护人类健康和环境，方式为制定和执行环境保护规则、为环境保护项目提供经费支持、研究环境保护事宜、与相关机构和政府合作、教育和宣传，但是并不处理所有的环境问题，因为其中一部分属于联邦、部落、州和地方机构的工作范围。环保署被称为监管机构是由于国会授权该机构编写规则解释实施环境法的关键细节内容。该机构部分或全部管理的与海洋环境相关的法案和总统令主要包括：《海滩环境评估和海岸健康法》、《清洁水法》、《濒危物种法》（主要由鱼类和野生生物服务局进行管理）、《海洋保护、研究与保护区法》、《海滨保护法》等。

国家科学基金会：1950 年由国会根据《国家科学基金会法》设立的独立联邦机构，主要以提供基金的方式促进科学的发展，其中包括海洋

---

① Under Secretary for Economic Growth, Energy, and the Environment, U.S. Department of State, https://www.state.gov/e/, last visited on March 20, 2020.

② Fisheries and Marine Conservation, U.S. Department of State, https://www.state.gov/e/oes/ocns/fish/index.htm, last visited on March 20, 2020.

③ U.S. Department of Transportation, https://www.transportation.gov, last visited on March 20, 2020.

④ 李景光主编《国外海洋管理与执法体制》，海洋出版社，2014，第 11 页。

方面的研究。

2. 管理机制

总体而言，美国海洋保护区的管理机制为分层分类合作管理模式。首先，美国所有级别的政府通过公园、渔业、野生生物、自然资源和历史资源部门等不同机构划定和管理海洋保护区。其次，因认识到美国海洋保护区在保护海洋资源的重要作用和额外的海洋保护区协作和能力建设的重要性，第 13158 号行政命令呼吁发展海洋保护区国家体系。

（1）美国的海洋保护区管理

美国总统、联邦、州、部落、领地、地方政府①可以依据相关法律建立和管理海洋保护区。这些保护区具有不同的管理方式和保护水平。美国的海洋保护区依据超过 100 个法律权威设立，一些联邦和州机构管理数个海洋保护区项目，每一个项目都有其各自的法律目的。根据海洋保护区中心的数据，美国的海洋保护区中政府的级别为联邦、当地、合作模式、州和领地。

a. 联邦海洋保护区项目

大量的政府项目、机构和立法在美国水域内管理、监测或建立海洋保护区。② 美国现有五类联邦政府选划并管理的海洋保护区项目以及一个联邦和州合作项目。每个项目都有一个或多个特定的法案需要遵守。这些项目已经建立并积极管理海洋保护区的体系，以履行其对国家的责任。联邦海洋保护区项目包括国家海洋和大气管理局的国家海洋庇护区体系、国家海洋渔业服务项目，以及内政部的国家公园系统与国家野生生物避难区体系。此外，国家河口研究保护区体系为国家海洋和大气管理局与州的合作项目。

国家海洋庇护区体系：依据 1972 年的《国家海洋庇护区法》设立，国家海洋和大气管理局建立具有养护、娱乐、生态、历史、文化、考古、科学、教育或审美质量的海洋环境的区域为国家海洋庇护区，其目的为改善保护、理解、管理与合理和可持续利用海洋资源；增强公众对海洋环境的理解和欣赏；为了后代维持生活在这块区域的自然

---

① "地方政府"指法定建立的比州政府级别低的政府单位，包括但不限于市、县、镇、乡。
② MPA Programs, MPA Center, https://marineprotectedareas.noaa.gov/aboutmpas/programs/, last visited on March 20, 2020.

生物资源的生境和生态服务。国家海洋庇护区办公室管理和保护着 13 个特别指定的国家海洋和大湖区的区域，以及 2 处海洋国家遗址。

国家海洋渔业服务项目：依据众多法案规定，国家海洋渔业服务部门建立和管理海洋保护区，重建和维护可持续渔业、保留和修复健康的海洋栖息地，以及促进海洋哺乳动物和洄游鱼类等受保护的物种的恢复。已经建立地方渔业管理理事会，通过准备、监测和修改渔业管理计划管理渔业资源。这些地方理事会考虑到州和国家的社会和经济需求，促进各州、捕鱼行业、消费者和环境机构与其他利益相关个人的参与，对海洋渔业管理提供建议。国家海洋渔业服务部门负责发布地方理事会提议的规则，划定海洋保护区的界线以及确定相关的保护措施。主要工作内容为保护可持续渔业，依据 1976 年的《玛格努森－斯蒂文斯渔业养护与管理法》，维持健康鱼群、消除过度捕捞和重建过度捕捞鱼群以及增加海洋生物资源对国家的长期经济和社会效益；依据《濒危物种法》和《海洋哺乳动物保护法》，保护和恢复海洋濒危物种。

国家河口研究保护区的合作体系：为了长期的科研、教育和管理工作而建的保护区网络。该体系依据 1972 年的《海岸带管理法》设立，由商务部国家海洋和大气管理局以及沿海州政府负责，目标是保护河口陆地和水域。国家河口研究保护区为联邦和州合作项目，迄今已经指定了 29 处保护地的网络保护和研究河口体系。这些保护区反映了美国海岸和大湖区沿边环境的丰富的生物多样性，以及提供教育、娱乐和促进当地经济发展的场所。

国家公园体系：依据 1916 年的《国家公园服务局组织法》设立，由内政部的国家公园服务局负责，目标是保护自然和文化资源以及国家公园体系的价值。目前国家公园体系中已有 417 处国家公园，其中包括 86 个海岸公园，覆盖 250 万亩的海洋和大湖水域以及 11000 英里的海岸线。[①] 国家公园服务局的使命是为了保留未受损的自然和文化资源以及国家公园体系的价值。国家公园体系中的海洋和大湖在美国的每一个区域都包含了具有多种有价值的生物、文化和娱乐资源。

① National Marine Protected Areas Center, Framework for the National System of Marine Protected Areas of the United States of America, 2015, p. 39.

国家野生生物避难区体系：依据 1997 年的《国家野生生物庇护区改进法》设立，由美国鱼类与野生生物服务局负责，目标是保护、管理和修复渔业、野生生物及其栖息地。该体系的使命是为了当代和后代的利益保护、管理和修复鱼类、野生生物和植物资源及其它们在美国境内的栖息地。目前避难区体系已包含超过 560 处保护地，其中 183 处保护海洋、海岸或大湖区的栖息地和资源，107 处为国家海洋保护区体系的成员。[①]

海洋国家遗址：依据 1960 年的《文物法》设立。美国现有的位于太平洋的三个超大型国家遗址由国家海洋和大气管理局及美国鱼类与野生生物服务局负责管理，目标为保护历史遗迹及其海洋生态环境。帕帕哈瑙莫夸基亚海洋国家遗址于 2006 年由布什总统建立，位于西北夏威夷群岛海域。2000 年，西北夏威夷群岛海域被克林顿政府指定为西北夏威夷群岛珊瑚礁生态系统保护区，作为将其指定为国家海洋庇护区前的临时保护措施，但由于国家海洋庇护区指定进程长期拖延，因此 2006 年被帕帕哈瑙莫夸基亚海洋国家遗址所覆盖。2016 年，奥巴马总统扩建了帕帕哈瑙莫夸基亚海洋国家遗址，面积增加至原来的六倍左右，使其成为目前太平洋上最大的海洋保护区。美国另外两处位于太平洋上的超大型海洋保护区，即太平洋偏远岛屿海洋国家遗址和马里亚纳海沟海洋国家遗址，均由布什总统于 2009 年所建立，前者经奥巴马总统于 2014 年进行了扩张，面积仅次于帕帕哈瑙莫夸基亚海洋国家遗址。除了这三处超大型海洋国家遗址，美国还有多处面积不等的海洋国家遗址分散在大西洋、加勒比海和阿拉斯加等海域。

美国的国家海洋庇护区体系包含 13 个海洋庇护区和 2 个海洋国家遗址。两者的主要区别如下。

首先，两者分别由不同的联邦法案创设，国家海洋庇护区依据《国家海洋庇护区法》设立，而海洋国家遗址依据《文物法》设立。国家海洋庇护区的指定方式有两种：通过国家海洋和大气管理局的行政行为或通过国会的立法行为。依据《国家海洋庇护区法》，国家海洋和大气管理局可以指定国家海洋庇护区。《国家海洋庇护区法》是唯一的一部专

---

① Ocean and Coastal National Wildlife Refuges, https://www.fws.gov/refuges/whm/pdfs/OceanCoastalNationalWildlifeRefuges.pdf.

门保护分离的地理环境到整个生态系统的海洋区域的联邦法案。国会也可以创设国家海洋庇护区,目前,国会已创设了三个国家海洋庇护区:佛罗里达群岛(Florida Keys),夏威夷群岛座头鲸(Hawaiian Islands Humpback Whale)以及斯特勒威根海岸(Stellwagen Bank)。《国家海洋庇护区法》规定该当局为每一个庇护区和整个系统颁布规则。而海洋国家遗址依据《文物法》由总统公告进行指定。《文物法》授权总统在包含"历史性的路标、历史的和史前建筑物以及具有历史的和科学意义的其他物体"的联邦土地上建立国家遗址。尽管国家海洋和大气管理局没有建立海洋国家遗址的正式地位,该机构可能通过提供或收集正在考虑中的区域的相关信息支持其行政管理。《文物法》中并没有要求任何的公开程序。

其次,创设国家海洋庇护区一般比海洋国家遗址要花费更长的时间。由于总统可以通过总统令创设海洋国家遗址,因此,遗址能够被快速建立起来。这意味着具有国家重要性的公共区域能够被毫不拖延地保留起来,这样可以确保为后代保护这些区域。当依据《国家海洋庇护区法》创建国家海洋庇护区时,由于国家海洋和大气管理局接受的高层次的公共参与,可能需要许多年才能完成指定的过程。这种公众参与允许国家海洋和大气管理局平衡保护与区域资源的当前和将来的协调利用。

最后,国家海洋庇护区和海洋国家遗址的管理不同。国家海洋和大气管理局通过其国家海洋保护区办公室管理国家海洋庇护区,在一些情况下,还与州政府合作,并且需要同地方社区进行合作管理。而海洋国家遗址是典型的由多个政府机构进行管理的保护区,可能包括国家海洋和大气管理局、内政部和其他联邦和州合作方。这种特定的管理合作方式依据总统令确立的管理安排的细节而有所不同,比如,帕帕哈瑙莫夸基亚海洋国家遗址由国家海洋和大气管理局、内政部、夏威夷事务办公室以及土地和自然资源的夏威夷部门共同管理。

对于国家海洋和大气管理局的国家海洋庇护区办公室,社区参与在海洋国家遗址和国家海洋庇护区的管理中发挥着关键的作用。《文物法》中并没有规定为遗址进行交易项目、咨询委员会或公众和社区参与的义务。尽管《文物法》中并没有要求建立公民咨询委员会,但是公众广泛参与了这些特殊的地区的管理。例如,罗斯环礁海洋国家遗址通过美属萨摩亚庇护区咨询委员会接受公众参与；帕帕哈瑙莫夸基亚海洋国家遗址通过其保留咨询委员会咨询公众建议；以及马里亚纳海沟海洋国家遗址咨询其建议委员会。除了这些咨询委员会，志愿者在遗址的科学、向外拓展和教育工作方面发挥着重要的作用。此外，海洋国家遗址的所有规则都在草案阶段公开进行公众评论，相关管理计划进程的信息都发布在国家海洋和大气管理局和内政部的网站上。

在国家海洋保护区，被称为参与庇护区咨询委员会社区团体的代表那些为保护区管理者持续提供建议和意见的相关利益方。同时，国家海洋庇护区基金会朋友小组和分会为社区的合作方，成千上万的志愿者参与市民科学、监测、拓展和教育项目。

尽管大多数国家海洋庇护区和海洋国家遗址是明显不相关的，但是有时两者也有重合之处，进而一并管理。例如，罗斯环礁海洋国家遗址依据《文物法》和在国家海洋和大气管理局启动程序对法格特拉海湾（Fagatele Bay）国家海洋庇护区的海洋面积进行扩建的指令于 2009 年建立。当法格特拉海湾国家海洋庇护区在 2012 年成为美属萨摩亚国家海洋庇护区后，它被扩建为包括其他一些区域，其中包括罗斯环礁。

b. 其他与海洋保护区相关的海洋环境保护项目

国家海岸区管理项目通过联邦政府和海洋与大湖区州和领地的自愿性合作全面地应对国家的海岸事宜，具体由国家海洋和大气管理局下设的海岸管理办公室具体负责。该项目依据 1972 年的《海岸带管理法》设立，为保护、修复和负责任地发展国家的多样性的海岸社区和资源提供基础。项目的主要内容包括联邦一致性、加强海岸管理、非点源污染控制以及海岸和河口土地保护。①

国家海洋和大气管理局的珊瑚礁养护项目被认为是为当代及后代研究和保护珍贵的珊瑚礁资源所做的主要努力。② 该项目通过《珊瑚礁养护法》，目的为通过维持健康的生态系统功能而保护、养护和恢复国家的珊瑚礁。该项目主要针对三个方面的影响：气候变化（包括海水酸化）、

---

① The National Coastal Zone Management Program, https://coast.noaa.gov/czm/, last visited on March 20, 2020.

② Coral Reef Conservation Program, https://coralreef.noaa.gov, last visited on March 20, 2020.

陆源污染、非可持续的捕鱼活动。该项目是国家海洋和大气管理局各办公室之间的合作项目,通过结合国家海洋和大气管理局各部门的所有专业知识,以多学科的方式研究这些复杂的生态系统以找到更加有效的管理。同时,也与各州和领地政府、学术机构、非政府组织和社区团体进行合作,解决当地的问题。

(2)州和地方政府项目

由于各州管辖下海岸和海洋资源的重要性,现有大量的州海洋保护区,约为国家保护区总数的83%。与大多数国家不同,美国联邦政府与各沿海州分享对12海里领海的管辖权。其中,联邦政府对大部分领海及领海上空和海床及底土实施主权。美国各沿海州对海岸低潮线3海里水域内享有管辖权,其中佛罗里达和得克萨斯州可延伸至墨西哥湾9海里。美国主张200海里的专属经济区,在专属经济区内,美国享有管理自然资源和海洋生物的主权权利。美国海域活动的典型管理方式是不同部门共同管理,并且海洋保护区的管理者通常没有能力管理海洋保护区内的所有规则适用。比如,在国家海洋庇护区等联邦海洋保护区内的捕鱼活动是由州和联邦渔业管理机构进行管理。结果,几乎所有的庇护区都允许捕鱼活动。

美国各个沿海州都有各自的海洋保护区项目和管理部门。各州使用不同的选址授权机构保护和管理自然与文化海岸及海洋资源。在全国范围内有超过100个州、领地和联邦机构具有以区域为基础的管理授权。州项目可以包括:渔业和野生生物机构、海岸区管理项目、渔业管理机构、公园和娱乐机构、历史保存办公室与其他机构。各州为了不同的目的而使用海洋保护区,包括管理渔业、娱乐、旅游以及为了保护生态功能、保存失事船骸,以及管理维持海洋环境的传统或文化联系等。此外,一些沿海州的地方政府还建立和管理海洋保护区的项目,涉及海洋生物、养殖场所、贝类海床以及其他重要的自然和文化资源。与联邦海洋保护区相似,一些州的海洋保护区项目也已经发展和继续以体系或保护区网络的方式管理现有的区域,比如州海岸区管理项目①和

---

① Coastal Zone Management Programs, Office for Coastal Management, https://coast. noaa. gov/ czm/mystate/#guam, last visited on March 20, 2020.

州水下文化资源①等。

此外，州和领地处理广泛的州海岸区管理项目的事宜，主要包括气候变化、能源设施选址、公共准入、栖息地保护和水质等。现已有34个沿海州和领地加入国家海岸管理项目。阿拉斯加已于2011年退出该自愿项目。虽然州合作者必须遵循基本的要求，但是该项目也给予各州设计最能应对其海岸挑战和规则的独特项目的灵活性。通过平衡联邦和州的经验和资源，该项目增强了各方处理海岸事务的能力。

（3）部落海洋保护区授权机构和项目

印第安部落拥有主权治理他们的成员和管理他们的土地和资源。土著人对海洋保护区的权益可能包括：条约权、捕鱼权、维持生计的权利和文化重要的地区。这些权利包括有责任维持相关的生境。在西华盛顿、阿拉斯加和大湖区的一些部落拥有条约保留的捕鱼权。这些部落在他们通常和习惯性捕鱼区与联邦政府或州分享海洋资源共同管理机构和责任。具有单一管理机构的部落可以选择建立海洋保护区以满足他们具有管理责任的区域的养护目标。海洋保护区的管理者应当考虑到这个综合的观点，结合传统知识做出更好的决定。

3. 海洋保护区国家体系

2009年，美国建立了海洋保护区国家体系。截至2013年7月，国家体系包含437个不同机构管理的联邦、州和领地海洋保护区，正朝着国家保护目标前进。② 第13158号行政命令呼吁建立一个不限于联邦保护区的国家体系，要求与沿海州和领地、部落、区域性渔业管理理事会和包括海洋保护区联邦咨询委员会等其他实体进行协同合作。同时，国家体系必须以科学为基础，代表国家的多样海洋生态系统和自然及文化资源。国家体系的目的是在海洋保护区项目中建立管理能力，协同处理一般管理事务，识别国家海洋保护区权力机关在重要的自然和文化资源的未来的可能的保护行为，以避免生态基础的缺失。国家海洋保护区体系认为

---

① Archeology Program，https：//www. nps. gov/archeology/sites/statesubmerged/，last visited on March 20，2020.

② National Marine Protected Areas Center，Building the National System of Marine Protected Areas，2013，https：//nmsmarineprotectedareas. blob. core. windows. net/marineprotectedareas-prod/media/archive/pdf/national-system/analysis_nationalsystem_mpas_0713. pdf.

通过共同工作，能够更加有效和高效地保护国家重要的自然和文化资源，并且许多的解决方法也需要有特定的授权、不同级别的政府甚至国际界限的不同项目间的协同合作。该体系由现有的海洋保护区构成，这些保护区能够共同运作，以连接和加强国家联邦、州和地方海洋保护区项目。因此，无论是国家系统还是指令并没有设立任何新的法定权威划定、管理或改变海洋保护区，也没有改变任何现有的联邦、州、地方或部落海洋保护区法律或项目。

所有级别政府的海洋保护区项目都可以提名适格的保护区加入国家系统，提名的过程如图 2 - 3 所示。

图 2 - 3　提名加入海洋保护区国家体系过程

资料来源：笔者根据相关信息整理编制。

成为适格的被提名的海洋保护区，必须满足 3 个或 4 个标准，其中包括符合相关的定义、具有管理计划、满足相关的目标标准以及文化遗址的特定标准。当包括一般大众的非政府的利益相关方可能在一定的海洋保护区的提名中有相关的利益时，鼓励他们联系各自的管理实体以分享其关于提名的额外看法。

(二) 最新实践活动

1. 奥巴马加大海洋保护区网络的建设

奥巴马总统在位期间在海洋环境保护上的不遗余力体现在多个方面。首先，在新建海洋保护区方面，奥巴马举措频繁。据统计，八年来奥巴马依据《文物法》所赋予的总统可以不经国会直接指名建立国家保护区的权力，共建立或扩大了包括太平洋偏远岛屿海洋国家历史遗迹等在内的 20 多处保护区，远远超过了前任总统。其次，奥巴马扩建海洋保护区。2014 年，奥巴马总统根据《文物法》建立或扩大了 4 个国家保护区，其中包括 2 个海洋保护区。一是太平洋偏远岛屿海洋保护区。2014年 9 月，奥巴马将太平洋偏远岛屿海洋保护区的范围扩大到原来范围的 6 倍，使其成为完全禁止开发的最大的海洋保护区。二是角公地。2014 年

3 月，美国将加利福尼亚州南部的角公地划入加州海岸国家保护区，使该保护区的覆盖面积延伸了 1667 英亩。在 2016 年 8 月，奥巴马宣布将位于夏威夷群岛西北处的帕帕哈瑙莫夸基亚海洋国家遗址面积扩大至约150 万平方公里，使之成为当时全球最大的海洋保护区。

2. 特朗普的建议

2017 年，特朗普总统指令其相关管理部门审视现有的部分海洋遗址和庇护区，并且考虑缩减这些保护区的面积或将它们对商业捕鱼重新开放。

美国海洋保护区中心的年度报告认为美国在 20 年双党制的承诺和领导世界海洋保护的全球工作方面，已经放弃了领导地位。[1] 任何撤销这些有力的和有意义的保护或将减损对水域防止破坏性人类行动的保护，以及使遗址实质上成为缺乏对全球海洋生态保护目标有意义的贡献的"纸上公园"。这次缩减保护区的想法也与世界上其他国家的做法形成鲜明的对比，因为更多的国家正努力实现海洋保护区新的目标。在已经不需要一个明确的领导者的时候，美国正在逐渐削弱着全球范围的工作。除了遗址，特朗普当局在宣布为潜在的石油开采而开放超过 90% 的美国水域之后，还考虑修改国家海洋庇护区内禁止油气开采的保护规定。在美国国家的历史上从没有遇到过这样的环境保护的倒退。

3. 建立公海保护区的建议和活动

美国积极参与和建立以系统的公海保护区措施为目的的国际实践活动。2011 年在南极海洋生物资源养护和管理委员会第 30 次会议上，美国和新西兰代表团提交了在罗斯海建立海洋保护区的建议。2016 年 11 月，南极海洋生物资源养护和管理委员会通过了设立世界上最大的海洋保护区和第一个位于南极罗斯海的国际海域的海洋保护区。2017 年 12 月，罗斯海保护区协议生效。新建的罗斯海地区保护区覆盖 155 万平方公里的海域，约为得克萨斯州面积的两倍。美国的麦克默多南极站位于罗斯海，是南极最大的研究站以及重要的科学研究基地。

---

[1] National Marine Protected Areas Center, Marine Protected Areas of the United States: Conserving Our Oceans, One Place at a Time, 2017.

四 评析

美国的海洋保护区体系庞大、全面而复杂。尽管美国从 2000 年才开始重视和正式着手海洋保护区建设，但是在近 20 年的时间里，已经形成了相对集中的国家海洋保护区体系。美国海洋保护区的建立体现了灵活性、多样性、自主性以及以经济和美国人民利益为导向等特点。具体的特点和存在的问题如下。

首先，从海洋保护区的发展现状而言，美国现有超过 1200 个海洋保护区，但是以高水平保护管理方式存在的海洋保护区面积仅占美国水域的不到四分之一，美国大部分的严格保护区都在孤立的中部太平洋地区，由于这些区域非常遥远，因此对保护措施的政治对抗性要求比较低。如果这个统计不算上太平洋的岛屿，仅有 1% 的州水域和 0.01% 的联邦水域是有力保护的海洋保护区，其他水域都对商业捕鱼或者其他开采性和工业性活动开放。因此，对人口密集以及相关方利益表达需求明显的地区沿海海域的保护是非常有限的。然而，正是这些海域最需要防止人类活动损害的保护。

虽然保护区都以"禁取区"的形式存在是不可能的，也是不现实的，但是高水平的保护方式是重要的海洋保护工具，因为它们能够减少人类带来的压力，并允许一个生态系统内的自然连接从诸多环境压力中恢复。许多不同的生境和生态系统的研究已经表明了良好设计和管理的海洋保留区的有效性。①因此，可以认为美国的部分海域仅以某种形式的划区进行管理，而海洋环境保护只是其实现目标之一，主要还是以经济利益为主的其他目标为导向。鉴于此，已经有相当多的报告指出海洋保护区的数量和规模并没有说明任何预防生物多样性丧失的网络工作。②美国应当建立更多的保护区，完全禁止捕鱼和其他开采性使用，以取得海洋保护区国家网络的全部效益。有害捕鱼活动也应当在整个海洋保护

---

① National Marine Protected Areas Center, Marine Reserves in the United States, 2014, p. 2.
② Heather Welch, Conserving Ocean Life: Three Ways to Improve U. S. Marine Protected Areas, 2016, http://blogs. plos. org/ecology/2016/05/20/conserving-ocean-life-three-ways-to-improve-u-s-marine-protected-areas-by-heather-welch/, last visited on April 10, 2019.

区内被禁止。为了充分保护美国海域的海洋生物多样性，尤其需要在北极、白令海、墨西哥湾和东海岸沿岸建立和加强海洋保护区。

其次，从管理方面来看，美国对海洋保护区的管理模式为多部门分工协调。这种管理模式具有一定的灵活性和多样性，确有可取之处，如多部门参与海洋环境保护区建设，充分发挥公众参与，信息完全公开，加利福尼亚州建立了公共与私人合作的管理模式。这对于建立海洋保护区起到了重要的作用，但是这种分散式管理模式带来了许多诟病。联邦机构已经因未能有效保护海洋资源而受到批判。[1] 不同类型的海洋保护区由不同部门进行管理，而各部门只会从本部门的利益出发对海洋保护区进行相应的管理。正如之前所提到的，海洋庇护区由联邦渔业管理机构进行管理，因此，渔业部门从渔业利益出发，使几乎所有的庇护区都允许捕鱼活动。除了总统具有申请海洋庇护区的特权，美国的海洋保护区管理不仅横向上是多部门合作的管理模式，纵向上也是不同政府级别的分散管理，沿海州和地方政府都具有划定和管理海洋保护区的自主权，不同级别的管理模式更是灵活多样。分散式的管理虽然具有一定的灵活性，但是也很难形成海洋保护区的合力。

管理上的碎片化和部门重叠造成了现实管理中的冲突，进而影响海洋保护区的实际效果。第13158号行政命令就是针对分散的管理模式给海洋保护区的建立与管理带来的问题而颁布的，旨在建立一个协调的国家海洋保护区系统。但由于该行政命令没有确立诸如政策或法律手段等明确的机制创建具有代表性的国家海洋保护区系统，只是为建立国家体系提供一些支持服务，使建立海洋保护区国家系统的实施不可预测，且对现有的海洋保护区的管理也并未产生太大的影响。另外，因此而设立的海洋保护区中心虽然并不是一个权力或管理机构，但是在加强和连接海洋保护区方面起到了非常重要的作用。该中心编写了全国海洋保护区系统框架，对系统的管理目标、管理机制、规划准则、资源共享和评估手段等做出了详细说明。该中心的网站管理和信息披露也是值得肯定和学习的。

---

① Rosemarie A. Bradley, Evaluating U. S. Federal Marine Protected Areas Programs: A Comparative Analysis and Conceptual Framework, Ph. D. diss. , Antioch University New England, 2008, p. 2.

再次，在国内立法方面，美国的海洋保护区立法基本实现了"一区一法"，即每一类型的海洋保护区具有相应的立法。这些立法对海洋保护区的管理机构和具体管理活动进行授权，为海洋保护区的发展提供了相应的法律基础，但是目前的立法实践依然存在一些问题。一方面，在国内海洋政策方面，美国宣布实施以生态系统为基础的管理途径，但至今没有一部以保护海洋生态系统的综合法律出台。美国目前涉海法规和管理部门众多，每个部门都有各自不同的使命，极易形成相互冲突的局面。鉴于此，美国2000年颁布了《海洋法案》。但是，海洋政策委员会在其2004年的报告中依然指出："美国的海洋事务管理被联邦和州政府的利益冲突搅乱，因短期需求和长期需求的紧张关系而呈破碎状态，由于意识形态差异而呈模糊状态以及由于对广袤、多样但同时也是脆弱的海洋的多重不同的利用而呈复杂化状态。"[1]另一方面，虽然这些相关立法能为其建立相应类型的海洋保护区提供大部分的法律保护，但是这些法律实施的效果并不尽如人意。美国现在缺乏一部更强有力的法令，以确保在规定的日期内保护最低比例的州和联邦海洋区域，造成了现有的海洋区域的非常有限的、松散的和不协调的保护。一个包括对具有代表性和受完全保护的区域目标设有相关要求的强有力的联邦法案将会极大程度地帮助促进美国水域独特的生物多样性保护。[2]

最后，美国最新海洋保护实践活动将对未来海洋保护区的建立和发展产生影响。在奥巴马执政的八年时间里，海洋环境保护领域取得了诸多突破：制定了美国第一个国家海洋政策，成立了致力于强化海洋综合管理职能的机构——国家海洋委员会，创建了当时世界上最大的海洋保护区；在美国北极地区环境保护方面，奥巴马延续往届政府的立场，实施了较为严格的环保政策。此外，在应对气候变化、海平面上升、海洋酸化、海洋微塑料污染等方面，奥巴马也实施了多项计划与措施，推动了美国政府海洋综合管理能力的进一步提高。但是，也有学者指出美国在太平洋群岛的保护区扩建活动具有很强的军事和政治目的。除了保护

---

① U. S. Commission on Ocean Policy, An Ocean Blueprint for the 21st Century, Washington, D. C., 2004, p.48.

② CPAWS & MCI, Dare to be Deep: SeaStates Report on North America's Marine Protected Areas (MPAs), 2016, p.27.

区域内的典型生态系统和历史遗迹因素外，美国的潜在目的是通过海洋保护区这一国际公认的海洋生态环境保护法则和平台，保护其海外远洋群岛海洋利益，是国家硬实力和软实力协同增长而又以软实力建设为新的战略着力点的体现。[①] 海外远洋群岛保护区设立已经成为和平时期世界海洋强国向远岛海外投放国家力量、树立强大的地缘政治优势和领土的纪念地、实现全球海洋战略的一种新的方式和途径。[②] 将这些岛礁及其周边 200 海里的范围设立为海洋保护区，可限制大部分民用活动，有助于加强美国对保护区所在区域的控制，并以此支撑美国在西北太平洋地区的战略活动，使美国中西太平洋保护区具有军事意义。

为了达到建立海洋保护区的预定保护目标，必须配套一系列的管理措施以及相应的海洋执法能力。海岸警卫队是美国海洋保护区执法的核心力量。在平时，海岸警卫队主要执行救助、执法、污染控制等方面的任务；在战时，则是海军力量的组成部分。海洋保护区扩建后，海岸警卫队在相关海域的活动必将进一步加强，考虑到海岸警卫队的准军事性质，必然强化美国准军事力量在相关海域的存在，彰显美国在广袤的中西太平洋海域的主导地位，从而巩固美国在该区域的综合力量，巩固和强化美国在太平洋的战略支点。[③]

另外，特朗普反世界海洋环境保护潮流的做法也遭到了美国环保人士和相关机构的反对和质疑。美国的海洋保护区的发展方向尚不完全明了，但至少在未来的几年内，受高水平保护的海域的范围和数量并不会增加。

五 小结

2000 年后，美国才开始重视和正式发展海洋保护区。现在，美国已经有超过 1200 个海洋保护区，其中大部分为州海洋保护区。美国海洋保

---

① 罗自刚：《海洋公共管理中的政府行为——一种国际化视野》，《中国软科学》2012年第 7 期。

② 郑苗壮等：《美、英、法等国建立大型远岛海洋保护区的影响》，《吉林大学社会科学学报》2016 年第 6 期，第 48 页。

③ 郑苗壮等：《美、英、法等国建立大型远岛海洋保护区的影响》，《吉林大学社会科学学报》2016 年第 6 期，第 49 页。

护区主要分为海洋庇护区、国家公园、野生生物避难区，以及海洋国家
遗址、海洋保留区、国家河口研究保护区等。其中，海洋保留区不是单
独的一种类型，可以存在于不同的海洋保护区类型中。保留区内施行最
严格的保护区措施，但是保留区面积仅占美国水域的1%左右，并且大
部分位于太平洋群岛的海外领地。

美国海洋保护区的管理模式为分层合作模式，主要的管理机构为商
务部的国家海洋和大气管理局以及内政部的相关服务机构。具体的管理
政府级别从联邦到村，实际经营者类型多样。为了应对这种分散管理的
局面，2000年的第13158号行政命令要求在不影响现有管理的基础上，
建立国家海洋保护区体系。国家海洋保护区中心是国家海洋体系的服务
部门，为建立和维护国家海洋保护区提供必要的信息、数据、科学、技
术和培训等。

美国海洋保护区的碎片化管理已受到有关学者的批判。保护区的数
量和面积也并不能准确反映保护区的实际效果，同时，目前尚缺乏有效
的评估机制。此外，美国海洋保护区管理立法基本上现实了一区一法，
但是依然缺乏更加有效的法令。相关学者认为美国海洋保护区的发展受
到特朗普当局的阻碍。简要而言，美国海洋保护区实践最可取之处为：
全面的管理体系、较强的执行力、信息的公开与更新、公众参与、网站
的维护以及发达的监测和遥感技术。

参考文献

一　中文

1. 罗自刚：《海洋公共管理中的政府行为——一种国际化视野》，《中国软科学》
   2012年第7期。
2. 李景光主编《国外海洋管理与执法体制》，海洋出版社，2014。
3. 郑苗壮等：《美、英、法等国建立大型远岛海洋保护区的影响》，《吉林大学社会
   科学学报》2016年第6期。

二　英文

1. Abate, Randall S., "Marine Protected Areas as a Mechanism to Promote Marine Mammal
   Conservation: International and Comparative Law Lessons for the United States", *Oregon*

Law Review 88（2009）.

2. Brax, Jeff, "Zoning the Ocean: Using the National Marine Sanctuaries Act and the Antiquities Act to Establish Marine Protection Areas and Marine Reserves in America", *Ecology Law Quarterly* 29（2002）.

3. Bradley, Rosemarie A., Evaluating U. S. Federal Marine Protected Areas Programs: A Comparative Analysis and Conceptual Framework, Ph. D. diss., Antioch University New England, 2008.

4. CPAWS & MCI, Dare to be Deep: SeaStates Report on North America's Marine Protected Areas（MPAs）, 2016.

5. Coastal Zone Management Act, https://coast. noaa. gov/czm/act/.

6. FEMA, Coastal AE Zone and VE Zone Demographics Study and Primary Frontal Dune Study to Support the NFIP, 2008, Washington, DC: Federal Emergency Management Agency Technical Report.

7. Fish and Wildlife Coordination Act, https://legcounsel. house. gov/Comps/Fish%20And%20Wildlife%20Coordination%20Act. pdf.

8. Federal Water Pollution Control Act, last amended in 2002, https://www. epa. gov/sites/production/files/2017 - 08/documents/federal-water-pollution-control-act-508full. pdf.

9. Hoagland, P., "Federal Ocean Resource Management: Interagency Conflict and the Need for a Balanced Approach to Resource Management", *Virginia Journal of Natural Resources Law* 3（1）（1983）.

10. Kirlin, John et al., "California's Marine Life Protection Act Initiative: Supporting Implementing of Legislation Establishing a Statewide Network of Marine Protected Areas", *Ocean & Coastal Management* 74（2013）.

11. Murawski, S., "Ten Myths Concerning Ecosystem Approaches to Marine Resource Management", *Marine Policy* 31（2007）.

12. Moser, S. C. et al., "Ch. 25: Coastal Zone Development and Ecosystems", in J. M. Melillo, Terese（T. C.）Richmond and G. W. Yohe, eds., *Climate Change Impacts in the United States: The Third National Climate Assessment*, U. S. Global Change Research Program, 2014.

13. Magnuson-Stevens Fishery Conservation and Management Act, https://www. gsmfc. org/pubs/GSMFC/MSA07. pdf.

14. National Marine Protected Areas Center, State of the Nation's De Facto Marine Protected Areas, 2008.

15. National Marine Protected Areas Center, Definition & Classification System for U. S. Ma-

rine Protected Areas, 2011.

16. National Marine Protected Areas Center, Building the National System of Marine Protected Areas, 2013, https://nmsmarineprotectedareas. blob. core. windows. net/marineprotectedareas-prod/media/archive/pdf/national-system/analysis_nationalsystem_mpas_0713. pdf.

17. National Marine Protected Areas Center, Marine Reserves in the United States, 2014.

18. National Marine Protected Areas Center, Framework for the National System of Marine Protected Areas of the United States of America, 2015.

19. National Marine Protected Areas Center, Marine Protected Areas of the United States: Conserving Our Oceans, One Place at a Time, 2015.

20. National Marine Protected Areas Center, Marine Protected Areas of the United States: Conserving Our Oceans, One Place at a Time, 2017.

21. National Marine Sanctuaries Act, https://nmssanctuaries. blob. core. windows. net/sanctuaries-prod/media/archive/library/national/nmsa. pdf.

22. Ocean and Coastal National Wildlife Refuges, https://www. fws. gov/refuges/whm/pdfs/OceanCoastalNationalWildlifeRefuges. pdf.

23. Peet, Katherine R. , Documenting and Evaluating a New Approach to Establishing Large-Scale Marine Protected Areas in the U. S. , Master's thesis, University of Washington, 2014.

24. Popkin, Garbriel, Fourteen Percent of U. S. Coastline is Covered in Concrete, http://www. sciencemag. org/news/2015/08/fourteen-percent-us-coastline-covered-concrete.

25. PAME, Framework for a Pan-Arctic Network of Marine Protected Areas, 2015, https://pame. is/images/03_Projects/MPA/MPA_Report. pdf.

26. The Ocean Act of 2000, https://www. congress. gov/106/plaws/publ256/PLAW-106publ256. pdf.

27. U. S. Commission on Ocean Policy, An Ocean Blueprint for the 21st Century, Washington, D. C. , 2004.

28. Upton, Harold F. and Buck, Eugene H. , Marine Protected Areas: An Overview, CSC Report for Congress, 2010.

29. U. S. President's Science Advisory Committee, in Effective Use of the Sea, United States White House, Washington, DC, 1966.

30. Vincent, Carol Hardy, National Monuments and the Antiquities Act, 2016, https://fas. org/sgp/crs/misc/R41330. pdf.

31. Wilderness Act, https://www. nps. gov/subjects/wilderness/upload/1964-Wilderness-Act. pdf.

32. Welch, Heather, Conserving Ocean Life: Three Ways to Improve U. S. Marine Protected

Areas, 2016, http://blogs. plos. org/ecology/2016/05/20/conserving-ocean-life-three-ways-to-improve-u-s-marine-protected-areas-by-heather-welch/.

三　主要参考网站

1. Archeology Program, https://www. nps. gov/archeology/sites/statesubmerged/.

2. Coastal Zone Management Programs, Office for Coastal Management, https://coast. noaa. gov/czm/mystate/#guam.

3. Coral Reef Conservation Program, https://coralreef. noaa. gov.

4. De Facto MPA, https://marineprotectedareas. noaa. gov/dataanalysis/defacto/.

5. Fisheries and Marine Conservation, U. S. Department of State, https://www. state. gov/e/oes/ocns/fish/index. htm.

6. National Marine Sanctuaries, https://sanctuaries. noaa. gov/about/.

7. National Ocean Service, NOAA, https://oceanservice. noaa. gov/facts/shorelength. html.

8. Status of U. S. Marine Protected Areas, 2016 Statistics, http://noaa. maps. arcgis. com/apps/Cascade/index. html? appid = 64e5659d8fc04edc910a1721c27cec06.

9. The National Coastal Zone Management Program, https://coast. noaa. gov/czm/.

10. Under Secretary for Economic Growth, Energy, and the Environment, U. S. Department of State, https://www. state. gov/e/.

11. U. S. Department of Transportation, https://www. transportation. gov.

第三章　加拿大海洋保护区实践：先进理念下的缓慢推进

一　加拿大海洋自然环境与海洋保护区建设概况

（一）海洋自然环境

加拿大位于北美洲最北端，西临太平洋，北至北冰洋，东接大西洋。因其濒临世界三大洋的独特地理特征，加拿大的国徽上写着"从海洋到海洋"。加拿大的海岸线长约244000公里，是世界上拥有最长海岸线的国家；其所管辖的海洋区域总面积接近600万平方公里，相当于加拿大陆地面积的60%，海洋和陆地对加拿大有着同样重要的意义。[①]

加拿大共有13个联邦行政区，包括10个省和3个地区，这13个行政区中仅有2个省不与海洋相邻。加拿大有700多万人口居住在沿海地区，超过全国总人口的20%。[②] 海洋为沿海而居的加拿大人提供了生活环境、休闲娱乐场所、就业机会和收入。海洋在加拿大的历史中也扮演着重要角色，居住在加拿大的因纽特人以及其他土著群体和组织长期以来一直与海洋保持着密切的联系，因此海洋也是加拿大文化的内在组成部分。同时，海洋蕴含了巨大的发展潜力，在渔业、水产养殖、旅游、运输、造船、石油和矿物生产、教育和研究等方面都对加拿大至关重要。

加拿大幅员辽阔，陆地面积排世界第二位，漫长的海岸线在东西、南北方向上跨度极大，造就了丰富多变的沿海和海洋地理形态，包括海湾、沙滩、海底峡谷、海底平原、海底山脉、北极冰原、群岛等。这些

---

① Government of Canada, Canada's Oceans Action Plan: For Present and Future Generations, 2005, p. 3.

② Government of Canada, Canada's Oceans Action Plan: For Present and Future Generations, 2005, p. 3.

复杂多样的海域形态适应了不同物种的生存需求，因此加拿大的海洋生态系统具有显著的物种多样性及地区差异性。加拿大至今仍保有存在千年以上的珊瑚礁和独特的玻璃海绵礁，以及大量的商业和非商业鱼类、海洋哺乳动物、无脊椎动物和植物。加拿大有虎鲸、北极熊、海象、海獭和座头鲸等珍稀物种在内的上千种海洋动物，这些海洋动物分布在不同的纬度地区，是三大洋生态环境的重要组成部分。加拿大的管辖海域分布十分广泛，海洋环境差异明显，对于全球气候有着非常重要的调节作用。认识和理解加拿大的海洋环境，对于理解和适应整个地球气候变化也有着重要的价值。

海洋产业在加拿大的经济中占据着重要地位：海运不仅是加拿大国际贸易的主要运输方式，也是其国内贸易运输的主要形式；海产品是加拿大最主要的出口商品之一；海洋还为加拿大提供了丰富的能源资源，包括风能、潮汐能、波浪能以及海底石油等。随着技术的发展，新的产业（水产养殖、旅游、运输、造船、能源和矿物生产）开始与传统的渔业和轮船运输和制造业争夺海洋空间，海洋的可再生和不可再生资源支持着加拿大的各种消耗性和非消耗性用途，但海洋对于这些日益增加的人类活动造成的压力的适应能力是有限的。当海洋环境的自我修复速度远远落后于资源消耗和污染的速度时，加拿大的海洋也开始面临许多严重的环境威胁。这些环境威胁包括过度开发海洋资源、陆源和海源排放与污染，以及对海洋动植物栖息地及生态系统的改变和破坏等。加拿大政府也认识到，加拿大"海洋健康受到海洋污水和污染物排放，海洋植物的过度生长，外来物种入侵，和水文、沉积物的变化的影响"。[①] 为了长期可持续地利用海洋和海洋资源，加拿大颁布了以《加拿大海洋法》（以下简称《海洋法》）为核心的一系列法律法规，并据此制定了相关海洋保护和开发的战略和计划。

（二）海洋保护区概况

1. 海洋保护区

海洋保护区作为治理海洋环境的工具，在加拿大的海洋环境立法、

---

① Government of Canada, Canada's Oceans Strategy: Our Ocean Our Future, 2002, p. 3.

计划、战略中占据着重要地位。加拿大政府是《生物多样性公约》的缔约国，为实现"爱知目标"，加拿大政府在 2015 年宣布了国家海洋保护目标：在 2017 年之前保护其管辖的 5% 的沿海和海洋区域，在 2020 年之前完成对其管辖的 10% 的沿海和海洋区域保护。2017 年 12 月 21 日，加拿大政府宣布已经完成 7.75% 的沿海和海洋区域的保护。①

加拿大在 2011 年发布了《加拿大国家海洋保护区网络框架》，这份文件采用了 2008 年世界自然保护联盟 – 世界保护地委员会（IUCN-WC-PA）对海洋保护区的定义：海洋保护区是指一个被清晰界定的海洋地理空间，（它）被法律或其他有效手段承认、指定和管理，以实现自然与相关生态系统服务和文化价值的长期保护。《加拿大国家海洋保护区网络框架》还对该定义做了进一步界定。首先，加拿大的海洋保护区应当符合 IUCN 对海洋保护区的定义和分类的描述。IUCN 认为海洋保护区在实践中可以设定很多目标，但保护海洋生态环境应当是海洋保护区建设的首要和主要目标。其次，这个定义中的"法律手段"是指加拿大联邦、省和地方立法或监管机制。最后，"其他有效手段"指的是通过非监管机制加强海洋保护，例如土著居民或非政府组织拥有或管理的地区的海洋保护区管理协议或管理计划。

2. 海洋保护区网络

在加拿大，海洋保护区有两种不同的含义。广义的海洋保护区的定义与 IUCN 给出的定义相同，而狭义的海洋保护区是指加拿大根据《海洋法》设立的海洋保护区（Oceans Act Marine Protected Area）。加拿大当前所要建立的海洋保护区网络中的定义是广义的，包括根据多部法律分别设立的不同类型的海洋保护区；而根据《海洋法》设立的海洋保护区是加拿大的海洋保护区网络最重要的组成部分，是加拿大海洋保护区的一种类型。

为了更加有效地保护海洋环境并履行其作为《生物多样性公约》缔约国的义务，加拿大非常注重海洋保护区网络的建设。加拿大依旧沿用了 IUCN 对海洋保护区网络的定义，海洋保护区网络是指一套在不同空

---

① Canada Ends 2017 at 7.75% of Protected Ocean Territory with the Addition of 7 New Marine Refuges, Fisheries and Oceans Canada, http://www.dfo-mpo.gc.ca/oceans/conservation/2017-eng.html, last visited on March 20, 2020.

间尺度上具有一系列保护措施的，以合作和协作方式运行的海洋保护区的集合，（这种集合）旨在比单个海洋保护区更有效、更全面地实现生态保护目标。通过将不同类型的海洋保护区构建成一个系统性的网络，可以增强单个海洋保护区的效力，这种做法尊重了生态系统整体性的特点，使不同的海洋保护区之间互相影响，共同作用于海洋环境治理。因此，加拿大在鉴别一个海洋保护区能否成为海洋保护区网络的有机组成部分时，着重考察它是否能够与其他海洋保护区互相支撑，实现单个海洋保护区无法实现的目标。

按照不同的地理环境，加拿大的海洋保护区可以分为三类：第一类，全部设立在海域中的海洋保护区；第二类，区域内部分是海域的保护区，这类保护区不完全由海域构成；第三类，五大湖区内的海洋保护区。五大湖并不是真正的海洋，而是世界上最大的淡水湖系统，加拿大称之为"淡水海洋"。尽管五大湖是淡水湖区，但五大湖水域总面积高达245000平方公里，并通过圣劳伦斯航道及其他航道与大西洋相连，因此五大湖区生态环境与海洋环境的健康有着密切联系，加拿大政府认为该区域"显示了许多与海洋环境相同的特征"，[①] 因此将五大湖纳入加拿大国家海洋保护区网络内。由于美国的国家海洋保护区网络系统也包括在五大湖区内建立的保护区，加拿大政府认为将五大湖生态系统纳入海洋保护区网络，不仅有利于国内行动，还有利于海洋环境保护的国际合作与协调。

加拿大的海洋保护区网络建设坚持三个目标："第一，长期保护海洋生物多样性、生态系统功能和特殊自然特征；第二，保护和管理加拿大的海洋生物资源及其栖息地，为它们所提供的社会经济价值和生态系统服务提供支持；第三，加强公众对加拿大海洋环境和丰富海洋历史文化的认识和欣赏。"[②] 在这三个目标中，第一个目标是优先于后两个目标的，即在加拿大的海洋保护区网络中，保护海洋自然生态环境是优先于社会、经济、文化、历史等目标的。加拿大希望能够构建"一个生态全

---

① Government of Canada, National Framework for Canada's Network of Marine Protected Areas, 2011, p. 8.

② Government of Canada, National Framework for Canada's Network of Marine Protected Areas, 2011, p. 6.

面、有恢复能力和具有代表性的国家海洋保护区网络，保护目前和未来几代人的海洋环境的生物多样性和健康"。① 并不是所有既存的海洋保护区都能成为海洋保护区网络的有机组成部分，加拿大政府对其现有的海洋保护区进行了鉴别，并对各种类型的保护区对海洋保护区网络的重要性进行了界定。除要符合加拿大对海洋保护区的定义和海洋保护区网络的第一条目标外，每个保护区还必须具有管理计划或保护指南才能成为海洋保护区网络的一部分。

3. 海洋生态区网络

加拿大在全国范围内划分了 13 个海洋生态区网络（Bioregional Networks），相当于海洋保护区网络的子网络系统。这些生态区网络的主要目标是为海洋生物多样性、生态系统功能和特殊自然特征提供长期保护。每个生态区域网络的具体目标将考虑该地区独特的物理、生态和生物属性，具体包括以下几点：第一，保存具有重要生态和生物学上的重要意义的海洋区域（EBSAs）；第二，能够提高区域的代表性，保护生物群落内不同类别的栖息地；第三，考虑海洋保护区设计的国际指导或国际性；第四，考虑对加拿大人具有生态或文化价值的地区。在加拿大已经设计的 13 个生态区中，有 5 个生态区处于优先建设地位，其中，有 3 个生态区位于加拿大的东南地区，与大西洋联系最为紧密。加拿大海域面积广阔，差异性强，这种对整个海洋保护区网络的切割和划分，有利于进一步精细地制定针对每个区域的保护目标和保护计划。

二　加拿大海洋保护区法律与政策框架

（一）国际层面

加拿大将"重新成为世界海洋与海洋资源管理的领导者"的愿望写进了《海洋法》的序言之中，因此加拿大很重视在国际社会展现本国治理海洋环境的积极立场。如表 3－1 所示，加拿大已签署或批准了大部分涉及生物多样性和环境保护的国际条约，并发挥着积极作用。

---

① Government of Canada, National Framework for Canada's Network of Marine Protected Areas, 2011, p. 6.

表 3 - 1　加拿大签订的与海洋保护区有关的主要国际条约

国际条约	概况	参加情况
《生物多样性公约》	加拿大承诺实现保护管辖范围内 10% 的沿海和海洋地区	缔约国，已完成批准程序
《联合国海洋法公约》	现行国际海洋法框架性文件	缔约国，已完成批准程序
《拉姆萨尔公约》	对重要湿地的保护	生效
《濒危野生动植物种国际贸易公约》	保护濒危野生动植物的国际合作，缔约国通过海关法、外汇管理法和外贸管理法等限制濒危野生动植物的交易	缔约国，已完成批准程序
《国际植物保护公约》	通过防止害虫的引进和传播保护种植及野生植物	缔约国
《防止船舶污染国际公约》	有关防止和限制船舶排放油类及其他有害物质污染海洋	签署附件
《南极条约》	关于南极地区	加入
《保护世界文化和自然遗产公约》	对包括海洋在内的世界遗产的特别保护	接受
《捕鱼及养护公海生物资源公约》	关于公海生物资源的国际条约	签署国

资料来源：笔者根据联合国环境计划署 - 世界保护监测中心（UNEP - WCMC）（http://biodiversitya-z. org/content/canada）提供的信息翻译编制。

加拿大在北极地区的领土面积约占领土总面积的 40%，北极地区资源丰富，战略位置极其重要，因此加拿大一直非常重视北极地区的发展。北极理事会致力于促进北极的可持续发展和环境保护，加拿大是北极理事会的发起国，并基于《北极环境保护战略》《北极环境保护宣言》，积极参与和促成多项北极环保合作行动，有效减少了北极环境污染造成的诸多消极影响。

（二）国内立法

加拿大的海洋保护立法体系由联邦立法和地方立法构成，既有对海洋保护区网络整体规划的立法，又有设立和管理每一种类型的海洋保护区的立法，是一个设计完善的立法体系。联邦立法是加拿大海洋保护法律体系的最重要组成部分，地方立法的内容在整体上与联邦法律相同，只是考虑到更多的地方因素。如表 3 - 2 所示，《海洋法》是加拿大海洋保护区网络建设最重要的法律依据。《海洋法》于 1997 年生效，并将《联合国海洋法公约》赋予沿海国的各种权利都以国内法的形式确立。《海洋法》被认为是世界上第一部综合海洋治理的法律，这种综合治理的观念一直影响到今天加拿大的海洋保护区网络建设。除表 3 - 2 中所列的法律外，《加拿大航运法》《海岸渔业保护法》《污染物法》《加拿大油气资源法》等多部法律都间接支撑着加拿大的海洋保护区网络建设。

表 3 - 2　加拿大主要的海洋保护区网络建设立法

立法	概况
《海洋法》（1996 年）	《联合国海洋法公约》的国内化，一部综合性海洋管理立法，确立了海洋战略，赋予渔业和海洋部设立并管理"根据《海洋法》设立的海洋保护区"的权力
《环境保护法》（1999 年）	加拿大环境保护的基本法，对海洋环境保护和管理具有指导作用
《渔业法》（1985 年）	对渔业资源的保护和许可捕捞，授予渔业和海洋部设立禁渔区的权力
《加拿大野生生物保护法》（1985 年）	野生生物保护、研究与宣传教育，授予环境与气候变化部设立和管理海洋野生生物保护区的权力
《候鸟公约法》（1994 年）	养护和保护候鸟物种的栖息地
《濒危物种法》（2003 年）	保护和恢复加拿大濒危野生生物物种
《加拿大国家公园法》（2000 年）	保护加拿大具有代表性的自然遗产和自然景观，授予国家公园管理局设立和管理国家海洋公园的权力
《加拿大国家海洋养护区法》（2002 年）	保护海洋物种及其栖息地，授予国家公园管理局设立和管理国家海洋养护区的权力

资料来源：笔者根据 Government of Canada, National Framework for Canada's Network of Marine Protected Areas, 2011, p. 26 翻译编制。

（三）国内政策文件

为履行法律职责，加拿大的政府部门出台了一系列的行动战略和计划加快构建海洋保护区网络，包括 2016 年加拿大总理启动的《国家海洋保护计划》，加拿大环境与气候变化部出台的《2012—2015 加拿大保护区现状报告》，加拿大公园管理局出台的《国家海洋养护区政策》，以及 1992 年加拿大环境与气候变化部、公园管理局及渔业和海洋部联合签署的《完成加拿大保护区网络的承诺》等。加拿大渔业和海洋部作为对海洋保护区网络构建最重要的部门，2002 年发布《加拿大的海洋战略》，综合海洋治理与海洋保护区建设规划是该战略的两大核心；2005 年发布《加拿大海洋行动计划》，该计划也强调海洋保护区对持续利用和管理海洋的重要价值。此外，早在 1999 年，加拿大渔业和海洋部就开始制定海洋保护区网络规划和发展的政策——《加拿大海洋保护区政策》和《加拿大建立和管理海洋保护区的国家框架》，奠定了加拿大海洋保护区网络构建的基础。其后，加拿大渔业和海洋部又陆续出台了《加拿大海洋保护区域网络的指导和经验教训》《加拿大国家海洋保护区网络框架》《河口与圣劳伦斯湾生态区海洋保护区战略》等文件。

三　加拿大海洋保护区的管理

（一）海洋保护区网络管理的基本原则

加拿大政府在《加拿大联邦海洋保护区战略》中明确了海洋保护区网络建设中应当遵循的基本原则，包括综合管理原则、生态系统原则、风险预防原则、尊重原住民原则、基于知识原则、磋商与合作原则、公共认知、教育和管理原则、有效管理原则和适应性管理原则。在这些原则中，综合管理原则、生态系统原则及风险预防原则对海洋保护区网络的构建具有非常重要的作用。第一，综合管理是加拿大海洋战略的一个重要原则，它充分考虑加拿大联邦及地方政府、土著群体、沿海社区、工业部门和其他群体对海洋生态健康的共同责任，是一个协作、灵活和透明的过程。加拿大在建设海洋保护区网络的过程中坚持综合管理，也是对既有的具有海洋环境保护职责的管理部门的尊重。第二，生态系统原则是海洋保护区网络建设的理论基础，"海洋生态系统的复杂性与各组成要素之间的相互联系与能流模式是海洋保护区选址、规划、管理以及海洋保护区网络布局时要考虑的主要内容"。① 第三，许多海洋环境保护区的设立就是为了避免潜在的生态失衡的风险，在海洋保护区内，根据

---

① 刘洪滨、倪国江：《加拿大海洋环境保护》，海洋出版社，2011，第 75 页。

风险预防原则，每一个决策都应当包含可能的各种预防措施。

（二）海洋保护区的主要管理机构与职责

加拿大是一个海洋大国，许多政府部门都具有部分海洋事务管理权限。加拿大政府在 2008 年发布了《加拿大政府在海洋部门的职责》，这份文件涉及 30 个与海洋事务相关的政府机构，其中与海洋环境和健康直接相关的政府机构有 7 个。表 3 - 3 介绍了加拿大联邦主管海洋保护区的主要政府机构，在这些行政机构中，加拿大渔业和海洋部是对海洋保护区网络建设最重要的部门。《海洋法》授予加拿大渔业和海洋部在加拿大发展和执行国家海洋保护区系统方面的领导地位。加拿大渔业和海洋部不仅主管根据《海洋法》设立的海洋保护区、根据《渔业法》设立的禁渔区，还负责与其他部门在建设海洋保护区网络方面加强信息交流与协调合作。为履行其职责，加拿大渔业和海洋部出台了指导海洋保护区网络建设的《加拿大国家海洋保护区网络框架》《加拿大联邦海洋保护区战略》《加拿大海洋战略》等文件。

表 3 - 3   加拿大海洋保护区的主要管理部门

政府部门	与海洋保护区管理有关的主要职责
渔业和海洋部	主管加拿大的渔业和与海洋有关的活动。《海洋法》授权渔业和海洋部负责国家海洋保护区网络框架搭建。同时，渔业和海洋部还主管根据《海洋法》设立的海洋保护区、根据《渔业法》设立的禁渔区，以及其他有关海洋环境保护的活动。在建立和管理海洋保护区时，渔业和海洋部采取了一种循序渐进的方法，首先选择一个感兴趣的海域，初步进行保护；然后将该海域作为一个潜在的海洋保护区进行评估和评价；当该海域符合设立海洋保护区的条件时将该海域作为海洋保护区保护；由于海洋环境的复杂性及关联性，渔业和海洋部也会与其他联邦政府部门或省、地方政府主管部门合作管理海洋保护区
环境与气候变化部	有责任保持和提高加拿大的环境质量，促进加拿大资源的可持续利用和保护生物多样性。《加拿大野生生物保护法》授予环境与气候变化部建立和管理野生动物保护区、海洋野生动物保护区的权力；《濒危物种法》授予环境与气候变化部建立和管理濒危野生动物保护区的权力；《候鸟公约法》授予环境与气候变化部建立和管理候鸟保护区的权力。环境与气候变化部作为主管环境的联邦政府部门，在海洋保护实践中，也发挥着协调各个机构的作用

政府部门	与海洋保护区管理有关的主要职责
公园管理局	《加拿大国家海洋养护区法》授予公园管理局建立和管理国家海洋养护区的权力；《加拿大国家公园法》授予公园管理局建立和管理国家公园的权力。公园管理局主管的两种海洋保护区有着共同的目标，即加强公众对于海洋环境的认识、了解，让加拿大居民能够接触、欣赏海洋区域。因此，公园管理局的工作重点不仅在于保护海洋生态环境，而且还包括管理保护区内的各项活动
自然资源部	加拿大自然资源部提供了在东部和西部海岸、圣劳伦斯湾和哈德孙湾管理不可再生资源的立法和管理框架。此外，自然资源部还为海洋保护区的识别和选择过程提供地理信息和不可再生资源信息
交通部	加拿大交通部和加拿大海岸警卫队负责执行《加拿大航运法》，包括管理航行和预防船舶源污染
外交事务部	与海洋保护区相关的对外合作

资料来源：笔者根据 Fisheries and Oceans Canada, The Role of the Canadian Government in the Oceans Sector, 2009, p. 4 与 Government of Canada, National Framework for Canada's Network of Marine Protected Areas, 2011, p. 26 翻译编制。

（三）海洋保护区的综合管理模式

在尊重每一个部门的管理职权的基础上，首先，加拿大建立了一套综合海洋管理治理体系（Integrated Oceans Management, IOM）。IOM 治理结构由联邦政府主导，地方政府处于辅助地位，它为各方主体参与海洋保护区建设搭建了一个平台。为方便管理，加拿大将其管辖的海域分为 5 个大海洋管理区，分别为太平洋北岸、波弗特海、圣劳伦斯湾、东部斯科舍架以及普拉森舍湾和格兰德岸海洋管理区。其次，加拿大希望在每一个大海洋管理区内建立一个 IOM 治理机构。这个 IOM 治理机构应当包括执行监督委员会、主任级管理委员会、利益相关者咨询委员会和技术工作组，这些工作人员可能来自不同的政府部门。最后，如果海洋保护区不在大海洋管理区内，联邦政府也可以与省或者地方政府通过签订谅解备忘录或其他形式进行合作，同时也欢迎土著居民和当地社区的力量加入综合管理之中。

将多方主体纳入 IOM 治理体系之后，加拿大进一步阐明了海洋保护区网络的规划程序。根据《加拿大国家海洋保护区网络框架》，加拿大的海洋保护区网络规划需遵循八个步骤：第一，辨别并邀请利益相关者，使政府和非政府的利益相关者充分参与到规划中；第二，编译可用信息，将收集到的地理、历史、经济、文化等各种信息进行筛选整理，这个过程需要各个参与主体进行充分的信息共享；第三，为每一个生态区确立明确、可度量的保护目标；第四，进一步识别保护区内各区域的保护价值，为各区域确定不同的治理工具；第五，考虑潜在的社会和经济价值，完成保护区设计；第六，确定一个包括保护区地点、适当的保护措施和负责部门的生态区网络行动计划；第七，制定特定海洋保护区的保护计划；第八，长期管理和监测海洋保护区网络。加拿大的这套海洋保护区网络规划覆盖了海洋保护区的设立和管理的全过程，适合每一种类型的海洋保护区，联邦政府和省、地区政府，以及土著居民、当地社区等多方主体都能充分参与其中。

政府机构合作的首要条件就是建立全面系统高效的海洋信息网络平台。加拿大有多个非常成功的信息共享平台，如国家地理信息系统合作伙伴计划下的太平洋海洋信息合作网络、大西洋海洋与海岸带信息网络；和美国合作建设世界上最大的海底实时观测系统——海王星海底观测网络计划（NEPTUNE）。2011 年，渔业和海洋部及国家社会与人文研究委员会资助建立了海洋管理研究网络，该系统为渔业、油气矿产开发、航运、旅游、海军等多方研究人员和机构提供了一个联系网络，也为海洋综合管理提供了信息服务平台。

尽管加拿大这套综合治理模式在理论设计上相当完善，但不能忽视这套机制在运行中也面临着各种挑战。一方面，协调不同政府部门的利益需要投入大量时间和人力成本，尽管渔业和海洋部被《海洋法》授权负责国家海洋保护区网络框架搭建，但其他政府部门认为它们的参与是自愿的，它们更倾向于"部门内部解决问题的传统方式"，[①] 实际决策者和责任承担者的缺失导致这套机制的运行效率低下；另一方面，当地利益相关者的参与意愿并不高涨，这些群体参与海洋环境治理面临诸多阻碍因

---

① Gunnar Sander, "Ecosystem-Based Management in Canada and Norway: The Importance of Political Leadership and Effective Decision-Making for Implementation", *Ocean and Coastal Management* 163 (2018), p. 494.

素。调查显示，"时间，金钱和有限的参与机会"① 是限制当地居民参与海洋保护区监管活动的主要因素。因此，虽然加拿大的综合治理模式提高了决策的科学性，但在实践中受到诸多因素的影响，运行效率并不尽如人意。

（四）海洋保护区的分类管理

如表 3 - 4 所示，加拿大渔业和海洋部在 2005 年发布的《加拿大联邦海洋保护区战略》中根据每种保护区的设立目的和依据对其国内海洋保护区进行了分类。根据《海洋法》设立的海洋保护区、海洋野生动物保护区和国家海洋养护区这三种类型的海洋保护区是加拿大国家海洋保护区网络的核心构成要素。

表 3 - 4　加拿大主要的海洋保护区类型

类别	设立依据	目标
根据《海洋法》设立的海洋保护区（核心）	《加拿大海洋法》（1996 年）	保护和保存重要的鱼类和海洋哺乳动物栖息地，保护濒危海洋物种，具有独特特征的物种，保护具有高生产力或生物多样性的海域
海洋野生生物区（核心）	《加拿大野生生物保护法》（1985 年）	保护包括候鸟和濒危物种在内的野生生物栖息地
国家海洋养护区（核心）	《加拿大国家海洋养护区法》（2002 年）	保护和保存加拿大具有代表性的海洋自然和文化遗产，并为公众教育和享受海洋环境提供机会
禁渔区	《渔业法》（1985 年）	保护鱼类及其栖息地
候鸟庇护区	《候鸟公约法》（1994 年 ）	保护候鸟栖息地
国家公园	《加拿大国家公园法》（2000 年）	为了加拿大人的利益，及教育和享受的机会保护加拿大具有代表性的自然遗产
受保护的重要栖息地	《濒危物种保护法》（2002 年）	保护和恢复加拿大野生动物物种，尤其是濒危物种

---

① N. Heck et al. , "Stakeholder Opinions on the Assessment of MPA Effectiveness and Their Interests to Participate at Pacific Rim National Park Reserve, Canada", *Environmental Management* 4 (2011), p. 611.

类别	设立依据	目标
船舶交通服务区域	《加拿大航运法》（2001 年）	管制或禁止船舶航行、锚泊、系泊或停泊，以促进船舶的安全、有效航行和保护公众利益和环境

资料来源：笔者根据 Government of Canada, Canada's Federal Marine Protected Areas Strategy, 2005, pp. 4 – 5 翻译编制。

1. 根据《海洋法》设立的海洋保护区

加拿大《海洋法》中海洋保护区的定义与 IUCN 的定义不同。根据该法第 35 条第 1 款，海洋保护区是指根据《海洋法》指定的，由加拿大内水、领海或专属经济区构成的一个特殊的海洋保护区域，该区域的设立应基于以下一种或多种原因：第一，保存和保护商业或非商业鱼类资源，包括海洋哺乳动物，以及上述动物的栖息地；第二，保存和保护濒危海洋物种及其栖息地，保存和保护独特的栖息地；第三，保存和保护具有高度生物多样性或高生物生产力的海洋区域；第四，保存和保护其他生物物种及其栖息地。第四个目的具有兜底性的特点，而且每个海洋保护区设立时可以基于多种原因，因此，根据《海洋法》设立的海洋保护区的保护客体范围比较广泛。

根据《海洋法》设立的海洋保护区是加拿大诸多类型海洋保护区中的一种，由加拿大渔业和海洋部设立和监管，《海洋法》直接将其命名为海洋保护区，也最能体现海洋保护区的特点。大多数根据《海洋法》设立的海洋保护区全部设立在海洋区域，在这些保护区内鲜有其他地理形态，最多可能包括与海洋具有密切联系的内河。如表 3 – 5 所示，截至 2018 年 4 月，加拿大共有 11 个根据《海洋法》设立的海洋保护区。从这些海洋保护区的设立情况来看，保护生物物种及其栖息地是首要的原因，保护商业鱼类资源以维持渔业的持续发展是次要且是少数海洋保护区的设立原因。实践中，加拿大根据《海洋法》设立的海洋保护区贯彻了将保护生态环境置于社会、经济或其他目标的优先地位的价值追求。从时间上看，加拿大海洋保护区设立和保护与政府工作重心的倾斜具有一定联系。2005年及其前后是设立海洋保护区的高峰期，仅 2005 年就有 3 个海洋保护区设立，这个时间与加拿大制定《加拿大海洋行动计划》和《加拿大联邦海洋保护区战略》相吻合；2015 年，加拿大政府承诺在 2017 年之前完成保护 5% 的沿海和海洋区域后，在 2016 年至 2017 年又设立了 3 个新的海洋保护区。

表 3 - 5　加拿大根据《海洋法》设立的海洋保护区

海洋保护区名称	设立日期	保护区概况
安古尼亚克维亚尼奇夸姆（Anguniaqvia niqiqyuam）海洋保护区	2016 年 11 月	设立以保持区域内候鸟庇护区海洋环境的完整性，使其具有更高的生产能力，保护候鸟栖息地和关键的种群，保护栖息地内物种活动不受人类干扰。为北极地区的红点鲑、鳕鱼、白鲸、髯海豹、北极熊以及海鸟等海洋动物提供了重要的栖息地
贝森哈德（Basin Head）海洋保护区	2005 年 10 月	该地区是一个滨海潟湖，周围有农业用地和沙丘系统。保护区的设立是为了保护区域内的多种动植物，包括仅在该地区生长的具有商业重要性的爱尔兰苔藓
东港（Eastport）海洋保护区	2005 年 10 月	诸多岛屿海岸线曲折，拥有大量的底栖鱼类、远洋鱼类、贝类、海洋哺乳动物和水生植物等渔业资源。保护区设立的目的是保护以龙虾渔业为代表的渔业资源，禁止过度捕捞
恩迪沃海底热泉（Endeavour Hydrothermal Vents）海洋保护区	2003 年	该保护区是一个活动的海底扩展区，具有独特的水热通风系统，培育了 12 种该地区独有的生物物种（包括在 121℃ 下生存的物种），是地球上微生物多样性和动物丰富程度最高的地方之一。保护区设立的目标是保护该地区独有的生态系统，可进行部分科学研究以保护该地区海洋环境及增加人类对该地区的了解
吉尔伯特湾（Gilbert Bay）海洋保护区	2005 年 10 月	保存和保护鳕鱼种群，并为其他物种及其栖息地提供间接保护
大海沟（The Gully）海洋保护区	2004 年	该地区是深海峡谷，周围有商业鱼类及油气田，设立保护区以保护鲸鱼、海豚及其他海洋生物物种及其栖息地
赫卡特海峡和夏洛特皇后海湾（Hecate Strait/Queen Charlotte）玻璃海绵礁海洋保护区	2017 年 2 月	该地区保存有侏罗纪时期的四个巨大的玻璃海绵礁区域，该保护区设立的目的是保护玻璃海绵礁区域的生态环境
马斯阔什河口（Musquash Estuary）海洋保护区	2006 年	处于河口地区，有丰富的野生动物和商业渔场，该保护区设立的目的是保护野生动植物栖息地和渔业资源

海洋保护区名称	设立日期	保护区概况
鲍伊海山（SGaan Kinghlas-Bowie Seamount）海洋保护区	2008 年 4 月	近海海底火山和海底山岭，设立该保护区以保护多种动植物及其栖息地
圣安斯岸（St. Anns Bank）海洋保护区	2017 年 6 月	该地区是鱼类和海洋哺乳动物迁徙走廊的一部分，并分布着棱皮龟、大西洋狼鱼等多种受威胁或濒危海洋生物。设立该保护区以保护区域内的生态系统和栖息地
塔利姆（Tarium Niryutait）海洋保护区	2010 年 8 月	该地区是加拿大的第一个北极保护区。地处北冰洋，有季节性陆地和冰冻地区，设立以保存和保护白鲸和其他海洋物种（溯河鱼类、水鸟和海鸟）及其栖息地和生态系统

资料来源：Fisheries and Oceans Canada, http://www.dfo-mpo.gc.ca/oceans/mpa-zpm/index-eng.html, last visited on March 20, 2020。

2. 国家海洋养护区

加拿大国家海洋养护区是根据《加拿大国家海洋养护区法》设立的海洋保护区。该类保护区的保护标准较低，由加拿大公园管理局主管，实践中高度依赖保护区当地社区和志愿团体的保护活动。加拿大国家海洋养护区如表 3 - 6 所示。无论是在数量上，还是在面积上，海洋养护区都占据了加拿大既存海洋保护区的很大比重，其中 13 个海洋养护区的设立目的为保护珊瑚礁和海绵，其他的 6 个海洋养护区的设立目的各不相同，但都以保护海洋生物物种及其栖息地为核心①。

《加拿大国家海洋养护区法》第 4 条第 1 款规定，海洋养护区设立的目的是保护和保存具有代表性的海洋区域，满足加拿大和世界人民的利益、教育和享用；根据该条第 4 款，每一个海洋养护区都必须细化为几个区域，其中至少包括一个"培育和鼓励可持续利用海洋资源的区域"和一个"充分保护生态系统的特殊特征或对生态具有敏感因素"的区域。海洋养护区以生态保护作为核心目标，但海洋养护区对人类活动的限制比根据《海洋法》设立的海洋保护区对人类活动的限制低，某些海洋养护区允许有限制的捕捞和娱乐活动。

---

① Fisheries and Oceans Canada, http://www.dfo-mpo.gc.ca/oceans/oeabcm-amcepz/refuges/index-eng.html, last visited on March 20, 2020.

表 3 - 6　加拿大国家海洋养护区

海洋保护区	设立目的
Beaugé Bank Sponge Conservation Area Central Gulf of St. Lawrence Coral Conservation Area Corsair and Georges Canyons Conservation Area（restricted bottom fisheries zone） East of Anticosti Island Sponge Conservation Area Eastern Gulf of St. Lawrence Coral Conservation Area Eastern Honguedo Strait Coral and Sponge Conservation Area Jacques-Cartier Strait Sponge Conservation Area Jordan Basin Conservation Area Parent Bank Sponge Conservation Area Slope of Magdalen Shallows Coral Conservation Area South-East of Anticosti Island Sponge Conservation Area Western Honguedo Strait Coral Conservation Area North of Bennett Bank Coral Conservation Area Lophelia Coral Conservation Area	保护珊瑚礁或（及）海绵
Davis Strait Conservation Area Hatton Basin Conservation Area	保护敏感的底栖生物领域
Disko Fan Conservation Area（portion closed to all bottom-contact fishing）	减少对独角鲸冬季食物来源和越冬栖息地的影响；保护珊瑚礁
Emerald Basin and Sambro Bank Sponge Conservation Areas	保护特有物种及其栖息地
Northeast Channel Coral Conservation Area（restricted bottom fisheries zone）	保护龙虾栖息地，保护鳕鱼产卵区
Western/Emerald Banks Conservation Area（restricted fisheries zone）	支持具有土著、商业和（或）娱乐重要性的鱼类品种的生产力目标；保护底栖生物栖息地

资料来源：Fisheries and Oceans Canada, http://www. dfo-mpo. gc. ca/oceans/oeabcm-amcepz/refuges/index-eng. html, last visited on April 10, 2019。

3. 海洋野生生物区

加拿大的海洋野生生物区是根据《加拿大野生生物保护法》设立在沿海或者专属经济区内，保护海洋濒危物种及其栖息地的野生生物保护区。加拿大的野生生物保护区网络是加拿大最大的保护区网络，位于沿海或海洋内的野生生物区同时属于野生生物保护区网络和海洋保护区网络，它们由加拿大环境与气候变化部主管。事实上，除海洋野生生物区外，其他类型的海洋保护区也具有保护海洋动植物的功能，加拿大新设立的海洋野生生物区的独特价值在于其将海鸟这类与海洋和陆地都有联系的物种纳入保护范围。

斯科特群岛海洋野生生物区是加拿大第一个专门性的海洋野生生物区，位于加拿大太平洋沿岸，面积达 11546 平方公里。[①] 2018 年 6 月 27 日，加拿大政府宣布斯科特群岛保护区正式设立。斯科特群岛及其周围水域共同构成了加拿大太平洋海岸最多产和生物多样性最丰富的海洋生态系统之一，尤其是海鸟。斯科特群岛是加拿大管辖的太平洋海域上海鸟数量最多的区域。这片海域平均每年会吸引 500 万至 1000 万只候鸟，这些鸟类中不乏 IUCN 和加拿大政府认定的濒危鸟类。[②] 除对鸟类非常重要外，群岛周围的海洋区域也被加拿大渔业和海洋部认定为具有生态和生物重要性的区域。

4. 其他类型的海洋保护区

国家公园、候鸟庇护区、禁渔区、船舶交通服务区域、受保护的重要栖息地等形式的保护区虽然不是海洋保护区网络的核心，但它们也对海洋环境保护和海洋保护区网络构建具有潜在的贡献，都是海洋环境治理的重要工具。这些类型的海洋保护区可能与前述三种主要的海洋保护区在地理上发生重叠。管理者为管理需要，可以根据《海洋法》设立的海洋保护区、国家海洋养护区或者海洋野生生物区内再进行精确划分，划分出禁渔区；部分海洋野生生物区与候鸟庇护区在地理上也存在重叠关系。例如，加拿大公园管理局负责管理加拿大的自然遗产、国家公园及加拿大国家海洋养护区，其管辖的瓜依哈纳斯（Gwaii Haanas）国家公园同时也是国家海洋养护区和自然遗产保护区，这三种类型的保护区在瓜依哈纳斯国家公园产生了地理重叠。

加拿大管辖海域面积较大，因此完成国家的"爱知目标"承诺，对于加

---

① Environment and Climate Change Canada, Canadian Protected Areas Status Report, 2012 - 2015, 2016, p. 26.

② Fisheries and Oceans Canada, https://www. canada. ca/en/environment-climate-change/services/national-wildlife-areas/locations/scott-islands-marine. html, last visited on March 20, 2020.

拿大、北美地区甚至全球范围内的生物多样性养护、气候调节都会产生积极的影响。加拿大在海洋保护区网络构建中秉承保护环境第一，将经济和社会价值置于保护海洋生态环境之后的价值理念，对于提高加拿大海洋保护区的生态效益具有积极作用，从长远角度看，也将推进加拿大海洋经济的发展。

四　最新实践活动

（一）修订《渔业法》

1985 年，加拿大颁布了《渔业法》。这部法律曾在加拿大的渔业资源开发、管理和鱼类栖息地保护中发挥了重要的作用，渔业和海洋部也在该部法律的授权下具有设立和管理禁渔区的权力。三十多年过去，随着人类对于海洋利用和保护的情况的变化，这部法律出现了滞后性。在这种情况下，加拿大政府征求社会各方的建议，于 2018 年 2 月 6 日提出了《渔业法》拟修正案。表 3 - 7 为根据加拿大渔业和海洋部公布的资料整理的《渔业法》修订前后的内容对比，其中保护鱼类和鱼类栖息地是未来《渔业法》的一个重点，这也是符合海洋保护区网络建设需求的。

表 3 - 7　《渔业法》修订前后内容对比

《渔业法》修订前	《渔业法》修订后
保护对商业、娱乐或土著居民具有重要性的渔业资源	保护所有的鱼类及其栖息地
项目开发标准具有不确定性	项目开发标准更加明确
没有任何关于近海捕鱼者的规定	将近海捕鱼者的活动纳入监管
没有关于设立海洋避难区的专门条款	制定长期的区域性渔业活动限制计划，保护海洋生物多样性
没有土著居民参与决策的规定	土著居民的传统知识必须纳入栖息地的指定当中
没有关注栖息地生态恢复和鱼类资源重建的规定	对栖息地生态恢复和鱼类资源重建的关注加强

资料来源：笔者根据加拿大渔业和海洋部的信息（http://dfo-mpo.gc.ca/campaign-campagne/fisheries-act-loi-sur-les-peches/proposed-propose-eng.html）翻译编制。

（二）设立新的海洋保护区

近年来，加拿大加快了海洋保护区的建设速度。加拿大在 2016 年至 2017 年间新增三个根据《海洋法》设立的海洋保护区，并在 2018 年建成了第一个独立的海洋野生生物区，即前文提到的斯科特群岛海洋野生生物保护区。加拿大新设立的三个海洋保护区分别是安古尼亚克维亚尼奇夸姆海洋保护区、赫卡特海峡和夏洛特皇后海湾玻璃海绵礁海洋保护区，以及圣安斯岸海洋保护区。

安古尼亚克维亚尼奇夸姆海洋保护区设立于 2016 年，该保护区位于北极地区，是北极熊、海豹、海龟及其他海洋动物的重要栖息地，在该保护区内同时存在一个候鸟庇护区。北极对于加拿大有着重要的战略意义，鉴于该地区独特的地理环境和对生物多样性的高度重要性，在安古尼亚克维亚尼奇夸姆海洋保护区的许多人类活动被加以限制。在该保护区内进行科学考察和监测、教育、海洋旅游观光等活动需要得到加拿大渔业和海洋部的批准。

赫卡特海峡和夏洛特皇后海湾玻璃海绵礁海洋保护区设立于 2017 年，位于道格拉斯海峡入口的北部和南部，属于太平洋的北部架生态区。加拿大地质调查局于 1987 年在该地区发现了四个主要的玻璃海绵礁。据加拿大政府测定，这些玻璃海绵礁有超过 9000 年的历史，对于生物多样性具有重要的价值。加拿大政府在这个保护区设立了禁渔区，禁止商业、娱乐和土著居民的渔业活动。

圣安斯岸海洋保护区设立于 2017 年，位于布雷顿角岛的东部，面积约为 4364 平方公里，地理形态从海岸一直过渡到海峡。该地区是鱼类和海洋哺乳动物迁徙走廊的一部分。圣安斯岸海洋保护区分布着多种类型的海洋生物栖息地，具有极高的生态和生物学价值。[①] 在当地设立海洋保护区，不仅有利于保护珍稀海洋物种的生境，而且对渔业资源的恢复和增长也有着积极意义。

---

① Fisheries and Oceans Canada, http://dfo-mpo. gc. ca/oceans/mpa-zpm/stanns-sainteanne/in-dex-eng. html, last visited on March 20, 2020.

（三）国家海洋保护计划

2016 年 11 月 7 日，加拿大总理启动了一项 15 亿加元的国家海洋保护计划，旨在改善海洋安全和航运条件，保护加拿大的海洋环境，并为土著和沿海社区提供参与海洋管理的机会。这项计划主要由加拿大运输部、渔业和海洋部以及环境与气候变化部执行，而渔业和海洋部的主要任务是保护和恢复易受海洋运输和海洋开发影响的海洋生态系统，具体包括：保护海洋哺乳动物免受航运的影响；加大科研投入以防止和应对海洋污染事件，尤其是应对漏油事件；与沿海土著和社区合作恢复和保护沿海生态系统；处理遗弃、废弃的船只。

（四）公海保护区

加拿大作为世界上主要的捕鱼国家，在从海洋获益的同时也非常注重养护和保护鱼类资源及其栖息地。加拿大希望在公海环境保护中扮演领导者的角色，并且一直致力于通过地区或者国际合作减少在公海的过度捕捞。加拿大对建立公海保护区保持着积极的态度。加拿大是西北大西洋渔业组织的成员国，该组织致力于保护大西洋西北地区的渔业资源的可持续发展，因此积极主张对某些海域限制捕捞，比如加拿大大浅滩生态区附近的公海海域。该公海海域曾经是极为高产的渔场，但后来因为过度捕捞导致生产力退化。大浅滩渔业附近公海海域生产力的恢复对加拿大专属经济区内的渔业资源增长具有积极作用，在该区域建立公海保护区符合加拿大的利益。加拿大为了恢复该地区的海洋生产力，修改了《沿岸渔业保护法》，对大浅滩生态区附近的两处公海海域进行长臂管辖。"加拿大为保护大浅滩渔业资源所采取的相关管理立法和限制捕捞方式等手段，强化了对公海渔业资源和生物多样性的实际管辖和实际控制。"[1] 这一行为曾经引起其他在该公海区域捕鱼的国家的不满，但加拿大认为其管辖举措是"执行西北大西洋渔业组织的保护和管理措施"。[2]

在 2003 年的海洋事务和海洋法不限成员名额非正式协商会议中，加

---

[1] 范晓婷主编《公海保护区的法律与实践》，海洋出版社，2015，第 170 页。
[2] 范晓婷主编《公海保护区的法律与实践》，海洋出版社，2015，第 170 页。

拿大表示支持建立公海保护区。2018 年 9 月，在"《联合国海洋法公约》关于 BBNJ 的国际法律约束力文书第一次政府间会议"上，加拿大没有直接表示支持建立公海海洋保护区，但对设立公海划区管理工具的程序提出了建议。加拿大认为设立公海划区管理工具应当分两个阶段：首先，由决策机构根据管理目标、科学依据等指标提出划区管理工具的初步选择方案；其次，进行更广泛的磋商，并充分考虑沿海国、相关组织和其他利益相关者的意见。加拿大同时提出两个层次的监测构想，主张应该分别对单个公海保护区和整个划区管理工具的机制的实施情况进行监测。

五　评析

加拿大作为一个海洋大国，有着先进的海洋治理理念和丰富的海洋治理经验，也一直追求成为世界海洋治理的领导者。在加拿大海洋保护区实践中，既有值得借鉴的经验，同时也存在一些值得注意的问题。一方面，加拿大很早就意识到海洋生态的整体性和联系性，注重建立系统化的海洋保护区网络，建立了综合的海洋执法体系，并由渔业和海洋部主导对海洋保护区网络进行了顶层设计；另一方面，加拿大海洋保护区推进的速度比较缓慢。直到近年来，加拿大为履行"在 2020 年之前保护管辖范围内 10% 的沿海和海洋地区"的承诺，才开始加快了海洋保护区的建设速度。在 2016～2017 年，加拿大突击设立了 3 个根据《海洋法》设立的海洋保护区，而此前，加拿大最近根据《海洋法》设立塔利姆海洋保护区还是在 2010 年。加拿大政府在 2016～2017 年加快了海洋保护区建设的速度，但是仅完成 7.75% 的沿海和海洋区域的目标，且并非所有已受保护的海域都采取高水平的保护方式，部分海洋保护区仍对商业活动开放。

（一）加拿大海洋保护区网络建设的经验

加拿大有着先进的海洋保护区网络设计理念，在"综合海洋治理"理念的指引下，加拿大一直致力于在决策中体现多方主体的利益诉求，其直接结果为决策科学性的提高。加拿大的"综合海洋治理"理念由《海洋法》确立，其后又在《加拿大的海洋战略》和《加拿大的海洋行动计划》等政策文件中被强化，一直沿用至今。长期以来，渔业和海洋部、环境与气候变化部、自然资源部、交通部等多个政府部门都在各自的业务范围内关注海洋治理问题，具有较强的参与海洋治理的意识，这一基础使海洋保护区的设立和管理能够得到来自不同政府部门的有效信息。实践中，加拿大的海洋执法部门之间的合作机制不在少数，包括建立海洋信息共享机制，设计 5 个大海洋区域的 IOM 治理体系，以及共同实施国家海洋保护计划等，这些经验有助于增强政府部门在海洋治理中的合作意识。

渔业和海洋部对海洋保护区网络的规划也体现了科学性。加拿大有多种不同类型的海洋保护区，但并不是每一种海洋保护区都对海洋保护区网络具有同等重要的作用。《海洋法》授权渔业和海洋部在海洋保护区网络建设中的领导作用，渔业和海洋部通过《加拿大海洋保护区政策》和《加拿大建立和管理海洋保护区的国家框架》等文件界定了每一种类型的海洋保护区对海洋保护区网络的重要性，从而构建了海洋保护区网络的秩序。在渔业和海洋部的规划中，加拿大联邦、省和地方政府、土著居民、沿海社区以及其他利益相关主体都被纳入海洋保护区的指定、管理和监督主体的范围，这一做法有利于在决策阶段吸纳并协调不同利益主体的意见，减少海洋保护区在设立后可能遇到的来自各方的阻力。

（二）加拿大海洋保护区网络建设存在的问题

1. 加拿大海洋保护区网络建设进程缓慢

加拿大海洋保护区网络建设的推进速度比较缓慢，这应该归因于加拿大冗长的海洋保护区决策和监管程序。加拿大的综合海洋管理模式提高了决策的科学性，但也带来了负面效果。因为要协调不同的政府部门和利益相关者，使一个需要保护的海域可能经历很长时间才能被正式指定为海洋保护区。以斯科特群岛海洋野生生物保护区为例，早在 2010年，加拿大就该地区的保护成立了指导委员会和利益相关者咨询小组，该委员会和咨询小组经过多次会议终于确立了斯科特群岛地区的保护愿景和保护目标；直至 2018 年 6 月 27 日，斯科特群岛海洋野生生物保护区才正式设立。因此，尽管加拿大的综合海洋管理模式能够提高海洋保护区决策的科学性，但是由于缺乏配套的高效的决策机制和时间线管理，导致加拿大的海洋保护区网络建设速度并不太理想。

2. 海洋保护区的质量与预期存在差距

加拿大采用 IUCN 明确了海洋保护区和海洋保护区网络的定义和价值目标，将保护生态环境、保护海洋动植物及其栖息地作为其首要的价值追求，而社会和经济目标在生态目标的后位。这种理念对于养护海洋资源，迅速恢复海洋生态环境，提高海洋保护标准具有积极作用，这也是许多环境保护组织倡导的海洋保护区应采取的价值追求，但该目标极难达成。截至 2015 年，加拿大 "只有 0.02% 的海洋领土是严格的完全保护的保护区；其余的仍对商业捕鱼、航运和工业活动开放"。[1] 尽管这个统计时间较早，但数据的极端之小也反映出加拿大建立高水平保护的海洋保护区仍然需要很大的努力。

在如此高的海洋保护区管理标准下，加拿大完成其承诺的 "保护其管辖范围内 10% 的沿海和海域" 的目标的压力较大。为了加快海洋保护区建设速度，加拿大在 2012 年通过了 C - 38 预算法案。该法案削减了对加拿大国家公园管理局的问责要求，国家公园管理局原本每 5 年一次的管理计划审查被延长至 10 年一次。这种做法显然不利于保证高标准的海洋生态保护目标。

六　小结与建议

加拿大专属经济区面积广阔，海洋自然环境丰富多变，具有很高的经济和生态价值。然而，随着经济技术的发展，过度开发、污染排放、生物入侵等环境问题开始显现。海洋保护区是海洋生态保护的有效工具，加拿大的海洋保护区设立最主要的目标是保护生态环境，应对海洋环境问题。加拿大因地制宜，将广阔的沿海和海洋区域划分为 13 个海洋生态区，在每个生态区内搭建海洋保护区网络的子系统，并将与海洋环境有着密切联系的五大湖区域纳入海洋保护区网络之中。在海洋保护区的管理中，加拿大坚持综合海洋治理，将其管辖海域划分为 5 个大海洋区域，

---

① CPAWS & MCI, Dare to be Deep: SeaStates Report on North America's Marine Protected Areas (MPAs), 2016, p. 19.

并采取 IOM 治理体系，为将多方利益主体的意见纳入决策过程搭建了平台。尽管加拿大很早就确立了将整个海洋生态作为一个系统进行保护的理念，在海洋保护区建设的实践中注重决策的科学性和决策主体的广泛性，但是海洋保护区的建设效率并不高，且缺乏将制度设计完美实施的执行机制。

加拿大的各种类型的海洋保护区的设立基础是国家立法和省、地方立法，然而海洋保护区网络框架和每种类型的海洋保护区在海洋保护区网络框架中的地位却是由政府政策搭建的。目前在国家立法层面尚未确立各个政府机构的职权，也并未划定不同类型海洋保护区的保护底线。因此，尽管加拿大有综合海洋管理模式，但是这种模式并不高效，直接影响了加拿大海洋保护区的质量和推进速度。加拿大的海洋保护区网络建设实践提供了如下启示。

第一，在科学调查研究的基础上搭建系统性的海洋保护区网络。加拿大在设计海洋保护区网络中尊重海洋生态的整体性、联系性和复杂性的做法是值得肯定的。从长远发展的角度考虑，应当充分考虑各个海洋保护区之间的联系，设计并构建一个内部要素之间可以相互支撑的海洋保护区网络体系。首先，要在宏观层面上搭建整个海洋保护区网络的架构，明确各种海洋保护区在这个网络中的地位，这样做有利于构建海洋保护区网络的秩序。其次，在微观层面上，对不同的海洋保护区采取不同的保护措施，在海洋保护区内再进行精确的区域辨别和划分，对不同的区域确立不同的保护级别，对这些区域的人类活动进行不同程度的限制。最后，在设立海洋保护区时，不能仅考虑单个海洋保护区生态背景和管理需求，还要考虑该海域在整个海洋保护区网络中发挥的作用，尤其要考察该海洋保护区与相邻、相近、相关环境之间的生态互动。

第二，既要注重海洋保护区决策的科学性，又要注重决策和管理的效率。加拿大的海洋保护区网络建设体现了海洋综合治理的特点，吸纳了多方主体参与，包括联邦政府、省、地方政府和其他利益相关者，尤其是加拿大土著居民，促进了一些海洋保护区的建设。这种海洋环境治理模式有利于处理复杂的海洋环境问题，提高决策的科学性，在海洋保护区实践中应当吸纳。让当地居民和其他利益相关者更多参与到决策过程中，也能够为海洋保护区的管理创造良好的环境。同时，不能忽视海洋保护区建设的效率，通过立法明确不同主体在海洋保护区建设中的权利和义务，合理分配相关政府部门的职权，加强政策指引，让具有领导权限的管理主体统筹协调所有涉海政府部门的工作，提高工作效率。

第三，务实地确立海洋保护区的保护标准。海洋保护区的保护标准要切合本国的能力和发展水平。合理的保护标准的确立首先要进行充分调查并运用科学手段鉴别和区分不同海洋区域的环境状况。其次，就整个海洋保护区网络而言，宜采取同样的保护目标，保持整个网络的系统性；但对海洋生态破坏严重的海域可以重点治理、集中治理；对海洋生态脆弱的地区优先治理。最后，借鉴加拿大的经验教训。加拿大为完成国家承诺采取了很多"突击式"行动，在一定程度上舍弃海洋保护区建设质量，这一点应该引以为戒。在海洋保护区建设中不仅要确立切实可以达到的保护标准，也要提前做好时间规划，以关键时间点监测海洋保护区建设进度，兼顾海洋保护区的质和量。

参考文献

一　中文

1. 范晓婷主编《公海保护区的法律与实践》，海洋出版社，2015。

2. 刘洪滨、倪国江：《加拿大海洋环境保护》，海洋出版社，2011。

二　英文

1. Copeland, Alison et al. , "Marine Habitat Mapping in Support of Marine Protected Area Management in a Subarctic Fjord: Gilbert Bay, Labrador, Canada", *Journal of Coastal Conservation* 17 (2013).

2. CPAWS & MCI, Dare to be Deep: SeaStates Report on North America's Marine Protected Areas (MPAs), 2016.

3. Environment and Climate Change Canada, Canadian Protected Areas Status Report, 2012 – 2015, 2016.

4. Fisheries and Oceans Canada, The Role of the Canadian Government in the Oceans Sector, 2009.

5. Government of Canada, Canada's Oceans Strategy: Our Ocean Our Future, 2002.

6. Government of Canada, Canada's Oceans Action Plan: For Present and Future Generations, 2005.

7. Government of Canada, Canada's Federal Marine Protected Areas Strategy, 2005.

8. Government of Canada, National Framework for Canada's Network of Marine Protected Areas, 2011.

9. Heck, N. et al., "Stakeholder Opinions on the Assessment of MPA Effectiveness and Their Interests to Participate at Pacific Rim National Park Reserve, Canada", *Environmental Management* 4 (2011).

10. Sander, Gunnar, "Ecosystem-Based Management in Canada and Norway: The Importance of Political Leadership and Effective Decision-Making for Implementation", *Ocean and Coastal Management* 163 (2018).

三　主要参考网站

1. 加拿大公园管理局, https://www. pc. gc. ca/en/amnc-nmca。

2. 加拿大环境与气候变化部, https://www. canada. ca/en/environment-climate-change. html。

3. 加拿大渔业和海洋部, http://www. dfo-mpo. gc. ca/index-eng. htm。

4. 加拿大政府, https://www. canada. ca/en. html。

5. 联合国环境计划署 - 世界保护监测中心, http://biodiversitya-z. org/content/canada。

第四章　巴西海洋保护区：面临成为
"纸上公园"的困境

一　巴西海洋自然环境与海洋保护区建设概况

(一)　海洋自然环境

巴西联邦共和国（以下简称巴西）位于南美洲，东濒南大西洋，陆地领土面积约为 851.49 万平方公里，[①] 海岸线长约 7400 公里，[②] 专属经济区面积为 350 万平方公里。[③] 巴西专属经济区的面积与巴西亚马孙流域面积相当，在动植物资源的丰富程度上也可以与亚马孙热带雨林生态系统媲美，因此巴西将其管辖海域称为"蓝色亚马孙"。1989 年，巴西政府颁布了第 98.145/1989 号法令，在该法令的支持下，巴西政府开展了一项大陆架调查计划以确定巴西大陆架的外部边界。2004 年，巴西向联合国大陆架界限委员会提交了申请和相关资料，巴西主张其部分大陆架自然延伸超过 200 海里，延伸部分面积总和达 96 万平方公里。若该项申请通过，巴西可据此对该延伸区域行使勘探大陆架和开发大陆架自然资源的主权权利。[④]

巴西海岸带生物多样性丰富。按照沿岸自然条件和气候条件的不同情况，巴西海域可以分为北部海域、东北部海域、东南部海域和南部海域。北部和东北部海域海水温暖，南部和东南部海域比较寒冷。在不同

---

① 中华人民共和国外交部，https://www.fmprc.gov.cn/web/gjhdq_676201/gj_676203/nmz_680924/1206_680974/1206x0_680976/，最后访问日期：2020 年 3 月 10 日。

② 中华人民共和国外交部，https://www.fmprc.gov.cn/web/gjhdq_676201/gj_676203/nmz_680924/1206_680974/1206x0_680976/，最后访问日期：2020 年 3 月 10 日。

③ Secretariat of Interministerial Commission for Marine Resources, https://www.marinha.mil.br/secirm/amazoniaazul, last visited on March 20, 2020.

④ Secretariat of Interministerial Commission for Marine Resources, https://www.marinha.mil.br/secirm/leplac, last visited on March 20, 2020. 2019 年 3 月，大陆架界限委员会批准了南部的一部分，面积大约为 17 万平方公里。

自然条件的作用下，巴西海域形成了多样的生态系统。巴西海域分布着世界上最长的连续红树林生态系统，南美唯一的珊瑚礁以及沙丘、群岛、沙滩、岩石海岸、河口和沼泽等多种动植物物种赖以生存的自然环境。在巴西近海岸，南向的巴西海流与北向的福克兰海流交汇；亚马孙河、托坎廷斯河等入海河流携带大量泥沙和营养物质汇入海洋。种种自然条件相结合，在巴西近海岸地区形成了许多适合海洋动植物生存的生境，也为巴西造就了众多高产的渔场。尤其在河流入海口的沿海岸地区，海洋生物密集分布；在北部和东北部海域，因为大陆架宽阔，在离海岸较远的海域也分布着大量的海洋生物。

巴西管辖海域蕴藏着大量的石油和天然气，以盐、碎石、砂、磷矿、钴结壳、硫化物、黄金、钻石矿和多金属结核等为代表的矿产资源的储量也异常惊人。20世纪80年代以前，巴西石油主要依赖进口；自20世纪80年代开始，巴西逐渐将勘探重点从陆地转向海洋，不断提高海洋油气勘探和管理技术；进入21世纪，巴西在桑托斯盆地、近海的坎波斯盆地、圣埃斯皮里图盆地也陆续发现了油气资源。[1] 凭借丰富的盐下石油[2]资源，巴西从贫油国变成了石油大国。

巴西共有26个州和1个联邦区，其中17个州为沿海州。2010年巴西人口普查结果显示，巴西沿海地区人口达到了总人口的26.58%。[3] 海洋不仅为沿海居民提供了生活保障，还以其丰富的生物和非生物资源支撑了沿海的渔业、旅游业、港口、矿业、能源、交通等多个产业的发展。巴西非常注重发展海洋科学，巴西科学、技术和创新部主导了一项海洋生物技术行动，该项行动旨在通过发展海洋生物技术促进沿海、过渡区以及管辖海域内生物资源的可持续利用。随着对海洋资源开发利用的深入，巴西也不可避免地遇到了许多海洋环境问题，包括海上矿产和能源开发造成的海洋动植物生境破坏和污染排放，过度捕捞造成渔业资源减损，以及垃圾倾倒、气候变化、生物入侵等问题。

---

[1] 郭越、郑莉：《巴西海洋产业发展现状》，《海洋经济》2014年第3期。

[2] "盐下"指的是沉积盆地中被岩盐层覆盖的区域，这些区域可能蕴藏着丰富的石油资源。石油行业中的"盐"指的是在局限蒸发背景下沉积的一套特殊地层，在这一地层以下聚积的石油习惯上称为"盐下石油"。

[3] Ministry of Environment, http://www.mma.gov.br/gestao-territorial/gerenciamento-costeiro, last visited on March 20, 2020.

（二）海洋保护区概况

1979 年，巴西设立了第一个海洋保护区，即罗卡斯岛生物保护区。[①]
该海洋保护区设立的目的为养护生物多样性和保护重要的海洋栖息地。
如表 4 - 1 所示，2018 年之前，巴西的海洋保护区总面积仅占巴西管辖
海域面积的 1.57%，并且这些海洋保护区主要分布在沿海地区。这一
情况在 2018 年发生了变化，2018 年，巴西总统宣布在圣配德罗 - 圣保
罗群岛，以及特林达迪岛和马丁瓦斯群岛周围设立两个大型海洋保护
区，保护当地受保护程度较低的生态系统。这两个海洋保护区位于远
洋海域，面积总和达到了 92 万平方公里。[②] 巴西政府还计划在亚马孙红
树林和沿海海域设立更多的海洋保护区，这些预计要公布的保护区和已
经公布的海洋保护区将使巴西海洋保护区面积达到巴西管辖海域面积的
25% 左右，将远远超过巴西此前承诺的"在 2020 年之前对其管辖的
10% 的海域进行保护"的目标。[③]

表 4 - 1　2018 年之前巴西海洋保护区统计数据

保护区类别		海洋面积为 3555796 平方公里		
		数量（个）	面积（平方公里）	占海洋面积的比重（%）
整体保护区	生态站	7	243	0.01
	公园	19	3955	0.11
	野生生物避难区	4	184	0.01
	生物保护区	8	595	0.02
	自然遗址	0	0	0
	部分总计	38	4977	0.15

① Júlio Lustosa Araújo and Enrico Bernard, "Management Effectiveness of a Large Marine Protected Area in Northeastern Brazil", *Ocean & Coastal Management* 130 (2016), p. 44.

② Cláudio C. Maretti, Chico Mendes Institute (ICMBio), Brazil Increases Marine Protection to Over 25%, International Union for Conservation of Nature, https://www.iucn.org/news/protected-areas/201803/brazil-increases-marine-protection-over-25#_edn1, last visited on March 20, 2020.

③ Cláudio C. Maretti, Chico Mendes Institute (ICMBio), Brazil Increases Marine Protection to Over 25%, International Union for Conservation of Nature, https://www.iucn.org/news/protected-areas/201803/brazil-increases-marine-protection-over-25#_edn1, last visited on March 20, 2020.

续表

保护区类别		海洋面积为 3555796 平方公里		
		数量（个）	面积（平方公里）	占海洋面积的比重（%）
合理利用保护区	采掘保留区	17	5164	0.15
	可持续发展储备	3	66	小于 0.01
	环境保护区	40	45505	1.28
	相关生态利益区域	4	5	小于 0.01
	国家森林	0	0	0
	野生生物保留区	0	0	0
	私人自然遗产保护区	0	0	0
	部分总计	64	50740	1.43
总　计		102	55717	1.58

资料来源：Ministry of Environment, http://www.mma.gov.br/biodiversidade/biodiversidade-aquatica/zona-costeira-e-marinha/unidades-de-conservacao-e-mosaicos, last visited on March 20, 2020。

　　如表 4 - 1 所示，巴西国家自然保护区系统由两大部分构成，分别为整体保护区和合理利用保护区。整体保护区包括生态站、生物保护区、公园、自然遗址和野生生物避难区。整体保护区的主要目标是全面保护生态环境，只允许"与自然接触的娱乐活动、生态旅游、科学研究、教育"等活动，[1] 不允许涉及消费、捕获或破坏自然资源的行为。合理利用保护区包括相关生态利益区域、国家森林、野生生物保留区、可持续发展储备、采掘保留区、环境保护区和私人自然遗产保护区。合理利用保护区旨在平衡自然保护和可持续利用自然资源，在合理利用保护区内允许以可持续发展的方式进行捕获和使用自然资源。巴西的海洋保护区是巴西自然保护区体系的一部分，并未涵盖所有的自然保护区类型，巴西并未在管辖海域设立自然遗址、国家森林、野生生物保留区、私人自然遗产保护区这四种类型的自然保护区。巴西在 2018 年之前设立的海洋保护区中，整体保护区面积仅占巴西管辖海域面积的 0.14%，大部分的海洋保护区是以可持续使用区的形式存在的；而 2018 年巴西新设立的两

---

[1]　Atlas of Marine Protection, http://www.mpatlas.org/region/country/BRA/, last visited on March 20, 2020.

个大型的海洋保护区，既包括整体保护区，又包括合理利用保护区，合理利用保护区的面积占比也远超整体保护区。① 尽管巴西海洋保护区面积占其管辖海域面积的比重即将达到 25%，但严格限制人类活动的保护水平较高的海洋保护区面积增长并不大。

二　巴西海洋保护区的法律与实践

（一）海洋保护区法律与政策框架

1. 国际层面

巴西加入了《联合国海洋法公约》《生物多样性公约》《拉姆萨尔公约》《保护世界文化和自然遗产公约》《南极条约》《南极海洋生物资源养护公约》《濒危野生动植物种国际贸易公约》等国际条约，并且非常注重将建设海洋保护区作为履行相关条约下的义务的国内行动和措施之一。一方面，这种做法可以提高海洋保护区作为海洋治理工具的国际关注度；另一方面，可以利用部分国际条约下的基金支持减轻资金压力。

作为《生物多样性公约》的缔约国，巴西承诺在 2020 年之前对其管辖的 10% 的海域进行保护。随着 2018 年巴西两个大型海洋保护区的公布，巴西实质上已经提前超额完成了该保护目标。作为《拉姆萨尔公约》的缔约国，巴西在 2017 年之前通过了一项关于将湿地纳入拉姆萨尔清单的计划，该做法将保护单位中符合条件的地区作为《拉姆萨尔公约》的保护区。当前巴西已经有 23 个保护地和 2 个区域性拉姆萨尔湿地被纳入拉姆萨尔清单，部分海洋保护区也在名单之中。这种做法最大的好处在于可以增加更多的国际合作的机会，获得国际上的资金、技术的援助。与此类似，巴西也积极通过申请认定世界自然遗产获得援助，截至 2017 年，巴西已有 7 个地区被联合国教科文组织认定为世界自然遗

---

① Cláudio C. Maretti, Chico Mendes Institute（ICMBio），Brazil Increases Marine Protection to Over 25%, International Union for Conservation of Nature, https://www.iucn.org/news/protected-areas/201803/brazil-increases-marine-protection-over-25#_edn1, last visited on March 20, 2020.

产，这些自然遗产当前都以自然保护区的形式存在。① 在巴西的这 7 处自然遗产中，有 3 处位于沿海或海洋区域，其是巴西海洋保护区的重要组成部分。

2. 国内立法与政策

巴西于 1988 年制定的新宪法将巴西专属经济区、大陆架资源及海岸带列为"国家财富"。2000 年，巴西颁布了第 9.985/2000 号联邦法，规定建立自然保护区国家体系，作为巴西设立和管理国家自然保护区的依据。海洋保护区作为国家自然保护区的一部分，受《自然保护区国家体系立法》的调整。与该法相配套，巴西第 4.340/2002 号法令主要规定自然保护区设立的程序和其他事项；奇科·门德斯生物多样性保护管理局②于 2008 年 5 月出台《奇科·门德斯生物多样性保护管理局第 05 号指令》，该指令阐明了联邦保护区建立的技术研究和公众咨询程序；2010年 12 月巴西环境部颁布了第 482 号行政规章，该规章是环境部内部识别和确立马赛克③的执行规范。

"海洋生物多样性评估、监测和保护"行动是巴西部际海洋资源委员会主导的一项旨在促进对海洋生物多样性的认识、保护和可持续利用的海洋战略。该项战略的目的为完善对海洋生态和物种的监测系统，由巴西环境部负责，外交部、教育部、部际海洋资源委员会秘书处、矿产与能源部等多个部门都参与其中。战略的具体内容包括：对五个分布有珊瑚礁的保护区的持续评估，制定和实施红树林的可持续使用计划，对海洋物种进行周期性评估并更新濒危物种清单，保护受威胁生态系统，为至少 75% 的濒危海洋物种制定保护或恢复计划并实施，增加综合使用海域的面积以及加强海洋执法。

---

① Ministry of Environment, http://www.mma.gov.br/areas-protegidas/instrumentos-de-gestao/item/10672#valor-universal-excepcional, last visited on March 20, 2020.

② 奇科·门德斯生物多样性保护管理局（Chico Mendes Institute for Biodiversity Conservation）是巴西环境部的执行部门，负责联邦设立的自然保护区的设立、管理、监管以及自然保护区内的生物多样性研究、保护等活动。该机构以巴西已故环保主义者 Chico Mendes（奇科·门德斯）的名字命名，奇科·门德斯生前致力于巴西热带雨林的保护以及为巴西农民和土著居民争取人权，对巴西采掘保留区的创立具有重要影响，后因触犯农场主的利益而被暗杀。

③ 为巴西自然保护区管理的一种模式，详见本章"海洋保护区管理实践"部分。

（二）海洋保护区管理实践

如图4-1所示，1974年设立的巴西部际海洋资源委员会是综合协调巴西海洋事务的机构，该机构以海军司令部为核心，成员单位包括总统府办公厅、国防部、外交部、运输部、矿产与能源部、科学技术部、环境部、教育部、卫生部等多个国家部门。部际海洋资源委员会负责海洋政策、计划及相关法规的制定，并对各国家部门的执行情况进行监督。在部际海洋资源委员会的协调下，以巴西环境部为代表的九个部委共同参与了"海洋生物多样性评估、监测和保护"行动，该项行动旨在评估、监督和促进海洋生物多样性养护和生态系统保护，并制定持续利用生物资源的养护补贴政策和共同管理策略。

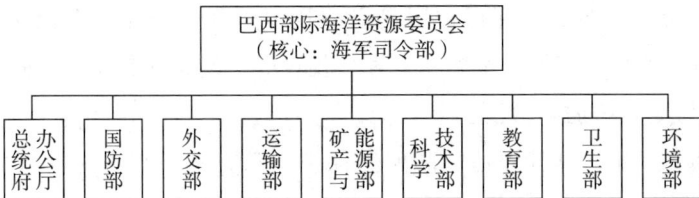

图4-1　巴西部际海洋资源委员会结构

资料来源：笔者根据巴西部际海洋资源委员会（https://www.marinha.mil.br/secirm/institucional）提供的信息翻译编制。

巴西通过第9.985/2000号法令制定了巴西国家自然保护区制度。自然保护区包括联邦、州和市级的综合保护区及可持续使用区，"是按照土地的管理权而不是按照保护区的重要程度确定的"。[1] 海洋保护区是设立在巴西管辖海域中的自然保护区。国家自然保护区的管理者包括联邦、州和市政府机构。巴西环境部是巴西国家自然保护区的中央管理机关，负责总体协调全国自然保护区运行，包括海洋保护区网络的总体设计和规划等工作；国家环境委员会是自然保护区的协商和审议机构，并负责监督自然保护单位的管理活动；自然保护区的执行机构包括联邦层面的奇科·门德斯生物多样性保护管理局和巴西环境和可再生自然资源管理局，以及州和市级政府环境部门。执行机构可以在各自级别和管理权限

---

① 柏成寿：《巴西自然保护区立法和管理》，《环境保护》2006年第21期。

内，对联邦、州和市级的自然保护区的设立和管理提出建议。

巴西的海洋保护区管理经历了从不重视当地居民的权益保障到重视其权益保障并鼓励当地居民参与海洋保护区设立和管理的过程。"直到20世纪80年代，巴西环境和可再生自然资源管理局以及对政府有较大影响的环保组织，只关注禁取的资金和人员"，[①] 这些环保组织包括世界自然基金会、大自然保护协会等。在它们的影响下，巴西政府注重设立禁取区，在禁取区内，沿海居住的从事传统捕鱼行业的居民被强制要求搬迁，只有部分以旅游为目的建立的海洋保护区允许当地居民从事与旅游相关的活动。这些从事传统捕鱼业的当地居民对海洋环境的影响较小，且大部分人掌握着许多海洋动植物、潮汐、水文等信息，对海洋环境治理具有重要价值。20世纪80年代以后，从陆地自然保护区开始，一些当地的利益相关者要求在不破坏环境的前提下进行一定的开发活动，这些要求得到了一些国际组织和社会团体的支持，巴西当局在政治压力之下同意建立合理利用保护区。"它们也可以被称为社会和生态利益区，因为人们以负责任的方式利用资源而不会危害保护目标。"[②] 但是在建立之初，这些保护区缺乏大量资金和工作人员。

当前，巴西通过马赛克模式（Mosaic of conservation units）管理自然保护区。[③] 马赛克旨在协调国家自然保护区的管理者及当地居民在自然保护区内的活动。巴西鼓励当地居民和私人组织设立和管理自然保护区，当属于不同管理主体管辖范围内的自然保护区在地理上紧密相连或重叠时，或是自然保护区涉及当地居民的利益时，巴西利用马赛克兼容、整合和优化自然保护区内不同主体的活动。每个马赛克内都应该设立一个顾问委员会，该顾问委员会主席由保护区的负责人担任。顾问委员会必须提出管理保护区的指导方针和行动计划，协调保护区内不同的管理事项。马赛克管理模式的内容包括：确认自然保护区的边界，确立保护区的进入、监管和科学研究活动的规则，监督和评估自然保护区的管理计

---

① Antonio Carlos Diegues, *Marine Protected Areas and Artisanal Fisheries in Brazil*, India: International Collective in Support of Fishworkers, 2008, p. 4.

② Antonio Carlos Diegues, *Marine Protected Areas and Artisanal Fisheries in Brazil*, India: International Collective in Support of Fishworkers, 2008, p. 17.

③ Ministry of Environment, http://www. mma. gov. br/areas-protegidas/instrumentos-de-gestao/mosaicos. html, last visited on March 20, 2020.

划的执行，以及对环境有重大影响的项目的许可。[①]

（三）最新实践活动

1. 巴西国内海洋保护区建设

2018 年，巴西在圣配德罗－圣保罗群岛，以及特林达迪岛和马丁瓦斯群岛周围新设立两个大型海洋保护区。这两个海洋保护区位于远洋海域，它们不仅仅在保护生物多样性、管理海洋渔业资源方面发挥着重要作用，而且，"它们对于划定和保护巴西领海和专属经济区也有重要意义"。[②] 在保护区的管理方面，大型的海洋保护区在管理上具有较多困难，巴西决定让更多的政府部门参与这两个海洋保护区的管理。这两个新设立的海洋保护区"将由环境部和国防部共同管理，这被认为是保护区的创新方法"，[③] 并且，"历史上，巴西海军在保护这些岛屿的安全方面发挥了重要作用，（海军的势力）将继续存在于这些岛屿并发挥作用"。[④] 由此可见，这两个新设立的海洋保护区不仅是养护渔业资源和保护海洋生物多样性的重要工具，而且对巴西的海洋领土主权和安全具有重要价值。

巴西非常注重利用国际资金推进本国的保护区网络建设。2014 年，巴西与世界银行合作，从世界银行全球环境基金处得到 1820 万美元的赠款，用于建设巴西的海洋保护区。该项目在 2014 年被世界银行董事会批准，预计 2019 年完成。项目的目标是"支持在巴西扩展具有全球重要性，代表性和有效的海洋和沿海保护区系统"。[⑤] 该项目具体包括两个方

---

① Ministry of Environment, http://www.mma.gov.br/areas-protegidas/instrumentos-de-gestao/mosaicos.html, last visited on March 20, 2020.

② Brazil Designates Two New Marine Protected Areas, Surpassing Biodiversity Targets, United Nations Environment Programme, https://www.unenvironment.org/news-and-stories/press-release/brazil-designates-two-new-marine-protected-areas-surpassing, last visited on March 20, 2020.

③ Brazil Designates Two New Marine Protected Areas, Surpassing Biodiversity Targets, United Nations Environment Programme, https://www.unenvironment.org/news-and-stories/press-release/brazil-designates-two-new-marine-protected-areas-surpassing, last visited on March 20, 2020.

④ Brazil Designates Two New Marine Protected Areas, Surpassing Biodiversity Targets, United Nations Environment Programme, https://www.unenvironment.org/news-and-stories/press-release/brazil-designates-two-new-marine-protected-areas-surpassing, last visited on March 20, 2020.

⑤ Brazil-Marine Protected Areas Project, World Bank, http://documents.worldbank.org/curated/en/163061468231858343/Brazil-Marine-Protected-Areas-Project, last visited on March 20, 2020.

面的要求：第一，建立新的海洋保护区，以实现5%的巴西管辖海域的保护目标，并在选定的海洋保护区中确定季节性或永久性禁止捕捞区①；第二，加强选定的海洋保护区的生物多样性养护，包括管理能力建设、培训和宣传活动，加强对其他海洋和沿海保护区的管理。项目对于改善巴西沿海的海洋水质、保护生物多样性、养护渔业资源以及创造就业机会都具有重要的影响。

2. 巴西对公海保护区的立场

2012年6月，联合国可持续发展大会在巴西里约热内卢召开（又称"里约+20"峰会）。在该次会议上，各国政府承诺加快处理BBNJ问题。巴西是77国集团成员国，77国集团在2018年9月召开的"《联合国海洋法公约》关于保护和持续利用国家管辖范围以外区域海洋生物多样性的国际法律约束力文书第一次政府间会议"上关于公海保护区的立场能够代表巴西。77国集团支持建立一个设计、决策、实施、监督和审查公海保护区的全球框架和机制，每个国家都有权对公海保护区的形式、边界、保护管理措施单独提交建议。在识别海洋保护区等划区管理工具的问题上，77国集团认为必须考虑区域生态环境的独特性、可变性、脆弱性、敏感性、生物生产力和多样性等因素。在决策程序上，巴西还单独强调了应当由独立的专家库支持的科学技术委员会审议提案，由新的法律文书的缔约方大会做出决定，并由船旗国最终实施。

巴西是最接近南极的七个国家之一，也是《南极条约》《南极海洋生物资源养护公约》的缔约国。南极地区已经设立了南奥克尼群岛南大陆架海洋保护区和罗斯海地区海洋保护区。巴西高度重视南极的相关事务，对南极的科考调查活动有着极大的兴趣并启动了巴西南极科考站的重建工作。巴西称其在南极的相关活动中积极遵守《南极条约》《马德里议定书》下的相关义务，并与波兰一起，在提议将南极阿德默勒尔蒂湾（Admiralty Bay）视为第一个南极特别管理地区及其设立和管理中发挥着积极作用。阿德默勒尔蒂湾处于陆海交界处，适合船舶抛锚停靠，西侧有重要的鸟类繁殖区域，该地保存着19世纪至20世纪初的捕鲸者和探险者到访的

---

① Brazil-Marine Protected Areas Project, World Bank, http://documents. worldbank. org/curated/en/163061468231858343/Brazil-Marine-Protected-Areas-Project, last visited on March 20, 2020.

遗迹，是一个在环境、历史、科学领域都具有重要价值的地区。进入南极特别管理地区虽然不需要许可证，但是每个国家在该地区的活动都应当尽量避免或减少对环境可能造成的影响。

三　评析

巴西在海洋保护区建设中具有两个突出的优点，即不断根据情况调整海洋保护区发展方向以适应国家发展的利益要求，以及广泛利用各种国际资金和技术促进本国海洋保护区的发展。巴西最初设立海洋保护区时采取了较高的保护标准，严格限制人类活动以保护海洋生物资源及其生境，但这种做法引起了保护区当地居民的不满。20世纪80年代以后，巴西政府逐渐在海洋保护区的设立和管理中更加重视当地居民和群体的利益诉求。合理利用保护区在一定程度上允许人类进行海洋开发活动，它同时满足了巴西对环境保护和海洋资源开发的需求，因此比起整体保护区，合理利用保护区发展更快，其面积在巴西海洋保护区总面积中所占比例更大。2018年，巴西海洋保护区的推进情况十分惊人，这主要得益于两个大型海洋保护区的设立，而这两个海洋保护区所处的地理位置对巴西的外大陆架划界又具有潜在影响。在巴西的海洋保护区建设历史上，财政拨款并不是唯一的资金来源，"考虑到巴西环境部是巴西各部委预算最少的部门之一"，[1] 来自私人基金会和各种国际组织的资金极大填补了巴西海洋保护区建设资金的空缺。

巴西海洋保护区的保护水平较低，整体保护区面积远远低于合理利用保护区面积，在新设立的两个海洋保护区中情况也是这样。海洋保护区的管理同样存在问题，"研究表明，当前，（巴西）只有小部分保护区可以被认为是有效管理的"，[2] 巴西海洋保护区管理面临保护区划界、执法、游客管理等诸多挑战，而资金则是影响最大的挑战之一。"资金是管

---

[1]　Júlio Lustosa Araújo and Enrico Bernard, "Management Effectiveness of a Large Marine Protected Area in Northeastern Brazil", *Ocean & Coastal Management* 130 (2016), p. 46.

[2]　Júlio Lustosa Araújo and Enrico Bernard, "Management Effectiveness of a Large Marine Protected Area in Northeastern Brazil", *Ocean & Coastal Management* 130 (2016), p. 46.

理陆地和海洋保护区的关键因素。"①然而，巴西环境部每年获得的财政预算较少，对海洋保护区的支持不足。尽管巴西从一些国际组织获得了部分资金，但是在使用这些资金的同时，也要接受这些国际组织的条件。巴西新设立的两个海洋保护区位于远洋地区，且面积较大，在管理上将面临比沿海海洋保护区管理更多的挑战。这两个大型海洋保护区引发了巴西国内不同的声音，也正体现了国际社会对于大型海洋保护区建设的担忧，特别是仅追求海洋保护区面积，而不注意海洋保护区效果。② 因此，尽管巴西的海洋保护区在数量上超过了巴西所承诺的保护目标，但是巴西海洋保护区面临成为"纸上公园"的风险。

四　小结与启示

巴西管辖的海域不仅包括丰富的生物资源，而且以石油为代表的非生物资源的储量也十分惊人。非生物资源的开采和开发、工业污染排放、外来生物入侵以及渔业捕捞等活动对巴西海域生态环境造成了极大的威胁。巴西海洋保护区管理注重平衡各方利益。在国家最高层面，巴西部际海洋资源委员会协调各个政府部门利益；环境部主要负责海洋保护区的设立和管理，同时海洋保护区的决策和监督中包含国家环境委员会、奇科·门德斯生物多样性保护管理局和巴西环境和可再生自然资源管理局以及州、市层面的各方主体的参与；海洋保护区日常管理中采用马赛克模式，以协调管理者和当地居民之间的活动。在实践中，巴西注重利用世界银行的赠款、联合国教科文组织的自然遗产基金等国际资金发展本国海洋保护区，取得了一定的积极效益，但是在海洋保护区的建设中也同时受到这些机构的影响。整体而言，近年来巴西海洋保护区发展迅速，在面积总量上达到了其承诺的保护目标，但海洋保护区的保护水平

① Júlio Lustosa Araújo and Enrico Bernard, "Management Effectiveness of a Large Marine Protected Area in Northeastern Brazil", *Ocean & Coastal Management* 130 (2016), p. 46.

② Vinicius J. Giglio et al., "Large and Remote Marine Protected Areas in the South Atlantic Ocean are Flawed and Raise Concerns: Comments on Soares and Lucas", *Marine Policy* 96 (2018), pp. 13 – 17; Marcelo De Oliveira Soares and Caroline Costa Lucas, "Towards Large and Remote Protected Areas in the South Atlantic Ocean: St. Peter and St. Paul's Archipelago and the Vitória-Trindade Seamount Chain", *Marine Policy* 93 (2018), pp. 101 – 103.

并不高。巴西的海洋保护区建设有以下经验教训值得注意。

第一，海洋保护区建设需要充分的资金支持。海洋保护区建设需要投入大量的资金支撑基础设施建设和日常管理需要，国家财政是海洋保护区建设最主要也是最稳定的资金来源。巴西环保部在预算不足的情况下，充分吸收来自私人基金、国际组织的资金发展本国的海洋保护区，从一定程度上减轻了海洋保护区建设的资金压力，而且能够使相关项目得到更多的国际和社会关注。同时应当注意到 20 世纪 80 年代之前，国际组织希望巴西的海洋保护区能够达到较高的保护标准，这一期望与保护区当地居民的利益存在冲突，当地居民更加能够接受将开发利用资源与保护环境相结合的保护区。在海洋保护区建设中，通过多种途径获得资金、技术、人员上的支持有积极的一面，也有消极的一面，利用外界援助要更加注重审查资助条件与当地发展需求之间的契合性。

第二，利用海洋保护区管理远洋海域。巴西在圣配德罗－圣保罗群岛以及特林达迪岛和马丁瓦斯群岛建立了两个大型的海洋保护区，由环境部和国际部共同管理，因而巴西海军的势力也在此长期存在。一方面，随着人类对海洋认识的不断发展，海洋保护区的类型和功能越来越多，在远洋海域设立海洋保护区，以海洋保护区为依托开展科学调查和研究工作，建立长期、有效的海洋治理机制，有利于更好地保护当地的海洋生物多样性，养护渔业资源。另一方面，巴西在大陆架边缘和远洋群岛设立海洋保护区的意义不仅仅在于保护海洋生物多样性，海洋保护区实质上是巴西增强对当地管理的有效工具。

第三，建立海洋保护区决策协调机制。海洋环境治理涉及多方利益，涉海行政机关之间的充分有效的信息交流是科学决策的基础，巴西部际海洋资源委员会提供了一个政府部门间合作的模式。巴西部际海洋资源委员会统筹所有涉海工作，为不同政府部门提供了信息交流和利益协调的平台，并对相关政府部门的活动进行监督。马赛克也是一个利益协调机制，它更注重相邻相近的自然保护区的管理者之间，以及政府和私人主体之间的利益协调。环境保护和资源开发利用之间的矛盾存在于海洋保护区设立、管理和运行的各个环节，建立涉及不同主体的决策协调机制能够使不同主体充分表达自己的意见和利益诉求，在决策阶段化解矛盾，降低时间成本，提高效率。

参考文献

一　中文

1. 柏成寿：《巴西自然保护区立法和管理》，《环境保护》2006 年第 21 期。

2. 郭越、郑莉：《巴西海洋产业发展现状》，《海洋经济》2014 年第 3 期。

二　英文

1. Araújo, Júlio Lustosa and Bernard, Enrico, "Management Effectiveness of a Large Marine Protected Area in Northeastern Brazil", *Ocean & Coastal Management* 130 (2016).

2. Diegues, Antonio Carlos, *Marine Protected Areas and Artisanal Fisheries in Brazil*, India: International Collective in Support of Fishworkers, 2008.

3. Giglio, Vinicius J. et al., "Large and Remote Marine Protected Areas in the South Atlantic Ocean are Flawed and Raise Concerns: Comments on Soares and Lucas", *Marine Policy* 96 (2018).

4. Maretti, Cláudio C., Chico Mendes Institute (ICMBio), Brazil Increases Marine Protection to Over 25%, International Union for Conservation of Nature, https://www. iucn. org/news/protected-areas/201803/brazil-increases-marine-protection-over – 25#_edn1.

5. Soares, Marcelo De Oliveira and Lucas, Caroline Costa, "Towards Large and Remote Protected Areas in the South Atlantic Ocean: St. Peter and St. Paul's Archipelago and the Vitória-Trindade Seamount Chain", *Marine Policy* 93 (2018).

三　主要参考网站

1. 巴西部际海洋资源委员会，https://www. marinha. mil. br/secirm/。

2. 巴西环境部，http://www. mma. gov. br/。

3. 海洋保护地图集（Atlas of Marine Protection），http://www. mpatlas. org/region/country/BRA/。

4. 联合国环境规划署，https://www. unenvironment. org/news-and-stories/press-release/brazil-designates-two-new-marine-protected-areas-surpassing。

5. 世界银行，http://documents. worldbank. org/curated/en/163061468231858343/Brazil-Marine-Protected-Areas-Project。

6. 中华人民共和国外交部，https://www. fmprc. gov. cn/web/gjhdq_676201/gj_676203/nmz_680924/1206_680974/1206x0_680976/。

第三编

大洋洲国家

第五章　澳大利亚：海洋保护区最佳实践

一　澳大利亚海洋自然环境与海洋保护区建设概况

（一）海洋自然环境

澳大利亚位于南太平洋和印度洋之间，由澳大利亚大陆、塔斯马尼亚岛以及8000多个小岛组成。大陆四周被海洋环绕，东濒太平洋的珊瑚海和塔斯曼海，北、西、南三面临印度洋及其边缘海——阿拉弗拉海和帝汶海。澳大利亚是一个富裕的国家，人口为2486万（2018年3月），其中英国及爱尔兰后裔占74%，亚裔占5%，土著人占2.7%，其他民族占18.3%。人口总数稀少，平均人口密度为每平方公里2人，是世界上常住人口密度最小的国家，中部为沙漠，约90%的人口分布在沿海至内地120公里范围内。①

澳大利亚原为澳大利亚土著人的居住地。17世纪初，西班牙、葡萄牙和荷兰人先后抵此。1770年，英国航海家詹姆斯·库克抵澳东海岸，宣布英国占有这片土地。1788年1月26日，英国流放到澳大利亚的第一批犯人抵达悉尼湾，开始在澳建立殖民地，后来这一天被定为澳国庆日。1901年1月1日，澳各殖民区改为州，澳大利亚联邦成立，同时通过第一部宪法。1931年，澳大利亚成为英联邦内的独立国家。1986年，英议会通过《与澳大利亚关系法》，澳大利亚获得完全立法权和司法终审权。

澳大利亚全国划分为六个州和两个地区。六个州分别是新南威尔士、维多利亚、昆士兰、南澳大利亚、西澳大利亚、塔斯马尼亚；两个地区分别是北方领地地区和首都地区。澳大利亚拥有七个外部领地：澳大利亚南极领地、珊瑚海群岛领地、诺福克岛、亚什摩和卡地尔群

---

① 李景光主编《国外海洋管理与执法体制》，海洋出版社，2014，第140页。

岛领地、赫德岛和麦唐纳群岛领地、科科斯群岛（又名基林群岛）领地以及圣诞岛领地。根据澳大利亚宪法，各州实际上享有对任何主题的完全立法权，而联邦议会只能在宪法第51部分规定的主题范围内进行立法。例如，州议会具有对教育、刑法和州警察、健康、交通和地方政府相关方面进行立法的权力，但是联邦议会并不具有对这些领域进行立法的特别立法权。然而，针对不统一的相关内容，联邦法律优先于州法律。

几乎所有的澳大利亚的网站和文献都显示出了对其独特的海洋自然环境和海洋生物多样性的无比自豪。澳大利亚是世界上最大的岛屿，也是世界上唯一的国土覆盖整个大陆的国家。除去海外领地，澳大利亚国土面积为769.2万平方公里。依据1959年《南极条约》的规定以及依据《联合国海洋法公约》宣布的专属经济区，澳大利亚主张相当大一部分的南极海域。最大的外部领地为澳大利亚南极领地，同时也是由一个国家主张的南极最大区域，覆盖面积大约为600万平方公里。[1] 作为陆地岛屿国家，澳大利亚被无数的小岛环绕，澳大利亚拥有漫长的海岸线，大陆和岛屿领地的海岸线约为6万公里。[2] 此外，澳大利亚拥有世界上第三大的海洋管辖面积，包括南极领域在内的专属经济区面积超过1600万平方公里，[3] 为陆地面积的2倍多。

澳大利亚被壮丽的海洋和海洋环境围绕，为世界其他国家羡慕。[4]澳大利亚海域极为多样，围绕着从毗邻巴布亚新几内亚的热带到南极地区的所有五个海洋气候带，包括温暖的北部热带水域、亚热带中部海岸、南部清凉的温带水域以及寒冷的亚南极和南极水域。广阔的海洋领土包含了许多不同类型的栖息地，支持具有丰富多样性的物种、生态群落和生态系统。澳大利亚海洋科学协会提交的报告指出，澳大利亚栖息地的类型包括河口（大于1000个，只有50%被认为是处于原

---

[1] Ben Boer and Stefan Gruber, Legal Framework for Protected Areas: Australia, 2010, p. 8.

[2] Australia's Report to the Convention on Biological Diversity on the Implementation of the Program of Work on Marine and Coastal Biodiversity, 2010, p. 2.

[3] Department of the Environment and Energy, http://www. environment. gov. au/marine/marine-species, last visited on March 20, 2020.

[4] Australian Marine Park, https://parksaustralia. gov. au/marine/, last visited on March 20, 2020.

始状态的），岩石礁（据估计支持50%的温带鱼类），珊瑚礁［大堡礁有360种珊瑚物种、西澳宁格鲁（Ningaloo）暗礁群有300种物种］，红树林体系（43种物种，为世界最高），海草体系（30种物种，为世界最高）以及海滩和沙丘（占海岸线的50%）。[①]

因此，澳大利亚海域是地球最具有生物多样性的区域，包括世界上最大面积和物种最丰富的热带和温带海草、世界最大的珊瑚礁体系、多样化的红树林物种和高水平的地方特性，其中温带水域约60%的海洋物种都是独一无二的。[②] 澳大利亚最著名的海洋生态系统为大堡礁，东北海岸延伸2500公里，覆盖35万平方公里的热带海域，是世界上最大的和最完好无损的珊瑚礁体系。此外，澳大利亚还拥有地球上最大的海草牧场（西澳沙克湾），第三大面积的红树林以及超过世界一半的红树林和海草物种。海洋为7种已知海龟物种中的6种、世界78种鲸鱼和海豚物种中的45种以及全国20%的4000种鱼类物种提供了栖息地。[③] 总而言之，澳大利亚拥有的三个主要大洋、五个气候区，数以万计的水下景观和复杂的洋流体系共同造就了澳大利亚令全世界惊奇的独一无二的海域。

澳大利亚的环境、经济、社会和文化与海洋紧密相连。海洋是澳大利亚人生活环境的一部分。澳大利亚人为岛上和沿岸居民，他们热爱海滩，为珊瑚礁感到自豪，喜欢海上外出、划船、游泳、冲浪、潜水和钓鱼。[④] 海洋除了娱乐和文化目的的使用，还包括经济和维持生计的使用，如商业和娱乐性捕鱼、近海石油开采和发展、食物来源和航运等。

然而，澳大利亚和世界其他海域一样易于遭受直接开采、人类活动的扩张以及缺乏保护带来的压力。这些威胁来自非可持续性捕鱼、外来海洋害虫和疾病、旅游业和娱乐活动的影响、陆源和船源污染、

---

① Australian Marine Sciences Association, Submission 125, Attachment 3, p. 2; The Senate, Conserving Australia, 2007, p. 41.

② Australia's Report to the Convention on Biological Diversity on the Implementation of the Program of Work on Marine and Coastal Biodiversity, 2010, p. 2.

③ Australian Marine Conservation Society, Marine Park, https://www.marineconservation.org.au/pages/marine-parks.html, last visited on March 20, 2020.

④ Australian Marine Conservation Society, Marine Park, https://www.marineconservation.org.au/pages/marine-parks.html, last visited on March 20, 2020.

沉积物以及气候变化的影响。① 因此，这造成了海洋继续提供支持人类需求的生态系统服务能力的下降。在欧洲人定居的 200 多年里，澳大利亚的许多生态系统已经被简化和碎片化了。②尽管澳大利亚海洋环境的总体条件与其他国家的海域相比还是良好的，但是其对海洋生态系统的累积压力正在增加。③ 鉴于减低生产力和生物多样性是可以观察和测量的，虽然澳大利亚邻近海域比其他海洋受到人类活动的影响更小，但是相同的过程也正在起作用。④其中，气候变化的影响被认为对海洋环境带来了最大的风险，澳大利亚的珊瑚礁尤其脆弱，已经开始遭受海洋温度上升引起的珊瑚白化的损害。

（二）海洋保护区建设概况

鉴于海洋面临的压力和独特的海洋环境，海洋保护区对于澳大利亚而言特别重要，被认为是帮助减少海洋生态系统压力的最终海洋保护工具中重要的一个。⑤ 澳大利亚海岸线和岛屿周围已经宣布建立了许多海洋保护区。澳大利亚海洋公园（也称海洋保护区和海洋保留区）主要是为了保护生态系统、栖息地以及它们支持的海洋生物而加以管理的特别地方和水下公园。澳大利亚对海域的管辖类型分为澳大利亚联邦与各州和领地。澳大利亚海洋公园位于联邦水域，是指依据澳大利亚环境法建立的保护海洋中特定的海洋生物的区域。2017 年 10 月 11 日，联邦海洋保留区被重新统一更名为海洋公园。⑥ 一般而言，联邦政府通过澳大利亚公园机构管理州和领地管辖海域界线到澳大利亚专属经济区的边缘的

① Ben Boer and Stefan Gruber, Legal Framework for Protected Areas: Australia, 2010, p. 9.

② Lorne K. Kriwoken, "Australian Biodiversity and Marine Protected Area", *Ocean & Coastal Management* 33 (1997), p. 114.

③ State of the Environment Committee, State of the Environment 2011: Independent report to the Australian Government Minister for Sustainability, Environment, Water, Population and Communities (2011), http://www. environment. gov. au/soe/2011/report/marine-environment/key-findings. html#key-findings, last visited on March 20, 2020.

④ Marine Division, Completing the Commonwealth Marine Reserves Network, p. 5.

⑤ Australian Marine Conservation Society, Marine Park, https://www. marineconservation. org. au/pages/marine-parks. html, last visited on March 20, 2020.

⑥ Director of National Parks, Report of the Director of National Parks under Environment Protection and Biodiversity Conservation Act 1999 Section 351 Concerning the Proposed Proclamation to Rename "Commonwealth Marine Reserves" to "Marine Parks", September 22, 2017.

海洋保护区。各州和领地政府选划和分别管理其沿岸 3 海里水域内的海洋保护区，这些海洋公园主要由州环境部门或公园服务部门依据不同的州和领地法律建立和进行管理。

与一般人设想的关闭捕鱼和其他使用不同的是，澳大利亚的海洋公园为多重使用区域，并且根据不同的管理区划允许广泛的活动。这可能包括娱乐和租船捕鱼等活动，潜水、浮潜和鲸鱼观赏等海洋旅游，商业捕鱼、港口发展和航运以及油气开采。澳大利亚采用统一的划区体系，对国家代表体系内或外的所有海洋保护区采取相同的分区标准。在实践中，所有的海洋保护区被分为不同的类型和保护水平，从禁止任何消费性使用的严格保护到允许捕鱼或贝类采掘等开采性活动的多重使用的区域。目前仅有13%的海域为严格保护类型。[①] 虽然所有的海洋保护区依靠不同的背景进行不同的管理，但是围绕如河口或海岸等近岸区域的海洋保护区可能比没有任何娱乐压力的深海保护区等具有更多的管理注意、标识、规章和执行。管理这些远海海洋保护区更多的是使用巡逻方式。

此外，澳大利亚处于发展广泛的海洋保护区网络的前沿。自 1998 年，澳大利亚联邦与各州和领地通过国家立法和双方的合作协议共同建立了国家海洋保护区代表性体系。在 2002 年召开的可持续发展世界峰会上，澳大利亚做出了到 2012 年建立一个海洋公园国家体系的承诺。澳大利亚联邦与各州和领地海洋公园和政府一直致力于实现该承诺。目前，澳大利亚、州和领地政府共同建立了世界上最大的有代表性的海洋公园网络，覆盖 330 万平方公里和 36% 的海域。其中，在澳大利亚联邦海域内已建立了大堡礁海洋公园等 60 个海洋公园。澳大利亚实际上也是世界上最早建立海洋保护区的国家。第一个建立的保护区并不是大堡礁，而是在 19 世纪末被宣布为皇家国家公园，即澳大利亚第一个国家公园，一部分悉尼外的河口区。所以从这个方面来说，该处成为已知的现代时期以保护区方式加以保护的第一个海域。[②]

---

① Justine E. Hausheer, Big, Bold & Blue: Lessons from Australia's Marine Protected Areas, https://blog. nature. org/science/2016/11/16/big-bold-blue-lessons-from-australias-marine-protected-areas/, last visited on March 20, 2020.

② Justine E. Hausheer, Big, Bold & Blue: Lessons from Australia's Marine Protected Areas, https://blog. nature. org/science/2016/11/16/big-bold-blue-lessons-from-australias-marine-protected-areas/, last visited on March 20, 2020.

二 澳大利亚联邦成立后海洋保护区的发展历程

自 1901 年澳大利亚联邦成立以来,澳大利亚始终关注海洋资源的开发与保护。以 1994 年批准加入《联合国海洋法公约》与 2012 年宣布建立海洋保护区网络计划为时间节点,澳大利亚的海洋资源开发与保护经历了三个不同时期——以军事为主要目的的时期发展到以经济为主要目的的时期,再到致力于海洋资源全面保护的新时期。通过逐步采取政策、法律、经济、科技等诸多措施和方式加强海洋资源的可持续利用以及海洋生物多样性的养护,澳大利亚在海洋资源开发与保护方面已经处于世界领先地位。[①]

(一) 1901 年 1 月到 1994 年 9 月:以军事为主要目的的海洋资源开发与保护

自 1901 年到 1994 年的近一个世纪里,澳大利亚先后经历了两次世界大战、经济大萧条、战后和经济大萧条后的社会重建、移民潮、越南战争、三十年的经济大繁荣、70 年代世界经济危机、与美国结成了新的贸易与安全伙伴关系、经济发展自由化等历史事件。这个时代的主旋律是战争、国防安全与经济发展。在这种时代背景下,出于自身安全考虑,澳大利亚不断调整对外战略以适应不断变化的国际环境。1931 年,英国议会通过《威斯敏斯特法案》,给予各英属自治领地完全自主权。澳大利亚担忧这可能会对英国以往的国防安全承诺产生影响,因而在接下来的 11 年里并未签署该法案。[②]第二次世界大战期间,日本军队横扫太平洋南部,战场扩大到澳大利亚境内北领地地区,澳大利亚的安全受到了直接威胁。澳大利亚此时意识到不能再毫无顾虑地依赖英国的保护,转而向美国寻求安全保障。但直到 1986 年,英议会通过《与澳大利亚关系法》,澳大利亚才获得完全立法权和司法终审权。

鉴于特有的地理环境,海洋问题一直是澳大利亚国家战略的重要组

---

① 蒋小翼:《澳大利亚联邦成立后海洋资源开发与保护的历史考察》,《武汉大学学报》(人文科学版) 2013 年第 6 期。

② 1930s Decade Events, http://www.aushistorytimeline.com/, last visited on March 20, 2020.

成部分。在战争与安全为时代主旋律的背景下，澳大利亚在这一时期的海洋战略以争夺有战略意义的海区和通道为主，海洋资源开发利用也大多出于国家安全与军事的目的。为了实现海洋资源协调开发利用，根据联邦国家的政治体系的特点，澳大利亚实施海洋综合管理。从行政上明确联邦政府与各州、领地之间的海洋管辖权限。[①] 在联邦政府与各州、领地之间合理划分海洋管理权，从而实现海洋资源的合理、有序利用。为了达到对海洋实行综合管理的目的，澳大利亚联邦政府和州政府于1979 年颁布了《海岸和解书》。《海岸和解书》规定，州和领地的控制范围是从海岸向海延伸 3 海里。达成该协议之时，第三次联合国海洋法会议正在讨论将国家的领海宽度由原来的 3 海里扩大到 12 海里，但澳大利亚各州的管辖范围仍维持 3 海里不变，因此《海岸和解书》明晰了联邦政府与各州之间的海域管理权，奠定了联邦政府在海洋管理中的绝对优势控制地位，联邦政府仍然控制了澳大利亚的大部分海域。

　　澳大利亚很早便致力于海洋环境保护，率先于 1979 年建立了大堡礁海洋公园。大堡礁是地球最大的海洋珊瑚生态系统，于 1981 年被列入世界遗产目录，同时也是世界上管理保护得最好的海洋区域。建立国家海洋公园之前，澳大利亚在 1975 年制定了《大堡礁海洋公园法案》，对海洋公园内的活动进行监督。该法案规定了区域计划制度，以通过对特殊地区提供高水平的环境保护减少海洋资源开发使用的影响和冲突。1982年，澳大利亚宣布建立第一个联邦海洋保护区。

　　澳大利亚大堡礁海洋公园和联邦海洋保护区的建立为海洋环境保护提供了新思路和新管理模式。澳大利亚也积极采取措施应对海洋污染，在这个时期，主要关注海洋倾废污染和人工鱼礁对海洋环境产生的影响。澳大利亚海岸线周围的水域日益受到海洋废物倾倒污染的威胁，为了减少危害，澳大利亚政府主要依据 1981 年的《环境保护（海洋倾废）法案》和 1986 年的《环境保护（海洋倾废）修正案》对在海洋上故意装卸、倾倒和焚烧垃圾的行为进行调控。根据法律的规定，所有海洋倾废的行为都必须取得许可证。相关法律对建立人工鱼礁也规定了相关许可

---

① 谢子远、闫国庆：《澳大利亚发展海洋经济的经验及我国的战略选择》，《中国软科学》2011 年第 9 期。

制度。

但是当时全球范围内环境保护思潮并未全面兴起，海洋环境问题也并没有如现在一般凸显。20 世纪 90 年代之前，澳大利亚海洋保护区面积较小，除去大堡礁海洋公园，只有不到百分之一的海域得到保护。① 这一时期颁布的专门针对海洋环境保护的法规数量也相对较少。

（二）1994 年 10 月到 2012 年 6 月：以经济利益为主要目的的海洋资源开发与保护

澳大利亚于 1994 年 10 月正式批准加入《联合国海洋法公约》及公约第十一部分《执行协定》，成为公约缔约国。《联合国海洋法公约》对于澳大利亚在合理开发利用海洋资源、保护海洋环境等方面发挥了积极影响。澳大利亚对海洋的争夺和控制由过去的以军事目的为主转变成以经济利益为主，开发海洋、发展海洋经济成为澳大利亚国家战略规划；以争夺有战略意义的海区和通道为主的海洋战略转变成以争夺岛屿主权、海域管辖权和海洋资源为主的海洋新战略。

为了规范海洋资源开发利用与管理，澳大利亚在此阶段加快了海洋立法速度。除了加入有关国际条约和签订的双边或多边协定外，澳大利亚已经颁布了数百部与海洋有关的法律法规，② 其中涵盖海洋生物多样性保护、渔业水产、近岸石油和矿产、海洋环境污染、海洋旅游、海洋建设工程和其他工业、海洋运输、药业、生物技术和遗传资源、能源利用、自然和文化遗产等各个方面，使澳大利亚在海洋资源开发和海洋环境保护方面处于国际领先地位。这些法律既包括了联邦立法，也包括州和领地立法。联邦的立法数量最大，这主要是因为联邦具有签订条约的责任和权力，并且控制着澳大利亚 97% 的海域。澳大利亚联邦参与立法使澳大利亚的法律与其承担的海洋方面的国际责任相协调（如渔业捕捞、海洋运输、污染控制、倾倒废弃物等方面），并且联邦为州和领地确定了标准。

---

① 王敏敏：《国外海洋自然保护区的法律保护研究及对我国的启示》，硕士学位论文，中国海洋大学，2010，第 13 页。

② Federal Register of Legislation，https://www.legislation.gov.au，last visited on March 20, 2020.

20 世纪 90 年代在环境保护领域发生了一件具有跨时代意义的事件。1992 年，联合国环境与发展大会在巴西里约热内卢举行，可持续发展原则在这个时期得到各国普遍赞同和贯彻实施。1994 年生效的《联合国海洋法公约》也体现了可持续发展原则，要求各沿海国家对其毗邻之管辖海域在行使权利的同时，必须承诺两项主要的责任，即实施"海洋综合管理"和"可持续发展"。[①] 为实现基于海洋生态系统的综合管理的承诺，1998 年，澳大利亚政府制定并正式通过了《澳大利亚海洋政策》。海洋政策把可持续发展和对海洋的环境保护融入综合管理之中，重点解决过度捕捞和海洋污染问题。

陆源海洋环境污染是影响澳大利亚海岸和海洋环境的最严重问题。在 1995 年海洋环境现状的报告中就发现有 80% 的海洋污染都来自陆地污染，并且对近海海洋系统构成了巨大的威胁。[②] 澳大利亚政府采取了诸多行动计划应对陆源海洋污染，包括：保护海洋环境免受陆源行为影响的澳大利亚国家行动规划、沿海区域综合管理、珊瑚礁水质保护计划、大堡礁沿海湿地保护规划以及昆士兰湿地保护规划。澳大利亚政府同时还关注沿海土地酸化、国内和国际航运污染等问题并坚持对其进行长期有效的管理。

90 年代后，澳大利亚开始启动国家海洋保护区网络计划。澳大利亚经济资源主要来自矿产、海洋资源和岛屿旅游开发，比如大堡礁等群岛，但海洋资源的开发和利用无疑会对海洋环境产生影响。为保护海洋环境，澳大利亚颁布并实施了一系列与海洋保护区发展相关的行动计划，包括《建立国家级有代表性海洋保护区网络的准则》（1998 年）以及《国家级有代表性海洋保护区网络战略行动规划》（1999 年）等。

此外，澳大利亚特别重视生物多样性保护。澳大利亚海域生存着成千上万的海洋生物物种，其中的一些生物是澳大利亚所特有，所有这些物种使澳大利亚成为物种最丰富的发达国家。[③] 1999 年的《环境保护和

① 陈艳等：《激励手段与海洋资源的可持续利用与管理》，《生态经济》2011 年第 3 期。
② Marine Pollution, http://www.environment.gov.au/coasts/pollution/index.html, last visited on March 20, 2020.
③ Marine Species Conservation, http://www.environment.gov.au/coasts/species/index.html, last visited on March 20, 2020.

生物多样性养护法案》与 2000 年的《环境保护和生物多样性养护规章》是澳大利亚政府在资源利用与环境保护领域的重要立法。该法案要求澳大利亚政府和各州、领地共同为环境和遗产保护以及生物多样性的养护提供切实可行的国家方案。政府利用《环境保护和生物多样性养护法案》保护和管理受威胁的洄游海洋生物，包括决定海洋物种面临的威胁；阻止、减少和管理这些威胁；支持物种的恢复直至可以从该法案受威胁物种名录中删除。联邦政府负责国家层面的重要环境事宜以及各州、领地负责地方层面的重要环境事宜。

为了加强该法案的实施，澳大利亚政府使用海洋生物区域计划完善海洋环境的管理和保护。海洋生物区域计划通过呈现生物物理特征和海洋生命多样性的图片，描绘了海洋环境和每一片海域的养护价值，设立了广泛的生物多样性目标，确定了地区的优先事宜以及制定方案和采取行动应对这些需要优先处理的事宜。政府积极通过收集相关的科学知识和信息完善依据生物法案做出的决定，尤其是与海洋多样性养护和与海洋为基础的产业对海洋和资源的可持续利用。

该法案同时要求澳大利亚政府对渔业的环境影响做出评估，并促进生态可持续渔业的管理。可持续渔业部门依据本法案负责对联邦立法管理的渔业和地方各州出口渔业进行评估。各州所有出口和澳大利亚政府管理的渔业都要进行独立评估，这些评估确保渔业以生态可持续的方式进行管理。评估依照《生态可持续渔业管理纲要》执行，过程需要包括渔业经营者与可持续渔业部门的交流，以促进渔业的最优发展。

（三）2012 年 6 月至今：海洋环境保护的新时期

2012 年 6 月，澳大利亚宣布正式启动全球最大的海洋保护区计划，自此澳大利亚海洋资源开发与保护进入了新时期。澳大利亚的海洋共分为 6 大区域，此次公布的新海洋保护区为其中的 5 个，位于东南的另一片区域已于 2007 年宣布成为保护区。① 新的海洋保护区计划草案在 1998 年就开始筹划，已于 2012 年 6 月"里约 +20"峰会前宣示，表达了澳大利亚致力于海洋环境保护的决心。

① 具体包括西南、西北、北部、珊瑚海、温带东部以及东南海域。

建立新海洋保护区是澳大利亚保护未来海洋环境的里程碑事件。新的联邦海洋保护区环抱澳大利亚国土，增加了 230 万平方公里的澳大利亚海洋保护区面积，使受保护的海洋总面积达到 310 万平方公里；海洋保护区的数量从 27 个（包括大堡礁海洋公园）增至 60 个，覆盖澳大利亚联邦 1/3 以上的水域。新的联邦海洋保护区包含了澳大利亚所有不同的海洋生态系统和栖息地，成为当时世界上最大的海洋保护区体系，同时也是对商业捕鱼影响最小的海洋保护区。此前，世界最大的海洋保护区为英国在印度洋上建立的查戈斯群岛海洋保护区，面积为 54.4 万平方公里。

三 澳大利亚海洋保护区政策与法律框架

（一）《澳大利亚海洋政策》

1998 年 12 月联邦颁布了《澳大利亚海洋政策》,[1] 为海洋的环境、经济、社会和文化的使用提供了基本框架。该政策为实现澳大利亚海洋生态可持续发展建立了广泛的原则和管理方式。海洋政策的中心转向了统一和以生态系统为基础的计划和管理，对联邦机构产生约束力。制定区域性海洋计划是海洋政策的中心，现有的联邦海洋保护区建设也是以区域性海洋计划为基础的。

海洋政策强调"在确保海洋生物多样性养护的同时，促进海洋资源的生态可持续发展以及鼓励有国际竞争力的海洋产业的发展"。提出了 9 项具体的目标：实施和保护澳大利亚在近海海域的权利和管辖，包括近海资源；履行澳大利亚在《联合国海洋法公约》和其他国际条约中的国际义务；理解和保护澳大利亚的海洋生物多样性、海洋环境及其资源以及确保海洋的利用是生态可持续的；促进生态可持续的经济发展和创造工作；建立整体的海洋计划和管理安排；考虑社区的需要和愿望；改善与海洋相关的管理、科学、技术和工程的经验和能力；识别和保护自然和文化海洋遗产；促进公众意识和理解。

---

[1] Australia's Oceans Policy, 1998, http://www. environment. gov. au/archive/coasts/oceans-policy/publications/pubs/policyv1. pdf.

该政策充分肯定了澳大利亚海洋生物多样性的价值,对以海洋生态系统为基础的管理工作具有极大的指导作用,推动了海洋保护区国家代表性体系的建立,促进了澳大利亚海洋公园的发展和完善。

(二) 澳大利亚参与的国际条约和采取的国际行动

澳大利亚在海洋环境的管理、养护和可持续利用方面是世界的领导者。通过确保对区域和全球层面的海洋养护的有效和补充方式,澳大利亚积极参与促进其国家利益的国际海洋论坛,并且签署了《联合国海洋法公约》等许多关于海洋保护的国际条约和文件。

1. 国际条约和文件

① 《生物多样性公约》。该公约要求缔约方寻求生物多样性养护及其成分的可持续利用,其中一个重要的特点是建立了保护区的体系。建立海洋公园帮助澳大利亚履行其在 1992 年《生物多样性公约》的义务、实现 1995 年《雅加达指令》关于养护和持续性利用海洋和海岸生物多样性的承诺以及 2010 年的《2011～2020 年生物多样性公约战略计划》中10% 的目标。实际上,在 2012 年 11 月,澳大利亚已经将其海洋保护区面积扩展到 320 万平方公里,覆盖澳大利亚管辖海域的 36% 左右,使其成为当时世界上最大的有代表性海洋保护区网络。澳大利亚也已经超过了至少 10% 的目标。[①]

② 《拉姆萨尔公约》。澳大利亚建立了《澳大利亚重要湿地名录》,并且也正在积极申报拉姆萨尔公约名录,《环境保护和生物多样性养护法案》中也包括了澳大利亚拉姆萨尔管理原则的规定。

③ 《保护世界文化和自然遗产公约》。澳大利亚于 1974 年签署该公约,目前有 19 处被列入世界遗产名录,其中包括大堡礁、麦夸里岛、赫德岛和麦唐纳群岛、宁格鲁海岸等至少 8 处海洋公园。《环境保护和生物多样性养护规章》中也包含了澳大利亚世界遗产管理原则的规定。

④ 《保护迁徙野生动物物种公约》。澳大利亚于 1991 年加入该公约,并且通过该公约。同时,澳大利亚签署了许多协议和促进迁徙海洋物种

---

① Commonwealth Marine Reserves, United Nations, https://oceanconference. un. org/commitments/? id = 17908, last visited on March 20, 2020.

和海鸟养护的谅解备忘录。

⑤《澳大利亚政府和中国政府之间关于保护迁徙鸟类及其环境的协议》。该协议提供了关于中国和澳大利亚之间保护协议附件所列迁徙鸟类及其环境的规定，并且要求每个国家采取适当的措施保护和加强迁徙鸟类的环境。

⑥《澳大利亚政府和日本政府之间关于保护迁徙鸟类和濒危鸟类及其环境的协议》。该协议提供了关于日本和澳大利亚之间对管理和保护迁徙鸟类、濒危鸟类以及环境的措施的合作，并且每个国家采取适当的措施保护和加强协议保护鸟类的环境。

⑦《澳大利亚政府和韩国政府之间关于保护迁徙鸟类的协议和交换意见》。该文件提供了关于韩国和澳大利亚之间保护协议附件所列迁徙鸟类的规定。

⑧《关于养护洄游鲨鱼的谅解备忘录》。该文件是在《保护迁徙野生动物物种公约》的支持下制定的，是关于鲨鱼保护的第一个类似备忘录。该备忘录于2010年3月1日开放，澳大利亚于2011年2月4日签署，成为第14个签署国家。目前备忘录中包含了7种鲨鱼，其中6种出现在澳大利亚的海域中。通过签署该备忘录，澳大利亚可以与其他签署国更加紧密地合作分享关于这些鲨鱼物种的信息，这对全世界范围的鲨鱼物种的养护都非常重要。

⑨《关于养护信天翁和海燕的协议》。该协议依据《保护迁徙野生动物物种公约》建立，并于2004年2月1日生效。目前该协议具有13个成员国，澳大利亚于2001年签署该协议。协议包括31种信天翁、海燕和剪嘴鸥物种。协议的主要目标是通过协调国际活动减缓对信天翁和海燕群落的已知威胁以对其进行保护。

⑩《濒危野生动植物种国际贸易公约》。该公约于1975年生效，目的为确保对野生动植物样品的国际贸易不至于威胁其生存。目前已有179个成员国。澳大利亚海洋公园区域内的很多生物都列入了公约附件，并且还在《环境保护和生物多样性养护法案》中注册了该公约所列的物种名录。

⑪《国际捕鲸管制公约》。该公约于1946年签署，最初是为了鲸鱼物种的适当养护和管理捕鲸产业的发展。作为原始签约国之一，澳大利

亚一直广泛参与国际捕鲸委员会的事务，积极推动鲸类动物的保护和养护，在 1979 年就已经停止了捕鲸活动，并在全球宣传鲸类动物的养护。同时，澳大利亚还是国际捕鲸委员会南大洋研究合作的发起者和坚定的支持者。依据《环境保护和生物多样性养护法案》，澳大利亚宣布其整个专属经济区为鲸鱼庇护区。此外，澳大利亚曾向国际法院起诉日本的捕鲸行为。①

⑫关于南极地区的国际条约。澳大利亚还加入了关于南极地区的国际条约。南极条约体系下的《南极海洋生物资源养护公约》创设于 1980 年，为养护南极海洋生态系统提供管理方法，并因此设立了委员会，作为政策和调控机构，实施南极海洋生物资源的养护目标，决定相关的养护措施。澳大利亚赫德岛和麦唐纳群岛（HIMI）专属经济区及其范围内的捕鱼活动属于该公约范围。

《澳大利亚政府和法兰西共和国之间关于邻近法国南部和南极领地以及 HIMI 海域的合作协议》于 2003 年 11 月 24 日签署，于 2005 年 2 月 1 日生效。该协议促进两国处理非法的、不报告的和不受管制的捕鱼活动的合作，建立了合作海域信息交换和合作监测研究活动的框架，其中就包括了澳大利亚 HIMI 的领海和专属经济区。

2. 国际合作

澳大利亚还与邻国合作，加入和参与了许多在亚太地区的项目和组织，促进了海洋公园建设和发展。如太平洋区域环境规划秘书处、珊瑚礁、鱼类和食品安全的珊瑚三角倡议、加强太平洋海洋治理项目、阿拉弗拉海和帝汶海生态系统行动、托雷斯海峡协议环境管理委员会、澳大利亚和法国新克里多尼亚珊瑚海跨界合作以及区域性渔业管理机构等。②

（三）联邦立法活动

在过去的近四十年里，澳大利亚联邦、州和领地层面都颁布了许多环境立法，包括关于保护区的特定立法。目前 1999 年的《环境保护和生

---

① Global Protection of Whale, http://www. environment. gov. au/marine/marine-species/cetaceans/international, last visited on March 20, 2020.

② Australia's International Marine Conservation Engagement, http://www. environment. gov. au/marine/international-activities, last visited on March 20, 2020.

物多样性养护法案》和 1975 年的《大堡礁海洋公园法案》是联邦层面关于海洋保护区的主要立法工具。

1.《环境保护和生物多样性养护法案》

澳大利亚是一个联邦、州和领地政府分享政治权力的联邦国家。世界遗产事宜产生了关于联邦和州政府之间关于环境保护相关权力和责任分配的法律冲突，导致联邦、州和领地政府在 1992 年签署了《政府间环境协议》。该协议规定了联邦、州和领地关于环境和自然资源的权力分配。随后在 1997 年发布了联邦和州对环境的作用和责任的协议纲领。该文件成为制定《环境保护和生物多样性养护法案》的基础。[1]

关于陆地和海洋最早的联邦立法为 1974 年的《环境保护法案》、1975 年的《澳大利亚遗产委员会法案》、1975 年的《大堡礁海洋公园法案》以及 1975 年的《国家公园和野生生物养护法案》。另一部重要立法为 1983 年的《世界遗产财产养护法案》。1999 年的《环境保护和生物多样性养护法案》取代和废除了除《大堡礁海洋公园法案》以外的所有其他上述立法。[2] 该法案是一部全面的立法，包含 528 个部分，并由 2000 年的《环境保护和生物多样性养护规章》中的大量具体规则作为支持。该法案规定了联邦保护区的宣布和管理。联邦环境和能源部部长对该法案的总体实施负责，国家公园中心主任是对依据该法案规定的行政管理、具体管理和控制的法定责任人。该法案具体规定了建立和管理海洋公园的全部过程和细节。

（1）宣布联邦海洋公园

如果一个海域在该法案规定的"联邦海域"内或在澳大利亚以外，但是澳大利亚依据国际协议有义务进行保护的区域，澳大利亚总督可以通过宣告宣布一个海域为联邦保护区。海洋保护区也包括海床和底土。

宣布联邦海洋公园的法定程序为针对宣布联邦保护区的提议进行公告，并邀请公众评议，评议期至少为 60 天。公告中必须包含海洋保护区的所有相关信息，以及属于何种 IUCN 的类型。对负责部长进行报告。报告中必须包含收到的所有公众评议和中心主任对这些评议的意见。部

---

① Ben Boer and Stefan Gruber, Legal Framework for Protected Areas: Australia, 2010, p. 5.

② Ben Boer and Stefan Gruber, Legal Framework for Protected Areas: Australia, 2010, p. 14.

长对报告进行考虑，如果对应当建立保护区表示满意，相应地通知总督。联邦保护区公告是依据 2003 年的《立法文书法案》规定的一种立法文件，必须在立法工具的联邦登记簿上进行登记。

（2）IUCN 分类和管理原则

为了确保定义和管理保护区，澳大利亚政府采用 IUCN 的 7 种保护区管理分类。海洋保护区的这些分类具有法律效力。因此，联邦的所有海洋保护区及其中的区域都必须为 IUCN 类型中的一种。大堡礁海洋公园除外，各个联邦海洋保护区都属于 IUCN 的 4 种类型中的一种。

表 5 - 1　联邦海洋保护区所属的 IUCN 类型

IUCN 类型名称	数字	保护目标
严格自然保留区	Ia	为科学研究或环境监测进行管理
国家公园	II	为保留其自然条件进行保护和管理
栖息地或物种管理区	IV	为确保栖息地的维护或满足特定物种的需求进行管理，包括如果有必要进行主动的干预
资源管理保护区	VI	为确保具有满足社区需求的可持续的自然产品和服务的流动的生物多样性的长期保护和维护进行管理

资料来源：笔者根据 Environment Australia, Australian IUCN Reserve Management Principles for Commonwealth Marine Protected Areas, 2002 提供的信息翻译编制。

该法案要求按照《环境保护和生物多样性养护规章》规定的每一个 IUCN 分类的管理原则进行管理。该法案规定了联邦海洋保护区的一般管理原则，包括行政管理需要遵循社区参与、有效和具有适应性的管理、风险预防、最小影响、生态可持续使用、决策透明以及联合管理的原则。

社区参与。联邦政府必须保证社区、公共机构和私人在设计和实施保护区功能之际广泛和有意义的参与。

有效和具有适应性的管理。海洋保护区管理必须确保养护生物多样性的目标以及在经济和社会背景下适应各种不确定因素和变化。

风险预防原则。海洋保护区管理不以缺乏充分的科学确实性为原因而延迟采取措施防止保护区自然和文化遗产退化。

海洋保护区管理应当尽可能减少对保护区自然、文化和社会环境以及周边社区的负面影响。

对于保护区资源的使用管理必须基于生态可持续利用的原则。

保护区资源管理框架和程序应当透明并且采取联合管理的形式，如果保护区由土著人部分或全部所有，对保护区的传统使用，包括对文化遗产的保护和维修都应当被认可。

（3）制定管理计划

依据该法案规定，所有的联邦保护区必须具有管理计划。管理计划由国家公园主任准备，经公众参与，并由环境部部长通过。管理计划必须为至少 10 年的周期，且必须说明保护区是如何被管理、允许进行何种活动以及这些活动是如何进行的。该法案禁止在保护区内进行一些活动，除非管理计划中明确规定或当管理计划并未运行时，在中心主任的书面批准的情况下才可以进行。这些活动包括影响自然物种的行动、商业行动和采矿作业。管理计划中规定在中心主任颁发许可证的情况下，可以进行影响自然物种的行动、商业行动。其他的活动除非有中心主任通过许可证授权或依据管理计划，《环境保护和生物多样性养护规章》规定是禁止进行的。

制定管理计划的法定过程如下。国家公园主任在政府公报或日报上发表通告，邀请公众对准备管理计划草案的提议进行为期至少 30 天的评价；国家公园主任准备管理计划草案；在准备管理计划时，除了具有保护区价值的保护、养护和管理之外，主任还必须考虑传统所有者的利益和其他土著人的利益以及在宣布保护区之前刚享有先前使用权的人的利益等诸多事项；国家公园主任向环境部部长提供管理计划草案、计划草案的公众评议以及主任对公众评议的看法；如果需要，环境部为最佳实践管理办公室准备一份调控影响陈述，检查宣布保护区的提议对商业的影响；部长考虑计划草案和主任的看法，如果满意，批准该管理计划；该计划与尚未在计划中生效的评论、看法、报告和建议一起呈至国会参议院和众议院；在立法文件的联邦登记簿上登记后，该计划就在管理计划中规定的日期生效。①

2009 年对该法案的实施进行了评估。报告认为尽管该法案是主要的

---

① Australian Marine Parks-Legal Framework，http://www.environment.gov.au/topics/marine/marine-reserves/overview/legal-framework.

国家环境立法，但是各州和领地都有自己的立法。① 有时，这两个级别的政府的职责会交叉重叠，造成了低效率和重复。各州和领地对环境事宜采取不同的做法。不同的行政管理者会做出不同的决定，通常导致冲突的产生，甚至时常会出现一个糟糕的结果。实施该法案的一些潜在障碍被识别出来，包括州和领地管控机制的不统一和区别造成管理上的分歧以及使跨管辖区利益相关者感到困惑，关注单个项目评估而不是以整个景观为基础的评估、关注单一物种的恢复、程序的重复、多个管理机构的管控、缺乏适合的标准等。

评估继而建议该法案应该被废除以及由《澳大利亚环境法案》这样的立法取代，能更准确地反映国家的立场。相关的建议还涉及州和领地的环境影响评价的标准化，对受威胁物种编目采取普遍适用的做法以取代无效率的各个管辖区的多种做法以及联邦政府在生物多样性、自然和文化遗产以及保护区方面的职能也需要改进。②

2. 《大堡礁海洋公园法案》

《大堡礁海洋公园法案》是澳大利亚最早颁布的养护和保护大堡礁的法案之一。该法案创建了具有全面权力的联邦法定机构，规定其与昆士兰州在管理等方面的合作，确定了在低水位的大堡礁区域的界线，规定了宣布为大堡礁海洋公园的部分区域和规则，清除了采矿和石油钻井的威胁以及确定了多重使用海洋公园的概念。

法案授权对大堡礁的保护、明智利用、理解、享受，将分区计划作为主要的管理工具，并按照法律要求进行公众协商、研究、教育和日常管理。澳大利亚和昆士兰政府每年联合投入 2 亿澳元用于维护珊瑚礁的健康。③ 2006 年对该法案的运行进行了评估。④ 评估包括对立法框架，尤

---

① Commonwealth of Australia, The Australian Environment Act-Report of the Independent Review of the Environment Protection and Biodiversity Conservation Act 1999, pp. 63 – 64; Final Report, http://www. environment. gov. au/epbc/review/publications/pubs/final-report. pdf.

② Ben Boer and Stefan Gruber, Legal Framework for Protected Areas: Australia, 2010, p. 7.

③ Managing and Protecting the Great Barrier Reef, http://www. environment. gov. au/marine/gbr/protecting-the-reef, last visited on March 20, 2020.

④ Commonwealth of Australia, Review of the Great Barrier Reef Marine Park Act 1975, Review Panel Report, 2006, http://www. environment. gov. au/coasts/gbr/publications/pubs/gbr-marine-park-act. pdf.

其是与《环境保护和生物多样性养护法案》之间的不统一之处进行了全面的观察，并提出了建议。随后，该法案于 2009 年进行了修订，[①] 同时，为了使两部法案能够更加完整，在《环境保护和生物多样性养护法案》内也加入了一些新的规定。

3. 南极赫德岛和麦唐纳群岛海洋保护区相关立法

南极赫德岛和麦唐纳群岛（HIMI）海洋保护区的立法包括《环境保护和生物多样性养护法案》、1953 年的《HIMI 法案》、1987 年的《环境保护和管理法令》、1993 年的《刑事程序法令》、2001 年的《武器法令》等专门适用于 HIMI 领地的立法，以及指导在 HIMI 区域活动的 1981 年的《南极海洋生物资源养护法案》、1981 年的《环境保护（海洋倾倒）法案》、1991 年的《渔业管理法案》、1976 年的《历史性沉船法案》、1983 年的《海洋保护（防止船舶污染）法案》。

1981 年的《南极海洋生物资源养护法案》是对澳大利亚在《南极海洋生物资源养护公约》中义务的履行，由澳大利亚南极分部进行行政管理，规定了许可证和检查体系，并允许南极海洋生物资源养护委员会采取养护措施的实施。

1981 年的《环境保护（海洋倾倒）法案》规定受管控物质在海洋的倾倒、焚烧、为了倾倒或焚烧的装载、出口以及人工珊瑚礁的安置。该法案是为了履行澳大利亚对 1972 年的《海洋倾废公约》的 1996 年的议定书中的义务。任何的海洋倾倒行为都需要许可证。

1991 年的《渔业管理法案》管控在澳大利亚捕鱼区的除海洋哺乳动物和海洋爬行动物以外的所有海洋有机体的捕鱼活动。澳大利亚捕鱼区一般毗邻澳大利亚领海基线外 3～200 海里的联邦管辖海域。此外，该法案还统一调整澳大利亚在公海的捕鱼，保护《南极海洋生物资源养护公约》下的区域。在管理商业性捕鱼等一些方面优先于《南极海洋生物资源养护法案》。

1976 年的《历史性沉船法案》规定了历史性沉船及其残骸的保护，并规定建立历史性沉船周边保护区。所有超过 75 年的历史性沉船及其相关残骸已经受该法案的保护；不到 75 年的也可通过部长的宣告进行保

---

① Ben Boer and Stefan Gruber, Legal Framework for Protected Areas: Australia, 2010, p. 44.

护。该法案禁止损害历史性沉船及其残骸相关的行为。

1983 年的《海洋保护（防止船舶污染）法案》由澳大利亚海事安全管理局进行行政管理，处理船源污染的海洋环境保护。该法案实施 1973年《防止船舶污染国际公约》及其 1978 年的议定书，管控船舶正常运营排放。

1953 年的《HIMI 法案》批准澳大利亚接受英国对 HIMI 的领土管辖权，以及规定其法律领域。1987 年的《环境保护和管理法令》规定了该领地环境及其本土植物和动物的保护。1993 年的《刑事程序法令》规定在该领地的法律执行机制，包括制定特定巡逻员制度。2001 年的《武器法令》规定在该领地实施国内枪支协议。

4. 其他立法

关于海洋保护区的其他联邦立法还包括 2003 年的《澳大利亚遗产理事会法案》、1901 年的《澳大利亚联邦宪法法案》、1994 年的《湿热带昆士兰遗产保护区养护法案》等。

四　澳大利亚建立海洋保护区的实践

（一）海洋保护区的管理实践

1. 管理机构

澳大利亚政府负责管理联邦海域范围内的海洋公园。具体的管理机构及其职能如下。

（1）环境和能源部

环境和能源部于 2016 年 7 月 19 日成立，负责设计和实施澳大利亚政府政策和项目，以保护和养护环境、水和遗产，推进气候行动以及提供充足、可靠和负担得起的能源。该部的职能范围包括海洋。在机构设置上，环境和能源部设有澳大利亚公园中心、大堡礁海洋公园管理局以及澳大利亚南极分部。

澳大利亚公园中心主任已经将依据《环境保护和生物多样性养护法案》建立的 58 个海洋保护区委托给海洋公园处进行管理。海洋公园处依据各自的管理计划对联邦海域内的五处海洋公园网络和珊瑚海进行管理。① 大堡礁海洋公园管理局的基本职责为保护大堡礁海洋公园和世界遗产区。② 澳大利亚南极分部的基地位于塔斯马尼亚霍巴特，对澳大利亚在澳大利亚南极领地和南大洋的存在和行动负责。赫德岛和麦唐纳群岛（HIMI）是位于南大洋的亚南极岛屿群，距离澳大利亚大陆西南方向大约 4000 公里。HIMI 海洋公园于 2002 年宣布建立，澳大利亚南极分部对其进行管理。③

（2）农业和水资源部④

澳大利亚政府农业和水资源部制定和实施政策与项目确保澳大利亚的农业、渔业、食品和林业产业保持竞争性、可收益性和可持续性，同时支持河流和水资源的可持续性和多产性的管理和使用。海洋保护区的职能包括对涉及捕鱼活动的环境影响以及与作为公共资源最优利用相一致的联邦鱼群使用的相关事宜制定政策和准备建议。这就包括确保在建立联邦海洋保护区网络等重要的政府过程中考虑联邦渔业产业的利益。

2. 管理模式

（1）海洋保护区国家代表性体系

为了履行和实现澳大利亚签署的《生物多样性公约》及其《雅加达指令》中的国际责任和义务，联邦和各州、领地政府于 1998 年通过国内协议做出承诺，开始建立一个海洋保护区国家代表性体系（National Representative System of Marine Protected Areas，NRSMPA）。此外，1998 年的《澳大利亚海洋政策》提出建立对所有澳大利亚管辖海域的统一和以生态系统为基础的计划和管理框架，其中包括通过发展海洋保护区国家代表性体系。

海洋保护区国家代表性体系是包含澳大利亚海洋生态系统中有代表性样本的海洋保护区的国家体系，由联邦、州和北领地的海域与一些相

---

① Australian Marine Park, https://parksaustralia. gov. au/marine/, last visited on March 20, 2020.

② Great Barriers Reef Marine Park Authority, http://www. gbrmpa. gov. au, last visited on March 20, 2020.

③ Australian Arctic Division, http://heardisland. antarctica. gov. au, last visited on March 20, 2020.

④ Department of Agriculture and Water Resources, http://www. agriculture. gov. au/fisheries/environment/marine-reserves, last visited on March 20, 2020.

关的海岸和潮间带区域组成。海洋保护区国家代表性体系由负责海洋环境的养护、保护和管理的政府机构进行合作发展。各自的海洋保护区依然依据各自管辖范围内的适当立法进行划定。澳大利亚和新西兰环境和养护理事会（Australia and New Zealand Environment and Conservation Council, ANZECC）海洋保护区专门工作小组为州、北领地和联邦以及相关的科学组织提供协调行动和海洋保护区国家代表性体系政策发展和项目的协作机制。跨管辖区合作是取得海洋保护区国家代表性体系的关键因素，州、北领地和联邦政府是涉及建立海洋保护区的主要行政主体。在一些管辖区内，地方政府可能会涉及海洋保护区的海岸计划和管理，但是最终建立海洋保护区的决定是由负责的部长进行宣布的。① 海洋保护区专门工作小组制定年度工作项目，对理事会提供年度报告以及进行评估。

由澳大利亚各政府批准的《海洋保护区国家代表性体系指南》为海洋保护区国家代表性体系设立了目标和原则，以及识别和选择海洋保护区的标准，帮助政府机构发展海洋保护区国家代表性体系与相关利益方理解该过程。国家代表性体系的基本目标为建立和管理一个具有全面性、充分性和代表性的海洋保护区的体系，为海洋生态系统的长期养护和保护海洋生物多样性做出贡献。全面性是指包含在每一处生物区或跨生物区以适当规模被认可的所有的生态系统；充分性是指具有所需的保护水平以确保生态生存力和种群、物种和群落的整体性；代表性是指合理反映海洋生态系统的生物多样性。

海洋保护区国家代表性体系中的海洋保护区比周围海域具有更高的保护水平，必须是为了养护生物多样性而特别设立的、可以被归类为反映保护区价值和目标的六类 IUCN 保护区管理类型中的一种或多种、具有牢固的养护地位以及对国家体系的代表性、全面性和充分性有贡献。生物多样性和环境标准是识别候选区域的最基本的准则，具体包括代表性、全面性、生态重要性、国际和国内重要性、独一性、生产力、脆弱性评估、生态地理重要性以及自然性。在选择的过程中要考虑到经济利

---

① ANZECC, Strategic Plan of Action for the National Representative System of Marine Protected Areas, 1999, p. 13.

益、土著人利益、社会利益、科学利益、可行性、脆弱性评估以及是否可以复制。澳大利亚政府随后制定了一套适用于联邦海域的目标和原则，为识别新的海洋保留区提供了相一致的框架，以及强调了科学在此过程中的重要作用。①在 2012 年，澳大利亚政府扩大了澳大利亚国家海洋保护区代表性体系，总面积达到 330 万平方公里。②

与这些目标和原则相一致，澳大利亚政府发展海洋保留区的区域性网络的目的已经成为在寻求对海洋环境使用者最小负面影响的同时取得重要的养护成果。新的海洋保留区选址需要考虑对人的潜在影响。尤其是这些原则要求选择和设计海洋保留区网络应以对海洋使用者和海岸社区潜在社会解决影响最小化的方式进行。

为了评估关于建立联邦海域内国家海洋保护区有代表性体系的目标和原则、管理计划发展的立法和规章以及联邦保护管理活动，独立的评估已于 2014 年 9 月开始，2015 年 12 月结束。③ 该报告通过确保海洋保护区的管理安排反映与利益相关者的真实和充分的协商以及基于最佳可获得的科学，考察了何种管理安排可以最好地保护海洋环境与处理澳大利亚人喜爱的享受海洋的活动，以及致力于恢复对联邦保护区的信息。

（2）澳大利亚海洋公园网络

为了与澳大利亚政府发展海洋保护区国家代表性体系的承诺相一致，联邦已经宣布了六个不同区域的澳大利亚海洋公园网络，依据不同的管理计划进行管理，其中包括北部、西北、西南、东南和温带东部五个海洋公园网络以及珊瑚海。

首先，每一处海洋公园都必须严格按照管理计划运行。澳大利亚公园中心管理着 58 个海洋公园。一旦宣布海洋公园，澳大利亚公园中心必须为公园制定一份管理计划。管理计划也可以覆盖多个公园，规定将如何管理公园，包括什么活动是允许的以及公园的哪些区域是准入的。公园的使用必须按照管理计划，不得有任何改动，直到新的管理计划生效。

---

① National Representative System of Marine Protected Areas, http://www. environment. gov. au/marinereservesreview/resources/representative-system, last visited on March 20, 2020.

② Australian Marine Parks, South-west Marine Parks Network Management Plan, 2018, https://parksaustralia. gov. au/marine/pub/plans/south-west-management-plan-2018. pdf.

③ Colin D. Buxton and Peter Cochrane, Commonwealth Marine Reserves Review, Report of the Bioregional Advisory Panel, 2015.

东南网络的管理计划已于 2013 年 7 月 1 日生效，西南、西北、北部、温带东部网络于 2018 年 7 月 1 日生效。

其次，新的海洋保护区力求尽量减少对社会和经济的影响并注重各方利益的平衡。整个网络的设计主要基于对经济和社会的影响最小化。澳大利亚的海洋保护区起始于距离海岸 3 海里处，将改变传统的利用这些保护区的方式。在新的保护区内，一些人们常去垂钓的地方仍将对垂钓者开放，商业捕鱼仍可进行，但是，为防止过度捕捞，诸如拖网捕鱼的活动将被严格禁止。同时，政府将依法禁止在一些区域内进行石油、天然气的勘探和开采活动。

澳大利亚农业、资源经济和科学局对海洋保护区网络经济影响评估的工作对整个网络的设计发挥着重要的作用。这项工作在商业捕鱼业的协助下已经完成了五份评价，涵盖了西南、西北、北部、珊瑚海和温带东部海域。① 评估关注提议的网络对渔业，包括商业、娱乐和授权捕鱼的直接和间接影响，以及对相关社区的潜在影响。据估计，新建立的联邦海洋保护区网络将导致澳大利亚每年损失商业捕鱼全部价值的大约 1%。对于由此而受到影响的商业活动，政府将拨予 1 亿澳元的补助。虽然采取了种种措施，但仍有部分受到影响的渔民表示了不同意见。例如，2012 年 11 月 27 日，澳大利亚国家海洋行业联合会撤销了关于联邦海洋保护区网络渔场调整援助计划的磋商程序。他们认为，政府公布的 1 亿澳元预算的渔场调整援助框架不足以解决海洋保护区网络带来的影响。

再次，新保护区的决策和管理强调公众参与过程。联邦海洋保护区的发展和申报在过去的四年时间里经历了广泛的公众参与。2012 年 7 月，国家公园主管部门在政府公报上发布了通知，邀请对申报新的联邦海洋保护区的提议进行公众评议。截至 2012 年 9 月 10 日的 60 天评议期内，国家公园主管部门一共收到了近 8 万份的评议。国家公园主管在仔细考虑收到的评议后，给部长提供了一份报告，详细说明了具体的评议和其对这些评议的观点。部长考虑该报告并向总督推荐依据澳大利亚国家环境法应当被申报的保护区。宣布成立海洋保护区后，国家公园主管

---

① Commonwealth Marine Reserves Review，https://parksaustralia.gov.au/marine/management/background/review-reports/，last visited on March 20，2020.

部门对管理计划的范围进行公正评议，对保护区计划草案进行评议。管理计划将会明确保护区在该计划 10 年的生命周期内进行的活动，以及为运行、投资和发展海洋产业提供必要的稳定性。这五个海洋保护区网络以及珊瑚海保护区在充分考虑了公众意见和经部长同意后才得以完成。从 2017 年 7 月 21 日至 9 月 20 日，国家公园中心的主任对剩下的 44 个海洋公园的管理计划草案进行反馈。这些计划草案希望平衡保护海洋环境和支持人们生计以及澳大利亚生活方式。国家公园中心的主任同样对联邦海洋保留区重新命名的提议进行协商，并基于该协商，宣布 58 个海洋保留区改名为海洋公园。

最后，海洋公园进行分区管理。澳大利亚海洋保护区的分区管理依照 IUCN 对保护区的分类指南规定了能够在海洋公园做什么。在分区管理下，不同的区域被标注为不同的颜色，其中三种基本类型区域为绿色区、黄色区和蓝色区。

绿色区为峡谷、海山和礁石等地物的养护提供了高水平的保护。在澳大利亚，绿色区又被称为海洋国家公园或禁取区。在该区域内，海洋生物及其栖息地受到全面的保护，禁止捕鱼和油气开采等采掘性产业。但是任何人都可以进入绿色区以及享受划船、游泳、潜伏和潜水等活动。该区域对于海洋丰富的生物多样性非常重要。它们允许一些娱乐和休闲活动，同时也提供给人们可以参观的未受破坏的自然场所以及教育和研究的区域。

黄色区在海底不受损害的情况下，支持捕鱼和潜水等活动。

蓝色区允许更多的活动，支持可持续的商业产业以及赖以生存的海岸社区。

在三种基本类型区域之外，存在少量粉红色区。粉红色区为最严格的保护区，禁止绝大多数的活动。

管理计划为在海洋公园内进行这些活动提供了权利，具体规定了允许进行的活动、需要授权才能进行的活动以及不经允许可进行的活动。对于这些允许进行的活动、需要授权才能进行的活动，管理计划中也详细介绍了活动评估和决策过程、授权的类型及条件。海洋公园中心主任可以依据管理计划通过许可证、种类许可、活动执照或租赁的方式批准允许的活动。

（3）海洋公园网络及其管理计划

珊瑚海海洋公园建立于 2012 年，是世界上最大的海洋公园之一，濒临大堡礁海洋公园东部，覆盖面积为 989924 平方公里，位于昆士兰海岸边。珊瑚海海洋公园有珊瑚礁、沙礁、深海平原和峡谷等不同的栖息地以及丰富和独特的海洋生物物种。根据该区管理计划，①公园支持有助于昆士兰岸边城镇和社区的经济增长、工作和社会福利的商业捕鱼和航运。②公园内约一半为严格的绿色区。

北部海洋公园网络包括 8 个海洋公园，位于北领地和昆士兰沿岸，覆盖面积为 157480 平方公里。该区域具有浅海热带海洋生态系统和大面积的大陆架，保护的基本目的为养护生物多样性，同时允许自然资源的可持续性使用。这些海洋公园具有丰富的生物多样性，以及国际受威胁物种的全球重要种群。保护区网络内绝大多数为允许更多活动的蓝色区。

西北海洋公园网络包括 13 个海洋公园，位于西澳沿岸，覆盖面积为 335341 平方公里。海洋公园包括珊瑚礁、软沉积物、峡谷和石灰石通道。海洋公园将会为世界上其他地方正面临严重威胁的许多物种提供额外保护。世界上最大的鱼——鲸鲨每年在世界遗产名录中的宁格鲁礁聚集，同时据估计至少有 29000 个世界上最大的座头鲸群每年从南极夏季食物区洄游到金伯利（Kimberley）海岸的温暖海域进行哺育。保护区网络内阿什莫尔礁和默梅德（Mermaid）礁施行最严格的保护。

东南海洋公园网络包括 14 个面积为 537～162000 平方公里的海洋公园，从新州南部海岸开始，围绕塔斯马尼亚和维多利亚州，西至南澳的袋鼠岛，覆盖总面积为 388464 平方公里，深度为 40～4600 米。公园网络内包含水下峡谷和高山等显著特点的地物，及其多样化的海洋生物，其中的一些生物是新物种并且在世界的其他地方都未曾被发现过。在西南海域的这些公园里，洄游的鲸鱼每年两次往返南极，为定位这些受欢迎的海洋哺乳动物提供了最好的机会。南方蓝鳍金枪鱼和蓝鲸等标志性的物种在这里漫游。在深海也有多种多样的鱼类和其他生物物种。该地

---

① Australian Marine Parks, Coral Sea Marine Park Management Plan, 2018, https：//parksaustralia. gov. au/marine/pub/plans/coral-sea-management-plan-2018. pdf.

② Coral Sea Marine Park Management Plan, 2018, https：//parksaustralia. gov. au/marine/pub/factsheets/factsheet-coral-sea-management-plan. pdf.

区的 2013～2023 年的管理计划于 2013 年 7 月 1 日生效,① 概括了研究和监测、评估和许可、遵守、社区参与、土著人加入和环境管理的管理策略。每年都必须准备计划进展报告，并且为了促进使用者、利益相关方和社区的参与，澳大利亚公园中心还曾多次召开利益相关方论坛。

西南海洋公园网络包括 14 个海洋公园，从南澳袋鼠岛的最东近海到西澳的沙克湾，覆盖总面积为 508731 平方公里的温带和亚热带海域。该网络包含了不同的海洋生态系统和栖息地。管理计划② 为往返此地的受威胁物种提供了一定的保护。按照海洋国家公园区划，在一些关键的生态地物和地区标志性热点地的全部或部分区域禁止所有的开采性活动。

温带东部海洋公园网络包括 8 个海洋公园，位于新州沿海，覆盖总面积为 383339 平方公里的温带和亚热带海域。国际著名的旅游胜地诺福克岛和豪勋爵岛就位于该海域。该区域被认为具有全球重要性的许多受保护的海洋物种。温带东部海洋公园网络管理计划③ 为一些依据联邦立法或国际协议列为濒危或脆弱物种提供额外的保护。

（4）大堡礁海洋公园

a. 大堡礁海洋公园概况

澳大利亚大堡礁无疑是世界上最重要的海洋景观之一。作为地球上最大的活体结构，大堡礁延伸 2300 公里，富含令人难以置信的丰富和多样的物种。虽然大堡礁最负盛名的为丰富多彩的珊瑚礁，但是珊瑚礁仅占大堡礁海洋公园和世界遗产区域的 7%，其余海域复杂的结构能为大量的动植物提供家园。大堡礁具有独特的生态群落、栖息地和物种，使大堡礁成为世界上最复杂的自然生态系统。关于大堡礁的相关信息如下：覆盖面积为 344400 平方公里；包括世界上最大的珊瑚礁生态系统；包括3000 个珊瑚礁、600 个大陆岛屿、300 个珊瑚小岛和约 150 个近海岸红树

---

① South-East Commonwealth Marine Reserves Network Management Plan 2013 – 2023, http://www. environment. gov. au/system/files/pages/de2de49a – 7eed – 4a70 – bfbb – 463f8d00f2ca/files/se-networkmanagement-plan2013 – 23. pdf.

② Australian Marine Parks, South-west Marine Parks Network Management Plan, 2018, https://parksaustralia. gov. au/marine/pub/plans/south-west-management-plan – 2018. pdf.

③ Australian Marine Parks, Temperate East Marine Parks Network Management Plan, 2018, https://parksaustralia. gov. au/marine/pub/plans/temperate-east-management-plan – 2018. pdf.

林岛屿；宽度为 60 ~ 250000 公里；近岸海域平均深度为 35 米，在外珊瑚礁，大陆架坡度可深至 2000 多米；通过 1975 年的《大堡礁海洋公园法案》创设；1981 年被列入世界遗产目录。①

鉴于大堡礁的独特性和重要性，澳大利亚建立了大堡礁海洋公园和专门的管理机构。大堡礁海洋公园管理局负责对大堡礁海洋公园进行保护。40 多年来，管理局通过使用最佳可获得的科学信息以及海洋管理者、研究者、专家和传统所有者的投入管理该生物多样的标志和多重使用区域。相关的管理配有一系列的计划、政策、规章和立法，其中《大堡礁海洋公园法案》规定了管理局的具体职责和职能。依据这些规定，管理局直接管理海洋公园内的活动、实施珊瑚礁使用和保护的计划和政策以及与依靠健康的珊瑚礁进行娱乐和维持生计的社区和产业共同工作。旅游、捕鱼、划船和航运都是海洋公园内的合法活动。

大堡礁海洋公园被普遍认为是世界上最佳管理海洋保护区之一，其管理涉及确保环境保护的同时允许为国家、州和社区利益的可持续使用。管理局发表了前景报告和战略评估报告，帮助理解管理工作的重点。此外还制定了《25 年管理计划》② 和《大堡礁 2050 年长期可持续计划》③。

尽管采取了相对完善的管理措施和方式，气候变化已成为全球珊瑚礁的最大威胁。在过去的两年里，珊瑚白化现象已经导致珊瑚的普遍减少和大堡礁栖息地丧失。管理局发现，2016 年的夏末出现了大面积的珊瑚白化现象，导致大约 29% 的浅海珊瑚礁消失。④面对这一现象，大堡礁现阶段的管理正在致力于加强珊瑚礁的弹性建设。

b. 大堡礁海洋公园的管理制度

管理局使用分区计划、管理计划、许可和政策等调控工具管理在海洋公园中进行的活动。首先，海洋公园施行分区管理，分区计划覆盖整

---

① Great Barrier Reef Marine Park Authority, http://www. gbrmpa. gov. au/about-the-reef/facts-a-bout-the-great-barrier-reef.
② GBR Strategic Assessment Program Report, http://elibrary. gbrmpa. gov. au/jspui/bitstream/11017/2860/1/GBR%20Region%20SA_Program%20Report_FINAL. pdf.
③ The Reef 2050 Plan, http://www. environment. gov. au/marine/gbr/long-term-sustainability-plan, last visited on March 20, 2020.
④ Great Barrier Reef Marine Park Authority, http://www. gbrmpa. gov. au/about-the-reef/reef-health, last visited on March 20, 2020.

个公园。海洋公园被划分为不同的区域，而不是对整个公园施行一种保护水平。每一个区域都有关于许可的和禁止的行为的不同管理规则。尤其对于个人而言，了解每一个分区功能非常重要，因为违反大堡礁海洋公园立法将会被施以重罚。目前，大堡礁海洋公园已从2004年开始适用《分区计划2003年》。计划中规定了八种不同的区划类型，其中主要的四种是一般使用区、栖息地保护区、养护公园区、海洋国家公园区，其他区划包括保留区、科学研究区、缓冲区以及联邦岛屿区，共占不到5%的海洋公园面积。

保留区是一个封闭的区域。只能持有书面许可方可进入，任何开采性活动都是严格禁止的。在区域内进行研究需要许可证，且不能在其他任何地方进行该项研究，只能在该研究与管理相关并具有优先性的情况下，才能考虑允许在该区域内进行。海洋公园的保留区面积不到1%。

与联邦海洋公园网络的规划相似，海洋国家公园区是禁取区，不经许可，捕鱼和收集的采掘性活动是不允许的，但是任何人都可以进入公园进行娱乐性活动。海洋公园的海洋国家公园区面积大约占33%。

科学研究区允许在相对不受采掘性活动干扰的科学研究设施周围进行研究活动。该区有两种类型：一种为框架式，该类型与海洋国家公园区相似，允许公众进入；另一种为实体式，不允许非研究人员进入。科学研究区面积不到1%。

缓冲区为了以自然状态保护和养护海洋公园的区域，同时允许公众欣赏和享受相对未受干扰的区域的自然。区内允许拖钓远海鱼类，而不允许其他形式的采掘性行动。一些区域实施季节性封闭。缓冲区面积大约占3%。

养护公园区允许加强对海洋公园区域保护和养护的同时，为有限的开采性使用等合理使用和享乐提供机会。在对多数捕鱼活动具有额外限制的养护公园区内，允许大部分的采掘性活动。

栖息地保护区通过保护和管理敏感的栖息地，确保它们免受潜在的有害活动的影响，养护大堡礁海洋公园内的相关区域。区内禁止拖网捕鱼。栖息地保护区面积大约占33%。

一般使用区为合理使用大堡礁海洋公园提供机会，同时允许对这些区域的养护。

联邦岛屿区由大堡礁海洋公园高于平均最低水位标记的、联邦直接管理的陆地区域组成。在该区域内可以未经许可地为一些低影响的（非开采性）活动使用或进入。

有许多项目和文献关注分区管理的有效性。早期研究显示分区管理正在发挥作用，以及初级研究表明鱼类的数量和平均规模都在增加。澳洲的一些研究机构如澳大利亚海洋科学研究院和詹姆斯库克大学的研究成果都表明在被划分的区域内，鱼类的数量和规模都更充足。[1]

除了分区管理，大堡礁还施行管理计划制度。管理计划通常为集中使用或为特别脆弱的岛群和礁群而准备，为了保护其脆弱的物种或生态群落。管理计划通过比更广泛的整个珊瑚礁的分区计划更具体地处理一个区域、物种或群落的特定事宜，从而对分区进行补充。《大堡礁海洋公园法案》第39部分规定了管理计划的目标。目前在大堡礁海洋公园内有四个管理计划。

大堡礁的管理涉及许可证制度。在大堡礁海洋公园和昆士兰的大堡礁海岸海洋公园内进行一些商业活动和运行需要许可证。许可证由大堡礁海洋公园管理局和昆士兰公园和野生生物服务处通过联合许可体系颁发。许可证制度是调控活动的法定方式，要求依照澳大利亚和昆士兰政府法案、规章和划区计划进行批准和授权。

此外，大堡礁海洋公园的保护和管理受到一系列计划、规章和立法的指导，其中《大堡礁海洋公园法案》是涉及大堡礁海洋公园的基本立法。[2]

在管理方式方面，强调政府机构间、利益相关方和公众的多方合作。例如，管理局与昆士兰公园和野生生物服务处运行着一个教育、遵守和执行的联合野外管理项目，以支持旨在保护生态系统的规则。昆士兰渔业部门承担海洋公园内的大量渔业管理工作。此外，联邦环境和能源部负责实施《海洋保护和生物多样性养护法案》；海事边界司令部提供区域的空间监测；澳大利亚海洋科学研究院进行相关的研究。

---

[1] Zoning, Permits and Plans, http://www.gbrmpa.gov.au/zoning-permits-and-plans/zoning/a-bout-zoning, last visited on March 20, 2020.

[2] Great Barrier Reef Marine Park Authority, http://www.gbrmpa.gov.au/about-us/legislation-regulations-and-policies/policies-and-position-statements, last visited on March 20, 2020.

（5）赫德岛和麦唐纳群岛（HIMI）海洋保护区

HIMI 保护区是依据《海洋保护和生物多样性养护法案》第344部分宣布建立的联邦保护区。经过对区域养护价值的全面的科学评估和与主要利益方的广泛商讨，该保护区在2014年3月得以扩建，覆盖面积为71200平方公里，包括 HIMI 及其周边12海里的领海和200海里的专属经济区。

HIMI 海洋保护区具有国际和国内认可的显著的养护价值。它的自然条件与南大洋的其他岛屿有着显著不同，也是唯一一处包含未受人类干扰的亚南极岛群。群岛及其周边海域包含了依据国际养护协议和《海洋保护和生物多样性养护法案》列出的受威胁物种和洄游物种。同时包含了19世纪到20世纪猎捕海豹活动和第一次澳大利亚南极研究考察的重要文化遗产和遗址。海洋保护区的建立就是为了保护 HIMI 及其独有的和脆弱的海洋生态系统的养护价值。

新的管理计划（2014~2024）① 于2014年生效，目前保护区依照 IU-CN 分类中1a 严格自然保留区的原则进行管理。海洋保护区实行分区管理，被分为7个区划，每一个都为 IUCN 分类中1a 严格自然保留区，按照《环境保护和生物多样性养护规章》② 的规定，进行严格管理。

HIMI 领地1987年的《环境保护和管理法令》③ 规定只有持有依照该法令取得的许可证才能进入该领地。在颁发许可证之前必须进行环境影响评价，即在 HIMI 领地范围内开展任何活动之前，计划开展该活动的人必须准备和提交一份环境影响评价报告，评估该活动可能会对群岛环境产生的潜在影响。南极分局在考虑环境影响评价报告的基础上决定是否颁发许可证。

（二）澳大利亚各州和领地建立海洋保护区的实践

澳大利亚各州和领地建立了各自的海洋保护区，并设立了不同的管

---

① Heard Island and McDonald Islands, Marine Reserve Management Plan 2014 – 2024, http://heardisland. antarctica. gov. au/_data/assets/pdf_file/0019/148150/HIMI_Management_Plan_2014_2024_upload. pdf.

② EPBC Act and Regulations, http://heardisland. antarctica. gov. au/protection-and-management/legislation-and-other-requirements/epbc-act-and-regulations, last visited on March 20, 2020.

③ Environment Protection and Management Ordinance 1987 (HIMI), https://www. legislation. gov. au/Details/F2009C00648, last visited on March 20, 2020.

理机构和各自的立法。

1. 新南威尔士

海洋保护区是新南威尔士州海洋产业的组成部分，为了养护海洋生物和支持海洋科学、娱乐和教育进行的管理。新南威尔士州的海洋保护区体系包括 6 个海洋公园、12 个水生保留区和 62 处具有海洋部分的国家公园和保留区。①海洋公园是被选划出的养护海洋生物多样性、维持生态过程和提供一系列的潜水、划船、潜泳和旅游等娱乐和商业捕鱼使用区域。目前海洋公园内有四种类型的区划：庇护区、栖息地保护区、一般使用区和特殊目的区。水生保留区养护鱼类和海洋植物的生物多样性，同时支持多种不同的捕鱼和采掘活动。一些保留区的目的是养护海洋生物多样性的特定方面，如岩石海滨栖息地和物种，而另一些的目的为更广泛地养护海洋生态系统区域。保留区覆盖新南威尔士州海域的 2000 公顷，其中的 10 个都位于悉尼附近霍克斯伯里陆架（Hawkesbury Shelf）生物区，剩下的一个位于北部海岸。许多国家公园和保留区都包括向海方向延伸的部分，包括河口、海滩和岩石海滨等区域，这些区域是管理海洋生态系统和保护集水区的重要组成部分。

初级产业部②承担水生保留区和海洋公园的日常管理工作。新南威尔士州环境和遗产中心的国家公园和野生生物服务处负责管理新南威尔士州包含海洋部分的国家公园和保留区。③

1974 年的《国家公园和野生生物法案》是治理新南威尔士州保护区的主要立法。该法案类似于联邦《环境保护和生物多样性养护法案》，是一部综合性立法，包括对建立、保留和管理所有类型的公园和其他保护区，保护特定动植物和土著文化进行相关规定。2009 年的《国家公园和野生生物规章》对该法案的实施做进一步的规定。其他的一些立法也直接或间接地影响着保护区。1987 年的《荒野法》的目的为保护特别指定的荒野区域，为了对动植物群落尽可能无干扰地进行管理。1995 年的

① NSW Marine Estate, https://www. marine. nsw. gov. au/nsw – marine-estate/marine-protected-areas, last visited on March 20, 2020.

② Department of Primary Industry, https://www. dpi. nsw. gov. au/fishing/marine-protected-are-as, last visited on March 20, 2020.

③ NSW National Parks and Wildlife Service, http://www. nationalparks. nsw. gov. au/about-npws, last visited on March 20, 2020.

《受威胁物种养护法案》规定保护生物多样性，促进生态可持续发展等。处理栖息地丧失时必须考虑 2003 年的《原生植物保护法》。2001 年的《自然养护基金法案》促进具有高度养护价值的私人土地的长期保护。[①] 1997 年的《海洋公园法案》包括了新南威尔士州沿岸水域的所有海洋保护区。1994 年的《渔业管理法案》建立和管理水生保留区，尽管这些水生保留区相较于依据 1997 年的《海洋公园法案》建立的海洋保护区规模较小，但是被认为是海洋保护区体系的重要部分，为重要的水生栖息地、养育区域以及脆弱和受威胁物种提供保护。

2. 维多利亚

维多利亚州的海洋保护区包括 2002 年建立的 13 个海洋国家公园和 11 个更小的海洋庇护区。海洋国家公园和庇护区是严格保护的禁取区，覆盖 63000 公顷及 5.3% 的维多利亚州海域面积。在维多利亚州的其他海洋保护区是多功能使用区，允许一些形式的娱乐捕鱼，包括海洋公园、海洋和海岸公园以及一个海洋保留区。[②]

维多利亚公园中心是依据 2018 年的《维多利亚公园法》创建的法定机构，对部长进行报告，主要负责对维多利亚州多样的遗产进行管理。2018 年的《维多利亚公园法》是规定维多利亚保护区的管理和养护的主要立法，其中包括对海洋保护区的相关规定。

3. 昆士兰

昆士兰州政府正在进行机构改革，组建新的环境和科学部，原有的环境和遗产保护部以及国家公园、运动和竞赛部都被融入新的部门。原有的国家公园、运动和竞赛部为海洋公园的管理部门。昆士兰具有大堡礁海岸、大桑迪（Great Sandy）和莫顿湾（Moreton Bay）三处海洋公园。现有的环境和科学部将昆士兰州公园作为多种使用的海洋保护区。昆士兰公园和野生服务处负责海洋公园的日常管理。[③] 每一处的海洋公园具有独特的特点，需要专门的管理，但是这些公园都具有共同的管理目标。建立海洋公园同样需要制定详细的海洋管理计划。

---

① Ben Boer and Stefan Gruber, Legal Framework for Protected Areas: NSW (Australia), 2010.
② Parks Victoria, http://www.parks.vic.gov.au, last visited on March 20, 2020.
③ Queensland Government, https://www.qld.gov.au/environment/coasts-waterways/marine-parks/managing, last visited on March 20, 2020.

海洋公园的管理包含分区和指定区域、许可证以及护林员制度等。每一处保护区都有分区计划，规定不同的区域和每个区划内所允许的活动。相关的主要立法包括 2004 年的《海洋公园法案》、将于 2027 年 9 月 1 日失效的 2017 年的《海洋公园规章》以及 2006 年的《海洋公园（宣告）规章》。

4. 南澳大利亚

南澳大利亚的海洋环境受到人口增长、发展和污染的威胁。为了保护原生物种和海洋环境，南澳大利亚已经创建了海洋公园体系作为对该州未来的投资。南澳大利亚已经建立了 19 个海洋公园。南澳大利亚国家公园中心是海洋公园的管理部门。[①] 海洋公园授权不同活动的区划，其中，庇护区为"禁取区"，仅占州水域的 6%，是保护重要海洋生物的栖息地。庇护区内不允许捕鱼、采矿和拖船捕鱼。尽管不允许钓鱼，南澳大利亚人依然可以在庇护区内享受其他娱乐性活动。海洋公园的其他区域允许捕鱼活动。此外，州政府还对禁止令生效规定了两年的适应期，使人们能够对该变动有所准备。

2007 年的《海洋公园法案》为主要的立法。该法为州海域内建立海洋公园有代表性体系铺平了道路，确定和肯定了发展海洋公园的过程中为利益相关者和社区参与提供多重机会。其他立法还包括 1972 年的《国家公园和野生生物法案》以及 1982 年的《渔业法案》。[②]

5. 西澳大利亚

西澳大利亚海岸线延伸 13500 公里，为世界上一些具有最显著特征的生态系统和海洋生物提供家园，比如宁格鲁海洋公园拥有澳大利亚最大的珊瑚暗礁。[③] 西澳大利亚的海洋保护区的分类和管理比较特别。海洋保护区是可与渔业管理一起适用的实现可持续海洋环境和水生生物多样性养护的众多工具中的一种。在西澳大利亚海域有许多不同类型的海洋保护区和特殊的管理安排，其中包括了海洋公园和保留区。生物多样

① Marine Park South Australia, http://www. environment. sa. gov. au/marineparks/home, last visited on March 20, 2020.

② Senate Environment, Communications, Information and Technology and the Arts Committee, Inquiry into Australia's National Parks, Conservation Reserves and Marine Protected Areas, 1999.

③ Parks and Wildlife Service, https://www. dpaw. wa. gov. au/management/marine, last visited on March 20, 2020.

性、养护和旅游胜地部下属的公园和野生生物服务中心是西澳大利亚海洋公园和保留区的管理机构，并承担相关的研究和监测工作，确保海洋保护区的受威胁海洋动物和具有世界水平的海洋公园和保留区体系建设基于合理的科学标准。

西澳大利亚自 1987 年开始陆续建立海洋保护区，现有 17 个海洋保护区，目的为在保护自然特征和审美价值的同时，也运行不具有养护价值的娱乐和商业使用。依据 1984 年的《养护和土地管理法案》的规定建立和管理海洋公园和保留区。养护和公园委员会授权海洋保留区，同时制定相关政策，评估和审查管理计划。初级产业和地区发展部下属的渔业部门①管理海洋保留区内外的捕鱼和水产养殖，与公园和野生生物服务部门一起教育公众了解相关的规则、监测遵守情况以及支持研究和监测项目。同时，参与制定管理计划和海洋公园划区，但仍须经过渔业部部长的批准才能得以实施。此外，渔业部门依据 1997 年的《捕鱼和相关产业赔偿（海洋保留区）法案》代表渔业部部长管理海洋保留区的赔偿过程。

对特定区域内的鱼类及其栖息地可以将其引入海洋栖息地保护区，并通过西澳大利亚海域内的特殊保护和管理进行覆盖。这些保护区依据 1994 年的《鱼类资源管理法案》第 115 部分的规定进行保留。依据该法案，鱼类可以包括大量的有机物。哺乳动物、鸟类、两栖类和爬行类动物依据 2016 年的《生物多样性养护法案》及 2018 年的《生物多样性养护规章》进行保护。西澳大利亚现有 6 个海洋栖息地保护区。该类保护区也需要依据管理计划进行管理，因而可能限制某些非捕鱼相关活动。通常由社区成员提出后，允许鱼类管理部门与社区一起管理该区域。海洋栖息地保护区和依据《养护和土地管理法案》宣布的海洋保留区不能在一个区域同时存在。另外一种类型为三处暗礁保护区。

6. 塔斯马尼亚

塔斯马尼亚拥有约 5400 公里的海岸线，人均海岸线比澳大利亚其他州都要长。特殊的地理位置和多样的气候条件使塔斯马尼亚海域成

---

① Fisheries, http://www.fish.wa.gov.au/Sustainability-and-Environment/Aquatic-Biodiversity/Marine-Protected-Areas/Pages/default.aspx, last visited on March 20, 2020.

为世界上最具有物种多样性的区域之一，80% ~ 90% 的物种是海域特有的，其中一个海洋地区具有世界上最丰富的海洋植物。因此，与塔斯马尼亚极其相似的南部海域的海洋环境在很多方面比大堡礁等热带区域更具重要性。①

塔斯马尼亚公园和野生生物服务处是海洋保留区的管理部门。塔斯马尼亚现有 7 个海洋保留区以及 14 个海洋养护区，总面积为 1351 平方公里，其中大部分为麦夸里岛海洋保护区，覆盖面积为 819.46 平方公里。另外，在海洋和河口环境的其他区域还有 485 平方公里的保护区。被保护的区域为塔斯马尼亚沿岸水域的 7.9%，其中仅有 4.2% 为禁取区，并且大部分集中于亚南极的麦夸里岛。离塔斯马尼亚最近的沿岸水域中仅有 1.1% 为严格保护区形式。

依据 2002 年的《自然养护法宣布建立保留区》，该法规定了每一种保留区类型的价值和目的。同时，2002 年的《国家公园和保留区管理法案》根据每种类型的管理目标进行管理。2009 年的《国家公园和保留地规章》大致列出了禁止或只能在公园和保留区特定条件下才能开采的活动。②

7. 北领地

北领地是六种海龟和地球上受威胁动物儒艮的最大种群的家园。目前大约有 5% 的北领地海域建立了海洋公园保护区，其中不到 1% 的海域为严格保护的海洋庇护区。已经建立的两个海洋公园为科堡（Cobourg）海洋公园和利门湾（Limmen Bight）海洋公园。③ 此外，卡卡杜（Kakadu）国家公园包括部分沿海区域。

公园和野生生物委员会依据《公园和野生生物委员会法案》于 1995 年设立，是北领地政府旅游和文化部下属机构，负责保护建立"公园、保留区、保护区和其他"，对这些保护区的管理以及"对野生生物的保护、养护和可持续利用"。在保护地的政府网站中，并没有将海洋保护区单独列出。海洋公园的建立和管理的主要相关立法为《领地公园和野生

---

① Parks & Wildlife Service Tasmania, http://www. parks. tas. gov. au/index. aspx? base = 397.

② Legislation, Parks & Wildlife Service Tasmania, http://www. parks. tas. gov. au/index. aspx? base = 856, last visited on March 20, 2020.

③ Australian Marine Conservation Society, https://www. marineconservation. org. au/pages/north-ern-territory. html, last visited on March 20, 2020.

生物养护法》和《领地公园和野生生物养护规章》。①

（三）最新实践活动

1. 联邦政府制定新的管理计划

如前所述，国家公园主任正在制定 44 个澳大利亚海洋公园的管理计划。2017 年曾公开邀请公众对计划草案进行评议，公园主任对这些反馈进行考虑后，将终稿提交至环境和能源部批准。后经议会上议院和下议院通过后，已于 2018 年 7 月开始生效，并具有为期 10 年的有效期。此外，澳大利亚已于 2017 年底将联邦海洋保留区更名为海洋公园，在相关的管理计划完成后会把新的名称完全反映在地图和管理安排中。

2. 缩减严格海洋保护区

联邦政府在 2017 年 7 月发布的管理计划草案中准备缩减澳大利亚海洋环境的保护力度。相当于维多利亚面积两倍的 40 万平方公里的严格保护的庇护区可能从联邦海洋公园的国家网络中删除，② 并且提议允许商业捕鱼的澳大利亚海洋保护区的比例从 64% 增加到 80%，4 个国家海洋公园的 37 处将许可"毁灭性的商业捕鱼行动"。③ 环境保护部部长认为修改后的计划"更加平衡"，因为它们在保护重要养护地物的同时，允许商业捕鱼等可持续活动。

该草案一经公布，立即引起了众多环保组织和科学家的反对。一些分析指出增加捕鱼活动只能给少数执照持有者带来少量的经济利益，但是将会严重损害环境保护。④ 世界自然基金会的相关人士表示，这是海洋保护的巨大退步。澳大利亚曾经被认为是海洋养护方面的全球领导者。

---

① Parks and Wildlife Laws, Tourism and Culture, https://dtc. nt. gov. au/parks-and-wildlife-commission/park-management-strategies-consultation/parks-wildlife-laws, last visited on March 20, 2020.

② Adam Palmer and Rod Campbell, Something Fishy: Socio-economic Impacts of Marine Reserves in Australia, 2017, p. 4.

③ Granham Readfearn, "Leader to Laggard": The Backlash to Australia's Planned Marine Park Cutbacks, 2018, https://www. theguardian. com/environment/2018/mar/22/leader-to-laggard-the-backlash-to-australias-marine-park-cutbacks, last visited on March 20, 2020.

④ Michael Slezak, Australia's Marine Parks Face Cut to Protected Areas, 2017, https://www. theguardian. com/environment/2017/jul/21/turnbull-government-plans-further-cuts-to-fishing-protection-zones, last visited on March 20, 2020.

如果这些提议得以实施，情况将不会是这样了。①

3. 公海保护区

（1）南大洋海洋保护区

对于南极保护区，澳大利亚表示欢迎南极海洋生物资源养护委员会在南大洋罗斯海区域建立新的海洋保护区，并且将在未来继续支持建立南极东部海洋保护区的提议。② 澳大利亚、法国和欧盟已经在 2017 年 10 月召开的南极海洋生物资源养护委员会的年会上提出在南极东部建立一个超过 90 万平方公里的海洋保护区的提议。所提议的新的保护区将会覆盖三个部分，其中一处位于阿德莱德岛海岸附近，然而，由于未形成统一意见，该提议并未通过。③ 澳大利亚表示将会继续坚持该条提案，争取完善南极海洋保护区的网络。

（2）国家管辖范围以外区域

澳大利亚参与了国家管辖范围以外区域海洋生物多样性养护和可持续性利用的筹备委员会。澳大利亚提交给联合国关于国际文书的范围、要素和可行性的文件显示，其认为现有的分散的国际治理安排不能更加有效和全面地管理国家管辖范围以外的海洋生物多样性。澳大利亚认为一份具有适当的重点和合理的治理安排的国际文书将会有助于应对国家管辖范围以外区域生物多样性的现有和新兴威胁。任何新的国际文书都应当与《联合国海洋法公约》及其相关实施协议相一致并且互为补充；应当支持和补充而不是减损或损害现有的努力和协议；是一份高效和有效的而不是烦琐的和对现有机制重复的文本；重点在于填补现有框架的空白。④

---

① Michael Slezak, Australia's Marine Parks Face Cut to Protected Areas, 2017, https://www.theguardian.com/environment/2017/jul/21/turnbull-government-plans-further-cuts-to-fishing-protection-zones, last visited on March 20, 2020.

② Australia Welcomes Agreement on a New Marine Protected Area in the Southern Ocean, http://www.antarctica.gov.au/news/2016/australia-welcomes-agreement-on-a-new-marine-protected-area-in-the-southern-ocean, last visited on March 20, 2020.

③ Environment-Marine protected Area Project in East Antarctica, October 30, 2017, https://www.diplomatie.gouv.fr/en/french-foreign-policy/sustainable-development-environment/events/article/environment-marine-protected-area-project-in-east-antarctica-30-10-17, last visited on March 20, 2020.

④ Australia's Revised Submission to the United Nations on the Scope, Parameters and Feasibility of a Potential International Instrument Addressing Biodiversity beyond National Jurisdiction.

五　评析

　　澳大利亚是最早建立海洋保护区的国家。因具有优越的海洋自然条件和独一无二的丰富物种，澳大利亚政府非常重视海洋保护和海洋保护区的建立，是海洋保护区建设的领先者。总体说来，澳大利亚建立了全面、透明、有效的海洋保护区体系，从联邦海域到州和领地海域，从大堡礁到南极地区的 HIMI 都建立了有代表性的海洋保护区，覆盖 36% 的海域面积。海洋保护区建立的过程充分体现了环境民主和公众参与，相关信息完全公开。在多次宣布建立海洋保护区的过程中，公众起初也提出了不少抗议。但是随着时间的推移，相关的争议点也逐渐变得没有那么激烈，一些反对的渔民在 5～10 年后也会支持海洋保护区的建立，因为他们通过增加的旅游业和更好的资源管理看到了保护区给他们带来的利益。[①]

　　此外，澳大利亚海洋保护区建设中一个显著的特点为定期评估制度，无论是对相关立法的实施情况，还是针对海洋保护区的具体实践方面，该定期评估制度有助于了解相关法案和实践的实际情况及存在的问题和改进的方向，在一定程度上能够推进完善相关立法和保护区的建设实践。

　　澳大利亚海洋保护区在海洋保护区的目的方面，并不是与多数人所设想的划定一定区域，禁止或限制捕鱼等人类活动养护海洋生物资源，而是依然强调对海洋自然环境的享受和合理利用。澳大利亚所有的保护区都在享受海洋环境的同时养护海洋生物多样性，力图做到不同利益之间的平衡以及对原有利益的维持或补偿。从立法方面而言，虽然澳大利亚并没有对海洋保护区的专门立法，但是相关法案及其规章为建立和管理海洋保护区提供了详尽和明确的规定。

　　然而对澳大利亚保护区的建设和管理依然存在一些质疑，主要的内容包括以下几点。第一，认为澳大利亚联邦和州、领地内部和之间关于

---

　　① James Fitzsimons and Geoff Wescott, ed, *Big, Bold & Blue: Lessons from Australia's Marine Protected Areas*, CSIRO Publishing, 2016.

海洋保护区的分类和名称不统一和混用，对使用者带来一定的困惑。①事实上，联邦政府已经把所有保护区重新命名为海洋公园。第二，与陆地保护区相比，在海洋保护区方面并没有体现土著人的利益和地位。第三，与世界上其他海洋保护区面临的问题一样，澳大利亚的海洋保护区也与捕鱼活动相关。澳大利亚早期的海洋保护区被宣布为"鱼类保留区"，其目的为保护鱼类栖息地和繁殖场，所以确保商业或娱乐重要鱼类物种的补充。然而，IUCN 等国际机构提倡的关于海洋保护区的概念已经明确了保护地目的应为整体的生物多样性养护和不同栖息地保护，而不只为渔业服务。澳大利亚新的管理计划因扩大捕鱼活动的范围被一些环保组织认为是"皇帝的新装"②和世界上养护的最大倒退。③也有些学者认为海洋保护区应该为养护还是可持续性资源的利用而保留是一个政治问题。④第四，针对澳大利亚海洋保护区立法的评估认为联邦、州和领地的各自立法内容中和权力设置上出现一些相冲突和交叉重叠的现象。事实上，相关立法机构也正在不断地修订立法，尽量减少不协调和不统一的内容规则。

六　小结

澳大利亚在海洋保护区立法和实践方面是颇具成效和富有经验的。除了从 1998 年开始承诺建立海洋保护区国家代表性体系外，澳大利亚在联邦、州和领地层级都建立了各自的海洋保护区以及相关立法。澳大利亚联邦政府在联邦海域内建立了北部网络、西北网络、西南网络、东南

① James Fitzsimons and Geoff Wescott, ed, *Big, Bold & Blue: Lessons from Australia's Marine Protected Areas*, CSIRO Publishing, 2016.
② Jessica Meeuwig and David Booth, Australia's New Marine Parks Plan is a Case of the Emperor's New Clothes, 2017, https://theconversation. com/australias-new-marine-parks-plan-is-a-case-of-the-emperors-new-clothes-81391, last visited on March 20, 2020.
③ Stephen Luntz, Is Australia Staging the World's Largest Conservation Rollback? 2018, http://www. iflscience. com/environment/is-australia-staging-the-worlds-largest-conservation-rollback/, last visited on March 20, 2020.
④ Justin Alger, The Politics of Large Marine Protected Areas in Australia, 2016, http://sydney. edu. au/environment-institute/blog/the-politics-of-large-marine-protected-areas-in-australia/, last visited on March 20, 2020.

网络、温带东部网络和珊瑚海 58 个海洋公园，大堡礁海洋公园以及 HI-MI 海洋公园。新南威尔士、维多利亚、昆士兰、南澳大利亚、西澳大利亚、塔斯马尼亚和北领地建立了各自的海洋保护区以及相应的管理机构。澳大利亚采用 IUCN 的类型方式，对所有的保护区实行统一的分区标准。同时，所有的海洋保护区都遵循相似的建立和管理程序的规则，以及都需要按照相应的管理计划进行管理、监测和评估等。在制定管理计划的过程中，公众评议为至关重要的一个环节，任何人都可以对计划草案提出意见，最终版本的管理计划也必须基于公众评论进行相应的修改才能正式颁布。另外的特点是澳大利亚的海洋保护区的管理和相关信息非常全面和透明。在官方网站可以找到每一个海洋保护区的所有详细情况。澳大利亚海洋保护区的经验可以学习，但是成功难以复制。主要是澳大利亚具有独特的地理特征和人员结构，为海洋保护区的建立和管理创造了有利条件。

参考文献

一　中文

1. 陈艳等：《激励手段与海洋资源的可持续利用与管理》，《生态经济》2011 年第 3 期。

2. 蒋小翼：《澳大利亚联邦成立后海洋资源开发与保护的历史考察》，《武汉大学学报》（人文科学版）2013 年第 6 期。

3. 李景光主编《国外海洋管理与执法体制》，海洋出版社，2014。

4. 谢子远、闫国庆：《澳大利亚发展海洋经济的经验及我国的战略选择》，《中国软科学》2011 年第 9 期。

5. 王敏敏：《国外海洋自然保护区的法律保护研究及对我国的启示》，硕士学位论文，中国海洋大学，2010。

二　英文

1. Australia's Oceans Policy, 1998, http://www. environment. gov. au/archive/coasts/oceans-policy/publications/pubs/policyv1. pdf.

2. ANZECC, Strategic Plan of Action for the National Representative System of Marine Protected Areas, 1999.

3. Australia's Report to the Convention on Biological Diversity on the Implementation of the

Program of Work on Marine and Coastal Biodiversity, 2010.

4. Australian Marine Sciences Association, Submission 125, Attachment 3.

5. Australia's Revised Submission to the United Nations on the Scope, Parameters and Feasibility of a Potential International Instrument Addressing Biodiversity beyond National Jurisdiction.

6. Australian Marine Parks, South-west Marine Parks Network Management Plan, 2018, https://parksaustralia. gov. au/marine/pub/plans/south-west-management-plan – 2018. pdf.

7. Australian Marine Parks, Coral Sea Marine Park Management Plan, 2018, https://parksaustralia. gov. au/marine/pub/plans/coral-sea-management-plan-2018. pdf.

8. Australian Marine Parks, Temperate East Marine Parks Network Management Plan, 2018, https://parksaustralia. gov. au/marine/pub/plans/temperate-east-management-plan-2018. pdf.

9. Boer, Ben and Gruber, Stefan, Legal Framework for Protected Areas: Australia, 2010.

10. Boer, Ben and Gruber, Stefan, Legal Framework for Protected Areas: NSW (Australia), 2010.

11. Buxton, Colin D. and Cochrane, Peter, Commonwealth Marine Reserves Review, Report of the Bioregional Advisory Panel, 2015.

12. Commonwealth of Australia, Review of the Great Barrier Reef Marine Park Act 1975. Review Panel Report, 2006, http://www. environment. gov. au/coasts/gbr/publications/pubs/gbr-marine-park-act. pdf.

13. Commonwealth of Australia, The Australian Environment Act-Report of the Independent Review of the Environment Protection and Biodiversity Conservation Act 1999, Final Report.

14. Director of National Parks, Report of the Director of National Parks under Environment Protection and Biodiversity Conservation Act 1999 Section 351 Concerning the Proposed Proclamation to Rename "Commonwealth Marine Reserves" to "Marine Parks", September 22, 2017.

15. Environment Australia, Australian IUCN Reserve Management Principles for Commonwealth Marine Protected Areas, 2002

16. Fitzsimons, James and Wescott, Geoff, ed, *Big, Bold & Blue: Lessons from Australia's Marine Protected Areas*, CSIRO Publishing, 2016.

17. Kriwoken, Lorne K. , "Australian Biodiversity and Marine Protected Area", *Ocean & Coastal Management* 33 (1997).

18. Marine Division, Completing the Commonwealth Marine Reserves Network.

19. Palmer, Adam and Campbell, Rod, Something Fishy: Socio-economic Impacts of Marine

Reserves in Australia, 2017.

20. Senate Environment, Communications, Information and Technology and the Arts Committee, Inquiry into Australia's National Parks, Conservation Reserves and Marine Protected Areas, 1999.

21. State of the Environment Committee, State of the Environment 2011: Independent Report to the Australian Government Minister for Sustainability, Environment, Water, Population and Communities (2011).

22. South-East Commonwealth Marine Reserves Network Management Plan 2013 – 2023, http://www. environment. gov. au/system/files/pages/de2de49a – 7eed – 4a70 – bfbb – 463f8d00 f2ca/files/se-networkmanagement-plan2013 – 23. pdf.

23. The Senate, Conserving Australia, 2007.

三 主要参考网站

1. Alger, Justin, The Politics of Large Marine Protected Areas in Australia, 2016, http://sydney. edu. au/environment-institute/blog/the-politics-of-large-marine-protected-areas-in-australia/.

2. Australia Welcomes Agreement on a New Marine Protected Area in the Southern Ocean, http://www. antarctica. gov. au/news/2016/australia-welcomes-agreement-on-a-new-marine-protected-area-in-the-southern-ocean.

3. Australian Arctic Division, http://heardisland. antarctica. gov. au.

4. Australian Marine Conservation Society, https://www. marineconservation. org. au/pages/northern-territory. html.

5. Australian Marine Conservation Society, Marine Park, https://www. marineconservation. org. au/pages/marine-parks. html.

6. Australian Marine Park, https://parksaustralia. gov. au/marine/.

7. Australian Marine Parks-Legal Framework, http://www. environment. gov. au/topics/marine/marine-reserves/overview/legal-framework.

8. Australia's International Marine Conservation Engagement, http://www. environment. gov. au/marine/international-activities.

9. Commonwealth Marine Reserves Review, https://parksaustralia. gov. au/marine/management/background/review-reports/.

10. Commonwealth Marine Reserves, United Nations, https://oceanconference. un. org/commitments/? id = 17908.

11. Coral Sea Marine Park Management Plan, 2018, https://parksaustralia. gov. au/marine/pub/factsheets/factsheet-coral-sea-management-plan. pdf.

12. Department of Agriculture and Water Resources, http://www. agriculture. gov. au/fisheries/environment/marine-reserves.

13. Department of Primary Industry, https://www. dpi. nsw. gov. au/fishing/marine-protected-areas.

14. Department of the Environment and Energy, http://www. environment. gov. au/marine/marine-species.

15. Environment Protection and Management Ordinance 1987 (HIMI), https://www. legislation. gov. au/Details/F2009C00648.

16. Environment-Marine Protected Area Project in East Antarctica (October 30, 2017), https://www. diplomatie. gouv. fr/en/french-foreign-policy/sustainable-development-environment/events/article/environment-marine-protected-area-project-in-east-antarctica – 30 – 10 – 17.

17. EPBC Act and Regulations, http://heardisland. antarctica. gov. au/protection-and-management/legislation-and-other-requirements/epbc-act-and-regulations.

18. Federal Register of Legislation, https://www. legislation. gov. au.

19. Fisheries, http://www. fish. wa. gov. au/Sustainability-and-Environment/Aquatic-Biodiversity/Marine-Protected-Areas/Pages/default. aspx.

20. GBR Strategic Assessment Program Report, http://elibrary. gbrmpa. gov. au/jspui/bitstream/11017/2860/1/GBR%20Region%20SA_Program%20Report_FINAL. pdf.

21. Global Protection of Whale, http://www. environment. gov. au/marine/marine-species/cetaceans/international.

22. Great Barriers Reef Marine Park Authority, http://www. gbrmpa. gov. au.

23. Hausheer, Justine E. , Big, Bold & Blue: Lessons from Australia's Marine Protected Areas, https://blog. nature. org/science/2016/11/16/big-bold-blue-lessons-from-australias-marine-protected-areas/.

24. Heard Island and McDonald Islands, Marine Reserve Management Plan 2014 – 2024, http://heardisland. antarctica. gov. au/_ data/assets/pdf _ file/0019/148150/HIMI _ Management_Plan_2014_2024_upload. pdf.

25. Legislation, Parks & Wildlife Service Tasmania, http://www. parks. tas. gov. au/index. aspx? base = 856.

26. Luntz, Stephen, Is Australia Staging the World's Largest Conservation Rollback? 2018, http://www. iflscience. com/environment/is-australia-staging-the-worlds-largest-conservation-rollback/.

27. Marine Park South Australia, http://www. environment. sa. gov. au/marineparks/home.

28. Marine Pollution, http://www. environment. gov. au/coasts/pollution/index. html.

29. Marine Species Conservation, http://www. environment. gov. au/coasts/species/index. html.

30. Meeuwig, Jessica and Booth, David, Australia's New Marine Parks Plan is a Case of the Emperor's New Clothes, 2017, https://theconversation. com/australias-new-marine-parks-plan-is-a-case-of-the-emperors-new-clothes-81391.

31. National Representative System of Marine Protected Areas, http://www. environment. gov. au/marinereservesreview/resources/representative-system.

32. NSW Marine Estate, https://www. marine. nsw. gov. au/nsw-marine-estate/marine-pro-tected-areas.

33. NSW National Parks and Wildlife Service, http://www. nationalparks. nsw. gov. au/a-bout-npws.

34. Parks & Wildlife Service Tasmania, http://www. parks. tas. gov. au/index. aspx? base = 397.

35. Parks and Wildlife Laws, Tourism and Culture, https://dtc. nt. gov. au/parks-and-wild-life-commission/park-management-strategies-consultation/parks-wildlife-laws.

36. Parks and Wildlife Service, https://www. dpaw. wa. gov. au/management/marine.

37. Parks Victoria, http://www. parks. vic. gov. au.

38. Queensland Government, https://www. qld. gov. au/environment/coasts-waterways/ma-rine-parks/managing.

39. Readfearn, Granham, "Leader to laggard": The Backlash to Australia's Planned Marine Park Cutbacks, 2018, https://www. theguardian. com/environment/2018/mar/22/lead-er-to-laggard-the-backlash-to-australias-marine-park-cutbacks.

40. Slezak, Michael, Australia's Marine Parks Face Cut to Protected Areas, 2017, https://www. theguardian. com/environment/2017/jul/21/turnbull-government-plans-further-cuts-to-fishing-protection-zones.

41. The Reef 2050 Plan, http://www. environment. gov. au/marine/gbr/long-term-sustain-ability-plan.

42. 1930s Decade Events, http://www. aushistorytimeline. com/.

第六章　新西兰海洋保护区：早期立法与现行调整

一　新西兰海洋自然环境与海洋保护区建设概况

（一）海洋自然环境

新西兰是位于太平洋西南部的岛国，领土由南岛、北岛两大岛屿，以及大约 600 个小岛组成。以库克海峡为分隔，南岛邻近南极洲，北岛与斐济及汤加相望。北部穿越塔斯曼海距离澳大利亚东部约 1500 公里，距离太平洋海岛区域南部约 1000 公里，首都惠灵顿是地球上最靠南的都城。由于地处偏远，新西兰是最晚有人类居住的陆地之一。经过若干世纪，早期的居住者形成了特有的毛利文化，人口被分为部落（iwi）和分支部落（hapū）。最早到达新西兰的欧洲人为 1642 年荷兰的探险家埃布尔塔·斯曼及其船员，但是直到 1769 年英国探险家詹姆斯·库克才绘出新西兰的整个海岸线。1840 年 2 月 6 日，英国迫使毛利族长签订《威坦哲条约》，新西兰成为英国殖民地。1907 年，新西兰独立，成为英国自治领，政治、经济、外交受英国控制。1947 年，新西兰成为主权国家，同时成为英联邦成员国。

新西兰陆地面积约为 27 万平方公里，是世界上少有的一个四面环海的国家，其大陆岛狭长，最宽处为 450 公里，给新西兰提供了长达 1.5 万公里的海岸线。新西兰拥有世界上第四大的管辖海域，其专属经济区面积为 400 多万平方公里，为陆地面积的 15 倍，如果包括其 170 万平方公里的延伸的大陆架，则为陆地面积的 21 倍。①

因此，新西兰是重要的海洋国家，具有极其多样和复杂的海洋景观，

---

① Karen N. Scott, "Evolving MPA Management in New Zealand: Between Principle and Pragmatism", *Ocean Development & International Law* 47 (2016), p. 291.

使其成为生物多样性的焦点。其海洋环境具有独特性，包括了从海平面到超过1万米的深海以及从亚南极到亚热带海域的许多独一无二的动植物和栖息地。科学家估计在海洋能发现80%的新西兰本土生物，目前已经在该国海域发现超过1.5万种的海洋物种，但是科学家相信物种数多达6.5万种，这代表了全世界10%的生物物种。① 遥远的地理位置以及崎岖的海山、岩石海岸礁、多洞穴的沟渠、广阔的水下平原使这些物种具有丰富的多样性以及独特性。

新西兰人与海岸和海洋环境有着紧密的联系，尤其是毛利人，为了文化、精神和经济目的而珍惜海洋环境。② 海洋支持着国家的经济并带来工作的机会。新西兰海岸附近运行着超过1500个商业捕鱼船只，同时众所周知的配额管理捕鱼体系每年带来15亿新西兰元的出口额。③油气产业每年产生28亿新西兰元，其中90%都来自海洋。大多数新西兰人居住在沿海附近，利用海洋进行娱乐性捕鱼、划船、游泳和潜水等活动。

这些商业性、娱乐性和文化性活动对海洋环境带来了压力，并由于海洋酸化、海洋温度升高和陆源径流污染等全球和当地因素而加剧。25%的当地海洋哺乳动物受到了灭绝的威胁。在凯库拉（Kaikoura）发现被塑料缠住的海狗和海狮是世界上最频繁报道的事件之一，导致了在近30多年里海狮数量减少了70%。90%的当地海鸟也面临灭绝危险。陆源疏浚物成为最主要的海洋污染。此外，2016年新西兰环境的报告显示，气候变化是新西兰海洋环境的最大威胁。④ 由于新西兰对海洋的依赖，政府已经表示要确保支持海洋持续健康和生产力的体系。新西兰政府的宏伟目标为成为可持续管理和海洋环境保护的世界领导者，使新西兰人可以世代继续享受海洋财富并从中获益。⑤

---

① Ministry for the Environment, A New Marine Protected Areas Act: Consultation Document, Wellington, 2016, p. 7.

② Karen N. Scott, "Evolving MPA Management in New Zealand: Between Principle and Pragmatism", *Ocean Development & International Law* 47 (2016), p. 291.

③ Ministry for the Environment, A New Marine Protected Areas Act: Consultation Document, Wellington, 2016, p. 7.

④ Ministry for the Environment & Statistics New Zealand, New Zealand's Environmental Reporting Series: Our Marine Environment 2016, http://www.mfe.govt.nz/sites/default/files/media/Environmental%20reporting/our-marine-environment.pdf.

⑤ Ministry for the Environment, Submission on a New Marine Protected Areas Act, 2016.

（二）海洋保护区概况

新西兰是世界海洋环境养护的先锋，在 1971 年建立了《海洋保留区法案 1971》，在 1975 年设立了世界上第一个禁取区的海洋保留区，以及依据《鱼类法案》在 200 海里的专属经济区内建立了深海底保护区和海山封闭区。第一个海洋保护区在 1965 年被提出，位于邻近奥克兰北边利（Leigh）海洋实验室的区域。最终于 1975 年建立了山羊岛海洋保留区（The Cape Rodney-Ikakari Point Marine Reserve）。

新西兰海洋保护区建设正处于重大变革之中，政府提出了新的《海洋保护区法案》。现有的新西兰海洋保护区建设是基于 1971 年的《海洋保留区法案 1971》，目前已经建立 44 个海洋保留区，全部位于新西兰的领海。这些海洋保留区的面积为 17430 平方公里，覆盖新西兰领海面积的 10% 或领海与专属经济区面积的 0.4%。此外，新西兰已经宣布 8 个海洋哺乳动物庇护区和 4 个深海底保护区，覆盖安蒂波迪斯（Antipodes）群岛，邦蒂（Bounty）群岛和坎贝尔（Campbell）岛的整个领海海床。政府提议建立克马德克（Kermadec）海洋庇护区，覆盖大约 62 万平方公里和 15% 的专属经济区。该提议建立的庇护区将是世界上最大的禁取区之一，包括对海床采矿行动的禁止。并且在 2014 年宣布在内豪拉基湾（inner Hauraki Gulf）和马尔堡峡湾（Marlborough Sounds）创建 2 个娱乐性捕鱼公园。[①]

在许多国家，海洋保护区是渔业管理的重要部分，但是在新西兰，海洋保护区作为渔业管理工具的作用并不是特别重要，因为新西兰已经具有全面和很好的渔业管理体系。长期以来，新西兰的海洋保护区政策仅适用于 12 海里的领海内。在此期间，1996 年的《渔业法案 1996》是在专属经济区建立海洋保护区的主要立法。在专属经济区的主要保护措施为深海底保护区和海山封闭区。自 2007 年以来，32% 的新西兰海床已受到保护，为陆地面积的 4 倍，同时为 120 万平方公里的海床栖息地提供保护。深海底保护区内的一些捕鱼活动因此具有违法性或受到限制。

---

① Ministry for the Environment, A New Marine Protected Areas Act: Consultation Document, Wellington, 2016, p. 6.

二　新西兰建立海洋保护区的法律与实践

（一）海洋保护区的管理机构

许多不同的群体都与新西兰海岸和海洋环境有相关的利益，因此在中央和地方政府机构之间共同分担管理义务。一些重要的机构及其职能如下。

养护部（Department of Conservation，DOC），依据海洋保留区、野生生物、养护和海洋哺乳动物法案负责管理保护区和物种。此外，养护部与区域性理事会一起依据《资源管理法案1991》对海岸海洋区域进行管理（捕鱼和许多重大捕鱼影响活动除外）。

渔业部（Ministry of Fisheries），依据《渔业法案1996》负责管理捕鱼及其影响以及鱼类资源，其管辖范围延伸至200海里的专属经济区。

区域性理事会（Regional Council），负责管理一些土地的使用活动和水质，以及与养护部一起管理沿海海洋区域的水产养殖等。这些管理职责依据《资源管理法案1991》进行行使，覆盖12海里的领海。

生态安全新西兰（Biosecurity New Zealand）（农业和林业部），依据《生态安全法案1993》负责减少船舶运输外来海洋生物进入新西兰海域或周边的风险。

外交和贸易部（Ministry of Foreign Affairs and Trade），负责在国家专属经济区外的公海区域维持生物多样性的国际协议。

环境部（Ministry for the Environment），负责为新西兰制定海洋政策，确保在新西兰管辖海域的统一和协调管理。环境部对此实行跨政府管理，包括专属经济区边缘和大陆架的海洋管理的所有方面。

（二）海洋保护区法律与政策框架

新西兰的海洋管理形成于毛利人和政府关于海滩和海床地位的长期争端。该争端在近十年内完全拖延了海洋管理改革，阻碍了制定新的新西兰海洋政策的计划，并影响了2002年海洋保护区管理提议的改革。直到2012年才接受对专属经济区的活动管理的立法，以及直到2016年才最终提出海洋保护区立法改革。缺乏首要的海洋政策意味着新西兰的海洋管理在许多法案和机制之间是相对分散的，并且在大多数情况下，分裂了领海和专属经济区的管理。①

1. 政策

2000年，新西兰政府发布了新西兰生物多样性战略。该战略的一个重要目标是发展有代表性的海洋保护区网络，确保从大尺度范围上保护那些代表新西兰海洋生物多样性的栖息地和生态系统，并且使之维持在健康的机能状态。在战略文件中，期望通过海洋保护区网络的建立，到2010年实现新西兰10%的海洋环境得到保护的目标。

2005年，养护部和渔业部发布了《海洋保护区政策和实施计划》，规定了通过建立全面和有代表性的海洋保护区网络保护新西兰的海洋生物多样性。在过去，海洋保护区的方式是碎片化的，该政策和实施计划为建立海洋保护区网络规定了一体化的过程，包括区域性协商。其中的要点为：用统一的方式分类海洋栖息地和生态系统、协调大量管理工具的机制、识别需要建立海洋保护区的海域的清单、计划和建立新的海洋保护区的统一国家标准。②

2. 国际条约

新西兰签署了一系列关于生物多样性养护的条约，主要包括《生物多样性公约》及其附属议定书、《波恩公约》、《濒危野生动植物种国际贸易公约》、《拉姆萨尔公约》以及积极参与关于国家管辖范围外海洋生物多样性的养护和可持续利用新的协议的协商。③ 另外，新西兰还签署了《联合国海洋法公约》以及加入国际海事组织等促进海洋治理和渔业管理。④ 其中根据《生物多样性公约》，新西兰承诺到2020年实现10%

① Karen N. Scott, "Evolving MPA Management in New Zealand: Between Principle and Pragmatism", *Ocean Development & International Law* 47 (2016), p. 292.

② Department of Conservation and Ministry of Fisheries, Marine Protected Areas Policy and Implementation Plan, 2005.

③ Biodiversity and Species Conservation, New Zealand Foreign Affairs & Trade, https://www.mfat.govt.nz/en/environment/biodiversity-and-species-conservation/, last visited on March 20, 2020.

④ Oceans and Fisheries, New Zealand Foreign Affairs & Trade, https://www.mfat.govt.nz/en/environment/oceans/, last visited on March 20, 2020.

的海岸和海洋保护目标。

3. 国内立法

保护海洋生态多样性的各种方案是由不同的立法标准和程序决定的，并由不同的机构进行管理。如表6-1所示，每个管理机构的工作范围和职能都由法律加以限定和规定。

表6-1　新西兰海洋管理立法

事项	相关立法
海洋保护区	新的《海洋保护区法案》
克马德克海洋庇护区	新的《克马德克海洋庇护区法令》
效果管理（渔业管理除外）	《资源管理法案1991》
渔业管理（包括效果）	《渔业法案1996》
海洋保留区	《海洋保留区法案1971》
物种保护（包括海鸟、一些鱼类和珊瑚）	《野生生物法案1953》（非大陆架）、《海洋哺乳动物保护法案1978》（非大陆架）
生物安全	《生物安全法案1993》
航运	《海事交通法案1994》
矿藏开采	《国家矿藏（Crown）法案1991》
历史遗产	《历史地区法案1993》
海床权利	《海洋和海岸区法案2011》
协议解决	各种法案
以社区或利益相关者为基础的倡议产生的特定立法	《凯库拉海洋管理法案2014》《亚南极群岛海洋保留区法案2014》《峡湾海洋管理法案2005》《塔糖峰群岛海洋保护区法案1991》

资料来源：笔者根据 Ministry for the Environment, A New Marine Protected Area Act: Consultation Document, Wellington, 2016, p.44 与其他信息翻译编制。

（1）新的《海洋保护区法案》

新西兰政府正在商讨适用领海的海洋保护区的新政策以评估对海洋环境的保护。对海洋保护区改革的目标为在保护海洋环境和对现在和将来的商业、娱乐和文化机会最大化之间取得适当的平衡。如果该协商得以通过，所提议的改革将以《海洋保护区法案》为基础，取代《海洋保留区法案1971》。

该法案并不会影响对海洋保护区的特别立法。克马德克海洋庇护区也不会受到影响，因为该庇护区是依据特定立法的特定规则，并且在新西兰的专属经济区而不是在领海内建立的。

该法案的主要目标为创建有代表性和适用性的海洋保护区网络，增强、保护和恢复新西兰领海的生物多样性；以有计划和一体化的方式，基于充分的证据做出关于环境保护和经济增长的决定，实现新西兰利益的最大化；承认传统权利和价值，确保相关条约原则和义务的实现；通过部落和毛利人、当地社区、商业和更广泛的公众的有意义的参与支持协同合作；规定不同程度的保护和利用，包括对所有现有和将来使用和价值的考虑；满足与海洋环境相关的新西兰的国际义务。

如果通过该法案，将会建立如表 6-2 所示的四种类型的海洋保护区，可以为保障特定区域提供最好的选择。

表 6-2　四种类型的海洋保护区

类型	描述
海洋保留区	为了在其自然状态下养护生物多样性提供严格保护（与现行的《海洋保留区法案 1971》相同）
特定物种庇护区	与现有的海洋哺乳动物保护区相似，但对白头翁和大白鲨等其他海洋生物同样适用，规则集中在对这些物种的特定保护
海床保留区	海底的保护区以及禁止对海床采矿、底部拖网捕鱼和挖沟
娱乐性捕鱼公园	承认可以通过提供对一些物种非商业捕鱼的选择而完善娱乐性捕鱼经验的海域，传统型捕鱼和海洋农场将继续进行

资料来源：笔者根据 Ministry for the Environment, A New Marine Protected Area Act: Consultation Document, Wellington, 2016, p. 16 提供的信息翻译编制。

该法案将会保护对所划定各个类型的海洋保护区的标准，并且只有当提案能够充分地描述环境保护的效益以及评估对现有和将来适用的经济影响时才能被提起。该法案强调对公众参与的支持和推动，并提出对商业捕鱼的补偿。

（2）新的《克马德克海洋庇护区法令》

2015 年 9 月 29 日，新西兰首相宣布建立克马德克海洋庇护区的提议，与美国、英国、澳大利亚和智利政府关于大型海洋保护区的倡议相似。克马德克海洋庇护区计划位于新西兰北岛东北 1000 公里的专属经济区内，其面积将为新西兰现有的 44 个海洋保留区的所有面积的 35 倍，同时意味着 15% 的新西兰海洋环境将会受到严格保护，也是第一次对专属经济区内的海域进行严格保护。该庇护区继承了 1990 年在领海海域建立的 7500 平方公里的克马德克海洋保留区。围绕该群岛的专属经济区已设有一个深海底保护区，禁止在领海和周围 200 海里海床的特定捕鱼活动。按照 IUCN 的标准，该庇护区将属于第一类保护区。对该海域进行严格保护的原因为该海域具有独一无二的和丰富的生物多样性，而目前的人类活动增加了对该海域海洋环境的压力，同时该海域也为太平洋的洄游物种提供重要的通道和栖息地。

与领海内的海洋保留区禁止活动相似，在庇护区内也将禁止商业捕鱼和水产养殖、娱乐性捕鱼、与捕鱼相关的旅游业以及油气、矿产勘探、开发和开采活动。由于该庇护区建立在专属经济区内，因此该庇护区与建立在领海内的海洋保留区的权利和限制有所不同。该庇护区内的相关权利和限制为：在庇护区和海洋保留区都禁止捕鱼和采矿；依据相关规则，船舶可以在庇护区内交换压舱水，而不能在保留区内进行该项操作；依据相关规则，船舶和快艇可以在庇护区内进行海洋排污，而不能在保留区内进行该项操作；可以在庇护区内铺设海底电缆而不能在保留区内进行该项操作。

该庇护区的相关部门和管理职责包括养护部负责管理自然和海洋保留区，将管理创立庇护区的法案；环境保护机构实施《专属经济区和大陆架（环境效果）法案 2012》，即《专属经济区法案》，将负责相关管理活动的许可（如科学研究）；国防和基础产业部将帮助执行创立庇护区的法案；新西兰海事部门负责管理船舶排污。

2016 年开始推进建立庇护区的立法进程，并于 2016 年 3 月 8 日引入议会，目前还未正式公布。《克马德克海洋庇护区法令》① 的目的为在新西兰专属经济区附近的克马德克群岛周围建立新的海洋保护区以及保存重要的海洋区域的自然状态。

该法令对克马德克海域现有管理框架的改变包括领海内的海洋保护

---

① Kermadec Ocean Sanctuary Bill, http://www.legislation.govt.nz/bill/government/2016/0120/latest/d56e2.html, last visited on March 20, 2020.

区依然禁止所有捕鱼和采矿；现有在该海域内依据《渔业法案 1996》于 2007 年建立的深海底保护区须同时按照《专属经济区法案》和《国家（Crown）矿藏法案 1991》进行相关的管理。建立庇护区后，所有的捕鱼、勘探、开采和采矿活动将会被禁止。

相较其他国家的海洋保护区，该庇护区将是禁止所有捕鱼活动的最大的海洋毗连区。美国宣布的太平洋偏远岛屿海洋国家遗址由总面积为 1058848 平方公里的七个区域组成。每一个区域都比该庇护区小，其中的一些允许有限的传统和娱乐性捕鱼。英国宣布在皮特凯恩群岛附近建立 834334 平方公里的海洋保护区，虽然比该庇护区面积大，但是已经提议保留一部分区域进行传统捕鱼。智利东部岛的 72 万平方公里的海洋公园允许当地人的捕鱼活动。

对于建立该庇护区将产生的经济影响，新西兰的海洋环境依据配额管理体系被分为 10 个鱼类管理区，该提议的庇护区是新西兰第 10 号渔业管理区，其覆盖了大部分的渔业管理区域。该区域每年捕捞近 20 吨鱼类，产生约 165000 新西兰元的价值，捕捞鱼类包括高度洄游等海洋生物。由于可以在新西兰的其他专属经济区内进行渔业捕捞，捕鱼的利益将不会受到重大影响。对于禁止采矿活动的影响暂时难以量化。[①] 该法案的立法过程显示了政府过程透明性的重要性以及立法缺失的风险。同时也表明在多元化社会中的不同观点和意见的固有问题。

（3）《海洋保留区法案 1971》[②]

新西兰的海洋领导地位始于《海洋保留区法案 1971》。虽然该法案是新西兰的标志性立法，但是比《领海和专属经济区法案 1977》提前 6 年颁布，这表明《海洋保留区法案 1971》仅限于领海，因为专属经济区直到 1977 年才建立。此外，该法案比《海洋哺乳动物保护法案 1978》（非大陆架）早 7 年，并且比 1982 年的《联合国海洋法公约》早 11 年。因此，虽然该法案是当时领先的第一部针对海洋保护的立法，但是关于

---

① About the Proposed Kermadec Ocean Sanctuary, Ministry for the Environment, http://www.mfe.govt.nz/marine/kermadec-ocean-sanctuary/about-sanctuary, last visited on March 20, 2020.

② Marine Reserves Act 1971, http://www.legislation.govt.nz/act/public/1971/0015/latest/DLM397838.html? search = ts_act%40bill%40regulation%40deemedreg_1971_resel_25_ a&p = 1.

海洋保护区的最佳实践在这40年里已经发生了很大的变化，该法案已经不再能满足新西兰的需求。

由于该法案的目的过于狭窄，缺乏一定的灵活性，仅允许禁取的海洋保留区的形式，虽然能够为一些区域提供完全的保护，但是海洋保留区类型仅能为科研目的建立。另外，该法案规定的建立和管理保留区的过程也并未给当地社区、部落、毛利人或商业创造很好的参与机会。这些问题意味着政府只能不断地寻求特别立法对塔糖峰（Sugar Loaf）群岛、亚南极群岛、凯库拉和峡湾（Fiordland）等区域进行保护，或者依据《渔业法案1996》使用渔业封闭区等工具提供有限的保护。这种方式没有效率、令人费解。① 目前新西兰政府的立场为制定包含新的分类模式的《海洋保护区法案》以及在专属经济区内建立海洋庇护区，这样也更加符合21世纪发展需要。

（4）其他相关立法

新西兰还使用提供海洋保护的其他工具，但是被有着各种目的和决策过程的不同立法割裂开来。这些立法包括依据《资源管理法案1991》的海岸和海洋区域的以效果为基础的管理，在领海内除了捕鱼和油气开采之外的大多数活动由该法案进行规范，致力于自然和物理资源的可持续管理。12海里以内的沿海和海洋环境大多交由16个区域机构进行管理，但是必须符合养护的国家指导以及2010年新西兰海岸政策声明。每一个区域机构采取各自的区域性养护计划，经由养护部统一制定管理海岸海洋区域的原则以及与个人活动相关的规则。

直到2012年颁布《专属经济区和大陆架（环境效果）法案2012》后，在新西兰专属经济区内的捕鱼活动以外的环境影响才受到规制。该法案的目的与《资源管理法案1991》的目标一致，包括对专属经济区和大陆架的自然资源的可持续管理，以及保护海洋环境免受污染。该法案一般性地禁止在海洋环境内的特定活动，除非这些活动就具体情况通过许可证授权或明确许可。该法案还详细规定了环境影响评价相关的程序、公众参与以及环境保护署需要考虑的事项，引入了风险预防原则以及当

---

① Ministry for the Environment, A New Marine Protected Areas Act: Consultation Document, Wellington, 2016, p. 5.

信息不确定时的适应性管理。

在新西兰的整个海域，其他不同的活动受不同的立法领域的管制。航运主要适用《海事运输法案 1994》；《渔业法案 1996》为可持续利用渔业管理；油气开采活动适用《国家（Crown）矿藏法案 1991》。保护海洋物种的《海洋哺乳动物保护法案 1978》、《野生生物法案 1953》和《濒危物种贸易法案 1989》等养护立法规定对海洋哺乳动物和受威胁物种的保护。依据《生物安全法案 1993》，对海洋外来物种入侵的特殊威胁进行管理。此外，还包括以社区或利益相关者为基础的倡议产生的针对特定区域的特定立法。①

除去区域性和当地机构和部门，至少 6 个政府部门对海洋事务负责。新西兰海洋管理的这种复杂局面一般而言也更加特定地反映在海洋保护区的管制框架中，于是简化海洋保护区划定和管理程序成为 2016 年改革提议的一个重要动机。

（三）建立公海保护区的立场和实践

新西兰和美国提议建立南极罗斯海地区海洋保护区。新西兰与南极的紧密联系始于 100 多年前，探险家和科学家离开新西兰港口考察巨大的冰冻大陆以及通向南极的通道。② 自 1923 年开始，新西兰保持着对罗斯附属地的主权权利，该海域起初是英国在北极主张的一部分。新西兰为南极海洋生物资源养护委员会的成员，并签署了一系列的南极条约。2016 年，25 个委员会的成员一致通过在罗斯海区域建立一个海洋保护区。罗斯海地区海洋保护区是新西兰对罗斯海及其周边动植物和更广泛的环境进行预防性和可持续管理战略的一部分。该战略寻求海洋保护与南极海洋生物资源养护委员会养护原则相适应的可持续捕捞之间的平衡。

对于 BBNJ 的国际谈判，新西兰非常欢迎新的 BBNJ 条约，认为是确保国家管辖范围外海洋生物多样性养护和可持续利用的机会，并且能够填补国际海洋框架的空白。对于新的条约的协商，新西兰主要强

---

① Department of Conservation and Ministry of Fisheries, Marine Protected Areas Policy and Implementation Plan, 2005.

② Antarctica and the Southern Ocean, New Zealand Foreign Affairs & Trade, https://www.mfat. govt. nz/en/environment/antarctica/, last visited on March 20, 2020.

调四个方面的内容：海洋遗传资源，包括惠益分享问题；包括海洋保护区在内的基于区域的管理工具等措施；环境影响评价和能力建设以及海洋技术转移。①

三　评析

虽然新西兰具有国际认可的依据《渔业法案1996》和《海事交通法案1994》建立的良好的配额管理体系，但是直到2012年政府才通过《专属经济区和大陆架（环境效果）法案2012》，建立其在专属经济区开采或油气资源开发等海洋活动的环境管理体系。目前，新西兰改善海洋管理的重要措施为在领海范围内建立更好的海洋保护区体系。新提议的海洋保护区方案代表了以现代化方式进行海洋保护区选划的重要一步。更重要的是，提议法案以生物多样性养护为目标，对选划海洋保护区提供了明确的法律基础，而不仅仅是为了科学研究或渔业管理。该提议法案也将促进当地社区、毛利人、部落以及商业领域的积极参与，提供更加全面和协调性的协商过程，减少对选划海洋保护区的压力，力求更好地处理养护、社会和经济利益相冲突的长期挑战。

之前分散的管理模式也将会有所改善。养护部和基础产业部之间的现有的和潜在的冲突将在新的法案规定下更好地被管理，因为每一类型的保护区都会指定相应的主要负责和领导机构。

新提议的法律虽然为发展海洋保护区网络提供了更加坚实的立法基础，但是依然在地理和功能性方面具有有限性，并不能很好地实现新西兰成为海洋管理领导者的主张。该法案仅适用于仅占新西兰海域面积的4%的领海，这与海洋保护区的国际发展潮流并不相符合。虽然批准更加广泛的在领海内的活动，但是依然支持多样化的无关联的机构管理管辖海域内的各种不同活动，要在建立海洋保护区的同时平衡这些竞争性的利益绝非易事。

此外，在海洋保护区立法过程中，平衡和保障多方利益也面临挑

---

① New Zealand Submission, Preparatory Committee on Conservation and Sustainable Use of Marine Biological Diversity of Areas Beyond National Jurisdiction, 2016.

战。《克马德克海洋庇护区法令》将会在专属经济区内建立最大的严格保护区，然而关键的问题在于可能潜在地剥夺捕鱼产业和毛利人的财产权。但是，在该法令中没有明确提及对受到影响方的补偿，并且该法令是在缺乏协商的情况下制定的。这两个因素导致了受到影响方对该法令的强烈反对。①

四　小结

新西兰海洋保护区实践的主要举措和特点为在 2016 年提出针对领海范围内新的海洋保护区立法以及在专属经济区内建立新的海洋庇护区方案。新西兰曾经是世界上最早制定海洋保护立法的国家之一，其在 1971 年颁布了《海洋保留区法案 1971》。该法案的颁布早于新西兰《领海和专属经济区法案 1977》以及 1982 年的《联合国海洋法公约》，因而该法案仅规定领海范围内的海洋保留区。满足依据该法案规定标准的任何个人或团体可以在任何时候提起建立海洋保留区的提议。海洋保留区也采取最严格的保护形式，禁止对所有海洋栖息地和生物的改变，仅提供科学研究的环境。

此外，新西兰还具有其他的在特定情况和针对特定物种的立法工具，包括《野生生物法案 1953》下的物种保护，依据《海洋哺乳动物保护法案 1978》建立的海洋哺乳动物庇护区，《渔业法案 1996》规定可持续渔业管理和减少捕鱼活动对领海和领海以外环境及受影响物种的渔业措施。然而，这些立法没有提供全面的海洋保护和使用整体的管理措施，因此在二十多年中，峡湾、凯库拉和亚南极群岛等地区的海洋环境的保护依然依据一些议会的特定法案中规定的关键的措施。此外，新西兰海洋保护区的管理也相对分散，涉及至少六个部门的职责工作。

新西兰海洋保护区的选划历史被认为是"漫长和复杂的"，长期缺乏明确的政策以及由不同议程的多种机构和立法工具进行管理。②《海洋

① Toni Love, "The Kermadecs Conundrum: Marine Protected Areas and Democratic Process", *Policy Quarterly* 13 (2) (2017), p. 17.
② Karen N. Scott, "Evolving MPA Management in New Zealand: Between Principle and Pragmatism", *Ocean Development & International Law* 47 (2016), p. 290.

保留区法案1971》和其他相关的立法体系已不能很好地满足海洋保护区的最新发展，因此新西兰已提议制定新的海洋保护区和庇护区立法，对现有的所有海洋保护区进行重新分类和管理。在新的海洋保护区的制定过程中，协商过程是重要的环节之一。尽管新的法案也体现了对现有利益的补偿机制，但是要在现实中实现对所有相关利益的平衡依然面对重重困难。

参考文献

一　英文

1. Department of Conservation and Ministry of Fisheries, Marine Protected Areas Policy and Implementation Plan, 2005.

2. Kermadec Ocean Sanctuary Bill, http://www. legislation. govt. nz/bill/government/2016/0120/latest/d56e2. html.

3. Love, Toni, "The Kermadecs Conundrum: Marine Protected Areas and Democratic Process", *Policy Quarterly* 13（2）（2017）.

4. Ministry for the Environment, A New Marine Protected Areas Act: Consultation Document, Wellington, 2016.

5. Ministry for the Environment & Statistics New Zealand, New Zealand's Environmental Reporting Series: Our Marine Environment, 2016, http://www. mfe. govt. nz/sites/default/files/media/Environmental%20reporting/our-marine-environment. pdf.

6. Ministry for the Environment, Submission on a New Marine Protected Areas Act, 2016.

7. Marine Reserves Act 1971, http://www. legislation. govt. nz/act/public/1971/0015/latest/DLM397838. html? search = ts_act%40bill%40regulation%40deemedreg_1971_resel_25_a&p = 1.

8. New Zealand Submission, Preparatory Committee on Conservation and Sustainable Use of Marine Biological Diversity of Areas beyond National Jurisdiction, 2016.

9. Scott, Karen N. , "Evolving MPA Management in New Zealand: Between Principle and Pragmatism", *Ocean Development & International Law* 47（2016）.

二　主要参考网站

1. About the proposed Kermadec Ocean Sanctuary, Ministry for the Environment, http://www. mfe. govt. nz/marine/kermadec-ocean-sanctuary/about-sanctuary.

2. Antarctica and the Southern Ocean, New Zealand Foreign Affairs & Trade, https://www. mfat. govt. nz/en/environment/antarctica/.

3. Biodiversity and Species Conservation, New Zealand Foreign Affairs & Trade, https://www. mfat. govt. nz/en/environment/biodiversity-and-species-conservation/.

4. Oceans and Fisheries, New Zealand Foreign Affairs & Trade, https://www. mfat. govt. nz/en/environment/oceans/.

第七章　斐济海洋保护区：习惯管理与法定管理

一　斐济海洋自然环境与海洋保护区概况

（一）海洋自然环境

斐济共和国简称"斐济"，位于西南太平洋中心，陆地面积为 18333 平方公里，海洋专属经济区面积为 129 万平方公里。斐济由 332 个热带岛屿组成，多为珊瑚环绕的火山岛，主要的岛屿有维提岛和瓦努阿岛等，其中 106 个岛屿常年有人居住。[①] 斐济岛屿众多，峰峦起伏，几乎所有岛屿都被巨礁或堡礁环绕，这些海礁的附近区域适于捕鱼，它们成为海洋的天然防波堤。[②] 斐济群岛周围海域海洋生物非常丰富，在主礁的外围海域，生存着大量的鲸、海豚和鲣鱼等；远离海岸的水域则盛产鲜鱼、大青花鱼以及鳕鱼。斐济海域有多种多样的珊瑚礁，也是海参等其他海洋生物的栖息地。[③]

斐济是太平洋岛国中经济实力较强、经济发展较好的国家。渔业是斐济近年发展较快的产业之一。斐济广阔的海洋专属经济区内，蕴藏着丰富的水产资源，主要包括远洋鱼种、礁鱼和其他水产品，且其北部和南部水域是优良的金枪鱼渔场。同时，斐济的海岸和滨海地带极具特色，大部分偏远海岸拥有原始的自然环境，使海洋生态旅游成为斐济重要的产业之一。但是，由于过度捕捞、森林砍伐、海岸废物沉积等，斐济的海洋环境承受着不同程度的压力，如沿海生态系统破坏、珊瑚海岸海水变暖、海水酸化、海

[①]　中华人民共和国外交部，http://www.fmprc.gov.cn/web/gjhdq_676201/gj_676203/dyz_681240/1206_681342/1206x0_681344/，最后访问日期：2020 年 2 月 15 日。

[②]　吕桂霞：《斐济》，社会科学文献出版社，2015，第 16 页。

[③]　吕桂霞：《斐济》，社会科学文献出版社，2015，第 72 页。

洋生物死亡等。① 斐济海岸线周围的许多捕鱼社区也面临生态威胁。

（二）海洋保护区概况

2005 年，斐济政府在毛里求斯小岛屿发展中国家会议上承诺，"到 2020 年至少有 30% 的近岸和沿海海洋栖息地将纳入全面、生态且有代表性的海洋保护区网络的管理"。基于斐济传统和现代并存的特点，斐济的海洋保护措施也呈现出不同的模式。斐济的海洋保护区主要有两种形式：一种是基于社区的当地管理海域；另一种是由国家指定的海洋保护区。在这两类海洋保护区的建设和管理中，基于社区的当地管理海域取得了主要成果。② 斐济 12 个沿海省份中的 400 个乡村已经承担了养护和修复的工作，如重新种植红树林、保护捕鱼区等。③ 截至 2018 年 10 月，斐济已经建立了数百个当地管理海域（Locally Managed Marine Areas），由政府和非政府组织提供支持。

土著和社区保护区（Indigenous and Community Conserved Area）是太平洋岛屿国家独特的保护区形式。在该保护区的框架下，斐济逐渐形成了当地管理海域这类适用于海洋的保护区形式。当地管理海域的目标往往围绕渔业管理和生计问题展开，它不仅是实现国家对建设保护区承诺的基础，同时也是国家沿海渔业管理的一种战略机制。当地管理海域旨在维持和可持续利用资源，供所有社区成员共享，是斐济土著人与自然资源之间的关系带来的传统"关照义务"④ 的反映，目的在于保护生态系统以供后代使用。⑤ 当地管理海域在斐济传统模式支撑下

---

① Fiji's Marine Environment Discussed at Global Meet on Marine Protection, The Fiji Government, 2016, https://www.fiji.gov.fj/Media-Center/Press-Releases/FIJI'S-MARINE-ENVIRONMENT-DISCUSSED-AT-GLOBAL-MEET.aspx, last visited on March 20, 2020.

② 吕桂霞：《斐济》，社会科学文献出版社，2015，第 16 页。

③ Preservation Protection and Conservation, The Fiji Government, 2016, http://www.fiji.gov.fj/Media-Center/Press-Releases/PRESERVATION-PROTECTION-AND-CONSERVATION-A-JO-(1).aspx, last visited on March 20, 2020.

④ "关照义务"是由传统的人与土地关系发展而来，体现了某种程度上的土著保护伦理，旨在尊重土著文化中固有的生态价值。

⑤ H. Govan, S. Jupiter and J. Comley, "Recognition and Support of ICCAs in Fiji", in A. Kothari with C. Corrigan, H. Jonas, A. Neumann and H. Shrumm, eds., *Recognising and Supporting Territories and Areas Conserved by Indigenous Peoples and Local Communities: Global Overview and National Case Studies*, Secretariat of the Convention on Biological Diversity, ICCA Consortium, Kalpavriksh, and Natural Justice, Montreal, Canada, Technical Series No.64, 2012, p.14.

得到了较为完善的发展，但目前斐济还未以法律的形式正式承认这类海洋保护区。

斐济当地存在着许多小规模的"封闭捕鱼区域"（tabu），形成了传统意义上的保护区网络。"封闭捕鱼区域"利用传统的维持和恢复渔业资源储量的做法进行各单独海域的保护，但经常开放用于捕鱼。这一类型的区域通常不被认为是海洋保护区，但可以作为当地管理海域类别下的一种渔业管理工具。

除了利用传统方式建立的海洋保护区外，斐济还利用法定方式建立海洋保护区。该类型的保护区由国家指定并宣布，更多强调生物多样性或物种保护的特定保护目标，但数量整体偏少。如2014年宣布的鲨鱼礁（Shark Reef）海洋保留区和2015年宣布的瓦卡亚岛（Wakaya）海洋保留区。鲨鱼礁海洋保留区位于维提岛的南部海岸，它的设立旨在"保存、保护和维持鲨鱼物种及海洋生物，包括该地区的珊瑚"。[1] 瓦卡亚岛海洋保留区位于瓦卡亚岛海岸线附近，其目的是"养护、保护和维持鱼类、鲨鱼、鳐鱼、鲸目动物、海龟和所有海洋生物，包括该地区珊瑚"。[2]

二　斐济海洋保护区法律与政策框架

斐济的海洋保护区建设和管理的依据主要来自国际公约、区域性条约及斐济国内立法和政策。

（一）国际条约

作为太平洋小岛屿国家，斐济非常关注海洋生态发展问题。在几十年间，斐济积极参与海洋环境和生物多样性养护的国际规则，探求可持续利用海洋及其资源。斐济缔结的与海洋保护相关的国际公约主要包括《国际捕鲸管制公约》、《拉姆萨尔公约》、《防止倾倒废物及其他物质污染海洋公约》（又称《伦敦公约》）、《联合国海洋法公约》、《执行1982年12月10日〈联合国海洋法公约〉有关养护和管理跨界鱼类种群和高度洄游鱼类种群的规定的协定》、《生物多样性公约》。

---

[1] 《2014年鲨鱼礁海洋保留区条例》，http://www.paclii.org/fj/legis/sub_leg/fafrmrr2014609/。

[2] 《2015年瓦卡亚岛海洋保留区条例》，http://www.paclii.org/fj/legis/sub_leg/fafmrr402015548/。

斐济也积极参与太平洋海洋环境和资源保护的区域性事务，主要签署了如下两部条约。《中西部太平洋高度洄游鱼类种群养护和管理公约》根据《联合国海洋法公约》和《鱼类种群协定》制定，于 2004 年 6 月 19 日生效。旨在通过有效管理确保对中西太平洋区域高度洄游鱼类的长期保护和可持续开发，并保护海洋环境的生物多样性。《保护南太平洋区域自然资源和环境公约》于 1990 年生效。从广义上讲，该公约要求缔约国防止和管制污染，并确保适当的环境管理和自然资源的开发，其中第 14 条的规定涉及建立保护区和保护野生动植物。

（二）国内立法

斐济是一个法律多元化国家，受其长久的传统习惯规则和殖民历史影响，斐济的法律中既存在丰富的关于海洋的习惯规则，又有经殖民到独立过程中发展起来的现代国家法律。国家法律与习惯规则之间的平衡是斐济海洋管理和保护中的一个关键问题，两者已经完成了一定程度的有机整合。具体整合方式表现为：一方面，在实际应用上，习惯规则可能在不与国家法律冲突的情况下适用；另一方面，国家法律部分肯定习惯规则和传统机构在保护海洋方面的作用。[①]

在海洋保护区领域，斐济目前还未出台专项国家法律。但其现有的渔业和环境相关立法中明确提出可以就海洋保护区开展进一步的立法，同时这些法律也为海洋保护区中渔业资源管理和海洋环境等相关问题的具体操作提供了依据。

1. 《渔业法》

《渔业法》是海洋资源管理的主要立法，由渔业和林业部的渔业局承担海洋资源的具体管理职能。该部立法的相关规定涵盖了海洋保护区的建立和管理，并规定社区可以管控其沿海海洋资源的安排。《渔业法》第 9 条授权部长制定法规以规定限制或禁止捕鱼的地区和季节，包括专

---

① H. Govan, S. Jupiter and J. Comley, "Recognition and Support of ICCAs in Fiji", in A. Kothari with C. Corrigan, H. Jonas, A. Neumann and H. Shrumm, eds., *Recognising and Supporting Territories and Areas Conserved by Indigenous Peoples and Local Communities: Global Overview and National Case Studies*, Secretariat of the Convention on Biological Diversity, ICCA Consortium, Kalpavriksh, and Natural Justice, Montreal, Canada. Technical Series No. 64, 2012, p. 17.

门限制或禁止捕捞某类物种。该法还规定了"限制区域"，其中"任何人，除非经司法部门专员书面授权，不得杀害或捕捞任何形式的鱼类，除非用手持网、叉、钓线和钩等其他工具"。根据《渔业法》的此项规定，斐济出台了两项海洋保护区条例，分别是《2014 年鲨鱼礁海洋保留区条例》和《2015 年瓦卡亚岛海洋保留区条例》。海洋保护区条例是各个保护区建设和管理的直接依据，对各自条例下建立的海洋保护区的面积、范围、保护目标和管理及惩戒措施都做出了具体规定。

2. 《环境管理法》

《环境管理法》列出了三类可能对环境造成影响的发展提案，其中有一类发展提案必须由环境部评估和审查。"可能损害或破坏已被指定或计划中的保护区提案"就属于这类必须由环境部评估的提案，其范围包括但不限于保护区、国家公园、野生动植物保护区、红树林保护区、森林保护区、鱼类聚集和产卵场所、捕鱼或收集区、休闲区和任何其他法律规定的类别或区域。除了事前审查之外，《环境管理法》还提供了强有力的评估体系，其中规定了需要评估沿海开发对海洋保护区的环境影响，这一要求为海洋保护区的科学建立和管理奠定了基础。在政策法规的制定层面，该法第 61 条规定：部长可以在咨询负责斐济事务的土地、矿产资源、农业、渔业和林业部的相关部长之后，制定相关法规。其中第（e）项赋予其为任何土地、河流或海域的保护或修复制定准则、标准或程序的权力。这项规定同样为海洋保护区的设立和相关立法的出台提供了指导。

3. 《近岸渔业管理条例》

2012 年颁布的《近岸渔业管理条例》相较《渔业法》更为详尽，规定了养护、管理和开发斐济渔业的范围，以确保斐济长期可持续利用海洋资源，发展可持续渔业管理，减少对斐济海洋生态环境的污染。条例第二部分着眼于鱼类资源保护、管理和发展，其中包括指定禁止或限制捕鱼区的相关规定，同时授权渔业和林业部负责人"确定并建议指定海洋保护区"。

（三）关于海洋保护区的政策

斐济目前缺乏全面的国家海洋政策或海洋保护区管理政策，但在其他一系列广泛政策中具有涉及海洋保护区的内容。

1.《斐济生物多样性战略和行动计划》

斐济根据其在《生物多样性公约》下的义务，制定了其生物多样性战略和行动计划。各利益相关方广泛参与该计划的制定过程，并最终于2007年9月发布。在行动计划中，斐济提出其目标是"为了保护和可持续利用斐济的陆地、淡水和海洋，并维护作为国家和地方发展基础的生态系统"。《斐济生物多样性战略和行动计划》目前仍在施行过程中，但是，该计划没有明确列出活动的优先次序，也没有提供实施的战略方向。①

2.《斐济绿色增长框架》

《斐济绿色增长框架》于2014年正式发布，旨在为斐济实现可持续发展提供政策依据。在该框架中，斐济提出保护和可持续利用海洋和其他海洋资源以促进可持续发展，其中一项关键成果为建立"深水海洋保护区"或"海洋管理区"，并且目标为到2020年实现30%的海洋保护。②

3. 最新实践活动

2017年，斐济发布《5年和20年国家发展计划》，其中提出将进一步建立海洋保护区作为渔业可持续管理和鱼类资源恢复和补充的重要手段，并将在未来5年内每年计划增加3个海洋保护区作为关键绩效指标。③

三　斐济建立海洋保护区的实践

（一）海洋保护区的管理实践

斐济海洋保护区的管理机制分为两种：一种是习惯法机制（亦

---

① Erika J. Techera, "Enhancing Legal Frameworks for Biodiversity Conservation in the Pacific", *Pacific Conservation Biology* 21 (2015), p. 61.

② Fiji Announces Partnership at Samoa Conference, The Fiji Government 2014, https://www.fiji.gov.fj/Media-Center/Press-Releases/FIJI-ANNOUNCES-PARTNERSHIP-AT-SAMOA-CONFE-RENCE.aspx, last visited on March 20, 2020.

③ Ministry of Economy of the Republic of Fiji, 5-Year & 20-Year National Development Plan, 2017, http://www.fiji.gov.fj/getattachment/15b0ba03 - 825e - 47f7 - bf69 - 094ad33004dd/5 - Year—20 - Year-NATIONAL-DEVELOPMENT-PLAN.aspx.

称 "非正式机制"）；另一种是法定管理机制（亦称 "正式机制"）。斐济现有的绝大多数海洋保护区是利用 "非正式机制" 加以建立和管理的。

这两种机制的存在根源于斐济土地和海洋的传统使用和权利归属。斐济的土地归属具有其特殊性，斐济土地分为斐济土著土地（Native Land）、国家政府土地（Government Land）、自由持有土地（Freehold Land），其中土著土地是最主要的土地形式，约占82.9%。斐济土著土地为斐济部落氏族所拥有，是作为特殊用途的储备土地。该类土地禁止买卖，并且须通过土著土地信托局得以租赁。另外，斐济的海洋所有权属于国家，但社区却享有事实上的权利。这种事实上的权利具体表现为斐济土著人基于习惯和传统的 "海洋持有权"，由斐济土著古老的生存和发展需求演变而来，主要体现为习惯性捕捞权和其他收获海洋资源的权利。土著人和国家对海洋权利的分离给斐济的海洋保护区管理造成了一定的不便，也因此使海洋保护区以两种形式呈现，在管理上也存在区别。

1. 习惯管理

斐济的地方生活和管理中十分尊重历史延续下来的习惯规则和体制。即便是存在于地方一级的国家机构，这些机构也与斐济以及太平洋其他地区的传统机构共存。① 习惯性治理是规范使用陆地和海洋资源的主要机制，在这种习惯性治理机制下，土著和社区保护区可以基于精神或传统规则，根据传统做法如在酋长死亡时关闭资源区或其他简单（甚至口头）的管理协议或计划进行管理。除此之外，也有一些土著和社区保护区具有更详细和长期的管理计划，这些计划通常由非政府组织推动。

斐济当地管理海域形式提供了当地管理海域网络这一综合机制，该网络与政府、私营部门和其他利益相关者合作，组成伙伴组织共同参与社区活动，并负责当地管理海域的指定和管理。10多年来，共计有400

---

① H. Govan, S. Jupiter and J. Comley, "Recognition and Support of ICCAs in Fiji", in A. Kothari with C. Corrigan, H. Jonas, A. Neumann and H. Shrumm, eds., *Recognising and Supporting Territories and Areas Conserved by Indigenous Peoples and Local Communities*: *Global Overview and National Case Studies*, Secretariat of the Convention on Biological Diversity, ICCA Consortium, Kalpavriksh, and Natural Justice, Montreal, Canada, Technical Series No. 64, 2012, p. 17.

多个社区和 25 个非政府组织、政府部门和学术机构在保护沿海海洋资源方面进行了持久协作。① 渔业和林业部是当地管理海域网络的合作伙伴之一，并正式采用了这一网络，由执行委员会加以管理。目前，渔业和林业部设立了斐济当地管理海域秘书处，旨在进一步整合职能，代表渔业和林业部参与当地管理海域的合作治理组织。国家政府在当地管理海域中主要起协调和促进作用，并且与当地管理海域的其他合作伙伴相比，并不拥有更多的正式决策权。

当地管理海域的设立主要遵循以下步骤。首先，当地管理海域网络中的合作组织和社区可以提议设立海域。其次，由当地管理海域的合作组织进行管理制度研究，包括在社区举办有关管理和行动计划、生物监测计划的研讨会。合作组织再根据这些研究成果制定出具体的海洋管理计划。最后，由社区机构负责实施、监督和执行管理计划，社区机构的职权主要适用于计划中涉及的保护资源的管理。合作组织仍然参与管理过程，进行持续规划和提供其他类型的技术援助。

当地管理海域网络采用基于社区的适应性管理方法，即当地利益相关者制定自然资源管理计划并实施、监测、分析和交流结果，然后根据需要修改管理计划。尽管当地管理海域与当地部落村庄共同的管理计划是基于没有正式承认的习惯法制定的，但这一以社区为基础的机制却是此类海洋保护区管理的主要依据。当地管理海域依照管理计划进行管理，并使用一系列的海洋管理工具，包括封闭捕鱼区、渔具限制、特有的收获限制和季节性的限制等，以实现海洋保护效果。

2. 法定管理

在由国家指定的海洋保护区中，渔业和林业部是主管机构，由地区渔业委员会负责具体执行。除此之外，斐济政府还批准设立了鱼类管理员，负责海洋保护区内的初级阶段的执法。

一般而言，任何人不得在海洋保护区内处置或扔弃垃圾或其他废物。除经渔业和林业部批准外，禁止在区域内开展任何开发活动，同时禁止包括对任何种类的海洋生物在内的捕鱼活动。如出现违反行为，渔业和

① Mr Pita Wise-Third Small Island Developing States（SIDS）Meeting, The Fiji Government, 2014, http://www.fiji.gov.fj/Media-Center/Speeches/MR-PITA-WISE—Third-Small-Island-Developing-State.aspx, last visited on March 20, 2020.

林业部可扣押任何海洋生物、捕捞设备和运输工具，或与非法活动有关的任何其他财产。在具体管理方面，由国家指定的海洋保护区依据各自的海洋保护区管理条例开展具体活动。条例规定各个海洋保护区的区域范围、保护目标、限制或禁止活动及相应处罚措施。

由国家指定的海洋保护区内的禁止或限制行为主要分为两种：一种是捕捞行为，区域内完全禁止任何捕捞活动或收集任何种类的鲨鱼或其他海洋生物的活动；另一种是其他禁止行为，包括使用非由保护区提供的任何系泊设施以及处理垃圾及废物。此外，该类海洋保护区一般都规定了在缓冲区[①]和海岸带[②]中的禁止行为。在缓冲区内，全面禁止使用任何形式的不加区分的渔具以及专门用于各保护区保护物种的任何捕捞设备。在海岸带中，禁止任何开发活动，除非得到渔业和林业部的批准。

（二）斐济对建立公海保护区的立场

关于公海水域的生物特性，斐济呼吁联合国将关于国家管辖范围以外的生物多样性治理公约的谈判纳入强有力的养护条款。[③] 斐济的声明中，还包括强调必须认识到公约的范围和普遍适用性应该包括国家管辖范围以外地区，包括海域水体到海床的所有生物资源。另外，斐济提出公约中必须反映当前全球海洋面临的普遍问题，如气候变化和海洋酸化等，都需要加以考虑。[④] 同时，斐济希望该公约能够将太平洋小岛屿发展中国家的需求考虑在内。在2018年9月举办的BBNJ的养护和可持续利用问题形成具有法律约束力国际文件的第一次政府间会议中，斐济强调不应阻止区域或部门机构建立海洋保护区，并赞同大会关于建立海洋保护区的具体目标。

---

① 缓冲区由各海洋保护区条例具体划定，通常围绕在保护区周围。
② 斐济海洋保护区条例将海岸带定义为："距离高水位2公里内的区域，包括从高水位到海洋保护区的区域。"
③ Fiji's Marine Environment Discussed at Global Meet on Marine Protection, The Fiji Government, 2016, http://www.fiji.gov.fj/Media-Center/Press-Releases/FIJI'S-MARINE-ENVIRONMENT-DISCUSSED-AT-GLOBAL-MEET.aspx, last visited on March 20, 2020.
④ Fiji Push for Legal Instrument to Strengthen Law of the Seas, The Fiji Government, 2016, www.fiji.gov.fj/Media-Center/Press-Releases/FIJI-PUSHES-FOR-LEGAL-INSTRUMENT-TO-STRENGTHEN-LAW.aspx, last visited on March 20, 2020.

四　评析

　　斐济现有的以当地管理海域为主的海洋保护区的一个显著优势就是灵活性。相较复杂的行政化海洋保护区管理，基于社区的地方管理的决策在某种程度上更为直接和便捷。与此同时，虽然基于社区的当地管理海域尚未被正式法律承认，但在一定程度上弥合了习惯管理和现代法律管理之间的差距。

　　作为当地海域管理机制的推动力之一，斐济人与海洋之间的紧密联系有着悠久的历史。一方面，该传统使民众深谙海洋合理利用与保护之道；另一方面，则影响了海洋保护区中渔业管制措施的执行，给斐济海洋保护区的管理造成了一定程度的阻碍。总体上看，斐济海洋保护区建设与管理尚存在以下阻碍。

（一）缺乏全面的保护区管理立法

　　实现全面的保护区立法这一目标的实践中面临诸多障碍。第一，管辖权问题。在合法拥有和控制沿海和近海水域的国家与具有与沿海水域有关的捕鱼权的习惯所有者之间存在法律上的紧张关系。第二，执行问题。即使法律得以出台，其执行机构仍存在问题。鉴于斐济社区与海洋的紧密关系，如果没有当地社区的支持，仅依赖国家行政机构的管理很难保证海洋保护区措施得以贯彻执行，这一问题主要体现为国家政府对海洋保护区缺乏实际有效的监督和执行的力量。另外，斐济现有的海洋机制和规则呈现出"碎片化"现象，立法和政策的碎片化妨碍了海洋生态系统保护和综合海岸带管理。

（二）缺乏协调机制

　　基于社区的管理需要良好的协调机制作为支撑，目前斐济仍然存在传统管理方式与现代化适应性管理方式之间的冲突。有关社区禁令或保护区的权利在沿海渔业管理的法律框架中未得到明确承认，同时缺乏对当地管理海域的正式承认或其他法律和政策支持。这使现有的当地管理海域在规则执行能力以及执行习惯规则上的合法性和有效性无法得到保障。

(三) 渔业管理制度存在缺陷

作为斐济海洋保护区的主要保护手段，斐济的渔业管理制度存在缺陷。其一，捕鱼许可制度存在缺陷，捕鱼许可条件或捕鱼数量没有正式的限制。虽然斐济规定了他人在进入保护区前须申请许可证，但许可证申请与颁发所依赖的规则不够严谨。如"任何人使用'鱼钩或鱼线，或用鱼叉或便携式捕捞器具等可以由一个人处理的工具'则不需要许可证"的规定显然缺乏可操作性。其二，政府渔业机构的渔业监测力量薄弱无力，无法为海洋保护区提供良好的技术支持。[①]

五　小结与启示

斐济是典型的岛屿国家，拥有超过330个岛屿，海域面积远远大于陆地面积。斐济海域中还存在众多暗礁，暗礁区域栖息着海豚、海龟、鲨鱼、珊瑚等诸多海洋生物，海洋资源极其丰富。为了实现保证食物永续供给和保护物种的可持续发展，斐济主要采取禁渔这一方式提高海洋保护区的生态保护效果，实现生物多样性的养护。斐济的海洋保护区主要包括基于社区的当地管理海域和由国家指定的海洋保护区，分别适用习惯管理与法定管理两种模式。相较国家指定的海洋保护区，基于社区的当地管理海域在渔业资源的养护上取得了显著效果。基于社区的当地管理海域通常由社区机构负责实施、监督和执行管理计划，而由国家指定的海洋保护区则主要通过地方渔业管理委员会依据各保护区的管理条例开展活动。

虽然斐济现有的海洋保护区机制存在灵活性优势，但在许多方面仍存在不足，而且尚未充分形成建立和管理海洋保护区的全面法律框架。在保护区管理方面，斐济需要协调现有的法律和政策，以改善当前分散化的管理，建立统一的海洋保护区网络。其中，将当地管理海域纳入国

[①] Erika J. Techera, "Enhancing Legal Frameworks for Biodiversity Conservation in the Pacific", *Pacific Conservation Biology* 21 (2015), p. 19.

家法律体系并得以正式承认，是促进斐济海洋保护区网络统一管理的有效手段。

　　以斐济这种极具特色的海洋保护区体系做参考，海洋保护区的建设和管理可从中获得一些经验。首先，海洋保护区的指定和管理必须妥善处理好与渔业管理的关系，因为渔业是海洋生态环境变化的主要驱动力。在渔业资源依赖程度较高的国家或地区，须进一步协调居民捕鱼、商业捕鱼以及保护区内渔业资源养护的关系。同时，渔业问题不应与陆地活动和其他影响海洋保护区生态环境的问题分开，海洋保护区也不应完全与陆地区域割裂。其次，立法协调和行政协调。海洋保护区管理涉及部门众多，这就需要确保不同政府部门之间的持续对话。对话的有效性主要依赖立法和行政工作，例如渔业、环境、海事相关立法，以及承担不同职能部门间的监管与执法权的协调，以明确各自的作用，缩小管理中的重叠和差距。最后，国家行政机关与当地社区的整体协调也十分重要，虽提倡建立并纳入社区层面的治理机构，但两者之间管理职能的具体委托和划分不明确则是海洋保护区实践中的一大难题。需探索当地社区与海洋保护区主管行政机构之间的配合机制，有效发挥社区的监督和管理作用。

参考文献

一　中文

吕桂霞：《斐济》，社会科学文献出版社，2015。

二　英文

1. Govan, H., Jupiter, S. and Comley, J., "Recognition and Support of ICCAs in Fiji", in A. Kothari with C. Corrigan, H. Jonas, A. Neumann and H. Shrumm, eds., *Recognising and Supporting Territories and Areas Conserved by Indigenous Peoples and Local Communities: Global Overview and National Case Studies*, Secretariat of the Convention on Biological Diversity, ICCA Consortium, Kalpavriksh, and Natural Justice, Montreal, Canada, Technical Series No. 64, 2012.

2. Ministry of Economy of the Republic of Fiji, 5 - Year & 20 - Year National Development Plan, 2017.

3. Techera，Erika J.，"Enhancing Legal Frameworks for Biodiversity Conservation in the Pacific"，*Pacific Conservation Biology* 21（2015），pp. 1 – 82.

三　主要参考网站

1. 斐济渔业和林业部，http：∥www. fisheries. gov. fj/。

2. 斐济政府，http：∥www. fiji. gov. fj/。

3. 太平洋岛屿保护区，http：∥pipap. sprep. org/。

4. 中华人民共和国外交部，https：∥www. fmprc. gov. cn/web/。

5. 《2014 年鲨鱼礁海洋保留区条例》，http：∥www. paclii. org/fj/legis/sub_leg/fafrm-rr2014609/。

6. 《2015 年瓦卡亚岛海洋保留区条例》，http：www. paclii. org/fj/legis/sub_leg/fafm-rr402015548/。

第四编

欧洲国家（联盟）

第八章 欧盟：欧洲海洋保护区建设的协调和指导者

一 欧盟海洋自然环境与海洋保护区概况

（一）海洋自然环境

欧洲联盟（European Union，EU，简称"欧盟"）是世界上地区一体化程度最高的国家集团，目前由 27 个成员国组成，[①] 总面积达 414 万平方公里，经济发达。[②] 欧盟国家的领土可分为两大部分：欧洲大陆领土和殖民历史带来的遍布全球（除了亚洲）的外部领土。[③] 欧盟不仅陆地面积广阔，海域面积也十分宽广，仅欧洲大陆领土的海岸线就长达 7 万公里，濒临两洋四海：大西洋和北冰洋，以及波罗的海、北海、地中海和黑海。

海洋对于欧盟来说有着举足轻重的作用，沿海区域居住着欧盟近 40%

[①] 这 27 个国家分别是奥地利、比利时、保加利亚、塞浦路斯、捷克、克罗地亚、丹麦、爱沙尼亚、芬兰、法国、德国、希腊、匈牙利、爱尔兰、意大利、拉脱维亚、罗马尼亚、立陶宛、卢森堡、马耳他、荷兰、波兰、葡萄牙、斯洛伐克、斯洛文尼亚、西班牙、瑞典。

[②] 中华人民共和国外交部，http://www.fmprc.gov.cn/web/gjhdq_676201/gjhdqzz_681964/1206_679930/1206x0_679932/，最后访问日期：2021 年 2 月 25 日。

[③] 外部领土只包括外部区域（La région ultrapériphérique）和特别领土（Les territoires associés à l'Union européenne），不包括海外领地（Les pays et territoires d'outre-mer）。外部区域是指虽然不位于欧洲大陆，但属于欧盟领土的区域；海外领地是指从属于欧盟成员国或者是欧盟成员国的海外领土，但不构成欧盟领土的区域；欧盟特别领土是指由于历史、地理、政治等特别原因构成了欧盟特别领土的区域。截至 2017 年 1 月 1 日，欧盟共有 9 个外部区域构成的外部领土，它们分别是加那利群岛（西班牙）、瓜德罗普（法国）、圭亚那（法国）、马提尼克（法国）、马约特（法国）、留尼旺（法国）、圣马丁岛（法国）、亚速尔群岛（葡萄牙）和马德拉岛（葡萄牙）。

的人口，沿海地区为欧盟贡献了 40% 以上的国民生产总值。[①] 欧盟拥有发达的海洋产业链，既包括造船业、航运、渔业、港口运输等传统海洋产业，也有海洋能源生产（天然气、石油及可再生能源）和海洋休闲旅游等较新型的产业。众多优质的海港及发达的海洋运输业帮助欧盟在快速增长的国际贸易中持续获益，它们也扮演着越发关键的角色。

　　广阔的海域面积赋予大部分欧盟沿海成员国家丰富的生物多样性。据统计，除了细菌和病毒，欧洲海域有超过 26000 种特色物种，甲壳纲和软体动物门物种共占物种总数的过半，欧洲海域的物种大多分布在地中海和东北大西洋。[②] 然而目前欧洲海域无论是东北大西洋、地中海，还是北冰洋和波罗的海，都面临着污染、富营养化、栖息地退化、海域开发、水产养殖、气候变化和海洋交通带来的生物多样性威胁，尤其是北冰洋，其受到的威胁程度是其他海域的近两倍。[③] 为了应对海洋生态危机，欧盟积极采取行动，通过一系列行动及计划保护海洋生物多样性，其中包括 2006 年 7 月颁布的《欧盟绿皮书：海洋》[④]、《欧盟海洋联合政策》[⑤]、生命计划（Life +）[⑥]、Natura 2000 网络等。其中，海洋保护区是欧盟用以维持或恢复海洋和沿海生态系统健康的重要手段。

（二）海洋保护区概况

　　Natura 2000 网络是欧盟保护生物多样性的主要手段，旨在加强人类活

---

① Commission of the European Communities, An Integrated Maritime Policy for the European Union, 2007, p. 3, http://eur-lex. europa. eu/legal-content/EN/TXT/? uri = CELEX：52007 DC0575, last visited on March 20, 2020.

② Bhavani E. Narayanaswamy et al., "Synthesis of Knowledge on Marine Biodiversity in European Seas：From Census to Sustainable Management", *PLoS ONE* 8 (3)：e58909.

③ Bhavani E. Narayanaswamy et al., "Synthesis of Knowledge on Marine Biodiversity in European Seas：From Census to Sustainable Management", *PLoS ONE* 8 (3)：e58909.

④ Commission des Communautés Européennes, Vers une politique maritime de l'Union: une vision européenne des océans et des mers, 2006, disponible sur, http://eur-lex. europa. eu/resource. html? uri = cellar：b2e1b06a – 6ca9 – 4e24 – ac15 – 60e1307f32e2. 0001. 03/DOC_ 1&format = PDF.

⑤ Commission of the European Communities, An Integrated Maritime Policy for the European Union, 2007, http://eur-lex. europa. eu/legal-content/EN/TXT/? uri = CELEX：52007DC0575, last visited on last visited on March 20, 2020.

⑥ 此项目始于 1992 年，旨在解决欧盟环境问题、应对气候变化、养护自然、提供财政资金支持。2014 年至 2020 年间，该计划将投入 34 亿欧元应对欧盟气候变化及环境问题。

动对生物多样性的保护，它由各网点组成。作为欧盟自然与生物多样性政策最核心的部分之一，Natura 2000 网络基于《欧盟 Natura 2000 指令》建立，结合了 1979 年颁布的《野生鸟类保护指令》（简称《鸟指令》）① 和 1992 年的《保护野生动植物自然栖息地指令》（简称《栖息地指令》）②。Natura 2000 在欧洲大陆建立生态通道，并开展区域合作以保护野生动植物物种、受威胁的自然栖息地和物种迁徙的重要地区。③ Natura 2000 同样也适用于海洋环境，根据 Natura 2000 官方网站发布的数据，截至 2017 年 2 月，欧洲 6% 的水域覆盖在 Natura 2000 网络之下。根据欧盟环境署数据库④的数据，截至 2018 年 4 月，欧盟共有 27758 个 Natura 2000 网点，其中 718 个完全位于海洋，占网点总数的 2.59%；2664 个含有海洋部分，占网点总数的 9.60%，具体国家分布见图 8 - 1。Natura 2000 海洋部分网点主要分布在东北大西洋和地中海，这两个海域生物多样性丰富，是重点保护的对象。

二　欧盟建立海洋保护区的法律与实践

（一）海洋保护区法律和政策框架

虽然欧盟国家建设海洋保护区的进程良好，海洋保护区的发展还是落后于陆地保护区，欧盟 18.15% 的陆地已被 Natura 2000 网络覆盖，而海洋只覆盖 6%，⑤ 不足陆地的三分之一。而且大多数国家没有专门的海

---

①　The European Parliament and the Council of the European Union, Directive 2009/147/EC of the European Parliament and the Council of the European Union of 30 November 2009 on the conservation of wild birds, 2009, https://eur-lex. europa. eu/legal-content/EN/TXT/? qid = 1551871029700&uri = CELEX：32009L0147. 1979 年颁布的《鸟指令》经过多次大幅度的修订，为了保持其清晰度和合理性，欧盟对其进行编撰，并于 2009 年颁布最新版本。

②　The Council of the European Communities, Council Directive 92/43/EEC of 21 May 1992 on the Conservation of Natural Habitats and of Wild Fauna and Flora, 1992, https://eur-lex. europa. eu/legal-content/EN/TXT/PDF/? uri = CELEX：31992L0043&from = EN.

③　张风春、朱留财、彭宁：《欧盟 Natura 2000：自然保护区的典范》，《环境保护》2011 年第 6 期。

④　European Environment Agency, https://www. eea. europa. eu/data-and-maps/data/natura-9, 最后访问日期：2020 年 2 月 20 日。

⑤　法国 Natura 2000 网，http://www. Natura 2000. fr/chiffres-cles，最后访问日期：2020 年 3 月 1 日。

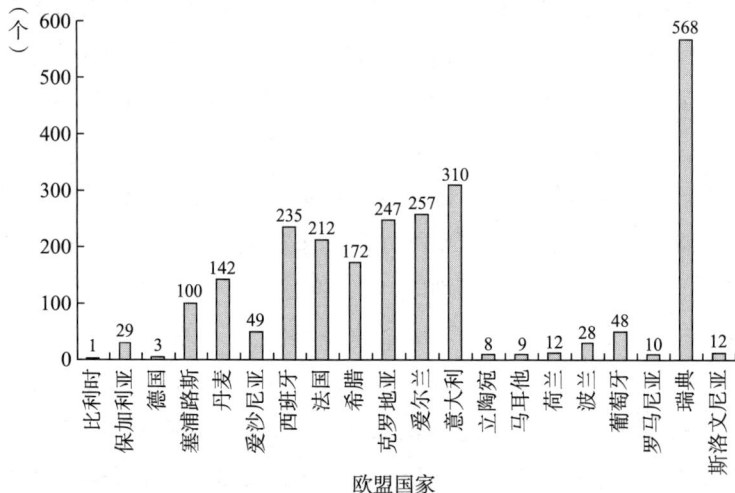

**图 8 – 1　含有海洋部分的 Natura 2000 网点在欧盟国家的
分布情况 （截至 2018 年 4 月）**

資料来源：根据欧盟环境署数据整理制作，https://www.eea.europa.eu/data-and-maps/data/natura-9，最后访问日期：2019 年 4 月 10 日。

洋保护区立法，现有的所有海洋保护区大部分依据欧盟《栖息地指令》和《鸟指令》以及国内其他相关自然保护法令而设立，如英国 2009 年颁布的《英国海洋法》、法国《生物多样性法令》、西班牙第 41/2010 号法令等。

　　此外，欧盟发布了若干指导性文件以加强对海洋的治理。如 2007 年，欧盟颁布《海洋综合政策蓝皮书》，确定了欧盟在海洋领域的政策目标；2008 年，欧盟发布了《欧盟海洋战略框架指令》，要求欧盟成员国采取有效措施，确保海洋水域达到"良好的环境状况"。① 同时，欧盟也参与了一系列国际条约和行动，颁布众多指令以加强对海洋环境和海洋生物多样性的保护。

　　1. 国际层面

　　欧盟作为环保派代表，不仅其成员国积极参与海洋保护区相关国际条约和行动，欧盟本身作为一个整体也进行集体行动。表 8 – 1 列举了欧盟参与签署的与海洋环境相关的主要国际条约。此外，面对全球性的海洋垃圾问题，欧盟正积极加深与联合国环境规划署的合作。2018 年 6

---

① 范晓婷主编《公海保护区的法律与实践》，海洋出版社，2015，第 240 页。

月，欧盟委员会与联合国环境规划署同意加强在 2018 年 2.0 海洋路线图（Oceans Roadmap 2.0）的合作，以应对污染和海洋垃圾的威胁。[①]

表 8-1 欧盟参与签署的与海洋环境相关的主要国际条约

名称	性质	主要内容
《地中海海洋环境和沿海区域保护公约》（《巴塞罗那公约》）	区域公约	保护地中海环境和沿海区域
《东北大西洋海洋环境保护公约》	区域公约	东北大西洋海洋环境保护合作的国际条约机制
《生物多样性公约》	国际公约	生物多样性养护和可持续利用
《联合国海洋法公约》	国际公约	对海洋相关的法律制度做出详细规定
《波恩公约》	国际公约	保护野生动物迁徙物种

资料来源：笔者根据相关信息整理编制。

2. 海洋保护区指令

在欧洲涉及海洋保护区建设的法律中，欧盟《栖息地指令》和《鸟指令》是欧洲自然保护立法中最重要的两项，其中《栖息地指令》的主要目的是通过保全野生动植物群落的自然生境确保对生物多样性的养护，并在良好的保护状态下，维持或恢复欧洲重要的自然生境和野生动植物物种。指令中认定需要保护的海洋物种不多，仅限于海洋哺乳动物、爬行类和鸟类及少数无脊椎动物和珊瑚藻。该指令从法律上要求欧盟各成员国识别和建立特别养护区。《鸟指令》则以候鸟保护为主，涉及部分海域以及海洋生物物种的保护，该指令要求建立综合性的鸟类特别保护区。[②]

特别养护区和鸟类特别保护区共同构成了欧洲 Natura 2000 网络，而《栖息地指令》和《鸟指令》则为二者的建立和管理提供了法律依据，成员国将指令内容转化到国内法，对设立和管理的具体内容进行细化并加以实施。

[①] European Commission, New Roadmap toward Healthier, Cleaner Oceans Adopted by UN Environment and European Commission, https://ec.europa.eu/info/news/new-roadmap-toward-healthier-cleaner-oceans-adopted-un-environment-and-european-commission-2018-jun-20_en, last visited on March 20, 2020.

[②] 范晓婷主编《公海保护区的法律与实践》，海洋出版社，2015，第 241 页。

（二）海洋保护区的管理实践

Natura 2000 网点中海洋保护区面积约为 678255 平方公里，其中面积最大的比斯开湾斜坡保护区面积达 62320 平方公里。[①] 面对广阔的海洋保护区，欧盟一直在寻求对海洋保护区实现更高效的管理，以充分发挥其效能。

1. 管理机构及管理模式

虽然 Natura 2000 是欧盟统一的生物多样性保护网络，但由于其数量多、面积大、分布广，若单以欧盟委员会之力难以对全部海洋保护区进行妥善管理。因而欧盟选择将网点的选择权和管理权交给各成员国，由各成员国选择潜在网点，并交由欧盟委员会审查通过，网点设立后再由各成员国采取最适宜的手段对网点进行管理，欧盟委员会为 Natura 2000 网络总体管理收集相关信息并提供指导。因此，各成员国实际享有对本国海洋保护区的管理权，由各成员国指定本国部门对位于本国管辖海域的海洋保护区进行管理，例如法国的生物多样性署，英国的自然保护联合委员会等多个机构，西班牙的生态转型部等。

欧盟委员会负责对欧盟的海洋保护区进行整体的协调与指导。欧盟委员会于 2015 年 10 月 1 日向欧洲理事会和欧洲议会提交了关于建立海洋保护区进程的报告，[②] 其中提及欧盟委员会在海洋保护区管理中的作用：加强成员国间的沟通并对其提供指导，促进成员国综合有效地建设和管理海洋保护区；培育对《欧盟海洋战略框架指令》第 13 条第 4 款[③]的共同理解；发展欧盟在评估海洋保护区网络协作和代表性上的方法论；支持成员国通过既存的财政机制，尤其是欧盟海洋与渔业基金、生命计

[①] European Environment Agency, https://www. eea. europa. eu/data-and-maps/data/natura-9, last visited on March 20, 2020.

[②] European Commission, Report from the Commission to the European Parliament and the Council on the Progress in Establishing Marine Protected Areas, 2015, pp. 6 – 7, http://ec. europa. eu/ environment/marine/eu-coast-and-marine-policy/implementation/pdf/marine _ protected _ areas. pdf, last visited on March 20, 2020.

[③] 《欧盟海洋战略框架指令》第 13 条第 4 款：根据本条建立的措施计划应包括空间保护，有助于建立连贯且具有代表性的海洋保护区网络，充分涵盖生态系统的生物多样性，如根据《栖息地指令》建立的特别养护区，根据《鸟指令》建立的鸟类特别保护区，以及有关成员国在其参加的国际或区域协议框架内达成的海洋保护区。

划，以及正在进行中的 Natura 2000 生态地理计划，促进海洋保护区（特别是近海保护区）的设立和提高海洋保护区管理效率；促进海洋保护区的包容性治理结构，使利益相关者（如地方当局、当地社区和当地使用者）能够充分参与管理；在必要的地点支持和加强海洋保护区管理机制和措施的实施；提高欧盟层面的研究水平，支持成员国通过研究数据排除管理和评估海洋保护区过程中的障碍；通过加强与国际组织的研究合作（如经济合作与发展组织），评估海洋保护区的经济利益；保证欧盟在 ABNJ 谈判中的代表地位，使《联合国海洋法公约》第 192 条和第 194 条第 4 款在这些区域的实施更具有可操作性。

2. 分类管理

（1）含有海洋部分的特别养护区

特别养护区（Special Area of Conservation）是欧盟为了保护《栖息地指令》附录 I 和附录 II① 中的物种及其栖息地，根据该指令设立的。《栖息地指令》介绍了特别保护区的遴选标准，特别保护区的候选点要经过欧盟的同意才能成为群落重要保护地，在群落重要保护地通过之后，相关成员国应当在 6 年内将该地正式指定为特别养护区。截至 2018 年 4 月，欧盟共有 2058 个含有海洋部分的特别养护区（其中包括 234 个既为鸟类特别保护区也是特别养护区的网点），总面积超过了 48 万平方公里，② 目前这些特别养护区由其所在国进行管理。

（2）含有海洋部分的鸟类特别保护区

鸟类特别保护区基于欧盟《鸟指令》设立，旨在保护鸟类种群及其栖息地。欧盟成员国可以根据各自的科学标准如"具有国际重要性的迁徙水禽的栖息湿地"等设立本国的鸟类特别保护区，但成员国必须选择最恰当的标准为保护鸟类种群及其栖息地确定鸟类特别保护区最合适的位置及面积。③ 截至 2018 年 4 月，欧盟共有 840 个含有海洋部分的鸟类

---

① EUR-Lex，http://eur-lex. europa. eu/legal-content/EN/TXT/? uri = celex：31992L0043，last visited on March 20，2020.

② European Environment Agency，Natura 2000 Data，https://www. eea. europa. eu/data-and-maps/data/natura－9，last visited on March 20，2020.

③ European Commission，http://ec. europa. eu/environment/nature/Natura 2000/sites/index _ en. htm，last visited on March 20，2020.

特别保护区，总面积约为 482356 平方公里。①

（三）欧盟的公海保护区建设

1. OSPAR 公海保护区

欧盟是《保护东北大西洋海洋环境公约》（OSPAR）的缔约方，与其他 15 个缔约方代表共同组成 OSPAR 官方委员会。OSPAR 委员会建立和管理着 7 个公海保护区。欧盟是 OSPAR 公海保护区的重要支持者和推动方。

2. 欧盟对 BBNJ 的立场

BBNJ 国际协定谈判是《联合国海洋法公约》生效以来最重要的国际海洋法律制度形成过程，它的制定和实施将对现有的国际海洋秩序产生重要影响。欧盟早在其 2007 年 10 月颁布的《欧盟海洋综合政策》中就提到"欧盟将拟定《关于保护国家管辖海域以外的海洋生物多样性的联合国海洋法公约实施议定书草案》，并努力促使将'公海自然保护区'问题纳入国际谈判之中。欧盟委员会将：（1）根据《扩大（欧盟）和欧洲邻邦政策》以及欧盟对欧洲北部地区各国的对外政策，扩大对外合作并把海洋政策与共有海域管理问题列为合作内容；（2）拟定相关战略，以便通过与主要伙伴国家进行有组织的对话来拓展欧盟海洋政策的对外影响"。② 这充分体现了欧盟当时在 BBNJ 问题上就有着积极而坚定的立场，它将 BBNJ 视为扩大欧盟海洋影响力的重要战略支点。

2018 年 1 月，欧盟委员会颁布了《允许理事会开始关于联合国海洋法公约下国家管辖范围以外海洋生物多样性养护和可持续利用的具有约束力法律文书的谈判的决定》，③ 规定由欧盟委员会代表欧盟参与谈判。

---

① European Environment Agency, Natura 2000 Data, https://www. eea. europa. eu/data-and-maps/data/natura-9, last visited on March 20, 2020.

② EUR-Lex, http://eur-lex. europa. eu/legal-content/EN/TXT/PDF/? uri = CELEX：52007DC 0575&from = EN, last visited on March 20, 2020.

③ European Commission, Recommendation for a Council Decision Authorizing the Opening of Negotiations on an International Legally-binding Instrument under the United Nations Convention on the Law of the Sea on the Conservation and Sustainable Use of Marine Biological Diversity of Areas beyond National Jurisdiction, 2018, http://www. europarl. europa. eu/RegData/docs_autres_institutions/commission_europeenne/com/2017/0812/COM_COM（2017）0812_EN. pdf, last visited on March 20, 2020.

这表明欧盟已经准备好加入 BBNJ 新的法律文书，并对其战略意义以及作用有了充分的认识。在 2018 年 9 月举办的 BBNJ 的养护和可持续利用问题形成具有法律约束力的国际文件的第一次政府间会议中，欧盟敦促在零号草案的基础上开展基于文本的谈判，建议《联合国海洋法公约》的成员国采取更严格的措施进行区域管理，也鼓励非成员国采取类似的措施。同时，针对公海保护区的评估，欧盟提议由科学和技术机构评估提案及审查海洋保护区的效能，建立考虑到相应机构现有程序的一定期限的协商机制，以及由新的法律文本的缔约方大会决定设立附有管理计划的海洋保护区。[1]

三 评析

（一）海洋保护区区域分布不均且面积有待扩大

虽然欧盟建立了 2664 个 Natura 2000 网络下的海洋保护区，覆盖了欧盟近 6% 的水域，含有海洋部分的 Natura 2000 网点总面积达 678255 平方公里，但和陆地保护区面积相比仍有较大差距，仍有 94% 的水域未被覆盖。此外，根据世界自然基金会 2016 年的报道，[2] 大部分 Natura 2000 网点都分布在距离领海基线往外 12 海里以内（位于领海以内）。只有 1.7% 的领海之外的水域被 Natura 2000 网络覆盖，因而近海的生物多样性没有得到充分的保护。海洋保护区区域分布不均的现象在各区域性海域也有显著差别：截至 2016 年 9 月，东北大西洋 15% 的沿岸水域被海洋保护区覆盖，但领海以外的水域只有 2% 受保护；以及在地中海的 8 个相关沿岸国只有 5% 的领海水域受保护，99% 的领海以外的水域未被海洋保护区覆盖。

在未来，欧盟有望继续提高海洋保护区覆盖水域的比重，特别是注

---

[1] International Institute for Sustainable Development，Earth Negotiations Bulletin：A Reporting Service for Environment and Development Negotiations，http://enb.iisd.org/oceans/bbnj/igc1/，last visited on March 20，2020.

[2] WWF：98% des eaux marines du large ne sont pas protégées par le principal réseau de conservation européen，https://www.wwf.fr/vous-informer/actualites/98-des-eaux-marines-du-large-ne-sont-pas-protegees-par-le-principal-reseau-de-conservation-europeen，last visited on March 20，2020.

重对近岸水域的保护，鼓励和指导各成员国结合 Natura 2000 网络及相关海域保护框架，促进海洋保护区的发展。

（二）管理水平有待提高

在 Natura 2000 网络计划的推动下，欧盟多个成员国都建立了大型的海洋保护区，但如何提高海洋保护区的管理水平还是一个亟待解决的问题。正如欧盟环境署 2015 年发表的一份报告显示，Natura 2000 网络下大部分海洋生物的养护状态都是较弱或未知的，只有 7% 的海洋生物及 9% 的栖息地被认为处于养护良好的状态。①

在欧盟成员国中，20 个国家分布着含有海洋部分的 Natura 2000 网点，但它们的网点在数量和面积上差异巨大，而且受到经济政治水平等各方面因素的影响，成员国在管理水平上也参差不齐。法国等海洋大国已建立种类多样、分布广泛、管理适宜的海洋保护区网络，充分发挥了海洋保护区养护生物多样性的功能。特别是法国，建立了统一的海洋保护区管理机构——生物多样性署，并在决策中充分纳入当地使用者利益和诉求，真正实现了自上而下和自下而上管理相结合的成熟管理模式。但是正如世界自然基金会的报道中所提到的，一些欧盟成员国不仅在网点面积上达不到养护海洋生物的要求，而且管理水平也有待提高，例如希腊、塞浦路斯及斯洛文尼亚等国家，它们的经济基础和海洋保护区建设相对于西欧国家本就落后，加之欧债危机的影响尚存，政府能用于海洋保护的资金和精力有限，故近年来海洋保护区的发展也相对缓慢。②

---

① European Environment Agency, Spatial Analysis of Marine Protected Area Networks in Europe's Seas, 2015, p. 5, https://www.eea.europa.eu/publications/spatial-analysis-of-marine-protected, 转引自 WWF: 98% des eaux marines du large ne sont pas protégées par le principal réseau de conservation européen, https://www.wwf.fr/vous-informer/actualites/98-des-eaux-marines-du-large-ne-sont-pas-protegees-par-le-principal-reseau-de-conservation-europeen, last visited on March 20, 2020.

② WWF: 98% des eaux marines du large ne sont pas protégées par le principal réseau de conservation européen, https://www.wwf.fr/vous-informer/actualites/98-des-eaux-marines-du-large-ne-sont-pas-protegees-par-le-principal-reseau-de-conservation-europeen, last visited on March 20, 2020.

四 小结与启示

欧盟通过《栖息地指令》和《鸟指令》建立的 Natura 2000 网络是欧盟保护生物多样性的主要手段。截至 2018 年 4 月，欧盟的 27758 个 Natura 2000 网点中，2.59% 的网点完全位于海洋，9.60% 的网点含有海洋部分，共覆盖 6% 的欧盟水域。但相对于陆地网点，海洋网点的数量依然偏少。Natura 2000 网络包含特别养护区和鸟类特别保护区两种海洋保护区类型，它们促进了欧洲海洋保护区的快速发展，并对养护海洋生物多样性发挥了重要作用。

目前欧盟的近海保护区发展落后于沿海保护区，而且欧盟成员国间的保护区发展状况和管理水平也不尽相同，尤其是希腊、塞浦路斯及斯洛文尼亚等国家，它们的海洋保护区管理水平远远落后于西欧国家。要真正实现对海洋生物的良好养护，欧盟还有不少需要改善之处。未来欧盟在扩大海洋保护区面积的同时也应着重思考如何提高海洋保护区总体养护水平，通过资金支持、技术指导、管理经验分享等方式缩小成员国间管理水平的差距，更好地发挥海洋保护区的效能。

参考文献

一 中文

1. 范晓婷主编《公海保护区的法律与实践》，海洋出版社，2015。

2. 张风春、朱留财、彭宁：《欧盟 Natura 2000：自然保护区的典范》，《环境保护》2011 年第 6 期。

二 外文

1. Narayanaswamy, Bhavani. E. et al, "Synthesis of Knowledge on Marine Biodiversity in European Seas: From Census to Sustainable Management", *PLoS ONE* 8 (3).

2. Commission of the European Communities, An Integrated Maritime Policy for the European Union, 2007, http://eur-lex. europa. eu/legal-content/EN/TXT/? uri = CELEX: 52007D C0575.

3. Commission des Communautés Européennes, Vers une politique maritime de l'Union: une

vision européenne des océans et des mers, 2006, disponible sur, http://eur-lex. europa. eu/resource. html? uri = cellar：b2e1b06a - 6ca9 - 4e24 - ac15 - 60e1307f32e2. 0001. 03/DOC_1&format = PDF.

4. Europpean Commission, Recommendation for a Council Decision Authorizing the Opening of Negotiations on an International Legally-binding Instrument under the United Nations Convention on the Law of the Sea on the Conservation and Sustainable Use of Marine Biological Diversity of Areas beyond National Jurisdiction, 2018, http://www. europarl. europa. eu/RegData/docs_autres_institutions/commission_europeenne/com/2017/0812/COM_COM (2017) 0812_EN. pdf.

5. European Environnont Agency, Spatial Analysis of Marine Protected Area Networks in Europe's Seas, 2015.

6. European Commission, Report from the Commission to the European Parliament and the Council on the Progress in Establishing Marine Protected Areas, 2015, pp. 6 - 7, http://ec. europa. eu/environment/marine/eu-coast-and-marine-policy/implementation/pdf/marine_protected_areas. pdf, last visited on 10 April, 2019.

7. OSPAR Commission, 2016 Status Report on the OSPAR Network of Maine Protected Areas, 2017, https://www. ospar. org/documents? v = 37521.

8. The European Parliament and the Council of the European Union, Directive 2009/147/EC of the European Parliament and the Council of the European Union of 30 November 2009 on the conservation of wild birds, 2009, https://eur-lex. europa. eu/legal-content/EN/TXT/? qid = 1551871029700&uri = CELEX：32009L0147.

9. The Council of the European Communities, Council Directive 92/43/EEC of 21 May 1992 on the Conservation of Natural Habitats and of Wild Fauna and Flora, 1992, https://eur-lex. europa. eu/legal-content/EN/TXT/PDF/? uri = CELEX：31992L0043&from = EN.

三　主要参考网站

1. 法国 Natura 2000 网，http://www. Natura 2000. fr/chiffres - cles。

2. 国际可持续发展研究会，https://www. iisd. org/。

3. 欧盟法律网，http://eur-lex. europa. eu。

4. 欧盟环境署，https://www. eea. europa. eu/data-and-maps/data/natura-9。

5. 欧盟委员会，http://ec. europa. eu。

6. 世界自然基金会，https://www. wwf. fr/。

7. 中华人民共和国外交部，http://www. fmprc. gov. cn。

第九章　英国海洋保护区实践：海外领地的扩张

一　英国海洋自然环境与海洋保护区概况

（一）海洋自然环境

大不列颠及北爱尔兰联合王国（United Kingdom of Great Britain and Northern Ireland，UK）是由大不列颠岛上的英格兰、威尔士和苏格兰与爱尔兰岛东北部的北爱尔兰以及一系列附属岛屿组成的一个西欧岛国，由于主体是英格兰而简称英国。英国本土位于欧洲大陆西北海岸外，隔北海、多佛尔海峡、英吉利海峡与欧洲大陆相望。① 除了本土以外，英国有 14 个海外领地，包括安圭拉（Anguilla）、英属南极领地（British Antarctic Territory）、百慕大（Bermuda）、英属印度洋领地（British Indian Ocean Territory）、英属维尔京群岛（British Virgin Islands）、开曼群岛（Cayman Islands）、马尔维纳斯群岛（英称"福克兰群岛"，Falkland Islands）、直布罗陀（Gibraltar）、蒙特塞拉特岛（Montserrat）、圣赫勒拿（Saint Helena）、特克斯与凯科斯群岛（Turks and Caicos Islands）、皮特凯恩群岛（Pitcairn Islands）、南乔治亚岛与南桑威奇群岛（South Georgia Island & South Sandwich Islands）和塞浦路斯英属地区［包括阿克罗蒂里（Akrotiri）和泽凯利亚（Dhekelia）］。其中，在南极洲主张的英属领地并不被其他国家承认。英国海岸线曲折，众多港口分布其中，蕴藏着极为丰富的油、气、渔业等资源。其专属经济区面积为 681 万平方公里（含英国本土、英国海外领地和皇家属地的专属经济区），居世界第五位。②

---

① 中华人民共和国外交部，https://www.fmprc.gov.cn/web/gjhdq_676201/gj_676203/oz_678770/1206_679906/1206x0_679908/，最后访问日期：2020 年 3 月 20 日。

② 李景光主编《国外海洋管理与执法体制》，海洋出版社，2014，第 43 页。

广阔面积的管辖海域蕴含着极为丰富的生物和非生物资源，同时赋予了英国丰富的生物多样性，特别是在海外领地。然而目前英国的海洋生态环境也因为生物多样性流失、气候变化带来的海平面上升、过度开发（尤其是渔业）、塑料污染、外来物种入侵以及海洋酸化等而遭受着巨大挑战。以冷水珊瑚礁为例，它们虽然脆弱但是数量多且生命期长，是海洋生态系统不可或缺的一环。冷水珊瑚礁广泛分布在英国所处的大陆边缘和近海海域，然而现在它们却面临着拖网捕鱼及海洋酸化的双重影响。此外，根据英国政府公布的数据，1986 年至 2014 年，由于海洋环境问题及其他因素的影响，海鸟种群的数量下降了 20%。[1]

海洋生态系统关系着国家的可持续发展，海洋生态环境的破坏毫无疑问会给英国的经济带来巨大损失。根据英国政府科学办公室颁布的《海洋的未来：海洋生物多样性》报告中的数据，英国的生物多样性价值高达约 26700 亿英镑，海洋生物多样性丧失可能带来的风险损失包括：沿海保护（约 500 亿英镑），二氧化碳（10 亿英镑），水产养殖和渔业（80 万英镑），休闲（39 亿英镑）和海洋教育（3.1 亿英镑）。[2]

（二）海洋保护区建设

英国自 20 世纪 80 年代开始海洋保护区建设，最早是在欧盟 Natura 2000 网络下建立鸟类特别保护区（SPA），至今已建立种类多样、面积宽广的海洋保护区网络。根据英国自然保护联合委员会的数据，截至 2018 年 3 月，24% 的英国水域被海洋保护区覆盖，其中包括 115 个含有海洋部分的特别养护区（SAC）、112 个含有海洋部分的鸟类特别保护区、56 个海洋养护区域（MCZ）以及 31 个自然养护海洋保护区，[3] 此外，英国还在海外建立了 5 个海洋保护区，分别为查戈斯群岛海洋保护区、南乔

---

[1] Department for Environment, Food & Rural Affairs, Wild Bird Populations in the UK: 1970 to 2017, 2018, https://www. gov. uk/government/uploads/system/uploads/attachment_ data/ file/661681/UK_Wild_birds_1970_2016_FINAL_. pdf.

[2] Frithjof C. Kuüpper and Nicholas A. Kamenos, *The Future of Marine Biodiversity and Marine Ecosystem Functioning in UK Coastal and Territorial Waters (including UK Overseas Territories)*, 2017, p. 5.

[3] Joint Nature Conservation Committee, http://jncc. DEFRA. gov. uk/page - 4549, last visited on March 20, 2020.

治亚岛和南桑威奇群岛保护区、皮特凯恩群岛海洋保护区和阿森松岛海洋保护区和圣赫勒拿海洋保护区，总面积超过421万平方公里。

二　英国海洋保护区法律与政策框架

为了实现对其广阔海域的良好管理，实现可持续发展，英国制定了一系列的法律规章。与海洋保护区直接相关的法律规定最早可以追溯到1966年的《渔业管理法令》。目前，英国海洋保护区相关的法律及政策可分为国际条约、欧盟政策与法令及国内政策和立法三个层面。

（一）国际公约

英国作为海洋大国，加入了诸多海洋保护区相关的国际条约和组织，表9－1列举了相关重要国际条约的名称及其主要内容。

表9－1　英国签署的海洋保护区相关国际条约

公约名称	主要内容
《东北大西洋海洋环境保护公约》	东北大西洋海洋环境保护合作的区域性条约机制，旨在建立协作的海洋生态保护网络
《拉姆萨尔公约》	通过当地行动和国际协作实现对湿地理性保护和利用
《波恩公约》	保护野生动物迁徙物种
《生物多样性公约》	生物多样性保护和可持续利用

资料来源：笔者根据相关信息整理编制。

（二）欧盟政策与法令

虽然英国已经脱离欧盟，但是其在欧盟框架内参与的一系列海洋保护区建设和管理的法律政策目前仍发挥着重要作用。表9－2列举了英国参与制定的海洋保护区相关的各项欧盟政策法规。

表9－2　英国参与制定的海洋保护区相关欧盟政策法规

政策法规	时间	主要内容
《鸟指令》	1979年颁布	保护和管理欧盟国家境内的野生鸟类

政策法规	时间	主要内容
《栖息地指令》	1992 年颁布	保护野生物种及其栖息地
《水框架指令》	2000 年实施	水资源保护（水域保护和污染控制）
《海洋综合政策蓝皮书》	2008 年颁布	海域可持续利用及生态系统养护
《鸟指令》（法典）	2009 年修订	对 1979 年《鸟指令》的更新

资料来源：笔者根据相关信息整理编制。

（三）国内政策和立法

2002 年，支持建立海洋保护区的管理报告——《保护我们的海洋和环境以及可持续发展战略》① 提出了海洋保护区政策，其中包括截至 2010 年确定并制定英国海域的相关区域作为海洋保护区，并纳入管理良好的保护区网络中。2004 年，英国众议院的环境、食品和乡村事务部审查了政府关于海洋环境保护的政策。在栖息地和物种保护方面，委员会敦促政府立即与委员会开展工作，确保栖息地法令能涵盖所有必要的物种和栖息地，加强对海洋环境的保护并确保可以尽快解决法令和渔业政策之间的矛盾。②

如前文所述，英国参与了众多海洋保护区相关的国际条约和欧盟政策法规的制定与签署，但是它们大多只规定了原则性的标准和要求，英国通过推行一系列立法和政策规定对具体实施进行了详细的规定。鉴于英国特殊的立法体系，英格兰和威尔士的基本法律由英国议会制定，苏格兰议会制定苏格兰基本法律，而北爱尔兰议会负责制定地区法令。法律可通过后续立法和具体修正案得以修改。因而与特定主题相关的法律（如保护区的制定）可能体现在不同的法律中，表 9 - 3 列举了英国关于自然保护和设立海洋保护区的重要立法和政策规定。

---

① Department for Environment, Food & Rural Affairs, Safeguarding Our Seas: A Strategy for the Conservation and Sustainable Development of Our Marine Environment, 2002, https://assets. publishing. service. gov. uk/government/uploads/system/uploads/attachment_ data/file/69321/ pb6187 - marine-stewardship - 020425. pdf.

② 范晓婷主编《公海保护区的法律与实践》，海洋出版社，2015，第 258 页。

表 9 – 3　英国关于自然保护和设立海洋保护区的重要立法和政策规定

立法和政策规定	颁布时间	与海洋保护区相关的主要内容
《野生生物和乡村法》	1981 年	设立了特别科学利益保护区
《养护（自然栖息地等）规定》	1994 年	规定了对受保护物种及其栖息地的养护
《养护（自然栖息地等）规定（北爱尔兰）》	1995 年	关于欧洲海洋保护区的特别条款：管理、如何修改管理模式等
《国家公园（苏格兰）法》	2000 年	关于国家公园海洋部分的规定
《近海石油作业（栖息地保护）规定》	2001 年	禁止在作业中捕杀《栖息地指令》的指定物种和禁止以特殊方式捕杀鸟类
《自然保护（苏格兰）法》	2004 年	湿地保护
《海洋和海岸带准入法案》	2009 年	成立海洋养护区域，对海洋管理组织的成立、功能和作用做出详细规定
《（苏格兰）海事法令》	2010 年	对在苏格兰建立自然养护海洋保护区做出详细的规定
《北爱尔兰海洋法令》	2013 年	修正了关于北爱尔兰海洋保护区的规定，如增加了海事部的权限"海事部可以根据第 26 条的规定，为保护欧洲的海洋场地制定保护条例"
《近海海洋生物及其栖息地养护规则》	2017 年	对各类型海洋保护区的管理模式进行归纳和补充

资料来源：The National Archives, http：//www. legislation. gov. uk/, last visited on March 20, 2020。

三　英国海洋保护区的管理

（一）管理机构

英国涉及海洋保护区的管理机构较多，职能相对分散：英国自然保护联合委员会（Joint Nature Conservation Committee，JNCC）承担海洋保护区的选址、建设和监督，并针对海洋产业涉海活动对海洋资源的影响问题为政府和海洋产业提供咨询意见；管理和执法工作由海洋管理组织（Marine Management Organization，MMO）负责；近海渔业和保养管理机构协会（Association of Inshore Fisheries and Conservation Authorities，AIF-CA）管理海洋保护区的渔业；环境、食品和乡村事务部（Department for Environment，Food & Rural Affairs，DEFRA）负责对海洋养护区域的监管；各区域的自然署负责环境风险监督等工作。此外，其他政府部分如环境部、林业委员会等的相关职能和工作也或多或少地涉及海洋保护区管理。

1. 英国自然保护联合委员会

英国自然保护联合委员会是英国专门负责自然保护工作的政府职能部门，其前身为成立于 1949 年的英国自然保护组织。1973 年 11 月，英国为加强自然保护工作，颁布了《自然保护联合委员会法》，将自然保护组织扩大为自然保护联合会，使该组织成为一个行使管理职能的独立的政府部门。作为一个公共机构，它向英国政府及其下属机构提供英国国内及国际自然保护的建议。其工作有助于维护和丰富生物多样性并保护地质特征。英国自然保护联合委员会本身就是一个将英国的四个国家级保护机构联合到一起的桥梁。除了负责国家范围内的生物多样性养护之外，英国自然保护联合委员会也将国际自然保护视为其核心工作之一。它为政府在其与欧洲和全球决策机构的交流活动方面提供技术支持，并为国家的保护机构及分属机构提供智力支持和分析，以便加强衍生政策的发展和执行。英国自然保护联合委员会下设有英格兰分会、苏格兰分会和威尔士分会，各分会还设有若干个地区办事处。委员会包含两大部分：一部分负责规划、政策、财务及其他服务工作；另一部分负责科学技术方面的工作。①

2006 年《自然环境与乡村社区法》的第 33 部分至第 36 部分规定了英国自然保护联合委员会核心的法定义务，其主要职责包括：针对国内和国际层面的自然保护和影响自然保护的政策发展和执行向英国政府提出建议；提出影响英国和国际自然保护工作的相关建议并宣传相关知识；确立英国国内的自然保护一般标准，包括监测、研究和对结果的分析；委任或支持与上述职能相关的研究。

2007 年的《近岸海洋保护（自然生境等）规定》、2009 年的《海洋和沿海准入法案》和近岸石油产业活动的各种相关法规确定了英国自然保护联合委员会对近岸海洋保护的具体责任。英国政府已经将英国自然保护联合委员会指定为在《濒危野生动植物种国际贸易公约》和欧盟委

---

① 范晓婷主编《公海保护区的法律与实践》，海洋出版社，2015，第 256 页。

员会相应法规指导下的科学机构。

2. 海洋管理组织

根据 2009 年的《海洋和海岸带准入法案》，海洋管理组织于 2010 年 4 月 1 日成立。它被定性为非政府部门的公共机构，即在政府中扮演一定的角色，但不是也不属于政府部委，仅为在运作上有一定自治权的公共机构。① 尽管如此，海洋管理组织在财政上由环境、食品和乡村事务部支持。其职责包括以下九项：管理和监测捕捞船队规模以及捕捞配额；确保渔业规定得以遵守，如渔船许可证，海上时间和鱼类和海产品的配额；管理渔业活动的资助计划；规划和许可海洋建设活动，评估对环境经济或社会可能造成的影响；处理海洋污染紧急事件，包括漏油等；协助预防世界范围内的非法、不报告的和不受管制的捕鱼活动；制定规制所有海洋活动的计划；推动保护野生动物立法并颁发野生动物许可证；制定海洋自然保护条例。②

以上九项职责都与海洋保护区有着一定的关系，前文提到的海洋养保区域内的渔业措施就是由海洋管理组织负责实施的。同时，它还通过许可方式对特定动植物予以保护，具体包括可颁发及撤销捕猎海豹的许可证，颁发及撤销特定情形下保护野生鸟类、动植物的许可证，以及引入新物种和防止外来物种入侵的许可证。此外还有责任为政府部门在政策的制定实施过程中提供信息、数据以及专业性的知识和建议，并会同其他部门一起及时应对处置突发的海上污染事件。③

3. 近海渔业和保养管理机构协会

为了对近海渔业资源实行可持续管理和实现保护海洋生态系统的长期目标，英国于 2011 年 4 月设立了近海渔业和保养管理机构协会。作为近海区域地方委员会，其成员由地方机构（为其提供资金）和海域使用者代表（如职业渔民、业余捕鱼者、环境组织、海洋研究者等）组成。

①　UK Cabinet Office, Public bodies 2007: Making Government Work Better, 2007, http://webarchive. nationalarchives. gov. uk/20081211180957/http://www. civilservice. gov. uk/documents/pdf/public_bodies/public_bodies_2007. pdf.

②　GOV. UK, Marine Management Organization, https://www. gov. uk/government/organisations/marine-management-organisation/about, last visited on March 20, 2020.

③　GOV. UK, Marine Management Organization, https://www. gov. uk/government/organisations/marine-management-organisation/about, last visited on March 20, 2020.

该部门接受环境、食品和乡村事务部的指导，目前在苏塞克斯等郡设立了共十个地方部门机构。

4. 环境、食品和乡村事务部

环境、食品和乡村事务部是英国政府部门之一，其与海洋保护区相关的职能为环境保护。目前该部门负责对海洋保护区的监管，但海洋环境方面的管理工作依然由海洋管理组织具体执行。

5. 自然署

英格兰自然署、苏格兰自然遗产署、威尔士自然资源署和北爱尔兰环境部属于公立机构，为政府提供自然环境方面的科学建议，促进陆地和海洋的可持续管理和发展，为后代保存良好的生态环境。

（二）管理模式

英国的海洋保护区实行分类管理。目前英国共有 5 种海洋保护区类型，其中包括海洋养护区域、自然养护海洋保护区、含有海洋部分的特别养护区、鸟类特别保护区以及 OSPAR 海洋保护区，详见表 9 - 4。

表 9 - 4　英国海洋保护区类型及信息

海洋保护区类型	管辖	设立依据
海洋养护区域	英国	2009 年的《海洋和海岸带准入法案》
自然养护海洋保护区	英国（苏格兰）	2010 年的（苏格兰）海事法令/2009 年的《海洋和海岸带准入法案》
含有海洋部分的特别养护区	欧盟	欧盟《栖息地指令》
鸟类特别保护区	欧盟	欧盟《鸟指令》
OSPAR 海洋保护区	国际	1992 年的《奥斯陆巴黎保护东北大西洋海洋环境公约》

资料来源：笔者根据 JNCC 发布的相关信息整理编制。

英国海洋保护区种类较多，而且不同类型保护区所属的范围并不一致（英国、欧盟或国际），因此带来了管理模式上的差异。表 9 - 5 列举了主要类型的海洋保护区的具体管理模式，这些保护区的管理都是由英国自然保护联合委员会主导的。

表9-5　各类海洋保护区的管理模式

海洋保护区	管理模式
含有海洋部分的特别养护区	几乎所有的海洋特别养护区的指定过程都处于"从草拟特别养护区到特别养护区"的管理模式下。JNCC为指定保护点的决策和管理保护区提供科学支持，AIFCA负责评估捕鱼装置对保护区的风险，MMO和英国自然署持续监控保护区的环境风险
鸟类特别保护区	同特别养护区
海洋养护区域	每个海洋养护区域的管理模式都会根据该区域具体情况制定，JNCC和英国自然署对渔业活动、得到许可和未得到许可的活动的影响提供评估建议
自然养护海洋保护区	苏格兰自然遗产署立足于保护区的设立目的，从细节上考虑如何对保护区实现更好的管理，包括实施法律措施（如渔业法令等）和咨询公众意见。每一项在保护区实施的受许可的活动都要经过环境影响评价，苏格兰自然署和JNCC会在早期阶段识别并解决相关问题
OSPAR海洋保护区	由JNCC确保对整个OSPAR海洋保护区所在海域的良好管理以及生态连贯性

资料来源：笔者根据JNCC发布的相关信息整理编制。

1. 含有海洋部分的特别养护区

为了保护《栖息地指令》（1992年5月11日生效）附录Ⅰ和附录Ⅱ中的物种及其栖息地，欧盟根据该指令设立了特别养护区。目前英国有14%的水域被特别养护区覆盖，在115个含有海洋部分的特别养护区中，有90个位于领海之内，16个位于领海之外，还有9个皆有覆盖，在英国各地的分布见表9-6。《栖息地指令》和《海洋环境建立Natura 2000网络指南》①均包含了海洋特别养护区的遴选标准和过程，在遴选过程中候选地的地位和名称不一样，表9-7展示了特别养护区遴选过程的每一个阶段。每一个特别养护区的指定都必须经过英国政府和欧盟委员会的通过，经历从草拟特别养护区到特别养护区的过程。②

---

① 该指南由欧盟于2007年发布，详见欧盟官网，http://ec. europa. eu/environment/nature/natura2000/marine/index_en. htm，最后访问日期：2020年3月2日。

② 具体过程可见JNCC关于特别养护区遴选过程的介绍，http://jncc. defra. gov. uk/pdf/Off-shore%20SAC%20Designation%20Process. pdf，最后访问日期：2020年3月2日。

表9-6　含有海洋部分的特别养护区在英国各部分的分布情况

地区	特别养护区数量（个）	备注
英格兰	39	有4个跨境点，4个跨领海点以及5个完全位于领海之外的特别养护区
威尔士	14	有3个跨境点，1个跨领海点以及1个完全位于领海之外的特别养护区
苏格兰	58	有2个跨境点，2个跨领海点以及9个完全位于领海之外的特别养护区
北爱尔兰	9	有1个跨境点，1个跨领海点以及1个完全位于领海之外的特别养护区

资料来源：Joint Nature Conservation Committee, http://jncc. defra. gov. uk/page - 4661, last visited on April 10, 2019。

表9-7　特别养护区的遴选过程

候选点分类	介绍
特别养护区	经欧盟委员会通过并由其所在国家的政府正式指定的保护地
群落重要保护地	经欧盟委员会通过但未经其所在国家的政府正式指定的保护点
候选特别养护区	已经提交到欧盟委员会，但还未被正式接受
潜在特别养护区	已经正式建议至英国政府，但英国政府还未将其提交至欧盟委员会
草拟特别养护区	已被正式建议至英国政府作为特别保护区候选点的区域，但英国政府还未通过征求公众意见决定是否同意将其提交至欧盟委员会

资料来源：笔者根据英国自然保护联合委员会公布的信息整理编制。

2. 鸟类特别保护区

欧盟《鸟指令》中的一个关键目标即建立一个欧洲协作的保护区网络。目前在英国，陆地特别保护区网络已经建设完备，但正如《鸟指令》中所强调的"保护措施应在陆地和海洋区域同步开展"，目前英国有112个包含海洋部分的鸟类特别保护区，4个完全位于海洋的特别保护区，共有97个涉海特别保护区。为了确立未来海洋特别保护区设立地，英国自然保护联合委员会联合四个法定自然保护主体，包括苏格兰自然遗产署、英格兰自然署、威尔士自然资源署和北爱尔兰环境部，长年广泛调查收集数据，通过严格的数据分析确定海鸟的聚集地。此外，英国自然保护联合委员会有专门的保护区团队，团队下属于保护区技术组，在设立保护地的过程中与相关利益方、海洋专家及统计专家进行协商，确保鸟类海洋特别保护区的顺利设立。

3. 海洋养护区域

根据 2009 年颁布的《海洋和海岸带准入法案》，海洋养护区域得以设立，成为英国海洋保护系统重要的一部分。海洋养护区域设立的目标是扭转英国海洋生物多样性下降的趋势，促进海洋生物多样性的恢复；提高海洋生态系统的运行功能以及对环境变化的应变能力；在决策的过程中更多考虑海洋自然环境保护问题；更好地履行英国在欧盟和国际上做出的海洋自然保护的承诺。① 目前英国共有 56 个海洋养护区域，其中有 14 个位于英国近海或跨越沿海和近海区域。

英国于 2010 年 1 月在位于布里斯托尔海湾的兰迪岛（Lundy Island）海域建立了第一个海洋养护区域，面积为 30.70 平方公里。在成为海洋自然保护区之前，兰迪岛已经是英国的陆地自然保护区，该岛物种丰富，其中包括灰海豹、龙虾及五种珊瑚等，鸟类多达 317 种。兰迪岛的一部分作为当时（2010 年 1 月）英国唯一的海洋养护区域，自 2003 年起实行全面禁渔。兰迪岛海洋养护区域的重点保护物种是大螯虾，旨在通过一系列措施扭转其数量下降的趋势，使其恢复到有利的状况。

4. 自然养护海洋保护区

2010 年的（苏格兰）海事法令和 2009 年的《英国海洋法》赋予了苏格兰政府在苏格兰水域设立自然养护海洋保护区的权力，以为当代及后代更好地管理苏格兰水域。目前英国共有 31 个自然养护海洋保护区。英国自然保护联合委员会与苏格兰自然遗产署共同选址，构建完整的海洋保护区网络，在此过程中苏格兰也在协助英国履行其在欧盟和国际上做出的海洋自然保护的承诺，如《生物多样性公约》和《奥斯陆巴黎保护东北大西洋海洋环境公约》中的生态部分。英国自然保护联合委员会和苏格兰自然遗产署共同为保护区制作简介、数据评估、指导方针以及管理建议。

5. OSPAR 海洋保护区

OSPAR 委员会要求根据 OSPAR 公约的要求，在 2005 年以前，缔约

---

① 李景光主编《国外海洋管理与执法体制》，海洋出版社，2014，第 56 页。

方初步考虑完毕它们管辖范围内 OSPAR 海洋保护区的识别和指定。英国自然保护联合委员会在评估了《鸟指令》和《栖息地指令》框架下的海洋保护区（鸟类特别保护区和特别养护区）之后，将 55 个临海 Natura 网点指定为 OSPAR 海洋环境保护区，并由英国政府于 2005 年将名单交至 OSPAR 委员会。此后英国政府又陆续向 OSPAR 委员会报告了 200 多个 OSPAR 海洋保护区，截至 2018 年 10 月，英国共有 283 个 OSPAR 海洋保护区，每一个保护区都至少满足一项 OSPAR 海洋保护区的生态标准。[①]

综上，尽管英国相对于一些海洋大国设立海洋保护区起步较晚，但发展迅速，目前已经形成了覆盖面积广、种类多样、法律保障相对完善的海洋保护区体系。英国除了重视领海范围内海洋保护区的建设之外，也着力拓展领海以外的海洋保护区。

四　英国海洋保护区的最新实践

（一）在海外领地设立海洋保护区

英国广阔的海外领地为其提供了丰富的生物多样性，为了保护其海外领地的生物资源与海洋环境，英国正积极推动海外领地的海洋保护区的建设。尤其在 2010 年，英国蓝色海洋基金会成立。该组织旨在为政府建立海外海洋保护区提供科学意见，成功推动了包括查戈斯群岛（Chagos Archipelago）在内的多个海洋保护区的建立。2017 年 10 月，英国政府推出了"蓝带"计划（Blue Belt Programme），将支持海外 400 多万平方公里领土的长期海洋保护，并在 2016 年至 2020 年间投入 2000 万英镑用于促进海洋研究的发展、制定并实施海上管理战略和海洋可持续管理。[②] 如表 9-8 所示，目前英国已建立 5 个海外海洋保护区。

[①] Joint Nature Conservation Committee, http://jncc. defra. gov. uk/page - 4526, last visited on March 20, 2020.

[②] UK Government, https://www. gov. uk/government/publications/the-blue-belt-programme, last visited on March 20, 2020.

表 9 - 8　英国海外海洋保护区

海洋保护区	成立时间	面积（平方公里）
查戈斯群岛海洋保护区	2010 年	640000
南乔治亚岛和南桑威奇群岛保护区	2012 年	1070000
皮特凯恩群岛海洋保护区	2015 年	830000
阿森松岛海洋保护区	2016 年	234291
圣赫勒拿海洋保护区	2016 年	1445000

资料来源：笔者根据英国政府网公布的信息整理编制。

在这 5 个海外海洋保护区中，查戈斯群岛是最有争议的，它位于印度洋中部，是英属的印度洋领地，战略地位突出。查戈斯群岛包括 60 多个岛屿和 7 个环礁，群岛专属经济区水域为 54.4 万平方公里，珊瑚礁生态系统保持完好。印度洋中 49% 条件良好的珊瑚礁都位于查戈斯群岛附近水域，区域内的迪戈加西亚岛（Diego Garcia）已成为美军的重要军事基地。[①]

该群岛自 1965 年成为英属印度洋领地以来，毛里求斯政府从未放弃对该群岛的领土主权要求，英国和毛里求斯在该岛上存在主权争议。2010 年 4 月，英国政府将查戈斯群岛及其专属经济区的全部海域设立为禁止使用的海洋保护区，在此所有的开采活动如商业捕鱼和深海采矿都被禁止。虽有毛里求斯政府、查戈斯群岛的原住民和人权组织的反对和抗议，英国还是单方面宣布设立保护区，强调建设查戈斯群岛保护区对于海洋生物多样性养护的重要性，加强对查戈斯群岛及其附近海域的实际管控。[②] 2010 年 12 月 20 日，毛里求斯向海牙常设仲裁法院（PCA）提起了对英国的诉讼，根据《联合国海洋法公约》主张英国无权在查戈斯群岛宣布海洋保护区，并且英国侵犯了毛里求斯在群岛附近水域的捕鱼权。PCA 在 2015 年 3 月做出判决，认为其对于毛里求斯的前一项诉求没有管辖权，但支持了毛里求斯对于查戈斯群岛水域的权利不限于捕鱼。这一判决使查戈斯群岛的地位至今悬而未决，但英国仍控制着这一争议

① 郑苗壮等：《美、英、法等国建立大型远岛海洋保护区的影响》，《吉林大学社会科学学报》2016 年第 6 期。

② 郑苗壮等：《美、英、法等国建立大型远岛海洋保护区的影响》，《吉林大学社会科学学报》2016 年第 6 期。

水域。从此案可以看出，英国建立海洋保护区的目的并不仅仅在于保护海洋环境，还有加强在查戈斯群岛的主权活动，为其领土主张创造权源。

（二）加强对近海物种的养护

英国已经建立了较为完善的海洋生物栖息地特别养护区网络，但仍须加强考虑对近海的物种保护。在 2013 年 6 月 20 日，英国收到了欧盟委员会的正式通知信，信中表达了对英国在欧盟《栖息地指令》下缺少针对海豚的特别养护区的担忧。对此，英国在 2016 年向公众征求意见设立布里斯托尔海湾潜在养护区（Bristol Channel pSAC，面积为 5851 平方公里）、北海南部潜在养护区（Southern North Sea pSAC，面积为 36958 平方公里）、西威尔士潜在养护区（West Wales Marine pSAC，面积为 7376 平方公里）、北安格尔西岛潜在养护区（The North Anglesey Marine pSAC，面积为 3249 平方公里）和北海海峡潜在养护区（North Channel pSAC，面积为 1604 平方公里）。2016 年 9 月 26 日，英国自然保护联合委员会和相关自然保护主体向英国政府提交了一份咨询报告。2017 年 1 月，这些保护区被英国政府接受并提交至欧盟委员会。至此，这 5 个保护区成为候选保护区。

（三）参与建立公海保护区的实践

公海作为国家管辖外的海域，同样蕴含着丰富的海洋资源，有着巨大的战略价值。但公海海洋环境也面临着气候变化、海洋污染等带来的生物多样性减少等问题。英国对公海海洋保护态度积极、实践丰富。目前，英国签署了《生物多样性公约》、《东北大西洋海洋环境保护公约》和《南极条约》等与公海保护区建设相关的公约。

作为缔约国中 OSPAR 海洋保护区数量最多、面积最大的国家，英国在其所建立的近 300 个 OSPAR 海洋保护区中也部分涉及公海海域。另外，2009 年 11 月，基于英国政府的建议，① 南极生物资源养护委员会第

---

① 英国作为第一个宣称对南极拥有主权的国家，十分重视南极的战略价值。自 20 世纪以来，英国和阿根廷就马岛、南奥克尼群岛等区域发生了激烈的领土争端，严重威胁英国在南极的战略利益。《南极条约》签订之后，英阿两国加强了在争议领土及南极区域的合作，英国也重视通过科学研究及海洋环境保护扩大英国在南极地区的影响。

28 届年会通过了建立南奥克尼南部大陆架公海保护区的保护措施；作为世界上第一个完全位于国家管辖之外的公海保护区，该公海保护区于2010 年 5 月正式建立。

五 评析

（一）未实现上下结合的治理

近 30 年以来，在各项法律框架下，英国政府正在大力推动海洋保护区网络的建设，目前英国已有近四分之一的水域被海洋保护区覆盖。总体而言，英国设立海洋保护区的成效是显著的，对生物多样性养护起到了巨大作用，但也存在管理机构分散、公众参与不足等问题。面对庞大的海洋保护区网络，一方面，英国政府正在努力改善管理模式，如在2007 年的《近岸海洋保护（自然生境等）规定》、《海洋和海岸带准入法案》和近岸石油产业活动的各种相关法规中确定了英国自然保护联合委员会的近岸海洋保护的具体责任，设立海洋管理组织等，希望能进一步提高海洋保护区的成效。另一方面，英国也正在积极拓展海洋保护区建设，充分发掘和利用其政治效能。

1. 自上而下的治理不集中

（1）立法较分散

海洋保护区立法存在分散化这一特点。目前英国海洋保护区的相关立法分散于各单行法中，而且修改相对频繁，降低了法规的可操作性并带来了立法碎片化的问题。以养护海洋保护区的物种为例，《野生生物和乡村法》、《养护（自然栖息地等）规定》及《近海石油作业（栖息地保护）规定》都有相关规定。但对于普通民众尤其是渔民或捕捞者而言，立法的碎片化可能阻碍他们了解海洋保护区相关制度，甚至违法而不自知。作为英美法系国家，英国没有法典化的传统，面对庞大的海洋保护区网络，英国有必要将海洋保护区的管理、执法及其他方面内容统一到一部法律中，厘清它们之间的关系，为实现海洋保护区的良好管理提供法律支持。

（2）管理模式不够集中

由于海洋是一个支撑着社会经济体系的复杂生态系统，因此要实现保护区效力的最大化，需要投入大量的资金。同时，保护生物多样性和自然资源免受使用者的破坏也需要法律法规的支持和政府的参与。目前英国政府对海洋保护区的监管起着主导作用，但是管理权分散在英国自然保护联合委员会，海洋管理组织，近海渔业和保养管理机构协会以及环境、食品和乡村事务部等多个部门。各个部门在其职能范围内涉及对海洋保护区的管理，而且不同类型的海洋保护区管理模式各有差异，在实际执法中可能因为管理权的重叠或真空地带导致监管不力，不利于充分发挥海洋保护区的功能。

英国作为海洋大国，目前已经建立了广泛的海洋保护区网络，但要实现国家海洋保护目标，仅仅依靠海洋保护区规划和指定是不够的，重点在于执行和效力。① 良好执行依靠的正是强有力而职能统一的管理机构。

2. 自下而上的治理不充分

英国海洋保护区的管理权集中在政府部门，虽然近海渔业和保养管理机构协会能够表达当地使用者的意见、发挥他们的作用，但是其仍接受环境、食品和乡村事务部的指导，分会未遍及各海洋保护区。在宣布一处海域为海洋保护区时，通常在当地对捕鱼进行一定限制或禁止，并且海上休闲活动等相关生活活动也会受到影响。若在决策和管理中不纳入当地居民的意见，可能会招致他们的抵触情绪，甚至带来一系列矛盾和冲突。

根据 2009 年的《海洋和海岸带准入法案》，英国成立了"海岸带生产组织工作组"。该工作组为海岸带生产者组织提供保护，并游说政府在海洋规划制定、进行海洋管理时为海岸带生产者组织确立正式的地位，相当于承认生产者组织在英国海洋和海岸带管理中担任关键的执行者角色。在英国海洋规划的制定和执行中，生产者组织被认为具有重要功能，尤其是在培养利益相关者参与机制和信息共享方面有相当大的潜力。但

---

① 联合国环境规划署：《2017 年前沿报告：全球环境的新兴问题》，https://www.unenvironment.org/zh-hans/resources/2017 qianyanbaogao，最后访问日期：2020 年 3 月 20 日。

《海洋和海岸带准入法案》并没有给予海岸带生产者组织正式的地位，因此生产者组织在英国海洋与海岸带管理政策框架中的地位仍是模糊不清的。①由此可见，当地社区与相关使用者的作用被重视，但仍须在具体实践中更充分地发挥他们的职能。

（二）充分发挥海外领地海洋保护区的政治效能

英国作为曾经的海洋霸主，至今仍在世界范围内拥有广阔的海外领地，近年来更是在海外领地大规模建立海洋保护区。除了维护生物多样性这一目标之外，其"新海洋圈地运动"这一政治意图也值得思考。海外领地通常位于远离本土的海域，有些甚至是争议区域（如查戈斯群岛保护区），在此设立海洋保护区有利于加强国家管控，树立地缘政治优势。以查戈斯群岛为例，它是英国唯一位于印度洋的海外领地，对连接英国与亚洲各国有着重要意义。英国意图通过设立海洋保护区加强在查戈斯群岛的主权活动，为解决领土争端创造更多的主权证据。

英国在领海之外海洋保护区实践也表现出对其海洋管辖权进行扩张的意图。虽然《联合国海洋法公约》同时也规定"沿海国在专属经济区内根据本公约行使其权利和履行其义务时，应适当顾及其他国家的权利和义务"。但是，由于海洋保护区具有限制开发利用活动的特性，沿海国关于海洋保护区管理规定实际上很难做到不妨害其他沿海国的权利。②养护生物多样性顺应了国内和国际保护生态的大趋势，英国借助海洋保护区这一具有高度政治正确性的生态工具，强化了对其专属经济区的管辖权。

六　小结与启示

英国的海洋保护区广泛分布于东北大西洋，目前，英国近四分之一的管辖水域已被纳入海洋保护区的管理范畴。同时，英国建立了查戈斯群岛海洋保护区等海外大型保护区，为其保护海洋环境与海洋生物多样

---

① 罗昆、王雪木：《英国海洋与海岸带管理政策研究》，《海洋开发与管理》2018 年第 2 期。
② 郑苗壮等：《美、英、法等国建立大型远岛海洋保护区的影响》，《吉林大学社会科学学报》2016 年第 6 期。

性提供了良好的工具。相比于其他海洋大国，尽管英国设立海洋保护区的实践起步较晚，但发展迅速，目前已经形成了覆盖面积广、种类多样、法律保障相对完善的海洋保护区体系。英国结合了欧盟 Natura 2000 网络设立鸟类特别保护区和特别养护区，根据《海洋和海岸带准入法案》建立海洋养护区域。同时英国也十分重视海洋保护区的政治效能与战略价值，查戈斯群岛海洋保护区就是一个很好的例子。

但英国海洋保护区在立法、管理模式上也没有实现完全统一，存在管理分散、执法权限不够明确等问题。在未来，英国可加强对已有海洋保护区的管理，在考虑多方利益尤其是当地社区的利益的前提下更加谨慎地设立新的海洋保护区；尽快形成层级清晰、分工明确的管理制度；同时考虑制定海洋保护区专项立法，将管理等事宜通过法律加以细致地规定。

参考文献

一　中文

1. 范晓婷主编《公海保护区的法律与实践》，海洋出版社，2015。

2. 李景光主编《国外海洋管理与执法体制》，海洋出版社，2014。

3. 联合国环境规划署：《2017 年前沿报告：全球环境的新兴问题》，https://www.unenvironment. org/zh-hans/resources/2017qianyanbaogao。

4. 罗昆、王雪木：《英国海洋与海岸带管理政策研究》，《海洋开发与管理》2018 年第 2 期。

5. 郑苗壮等：《美、英、法等国建立大型远岛海洋保护区的影响》，《吉林大学社会科学学报》2016 年第 6 期。

二　英文

1. Department for Environment, Food & Rural Affairs, Safeguarding Our Seas: A Strategy for the Conservation and Sustainable Development of Our Marine Environment, 2002.

2. Department for Environment, Food & Rural Affairs, Wild Bird Populations in the UK: 1970 to 2017, 2018, https://www. gov. uk/government/uploads/system/uploads/attachment_data/file/661681/UK_Wild_birds_1970_2016_FINAL_ . pdf.

3. Government Office for Science, Future of the Sea: Marine Biodiversity, 2017, https://assets. publishing. service. gov. uk/government/uploads/system/uploads/attachment _ data/

file/663897/Future_of_the_Sea_ - _Marine_Biodiversity_Final. pdf.

4. Frithjof C. Kuüpper and Nicholas A. Kamenos, *The Future of Marine Biodiversity and Marine Ecosystem Functioning in UK Coastal and Territorial Waters（including UK Overseas Territories）*, 2017, p. 5.

5. UK Cabinet Office, Public Bodies 2007：Making Government Work Better, 2007, http：// webarchive. nationalarchives. gov. uk/20081211180957/http：//www. civilservice. gov. uk/ documents/pdf/public_bodies/public_bodies_2007. pdf.

三　主要参考网站

1. 欧盟环境署（European Environment Agency）, https：//www. eea. europa. eu。

2. 欧盟委员会（European Commission）, http：//ec. europa. eu。

3. 英国立法（UK Legislation）, http：//www. legislation. gov. uk/。

4. 英国政府（GOV. UK）, https：//www. gov. uk。

5. 英国自然保护联合委员会（Joint Nature Conservation Committee）, http：//jncc. defra. gov. uk。

6. 中华人民共和国外交部, http：//www. fmprc. gov. cn。

7. OSPAR 委员会（OSPAR Commission）, https：//www. ospar. org。

第十章　法国：因地制宜的海洋保护区建设

一　法国海洋自然环境与海洋保护区概况

（一）海洋自然环境

法国地处西欧，濒临北海、英吉利海峡、大西洋和地中海四大海域，海岸线长达 18000 公里。法国海域面积（包括拥有主权及处于其管辖下）超过 1100 万平方公里，自北纬 51°到南纬 53°皆有分布，面积排名居世界第二位，占全球海洋总面积的 3%，仅次于美国。[①] 法国的海外水域占据了海域面积的 97%，海外水域中面积最大的当属法属波利尼西亚的水域，占据法国水域总面积的近 47%。[②]

得益于其广阔的海域面积，法国拥有非常丰富的生物资源。法国本土的两栖类、鸟类及哺乳类动物的物种丰富程度在欧洲名列前茅。截至 2018 年 9 月，在法国管辖的水域已经发现了超过 15 万个物种，接近世界已知物种总数的一半。[③] 值得注意的是，法国是世界上唯一一个在三大洋皆拥有珊瑚礁的国家，其管辖海域的珊瑚礁数量占了世界总数的 10%，珊瑚岛占 20%，海底山占 6%。[④] 法国的红树林面积达10 万公顷，占世界红树林总面积的 0.5%，其中 90% 的红树林分布在圭亚那和新喀里多尼亚。

---

① 法国政府：《海洋空间国家安全战略》，2015，第 3 页，https://www.gouvernement.fr/sites/default/files/contenu/piece-jointe/2015/11/strategie_nationale_de_surete_des_espaces_maritimes.pdf。
② 法属波利尼西亚位于南太平洋，是法国的海外领地之一，由 5 个群岛共 118 个小岛组成，覆盖水域面积达 500 万平方公里。
③ 法国生态转型部：《创设及管理海洋保护区国家战略》，2012，第 8 页。
④ 生物多样性办公室，http://www.aires-marines.fr/Les-aires-marines-protegees/Contexte-global，最后访问日期：2020 年 4 月 7 日。

广阔的海域、丰富的生物多样性为法国的经济提供了无限的动力，法国也高度重视生物多样性在发展蓝色经济中的重要作用。根据法国生态转型部发布的《国家海洋及滨海战略》，在 2011 年，海洋经济创造了 46 万个职位、300 亿欧元的经济价值，约占法国 GDP 的 1.5%。但由于海洋污染、气候变化等因素，法国的海洋环境及生物多样性也面临着巨大的挑战。[①]

（二）海洋保护区概况

长期以来，法国非常重视海洋生态环境的保护，并将海洋生物多样性视为其经济繁荣及创新的重要战略资源。为此法国采取了一系列的生物多样性养护措施，其中包括建立海洋保护区。自 1963 年法国在克罗斯港建立第一个海洋公园至 2019 年 7 月，22.5% 的法国海域被海洋保护区覆盖，法国本土及海外的海洋保护区数量达到 546 个。[②]

根据法国《环境法典》第 334 - 1 条，法国设有 9 种海洋保护区类型：包含海洋的国家公园；包含海洋的区域自然公园；包含海洋的自然保护区；包含海洋的群落生境保护区；包含海洋的欧盟 Natura 2000 自然保护区网络；委托给沿海地带保护署的公共海域；海洋自然公园；渔业保护区和含有海洋的国家狩猎和野生动物保护区。尽管这 9 种保护区的功能和目标各有侧重，但国家公园和区域自然公园强调对保护区内生态、资源、文化和其他价值的全方位保护。表 10 - 1 列举了各类海洋保护区的管理目标。

目标 1：使有特殊地位的、遗产性的或对生物有重大作用的物种（稀有或濒危物种）及其栖息地处于良好状态

目标 2：使处于非重要地位的物种（但属于海洋保护区的保护物种、渔业捕捞物种，当地丰富且具有较大的地理和生物价值的物种）及其栖息地处于良好状态

目标 3：关键生态功能的实现（产卵场、养殖区、培育区、生产力、休养、食物供应、迁徙……）

---

① 法国生态转型部：《创设及管理海洋保护区国家战略》，2012，第 10 页。
② 法国生态转型部，https://www.ecologique-solidaire.gouv.fr/aires-marines-protegees-francaises，最后访问日期：2020 年 4 月 7 日。

目标 4：使海洋水域保持良好状态

目标 5：资源的可持续性开发

目标 6：可持续的发展利用

目标 7：海洋文化遗产的维护

目标 8：附加价值（社会、经济、科学、教育）

表 10 - 1　法国海洋保护区的管理目标

《环境法典》确立的海洋保护区种类	海洋保护区的管理目标							
	目标 1	目标 2	目标 3	目标 4	目标 5	目标 6	目标 7	目标 8
包含海洋的欧盟 Natura 2000 自然保护区网络	√							
包含海洋的国家公园	√	√	√	√	√	√	√	√
委托给沿海地带保护署的公共海域	√	√	√			√	√	
包含海洋的群落生境保护区	√							
包含海洋的区域自然公园	√	√	√	√	√	√	√	√
包含海洋的自然保护区								√
渔业保护区		√	√		√			
海洋自然公园					√	√	√	√
含有海洋的国家狩猎和野生动物保护区	√	√	√					

资料来源：根据法国生物多样性办公室发布的资料整理，http://www. aires-marines. fr/Les-aires-marines-protegees/Categories-d-aires-marines-protegees，最后访问日期：2020 年 3 月 25 日。

二　法国海洋保护区法律与政策框架

为了实现对广阔海域的良好管理及可持续发展，法国制定了一系列的法律规章，最早可以追溯到 1930 年 5 月 2 号颁布的法令。此外，法国积极参与国际环境保护，签署和加入相关的国际条约和软法性文件，以及参与和执行了欧盟层面的相关法律与政策。

（一）国际层面

作为环境保护的先驱国家，法国牵头或参与签署了一系列的海洋生态保护国际条约和国际宣言。表 10 - 2 列举了涉及海洋保护区的相关国际公约。在这六个公约中，《拉姆萨尔公约》、《波恩公约》、《生物多样性公约》和《联合国海洋法公约》属于全球性公约，《东北大西洋海洋环境保护公约》和《地中海海洋环境和沿海区域保护公约》属于区域性公约，分别旨在保护东北大西洋和地中海的海洋环境。《东北大西洋海洋环境保护公约》要求成员国采取一切可能的措施保护东北大西洋的海洋环境。作为该公约的组成部分，关于保护和养护海洋地区生态系统和生物多样性的附件五要求缔约国采取必要措施，保护和养护海洋地区的生态系统和生物多样性，并在可行的情况下恢复已受到不良影响的海域。[①]《地中海海洋环境和沿海区域保护公约》要求成员方采取适当的措施消除和减轻地中海区域的污染，该公约中的地中海保护条款是第一个允许在公海设置保护区的正式规则。[②] 除了以上公约，法国还参与了《辛特拉宣言》和《不莱梅宣言》，两者皆为 OSPAR 委员会各国部长会议通过的重要文件。《辛特拉宣言》旨在建立一个可持续发展的海洋保护区网络；《不莱梅宣言》则确立了海洋保护区建设中的各项具体工作，这两个宣言对推动东北大西洋海洋保护区的建设发挥了重要的作用。

表 10 - 2 法国加入的与海洋保护区相关的国际公约

公约	主要内容
《拉姆萨尔公约》	合理保护和利用湿地
《波恩公约》	保护野生动物迁徙物种
《生物多样性公约》	生物多样性养护和可持续利用
《联合国海洋法公约》	沿海国应承担的海洋保护义务
《东北大西洋海洋环境保护公约》	东北大西洋海洋环境保护合作的国际条约机制
《地中海海洋环境和沿海区域保护公约》	保护地中海环境和沿海区域

资料来源：笔者根据相关资料整理编制。

（二）欧盟指令与政策

除了加强海洋保护区建设的国际合作，作为欧盟的主要成员国，法

---

① 范晓婷主编《公海保护区的法律与实践》，2015，海洋出版社，第49页。
② 范晓婷主编《公海保护区的法律与实践》，2015，海洋出版社，第50页。

国参与和执行欧盟制定的各项指令与政策，加强对海域生物多样性的养护和可持续开发利用。表 10 – 3 列举了法国参与的与海洋保护区相关的各项欧盟指令与政策。

表 10 – 3　　法国参与的与海洋保护区相关的欧盟指令与政策

政策法规	时间	主要内容
《鸟指令》	1979 年颁布（2009 年最新修订）	保护和管理欧盟国家境内的野生鸟类
《欧盟共同渔业政策》	1983 年实施	渔业资源保护与管理
《栖息地指令》	1992 年颁布	保护野生物种及其栖息地
《水框架指令》	2000 年实施	水资源保护（水域保护和污染控制）
《海洋综合政策蓝皮书》	2007 年颁布	海域可持续利用及生态系统养护
《欧盟生物多样性战略》	2011 年发布	遏制欧盟地区生物多样性退化，对其进行恢复

资料来源：根据相关信息整理编制。

（三）国内立法

法国将国际环境保护法律义务转化到其国内法中，这些转化主要体现在法国《环境法典》中。法国《环境法典》于 2000 年 9 月 18 日正式生效，该法典将原有关于环境的法律条文进行了汇编，其中包括海洋保护区的相关条款。此外，2006 年，法国颁布了《自然公园与海洋自然公园法》；2016 年颁布的《生物多样性法令》修改了海洋保护区管理方面的内容。

1. 《环境法典》

《环境法典》是为了应对法国环境立法膨胀问题而诞生的。《环境法典》把海洋保护区管理、保护所涉及的各方面内容通过立法固定下来，囊括了海洋保护区相关的所有法律法规。同时，法国《环境法典》对现行法律体系做系统整合但不对其做实质变更，[①] 新的立法条文会被插入到《环境法典》中，取代与之相矛盾的旧条文。自 2000 年生效以来，法国与时俱进地往《环境法典》中增添新内容或对其进行修改，避免了

---

① 莫菲：《法国环境法典化的历程及启示》，《中国人大》2018 年第 3 期。

"法典凝固"的问题。

法国《环境法典》关于海洋保护区相关的规定集中在立法部分第三卷第三编第四章，这一章详细介绍了法国海洋保护区的类型及管理方面的内容，详见表 10-4。

表 10-4 法国《环境法典》立法部分第三卷第三编第四章

法条	内容	关联法条	内容
《环境法典》法律部分第 334-1 条	海洋保护区的类型	《环境法典》第 331-1 条	国家公园的定义
		《环境法典》第 331-1 条	自然保护区的定义及目标
		《环境法典》第 441-1 条	群落生境保护区禁止的活动
		《环境法典》第 334-3 条	海洋自然公园的选划位置
		《环境法典》第 414-1 条	Natura 2000 网络保护的对象
		《农村和海洋渔业法典》第 924-1 条	渔业保护区的定义
		《环境法典》第 333-1 条	地区自然公园的定义、管理模式
		《环境法典》第 333-1 条	国家野生动物保护区的设立目标及管理模式
《环境法典》法律部分第 334-2-1 条	环境检查员的权限（违反相关法律中有关海洋保护区的条款）	《环境法典》第 172-1 条	环境检查员的调查权限
		《交通法》第 5242-1 条和第 5242-2 条	对船舶及相关人员的违法惩罚
		《环境法典》第 218-11 条到 218-19 条和第 218-73 条	对违法排放有毒有害物质污染海洋保护区的具体惩罚措施
		《遗产法》第 544-5 条到第 544-7 条	违反海洋文化遗产保护的惩罚措施
		《农村和海洋渔业法典》第 942-5 条、第 942-6 条和第 943-1 条	检查员对于船只（船舶）的检查和扣留权限
		《环境法典》第三卷第二编第二章	沿海地带及海岸保护
		《环境法典》第三卷第三编第二章	自然保护区
		《环境法典》第三卷第六编第二章	机动交通
《环境法典》第 334-2-2 条	为保护鲸类从而对船舶的长度进行了规定		

资料来源：法国立法网，https://www.legifrance.gouv.fr，最后访问日期：2020 年 3 月 2 日。

2.《自然公园与海洋自然公园法》

法国于 2006 年 4 月 14 日颁布了《自然公园与海洋自然公园法》。该法包含六章，其中前四章分别涉及国家公园、位于圭亚那的亚马孙公园、区域自然公园和海洋自然公园，以上内容都已经被纳入《环境法典》中；第五章是财务条款，解决的是上述地区的税务及财政问题；第六章是杂项条款及过渡条款，大部分也被纳入《环境法典》和《城市规划法典》中。

3.《生物多样性法令》（2016 - 1078 号法令）

2016 年 8 月 9 日，法国宪法委员会正式审查通过了《生物多样性恢复、自然与人文景观法令》（简称《生物多样性法令》），这是法国 40 年来对《自然保护法令》（《生物多样性法令》的前身）的一次重要修改，在一些相关的领域取得了重要突破。[①] 特别是成立了生物多样性署，取代了之前的海洋保护区管理局，实现对海洋保护区全方位宽领域的管理。此外，该法第六编第一章涉及生物多样性地方机构的组织体系问题，特别是关于地区自然公园，多达七项条款，详细规定了公园治理与管理联合会的职能。第三章第一部分规范了 Natura 2000 区域内的专业捕鱼活动；第二部分则修订了《环境法典》及《农村和海洋渔业法典》关于海洋保护区的管理规定。[②]

三　法国建立海洋保护区的实践

自 1963 年建立欧洲第一个海洋公园——克罗斯港国家公园以来，法国不断丰富和创新海洋保护区的立法与实践，努力探索适合本国国情的海洋保护区管理模式，充分发挥海洋保护区的效能。

（一）海洋保护区的管理实践

经过多年的实践，法国已经形成了层级清晰、分工明确的管理制度，也积累了不少管理经验。

---

① 彭峰：《法国〈生物多样性法令〉的革新》，《环境保护》2016 年第 18 期。
② 法国生态转型部，https://www.ecologique-solidaire.gouv.fr/loi-reconquete-biodiversite-nature-et-des-paysages，最后访问日期：2019 年 4 月 1 日。

1. 主要管理机构

为加强对生物多样性、自然及景观的保护，根据 2016 年 8 月 9 日通过的《生物多样性法令》，法国设立了生物多样性署，并于 2017 年 1 月 1 日正式运行；根据第 2019 - 773 号法，自 2020 年 1 月 1 日起，生物多样性署和国家狩猎及野生动物办公室合并为生物多样性办公室。生物多样性办公室是法国生态转型部下属的公共机构，由国家水资源和水环境局、自然监测技术中心、法国国家公园、海洋保护区管理局和国家植物保护委员会合并而成，并与地方政府合作成立分支机构。生物多样性办公室取代了原来的生物多样性署，依照法国保护生物多样性的目标和方针，在法律文件的框架下（尤其是欧盟指令）对海洋保护区进行管理。根据第 2019 - 773 号法的第 1 条①，生物多样性办公室主要在陆地、水上及海洋采取行动以监测、养护、管理和恢复生物多样性，协助国家应对气候变暖的政策，并促进水的可持续管理，其主要任务包括：

1）协助行政警察及司法警察参与水、自然空间、物种、狩猎及渔业执行任务，并与卫生部门合作开展关于野生物种方面的工作。

2）发展有关物种和环境的功能及用途、发展生态系统服务，发掘气候变化与生物多样性之间的联系以及与之相关的健康风险的知识，研究野生动物的相关知识，生物多样性办公室还控制或协调有关生物多样性、水、水生和海洋环境的信息系统。

3）为第 425 - 16 条提到的物种适应性管理和野生物种状态评估提供专业知识及帮助。

4）支持水及生物多样性政策的设计、实施和评估，特别是在土地层面：

• 支持国家制定第 110 - 3 条规定的国家生物多样性战略并监测其执行情况；

• 为打击生物盗版行为作出贡献，并监测获取遗传资源的机制，并公正、公平地分享其利用所产生的惠益；

• 支持负责管理水、生物多样性和自然地区的国家及其公共机构，

---

① 法国立法网，https：//www. legifrance. gouv. fr/affichTexte. do？ cidTexte = JORFTEXT0000388 21234&categorieLien = id，最后访问日期：2020 年 1 月 30 日。

包括协助消除对生物多样性面临压力，应对外来入侵物种，管理野生动植物，促进生境改善和土地管理；

● 支持欧盟法规及指令、国际公约的执行，参与相关合作行动；

● 支持国家以及负责水、生物多样性、自然空间的公共机构对抗生物多样性面临的压力，应对外来物种入侵，管理野生物种，改善野生物种的栖息地，改善土地管理；

● 与流域委员会一同向负责水、生物多样性及自然区域管理的地方当局、团体及公共机构提供帮助，以对抗生物多样性面临的压力，应对外来物种入侵，管理野生物种，改善野生物种的栖息地，改善土地管理；

● 支持社会经济体及环境保护组织在他们的行动中加强环境教育，养护生物多样性；

● 通过向对生物多样性有利的项目分配财政援助以及对水资源进行可持续和平衡的管理，并通过确保水文流域之间的财政团结，来提供财政支持。

5）管理和修复自然区域，尤其是包含珊瑚礁及相关生态系统的沿海区域。

6）加强相关交流，提高公众的环境意识，加强动员和培训：

● 在生物多样性问题上，特别是在人与自然之间的联系方面，支持公民动员，民间社会和经济部门的利益相关者；

● 在警察领域的培训，在国民教育、高等教育、研究和农业教育等方面，支持初步和持续的培训行动；

● 参与生物多样性和生态服务业务。

生物多样性办公室下设科学委员会协助董事会进行科学决策，负责对研究及开发活动进行评估。此外，海洋自然公园管理委员会聚集当地海洋区域的不同使用者代表，以商讨对海洋自然公园的保护和管理政策。

2. 分类管理

法国的海洋保护区共分为 9 种类型，法国有针对性地设置了不同的管理模式以充分发挥不同类型海洋保护区的功效。

（1）包含海洋的欧盟 Natura 2000 自然保护区网络

Natura 2000 网络是欧盟自然与生物多样性政策最核心的部分之一。Natura 2000 网络在欧洲大陆建立生态通道，并开展区域合作以保护野生动植物物种、受到威胁的自然栖息地和物种迁徙的重要地区。Natura 2000 网络同样包含海洋环境。根据欧盟委员会 2006 年建议设立的 101 个 Natura 2000 网点（包括已有及新设的）已经覆盖了法国领海面积的 40% 及海域面积的 11%。根据法国 2006 年 4 月 14 日颁布的法令，这些网点都被纳入海洋保护区的范畴。截至 2019 年 10 月，法国已有 220 个含有海洋部分的 Natura 2000 分点，总面积超过 206000 平方公里①。生物多样性办公室介入了与 Natura 2000 网络相关的每一阶段，包括协助生态转型部进行规划、培训；建立渔业、海洋文化、运动及海洋休闲活动的经济技术参考标准；参与影响评估制度的监督；支持并负责各网点的管理和普查计划等。

（2）海洋自然公园

法国基于第 2006 - 436 号法令建立海洋自然公园，致力于维持生态系统的良好运行，保护动植物物种，促进可持续开发活动。如表 10 - 5 所示，截至 2019 年 11 月，法国已建立 9 个海洋自然公园，每一个海洋自然公园的设立都有相关的法令依据。值得一提的是，海洋自然公园的管理委员会由当地人组成并对其实施管理。生物多样性办公室为海洋自然保护区提供人力及财政支持以确保其运行，其特点在于真正让当地人参与国家决策，制定符合当地情况的管理模式。生物多样性办公室为海洋自然公园提供人力及财政支持以确保其运行。

表 10 - 5　法国海洋自然公园概况

海洋自然公园名称	建立时间	面积（平方公里）	本土/海外	备注
伊洛瓦斯海洋自然公园	2007 年 9 月 28 日	3500	本土	最早成立
马约特海洋自然公园	2010 年 1 月 18 日	68800	海外	面积最大
利翁湾海洋自然公园	2011 年 10 月 11 日	4110	本土	
格洛里厄斯海洋自然公园	2012 年 2 月 22 日	超过 43000	海外	
皮卡尔湾及奥帕尔海洋自然公园	2012 年 12 月 11 日	2418	本土	
阿尔卡森湾海洋自然公园	2014 年 6 月 5 日	579	本土	

① 法国生物多样性办公室，http://www.aires-marines.fr/Les-aires-marines-protegees/Categories-d-aires-marines-protegees/Natura - 2000，最后访问日期：2020 年 3 月 25 日。

续表

海洋自然公园名称	建立时间	面积（平方公里）	本土/海外	备注
纪龙德湾及佩尔蒂海海洋自然公园	2015 年 4 月 4 日	6500	本土	
科西嘉海峡及阿格丽亚特海峡海洋自然公园	2016 年 7 月 15 日	6830	本土	
马提尼克海洋自然公园	2017 年 5 月 5 日	48900	海外	

资料来源：法国生物多样性办公室，http://www.aires-marines.fr/L-Agence/Organisation/Parcs-naturels-marins，最后访问日期：2020 年 3 月 20 日。

（3）包含海洋的国家公园

长期以来，国家公园是法国自然保护的标志之一，包含陆地国家公园及海洋国家公园。截至 2017 年 11 月 30 日，法国共有 3 个海洋国家公园，分别为克罗斯港国家公园、瓜德罗普国家公园以及地中海海峡国家公园。每个国家公园都有专门的公共机构，根据 2006 年的《自然公园与海洋自然公园法》，该公共机构的董事会主要由当地人组成，国家代表只占小部分，此外还有科学委员会和中心团队参与管理，生物多样性办公室也与国家公园享有密切的合作关系。

克罗斯港国家公园已成立超过 40 年，为法国国家公园的特例。克罗斯港国家公园创建于 1963 年，是欧洲第一个海洋公园，虽然面积颇小，只有 1200 亩，但是在海岸附近 600 米的区域和海洋部分的几百米内集中了丰富的活动，是法国游客最多的沿海区域。通过一系列欧洲层面的合作如《巴塞罗那公约》框架下的地中海特别保护区，克罗斯港国家公园在海洋区域保护上发挥了示范性的作用，尤其体现在保护海洋水生植物和海洋哺乳类动物方面。

（4）包含海洋的群落生境保护区

相对于其他类型的海洋保护区，群落生境保护区体系并不太发达，但它的物种针对性和保护针对性使其成为保护海洋物种最灵活的手段。每一个群落生境保护区只针对特定物种设立，为它们永久性或季节性活动（如筑巢）提供良好的生境。根据生物多样性办公室的数据，截至 2017 年 1 月，法国共有 18 个涉海的群落生境保护区，它们大多是基于对受到特殊保护的物种的统计而设立，还有一些是基于 Natura 2000 网络等其他指令。群落生境保护区的管理由具备足够能力的省或直接由渔业部管理，它们负责制定保护物种及其栖息地的规则，生物多样性办公室对相关措施予以支持。

（5）包含海洋的自然保护区

包含海洋的自然保护区涉及领海基线以外 12 海里的沿海地带，旨在保护海洋珍贵自然遗产，包括海洋影响下的湿地、水鸟聚集地和筑巢地、海草床或地中海珊瑚床、龟类产卵地、潟湖、海外珊瑚屏障及位于法属南部和南极领土凯尔盖湖的巨大保护区。海洋自然保护区覆盖法国海洋保护区总面积的五分之一，[①] 这里的生物种群非常丰富，依据生物多样性办公室的数据，法国有三分之一的海鸟在自然保护区筑巢。海洋自然保护区是法国环斑海豹最重要的栖息地，也是法国灰海豹最重要的两个栖息地之一。管理方面，生物多样性办公室与法国自然保护区保持着良好的合作关系，共同实施一些行动。

（6）渔业保护区

根据生态转型部、渔业部和海外部于 2016 年 4 月 19 日共同签署的法令，渔业保护区正式成为法国海洋保护区的一个类型。[②] 渔业保护区旨在保护对鱼类生长、繁殖有特殊利益的海洋区域，这些区域通常位于法国本土或海外领地的领海之内。针对渔业保护区的管理，法国指定一位长官领导保护区的设立和具体措施的实施，生态转型部对其给予支持。目前渔业保护区的要务是识别最具有战略价值的生态功能区，然后在《海洋领域战略指令》[③] 的框架指导下在这些区域建立渔业保护区。

（7）包含海洋的区域自然公园

区域自然公园通常建立在乡村，这些地区一般具有较高的生态、文化价值，但生态平衡性较为脆弱。区域自然公园围绕可持续发展的目标进行生态养护和文化保护。目前法国共有 53 个区域自然公园，[④] 面积达

---

① 法国生物多样性办公室，http://www.aires-marines.fr/Les-aires-marines-protegees/Categories-d-aires-marines-protegees/Reserve-naturelle-marine，最后访问日期：2020 年 3 月 20 日。

② 法国生物多样性办公室，http://www.aires-marines.fr/Actualites/Une-nouvelle-categorie-d-AMP-est-lancee-les-zones-de-conservation-halieutiques，最后访问日期：2020 年 3 月 20 日。

③ 《海洋领域战略指令》，http://www.dcsmm-d4.fr/?lang=fr，最后访问日期：2020 年 3 月 20 日。

④ 法国区域自然公园，http://www.parcs-naturels-regionaux.fr/carte-interactive-des-parcs，最后访问日期：2020 年 3 月 2 日。

91000 平方公里，其中区域自然公园面积的 21.6% 位于法国的沿海养护带。①

（8）包含海洋的国家狩猎和野生动物保护区

国家狩猎和野生动物保护区在海洋领域的前身是法国基于《拉姆萨尔公约》建立的海洋捕捞保留区。基于 1991 年 9 月 23 日颁布的法令，国家狩猎和野生动物保护区正式成立，当时只有莫尔比昂湾国家狩猎和野生动物保护区拥有海洋部分。根据 2011 年 6 月 3 日颁布的法令，国家狩猎和野生动物保护区正式成为法国海洋保护区的类型之一。② 这两个法令的国家狩猎和野生动物保护区相关内容已被纳入《环境法典》第 433 - 27 条，根据该条款，相比其他海洋保护区类型，国家狩猎和野生动物保护区更侧重对野生动物种的保护，其中包括参与国际行动，保护迁徙鸟群；确保对濒危野生物种的保护；协助对野生动物及其栖息地管理措施的实施；发展乡村地区的可持续捕猎。

（9）委托给沿海地带保护署的公共海域

2002 年 2 月 27 日颁布的法律（纳入《环境法典》第 322 - 6 条）赋予了养护措施对沿海公共领域进行干预的可能性。该法旨在通过综合的管理，使沿海地带保护署持续介入沿岸活动中，实现对沿岸自然和文化遗产的有效保护。③

（二）法国海洋保护区典型案例分析

伊洛瓦斯海洋自然公园和塞伯拉斯 - 巴纽尔斯国家自然保护区被认为是海洋保护区有效和合理管理的典范。④ 这两个海洋保护区历史悠久，在长期的实践中形成了相对成熟的管理模式。

---

① 法国区域自然公园，http://www. parcs-naturels-regionaux. fr/article/les-parcs-en-chiffres，最后访问日期：2020 年 3 月 2 日。

② 法国生物多样性办公室，http://www. aires-marines. fr/Les-aires-marines-protegees/Categories-d-aires-marines-protegees/Reserve-nationale-de-chasse-et-de-faune-sauvage，最后访问日期：2020 年 3 月 2 日。

③ 法国生物多样性办公室，http://www. aires-marines. fr/Les-aires-marines-protegees/Categories-d-aires-marines-protegees/Domaine-public-maritime-du-Conservatoire-du-Littoral，最后访问日期：2020 年 3 月 2 日。

④ Effectively and Equitably Managed Marine Protected Areas, https://www. protectedplanet. net/marine, last visited on March 20, 2020.

1. 伊洛瓦斯海洋自然公园

根据法国第 2007 - 1406 号法令，伊洛瓦斯海洋自然公园建立于 2007 年 9 月 28 日。它是法国第一个海洋自然公园，其前身是 1989 年建立的伊洛瓦斯生物圈保护区。伊洛瓦斯海洋自然公园位于法国西北角，总面积达 3500 平方公里。[①]

作为法国历史最悠久的海洋自然公园，伊洛瓦斯海洋自然公园在建立和管理中积累了不少经验，尤其是注重规划的作用。每年年底伊洛瓦斯海洋自然公园会制定下一年度的行动规划，管理委员会在年初对该年度的规划进行审核。以 2018 年规划为例，该规划详细规定了各项战略方针的经费（总额为 100 万欧元）和人员分配，以及该方针之下的具体计划。详细分配情况见表 10 - 6。

表 10 - 6 伊洛瓦斯海洋自然公园 2018 年行动计划

战略方针	资金分配比例（%）	人员分配比例（%）	具体计划
支持重视世界海洋领域的行动	26	22	渔民伙伴（对抗海洋污染、改善对鱼类及哺乳类的认识） 评估管理区域的效率 支持沿海保护活动 控制港口活动的影响 支持生态行动者（如 UNESCO）
加强对有特殊生态意义和利益的区域的管理	19	15	管理伊洛瓦斯国家自然保护区 管理沿海保护地
转变意识更有利于保护自然和文化遗产	36	25	生态文化旅游遗产 互动与教育 发展建筑遗产 非物质遗产
对抗环境损害	6	13	对抗污染（水污染、固体污染） 通过警方与司法行动管控对环境有潜在影响的活动

[①] 伊洛瓦斯海洋自然公园，http://www.parc-marin-iroise.fr/Le-Parc/Territoire/Le-perimetre-du-Parc，最后访问日期：2020 年 3 月 2 日。

战略方针	资金分配比例（%）	人员分配比例（%）	具体计划
更好地认识和保护物种及其栖息地	22	24	新的获取数据的阶段 韦桑岛热点研究 辨别渔业功能区 测量与鉴定

注：由于有些资金同时有两个用途，所以数字加总不等于 100。

资料来源：伊洛瓦斯海洋自然公园，http：//www. parc-marin-iroise. fr/Le-Parc/Actions/Programme-d-actions，最后访问日期：2020 年 3 月 2 日。

　　从以上具体行动可见，规划中的行动不仅包括保护生态环境，也重视自然、文化遗产，旨在全方位地发挥海洋保护区的价值。值得注意的是，规划中屡次提到转变意识，并从教育、宣传等方面安排了相应的行动。意识决定行为，行为决定结果，保护海洋不仅仅需要政府自上而下的政策及法律，也需要民众自发的行动。作为海洋大国，法国向来重视通过提高公民的环保意识实现对海洋环境的保护，其国民教育中也包含丰富的相关内容。比如，法国 TV5 等主流频道经常宣传环境保护知识，使海洋保护意识渗透在国民生活中。此外，该行动规划中也体现了国际、科学、司法、行政等全方位的合作，由此形成了一个协调一致的协作体系，共同致力于实现对伊洛瓦斯海洋自然公园的良好管理。

　　2. 塞伯拉斯 - 巴纽尔斯国家自然保护区

　　法国在自然保护区的管理中特别注意以物种种类的科学统计等科学信息为基础，以塞伯拉斯 - 巴纽尔斯国家自然保护区为例。该保护区建立于 1974 年 2 月 26 日，位于北纬 42°28′18″，东经 3°9′53″的比利牛斯山脉山脚，处于西班牙与法国交界处。塞伯拉斯 - 巴纽尔斯国家自然保护区占地 65000 公顷，目前由东比利牛斯总理事会负责管理。①

　　通过对比伊洛瓦斯海洋自然公园和塞伯拉斯 - 巴纽尔斯国家自然保护区，可以发现，二者都十分注重生物多样性的保养，但前者更强调对文化遗产的保护，功能更为全面，而后者则专注于物种保护。同时，相对于海洋自然公园，海洋自然保护区的面积往往更小，但数量更多。目

---

① 法国自然保护区，http：//www. reserves-naturelles. org/cerbere-banyuls，最后访问日期：2020 年 3 月 2 日。

前法国共有 346 个自然保护区，其中 31 个包含了海洋部分，陆地自然保护区数量远远多于海洋自然保护区。

（三）最新实践活动

1. 建立马提尼克海洋自然公园

经过三年的商议与筹划，根据第 2017 - 784 号法令，马提尼克海洋自然公园于 2017 年 5 月 5 日得以设立。该公园位于大西洋与加勒比海交汇处，是法国第九个海洋自然公园，第三个位于海外的海洋自然公园，面积达 48900 平方公里，在所有海洋自然公园里排名第二位，仅次于马约特海洋自然公园。[①] 马提尼克海域包含红树林、海滩、小岛、水生植物丛、珊瑚礁群落和深海栖息区等多种海洋生物的栖息地，是大西洋和加勒比海极其丰富的生物多样性的代表。马提尼克海洋自然公园将这些栖息地都纳入保护的范畴。

在管理模式上，马提尼克海洋自然公园由当地参与者与使用者组成的管理委员会负责经营管理，共 53 人，具体人员组成见图 10 - 1。管理委员会平均每年召开两次会议确定马提尼克海洋自然公园的管理方向，并制定了以 15 年为一阶段的管理规划以及每年的行动计划，同时委员会也有权批准通过一些行政管理活动。生物多样性办公室在财政和技术上支持管理委员会的运行。

2. 参与公海保护区建设

法国在地中海派拉格斯庇护区的设立和管理的过程中都发挥着积极的作用。自 1999 年起，克罗斯港国家公园负责法国方面在派拉格斯庇护区各项行动的实施，并管理相关行动者（行政、专业人员、科研团队、非政府组织等）。法国在 2002 年通过第 2002 - 1016 号法令将建立派拉格斯庇护区的协议转化为国内法；2017 年 12 月 11 日，法国颁布了一项规范船舶装置的法令，旨在避免派拉格斯庇护区内的鲸类与船舶发生碰撞。

除了派拉格斯庇护区之外，法国还作为《东北大西洋海洋环境保护公约》的缔约方，参与建设了包括阿尔泰海山公海保护区在内的七个大

---

① 法国生物多样性办公室，http://www.aires-marines.fr/L-Agence/Organisation/Parcs-naturels-marins/Parc-naturel-marin-de-Martinique，最后访问日期：2020 年 3 月 20 日。

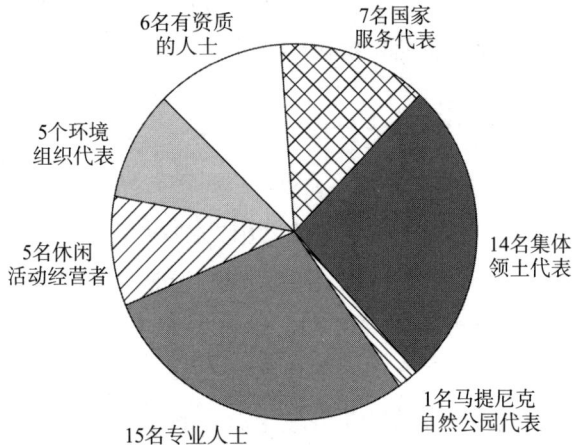

图 10 - 1　马提尼克海洋自然公园管理委员会的人员组成

资料来源：法国生物多样性办公室，http://www. aires-marines. fr/L-Agence/Organisa-tion/Parcs-naturels-marins/Parc-naturel-marin-de-Martinique/Gouvernance，last visited on March 20，2020。

西洋公海保护区，构建了大西洋第一个国家管辖海域以外公海保护区网络。① 目前，针对全球关注的海洋垃圾问题，法国也积极参与 OSPAR 委员会组织的会议寻求解决方案。

四　评析

　　法国作为环境保护的先驱之一，已经形成了宽领域、多层次的海洋保护区网络，为保护生物多样性，促进可持续发展提供了重要保障。尤其是不同类型的保护区相互结合，发挥不同的功效，充分考虑各地区间的差异和当地情况，促进了国家的理性决策与高效保护。然而，种类众多、面积宽广的海洋保护区也难免遇到管理不力、权责不清的问题，这也是法国在实践中需要努力突破的难题。总的说来，法国在多年的实践中对数量及规模都相当庞大的海洋保护区摸索出了一套适合其国情的治理模式。

---

① 范晓婷主编《公海保护区的法律与实践》，海洋出版社，2015，第 120 页。

（一）谨慎设立

虽然法国海洋保护区数量多、覆盖面积广，但其对于设立新的海洋保护区一直持谨慎态度，往往需要经过长时间的全方位考察和讨论，再以法令的形式加以确立。以马提尼克海洋自然公园为例，如表 10 - 7 所示，保护区从理论构建到真正实现建立历经 7 年时间。

表 10 - 7 马提尼克海洋保护区的建立过程

时间	内容
2010 年	经过区域战略分析，为了保护马提尼克地区的自然文化遗产和海洋的使用，在此地建立海洋自然公园的利益得以确定
2012 年 4 月 13 日	生态部和海外事务部共同发布了一个关于公园研究的决议，由马提尼克的省长实施
2013 年 5 月	海洋保护区管理局（生物多样性办公室的前身）建立了一个负责商议建立马提尼克海洋自然公园的团队
2013 年 12 月	第一个商议委员会得以成立
2014 年 4 月到 2015 年 11 月	在马提尼克全境召开了 18 次商讨会议（共计超过 200 名马提尼克居民参与）
2016 年 11 月底	商议委员会达成了海洋自然公园计划
2017 年初	计划向社会公众和相关机构征求意见
2017 年 3 月 14 日和 15 日	法国时任环境能源海洋部部长罗雅尔访问马提尼克时对商议工作进行总结
2017 年 5 月 5 日	2017 - 784 号法令正式确认成立马提尼克海洋自然公园

资料来源：法国生物多样性办公室，http://www. aires-marines. fr/L-Agence/Organisation/Parcs-naturels-marins/Parc-naturel-marin-de-Martinique/Naissance-clu-Parc，最后访问日期：2020 年 3 月 20 日。

从表 10 - 7 可见，这七年过程的重点在于商议，即征求各利益相关方的意见，尤其是马提尼克当地居民、海洋使用者。海洋保护区的设立对当地人的生产生活均有影响，他们不仅是当地生态环境的利用者，也是有力的保护者，因而在设立海洋保护区时不仅要考虑"物"的因素，也要考虑"人"的影响。法国通过商议委员会组织多次会议，保证各利益相关方的诉求得以表达，从而确保公平分享海洋保护区的成本和效益，避免了"一刀切"带来的冲突，充分体现了法国在设立海洋保护区上谨慎的态度。

（二）多种管理方式相结合

对于改善海洋保护区的治理，联合国环境规划署给出的建议是结合多种治理方式，包括自上而下的治理、自下而上的治理和基于市场的治理。① 综观法国对海洋保护区的管理，可以说是成功地将这三者结合了起来。

1. 自上而下的治理

由于海洋是一个支撑着社会经济体系的复杂生态系统，因此要实现保护区效力的最大化，可能需要投入其他大量的资源。同时，保护生物多样性和自然资源免受用户破坏也需要法律法规的支持和政府的参与。②

法国在海洋保护区立法技术上非常细致，把海洋保护区管理和保护涉及的各方面内容通过立法固定下来。以船舶为例，《环境法典》第 334 - 2 - 2 条首先对船舶的长度做出了详细规定，接下来又清晰地规定了超出长度如何加以惩罚，检查员及警官对其有何检查权限等。同时，立法虽然细致但是不流于碎片化。《环境法典》将有关海洋环境保护的法律法规都囊括了进来，提高了法的可接近性，避免了法律分散和碎片化导致的问题，充分反映了法国自拿破仑《民法典》以来的法典化传统。同时，海洋是一个不断变化的整体，对其保护和利用的政策法规不能一成不变，因而法国也在着力避免法典化可能带来的法律滞后性的问题。自2000 年生效以来，法国与时俱进地往《环境法典》中增添新内容或对其进行修订，《生物多样性法令》的颁布就充分反映了法国发展蓝色（海洋）经济对生物多样性的需求。③

在政府参与方面，生物多样性办公室负责整合各方力量，加强生物多样性保护的公共政策，在国家层面，统一的机构强化了对海洋保护区的集中管理。此外，法国还于 2012 年启动了环境执法体制的改革，也直接影响了在海洋保护区范围内的执法。在中央层面，司法、环保、农业

---

① 联合国环境规划署：《2017 年前沿报告：全球环境的新兴问题》，2017，第 39 页，https://www.unenvironment.org/zh-hans/resources/2017qianyanbaogao。

② 联合国环境规划署：《2017 年前沿报告：全球环境的新兴问题》，2017，第 39 页，https://www.unenvironment.org/zh-hans/resources/2017qianyanbaogao。

③ 部分参考彭峰《法典化的迷思：法国环境法之考察》，上海社会科学院出版社，2010。

部进行了统一、规范的协调，出台了《环境法典的司法与行政执法问题的简单和统一化改革法令》；地方层面则划清了权责，调整了执法手段并推进了统一执法。①

2. 自下而上的治理

自上而下的治理侧重于政府实施法规，这一方法缺少当地社区的参与，导致协调不足。② 该不足之处在 2006 年法国《国家公园法》颁布之前尤为明显。当时法国国家公园采用的是中央直管的保护模式，所有的管理工作均在中央政府主导下展开，其他利益相关方（地方政府、社区、企业）在国家公园的相关决策上缺乏管理权；在呆板僵化、不留空间的法规条文引导下，管理者习惯于对任何资源利用项目直接否决，以杜绝一切规则外的行为。③ 这样的管理模式忽视了法国长期历史形成的人地合一模式，人类活动的适度干扰已经嵌入生态过程之中。"一刀切"照搬美国的管理模式不仅加重了中央的财政、人力负担，还引发了社区的抗议。20 世纪 90 年代，平均每年发生在国家公园内的游行示威事件有近 20 起，1971 年的"瓦努瓦兹国家公园事件"更是让国家公园管理机构与当地社区之间产生了不可调和的矛盾。因而 2006 年《国家公园法》的改革首次建立了中央、地方共同参与管理的治理体制并以宪章的形式确定了治理结构、各方权责，地方利益相关者被赋予参与国家管理的更大权限和更多手段。

自下而上的治理侧重于人们的相互配合并遵守一致通过的规则，其中当地社区参与决策和利用当地知识是成功的关键。④ 它促进当地所有权、问责制和增权赋能。综观其管理机制，法国海洋保护区有一个明显特色，即因地制宜。法国的因地制宜不仅仅是中央根据地方情况为其规划管理方案，而且还把当地人纳入决策者的范畴，充分考量各方利益。海洋自

---

① 陈叙图、金筱霆、苏杨：《法国国家公园体制改革的动因、经验及启示》，《环境保护》2017 年第 19 期。

② 联合国环境规划署：《2017 年前沿报告：全球环境的新兴问题》，2017，第 39 页，https://www.unenvironment.org/zh-hans/resources/2017qianyanbaogao。

③ 陈叙图、金筱霆、苏杨：《法国国家公园体制改革的动因、经验及启示》，《环境保护》2017 年第 19 期。

④ 联合国环境规划署：《2017 年前沿报告：全球环境的新兴问题》，2017，第 41 页，https://www.unenvironment.org/zh-hans/resources/2017qianyanbaogao。

然公园的管理机制则更是将因地制宜体现得淋漓尽致，其管理委员会由当地人组成，生物多样性办公室只是为他们提供人力与财政支持。虽然将管理权下放有可能带来地方与中央管理规划脱节等潜在问题，但相对于中央直管的严格保护模式，自上而下和自下而上相结合的管理模式明显更有利于决策的科学性，实现生态保护与当地居民获得更大效益的共赢。

　　3. 基于市场的治理

　　基于市场的治理侧重于能带来经济效益的经济计划，赋予生物多样性经济及市场价值有助于促进经济发展和生态保护的有机结合。研究表明，保护区生物多样性的增强最高能带来相当于捕鱼收入 36 倍的旅游业收入。[①] 根据法国国家公园对瓜德罗普国家公园的研究，每年国家对其投入 630 万欧元，但其带来的收益高达 5265 万欧元，收益是投入的 8.36 倍。[②]

　　法国在海洋保护区的管理中相当注意确保公平分享成本和效益，协调是法国海洋保护区的五个关键词之一（其余四个分别是认识、保护、评估和分享），旨在协调生态保护与专业捕鱼、水文化、水上休闲运动、海洋可再生能源之间的关系。此外，法国还充分发掘海洋保护区的品牌价值。以海洋国家公园为例，法国借助国家公园产品品牌这一工具，成功定位了管理方和社区的利益共同点，从而以规范化、精细化且能增值的特许经营，实现了最大范围吸纳地方企业和个体自愿加盟、最大程度实现保护发展共赢的目标。[③] 法国在保护海洋保护区环境的前提下发展农业、渔业、旅游业等产业，将生态保护的效益最大限度地惠及当地人。

五　小结与启示

　　1963 年，法国在克罗斯港海建立了第一个海洋公园，截至 2019 年 7 月，近四分之一的法国海域被海洋保护区覆盖，法国本土及海外的海洋保护区数量已超过 500 个。尤其是在海外领地，法国建立了多个大型海

---

① 联合国环境规划署：《2017 年前沿报告：全球环境的新兴问题》，2017，第 42 页，https://www.unenvironment.org/zh-hans/resources/2017qianyanbaogao.

② 瓜德罗普国家公园，http://www.guadeloupe-parcnational.fr/fr，最后访问日期：2020 年 3 月 20 日。

③ 陈叙图、金筱霆、苏杨：《法国国家公园体制改革的动因、经验及启示》，《环境保护》2017 年第 19 期。

洋保护区，如新喀里多尼亚海洋公园覆盖面积为 129 万平方公里。目前法国设有 9 种海洋保护区类型，其中包括国家公园、区域自然公园、自然保护区、群落生境保护区、欧盟 Natura 2000 自然保护区网络、海洋公共领域特殊使用、海洋自然公园、渔业保护区以及含有海洋的国家野生动物保护区。同时，法国对公海保护区态度积极，与意大利、摩纳哥共建的派拉格斯庇护区已经有近十年的历史。

　　法国不断探索适合本国国情的海洋保护区管理模式，立法上向细致化和法典化发展，在具体实践中也实现了自上而下和自下而上的管理以及基于市场的管理等多种管理模式的结合，为欧洲及世界保护海洋环境提供了宝贵的借鉴。综观其管理机制，法国海洋保护区有一明显特色，即因地制宜。法国的因地制宜不仅是中央根据地方情况为其规划管理方案，还把当地人纳入决策者的范畴，充分考量各方利益。因此，在海洋保护区建设和管理过程中可借鉴法国因地制宜的经验，在决策和规划时充分考虑地方利益与诉求，建立良好运作的管理体系，促进海洋保护区的有效性。

参考文献

一　中文

1. 范晓婷主编《公海保护区的法律与实践》，海洋出版社，2015。

2. 彭峰：《法典化的迷思：法国环境法之考察》，上海社会科学院出版社，2010。

3. 陈叙图、金筱霆、苏杨：《法国国家公园体制改革的动因、经验及启示》，《环境保护》2017 年第 19 期。

4. 联合国环境规划署：《2017 年前沿极告：全球环境的新兴问题》，2017。

5. 莫菲：《法国环境法典化的历程及启示》，《中国人大》2018 年第 3 期。

6. 彭峰：《法国〈生物多样性法令〉的革新》，《环境保护》2016 第 18 期。

二　法文资料

1. 法国政府：《海洋空间国家安全战略》，2015，https：//www. gouvernement. fr/sites/default/files/contenu/piece-jointe/2015/11/strategie_nationale_de_surete_des_espaces_maritimes. pdf。

2. 法国生态转型部：《创设及管理海洋保护区国家战略》，2012。

三　主要参考网站

1. 法国立法网，https://www. legifrance. gouv. fr。

2. 法国区域自然公园，http://www. parcs-naturels-regionaux. fr/carte-interactive-des-parcs。

3. 法国生态转型部，https://www. ecologique-solidaire. gouv. fr/aires-marines-protegees-francaises。

4. 法国生物多样性办公室，http://www. aires-marines. fr/Les-aires-marines-protegees/Contexte-global。

5. 法国自然保护区，http://www. reserves-naturelles. org/cerbere-banyuls。

6. 瓜德罗普国家公园，http://www. guadeloupe-parcnational. fr/fr。

7.《海洋领域战略指令》，http://www. dcsmm-d4. fr/? lang = fr。

8. 伊洛瓦斯海洋自然公园，http://www. parc-marin-iroise. fr/Le-Parc/Actions/Programme-d-actions。

第十一章　西班牙：欧洲建立海洋保护区先锋国家

一　西班牙海洋自然环境与海洋保护区概况

（一）海洋自然环境

西班牙王国（The Kingdom of Spain，简称"西班牙"）位于欧洲西南伊比利亚半岛，地处欧洲与非洲的交界，西邻葡萄牙，北濒比斯开湾，南隔直布罗陀海峡与非洲的摩洛哥相望，东部和东南临地中海。除了伊比利亚半岛上的西班牙本土部分，西班牙的领土还包括位于地中海的巴利阿里群岛，大西洋的加那利群岛，以及在摩洛哥境内另有休达和梅利利亚两块飞地，① 国土面积达 50.6 万平方公里。②

西班牙海岸线长约 7800 公里，③ 作为一个海洋国家，其领土的四分之三以上都是沿海地区。多面临海的地理位置及广阔的海外领地赋予了西班牙广阔的管辖海域。作为早期的海洋强国之一，早在 15 世纪，西班牙就开始了大规模探索全球海洋的步伐。海洋一直是西班牙财富的来源之一，在其经济生活中发挥着重要作用，海运、船舶制造、海上旅游等产业在西班牙已经相当成熟。

西班牙海域蕴藏着欧洲最丰富的生物多样性，这里的生态系统具有极高的生态价值，如珊瑚礁有助于吸收二氧化碳并减少全球变暖带来的

---

① "飞地"是一种特殊的人文地理现象，指隶属于某一行政区但不与本区毗连的区域。
② 中华人民共和国外交部，http://www.fmprc.gov.cn/web/gjhdq_676201/gj_676203/oz_678770/1206_679810/1206x0_679812/t94629.shtml，最后访问日期：2020 年 3 月 20 日。
③ 中华人民共和国外交部，http://www.fmprc.gov.cn/web/gjhdq_676201/gj_676203/oz_678770/1206_679810/1206x0_679812/t94629.shtml，最后访问日期：2020 年 3 月 20 日。

不利影响，水下的山丘和峡谷是许多物种觅食的场所。① 西班牙哺乳类
和爬行类物种数量排名居欧洲第一位，两栖类和鱼类物种数量排名居欧
洲第三位。然而如同许多国家一样，西班牙海洋环境也面临着人类活动
带来的气候变化等多重挑战。尤其是临海工厂的生产活动对海洋造成严
重污染，生物多样性也受到巨大威胁。为了应对海洋生物多样性危机，
西班牙第 139/2011 号法令规定了西班牙受特殊保护的物种及濒危物种清
单，其中包括 57 种无脊椎动物以及 19 种鱼类。②

（二）海洋保护区概况

西班牙政府意识到海洋生物多样性减少以及海洋环境破坏带来的威
胁，为了加强对海洋资源的有效管理和可持续利用，西班牙采用了海洋
保护区这一工具。西班牙通过 2007 年 12 月 13 日颁布的《自然遗产和生
物多样性法》正式确立了"海洋保护区"这一概念。西班牙目前共有
265 个海洋保护区，总面积达 84220 平方公里，占西班牙管辖海域面积的
8.37%。③ 目前西班牙的海洋保护区纵向分为四大类：地方层面（自然
利益计划区域）；国家层面（海洋保护区网络）；地区层面（Natura 2000
网络、具有地中海重要性的特别保护区）和国际层面（湿地公约保护地
等）。每一层面框架下有不同的海洋保护区类型，比较具有代表性的类
型包括特别养护区、鸟类特别保护区、海洋和渔业保留区和具有地中
海重要性的特别保护区 4 种，详情见表 11 - 1。

表 11 - 1　西班牙海洋保护区类型

海洋保护区类型	简写	管辖	设立依据
特别养护区 （Special Area of Conservation）	SAC	欧盟	《栖息地指令》

---

① 世界自然基金会，https://www.wwf.es/nuestro_trabajo_/oceanos/areas_marinas_protegi-das/，最后访问日期：2020 年 3 月 20 日。
② 具体条文参见西班牙立法网，https://www.boe.es/buscar/pdf/2011/BOE-A-2011 - 3582-consolidado.pdf，最后访问日期：2020 年 3 月 20 日。
③ 地球保护，https://www.protectedplanet.net/country/ES，最后访问日期：2020 年 3 月 20 日。

续表

海洋保护区类型	简写	管辖	设立依据
鸟类特别保护区 (Special Protected Area for Birds)	SPA	欧盟	《鸟指令》（针对鸟类保护）
海洋和渔业保留区 (Marine and Fisheries Reserves)	无	西班牙	《西班牙宪法》第 149 条第 1.19 款
具有地中海重要性的特别保护区 (Special Protected Areas of Mediter-ranean Importance)	SPAMI	国际	《巴塞罗那公约》及其特别保护区议定书和生物多样性

资料来源：西班牙生态转型部，https://www.miteco.gob.es/es/costas/temas/proteccion-medio-marino/biodiversidad-marina/espacios-marinos-protegidos/red-areas-marinas-protegidas-espana/red-rampe-integracion-espacios.aspx，最后访问日期：2020 年 3 月 20 日。

二　西班牙海洋保护区的法律与实践

（一）海洋保护区法律与政策框架

西班牙海洋保护区立法框架已趋于完善，从国际到欧盟再到国内层面都有相应的海洋保护区法律规定，其中关于保护海洋环境的第 41/2010 号法令对海洋保护区网络的相关事项进行了详细规定。

1. 国际层面

作为重视环境保护的国家，西班牙参与和签署了一系列关于海洋保护区的国际公约，表 11-2 列举了相关重要公约的名称以及主要内容。除此之外，西班牙与联合国环境规划署等国际组织进行积极合作，保护全球的海洋生物多样性。西班牙-联合国环境规划署生命网络倡议（Spain-UNEP Life-Web）启动于 2010 年。在该倡议下，西班牙政府提供 810 万美元，用于加强对亚太、非洲、拉丁美洲和加勒比地区的海洋和陆地保护区的保护。[①]

---

① UNEP, Spain-UNEP Life-Web Conservation Initiative Wraps up with Bid for Stronger Financing, Law Enforcement and Community Empowerment for Protected Areas, https://www.unenvironment.org/news-and-stories/press-release/spain-unep-lifeweb-conservation-initiative-wraps-bid-stronger, last visited on March 20, 2020.

表 11 - 2　西班牙参与签署的与海洋保护区相关的国际公约

公约	主要内容
《拉姆萨尔公约》	合理保护和利用湿地
《防止倾倒废弃物及其他物质污染海洋公约》	海洋废弃物倾倒
《波恩公约》	保护野生动物迁徙物种
《东北大西洋海洋环境保护公约》	东北大西洋海洋环境保护合作的国际条约机制
《生物多样性公约》	生物多样性养护和可持续利用
《地中海海洋环境和海岸带保护公约》（又称《巴塞罗那公约》）	保护地中海环境和沿海区域

　　资料来源：西班牙生态转型部，http://www. mapama. gob. es/es/costas/temas/proteccion-medio-marino/proteccion-internacional-mar/default. aspx，最后访问日期：2020 年 3 月 20 日。

　　2. 欧盟法律政策

　　除了积极参与相关的国际公约和海洋保护区建设的国际合作，作为欧盟的主要国家之一，西班牙也参与了欧盟制定的各项法律政策，加强对海域资源的养护和可持续开发利用。在欧盟众多环境保护法律政策之中，与海洋保护区相关的主要法律文件包括《鸟指令》、《栖息地指令》、《海洋战略框架指令》和《生物多样性指令》。在 Natura 2000 网络框架下，西班牙根据《鸟指令》设立了鸟类特别保护区，以及根据《栖息地指令》设立了特别养护区，它们构成了西班牙海洋保护区网络中不可分割的部分。

　　3. 国内立法

　　西班牙通过推行《自然遗产和生物多样性法》确立了海洋保护区的类型和海洋保护区网络的概念；通过第 41/2010 号法令和第 1599/2011 号法令明确了海洋保护区网络的设立目标及管理标准；通过第 1330/2017 号法令明确了农业、食品及环境部（现由生态转型部负责）对海洋保护区的管理职权。这一系列法规为西班牙创设、管理和评估海洋保护区提供了法律框架。同时，西班牙对海洋保护区实行"一区一法"，通过颁布相应的法令对海洋保护区设立的法律依据、自然状况和分区情况进行阐明，并对该区内具体的管理措施提供细化规则。

　　（二）海洋保护区管理实践

　　为了实现对其广阔海洋保护区的良好管理，西班牙不断创新管理方法，统一了海洋保护区的管理机构和管理模式，减少了职权分散带来的弊端，为其他国家加强海洋保护区管理提供了借鉴。

1. 管理机构

根据第 355/2018 号法令，① 西班牙于 2018 年完成政府部门重组，成立了生态转型部，负责对海洋保护区进行统一管理。生态转型部负责提出并执行政府关于能源和环境的政策，以便向生态友好和高效的社会模式过渡。生态转型部下设能源大臣、环境大臣及气候变化办公室在内的多个机构，其中生物多样性和环境质量总局负责管理 Natura 2000 网络陆地部分，海洋部分与海岸和海洋可持续性总局协调管理，海岸和海洋可持续总局具体承担海洋保护区网络的管理职能，确立和管理海洋保护区。

第 864/2018 号法令详细列明了海岸和海洋可持续总局的具体职能，与海洋保护区相关的有：海洋公共领域的保护，湿地、沙丘、海滩的可持续养护；代表生态转型部参与国际组织和海洋保护国际公约的行动，参与沿海地区的综合管理；编写关于沿海环境的环境影响评估程序的技术报告；协调西班牙沿海地区综合管理的应用；海洋保护区网络的管理；拟定的海洋保护区的宣布和管理；参与海洋保护和海洋环境监测的国际公约；制定海洋生物多样性保护方案，特别是针对受威胁的海洋物种；预防意外的海洋污染等。②

自治区是西班牙的一级行政区划，实行高度自治，西班牙全国共有 17 个自治区。自治区在海洋保护区的管理中具有较大的权限，有权参与决策的制定。此外，渔业资源总局是农业、渔业和食品部的下属机构，根据第 904/2018 号法令，其职能包括提议申报海洋和渔业保留区，与自治区协调，关注海洋保护区的渔业利益。③

---

① 法令原文参见西班牙立法网，Real Decreto 355/2018, de 6 de junio, por el que se reestructuran los departamentos ministeriales, https://www.boe.es/buscar/pdf/2018/BOE-A-2018-7575-consolidado.pdf，最后访问日期：2020 年 3 月 10 日。

② 具体法条参见西班牙立法网，Real Decreto 864/2018, de 13 de julio, por el que se desarrolla la estructura orgánica básica del Ministerio para la Transición Ecológica, https://www.boe.es/diario_boe/txt.php? id = BOE-A-2018-9859，最后访问日期：2020 年 3 月 10 日。

③ 具体法条参见西班牙立法网，Real Decreto 904/2018, de 20 de julio, por el que se desarrolla la estructura orgánica básica del Ministerio de Agricultura, Pesca y Alimentación, y por el que se modifica el Real Decreto 595/2018, de 22 de junio, por el que se establece la estructura orgánica básica de los departamentos ministeriales, https://www.boe.es/diario_boe/txt.php? id = BOE-A-2018-10245，最后访问日期：2020 年 3 月 10 日。

2. 管理模式

针对不同的保护目标，西班牙设立了不同的海洋保护区类型，并各有重点地实施保护措施；同时，这些类型的保护区又被纳入海洋保护区网络这一海洋保护区管理框架中进行统一管理。

（1）分类管理

a. 海洋和渔业保留区。海洋和渔业保留区作为旨在加强捕鱼区可持续捕捞的重要手段之一，虽然目前的国际主流观点认为渔业保护区不属于海洋保护区，但其影响着海洋生物资源的养护和可持续利用。《西班牙宪法》第 149 条第 1.19 款规定了"国家应当享有对海洋捕鱼的专属管辖权，但不妨碍部门法规中赋予自治区的权力"。如表 11 - 3 所示，至今西班牙已经建立了 11 个海洋和渔业保留区，其中 6 个位于地中海西部。

表 11 - 3　西班牙海洋和渔业保留区

海洋和渔业保留区	建立时间	面积（公顷）	管理模式	位置
泰拜尔盖岛保护区	1986 年	1754	中央与自治区共管	地中海西部
科伦布雷特斯群岛保护区	1990 年	5493	西班牙政府管理	地中海西部
格拉西奥萨保护区	1995 年	70439	中央与自治区共管	亚速尔群岛
帕洛斯角保护区	1995 年	1931	中央与自治区共管	地中海西部
加塔角保护区	1995 年	12468	西班牙政府管理	阿尔沃兰海
雷斯廷加保护区	1996 年	1180	中央与自治区共管	亚速尔群岛
阿尔沃兰保护区	1997 年	158594	西班牙政府管理	阿尔沃兰海
马西亚布兰卡保护区	1999 年	457	西班牙政府管理	地中海西部
帕尔马保护区	2001 年	3455	西班牙政府管理	亚速尔群岛
马略卡湾保护区	2007 年	11285	中央与自治区共管	地中海西部
蒂诺索角保护区	2017 年	1931	中央与自治区共管	地中海西部

资料来源：David Rodríguez-Rodríguez, "Rapid Assessment of Protection and Ecological Effectiveness of the Spanish Fishing Reserve Network", *Marine Policy* 90 (2018), p. 30。

在西班牙，海洋和渔业保留区是提高海洋环境可持续性的先进手段，早在 1986 年西班牙就建立了第一个海洋和渔业保留区。在 2007 年《自然遗产和生物多样性法》颁布以前，海洋和渔业保留区一直被认为是西班牙唯一的海洋保护区类型。在 2010 年 12 月第 42 号法令颁布之后，海洋和渔业保留区被正式纳入海洋保护区范畴。每一个海洋和渔业保护区至少有一个禁渔区只对科学活动开放，其他区域对渔船进行严格登记，对潜水活动进行配额限制。

　　b. 地中海特别保护区。通过 1975 年的《地中海行动计划》① 以及《巴塞罗那公约》，地中海沿岸国家建立了密切的区域合作和保护海洋及沿岸生物多样性的基本框架。该框架成效显著，仅在 1975 年至 1995 年间，缔约国就建立了 122 个保护区。随着《特别保护区与生物多样性议定书》② 于 1995 年通过并于 1999 年生效，地中海特别保护区得以建立，合作进入新阶段。根据联合国环境规划署的定义，地中海特别保护区旨在养护地中海地区生物多样性的要素，尤其是濒临灭绝的物种及其栖息地，并推动海洋科学、教育、文化和美学的发展。根据特别保护区区域行动中心报告的数据，③ 截至 2016 年 2 月，地中海特别保护区的数量达到了 34 个，其中 9 个位于西班牙，具体信息见表 11 - 4。

表 11 - 4　位于西班牙的地中海特别保护区

地中海特别保护区	成立时间	位置	面积（公顷）
马罗 - 塞罗戈多悬崖	2003 年	马拉加省南部	1814.685
卡夫雷拉群岛国家公园	2003 年	巴利阿里群岛	10021
加塔 - 尼哈尔角自然公园	2001 年	阿尔梅里亚省西南部	38000
克雷乌斯角自然公园	2001 年	比利牛斯山脉的最西端	13824
阿尔梅里亚的黎凡特海底	2001 年	阿尔梅里亚省的东北端	6313.5
阿尔沃兰岛	2001 年	位于西班牙与北非之间的梅利利亚	26500
科伦布雷特斯群岛	2001 年	地中海西部	4450
米提岛	2001 年	加泰罗尼亚省东端	511

---

①　为促进区域海洋保护，联合国环境规划署（UNEP）于 1974 年创设了区域海洋计划。地中海行动计划是联合国环境规划署区域海洋计划下第一个倡议，现已成为其他区域海洋合作的典范。

②　Protocol on Specially Protected Areas and Biological Diversity（SPA/BD），它是《巴塞罗那公约》的议定书。

③　RAC/SPA（Regional Activity Center for Specially Protected Areas），Specially protected areas of Mediterranean Importance，2016，p.1，http://www.rac-spa.org/sites/default/files/doc_spamis/spamis2016.pdf.

地中海特别保护区	成立时间	位置	面积（公顷）
梅诺海	2001 年	穆尔西亚省东南端	27500

资料来源：RAC/SPA（Regional Activity Center for Specially Protected Areas），Specially Protected Areas of Mediterranean Importance，2016，p. 1，http://www. rac-spa. org/sites/default/files/doc_spamis/spamis2016. pdf。

c. 特别养护区和鸟类特别保护区。欧盟 Natura 2000 网络下的特别养护区和鸟类特别保护区构成了西班牙海洋保护区网络的主要部分。2014年7月，西班牙新建 39 个鸟类特别保护区。[①] 根据欧盟数据库，截至 2018 年 4 月，西班牙共有 104 个含有海洋的特别养护区。基于现有的法律框架以及 "海洋生命计划"（Life + INDEMARE）[②]，鸟类特别保护区和特别养护区正在协调建立中。

（2）海洋保护区网络

西班牙在 2007 年颁布的《自然遗产和生物多样性法》中提出了 "海洋保护区网络" 这一概念，明确了海洋保护区网络是将不同类型的海洋保护区置于统一的框架下进行管理，但未对其具体内容进行规定。直到 2010 年，西班牙关于保护海洋环境的第 41/2010 号法令正式创建了海洋保护区网络，对其地位、目标和管理模式进行了详细的规定，并明确了农业、食品及环境部对海洋保护区网络的管理职能。目前，生态转型部已取代农业、食品及环境部对海洋保护区网络进行管理。

西班牙第 41/2010 号法令除了设立海洋保护区网络之外，还强调了自治区在战略制定中的作用。根据该法令，农业、食品及环境部（现由生态转型部）对海洋保护区进行总体管理，各行政区可以根据各自的能力设立监测委员会对海洋保护区的实施状况进行跟踪，这表明西班牙旨在建立一个中央与地方管理相协调的合作机制。第 41/2010 号法令的第三章对海洋保护区网络的创设、管理、规划进行了详细的专章规定，详见表 11 - 5。

[①] Birdlife Europe Press, Spanish Landmark Legislation Increases 20-fold Marine Protected Areas, 2014, http://www. birdlife. org/sites/default/files/attachments/20140717PR_SpanishSPAs. pdf, 2018.

[②] "海洋生命计划" 初设于 2009 年，于 2014 年设立完成，是西班牙研究深海、远洋物种及其栖息地的重要计划，欧盟对该计划资助 50% 的经费。

表 11 – 5　西班牙第 41/2010 号法令第三章

条款	标题	内容
第 24 条	西班牙海洋保护区网络的创设	海洋保护区网络由西班牙海洋环境中代表自然遗产的保护区组成，它们受国际、欧盟、国家、行政区划框架的监管和规制
第 25 条	海洋保护区网络的目标	1. 确保自然遗产和海洋生物多样性的保护和恢复 2. 保护和保存最能代表海洋物种分布范围、栖息地和生态过程的区域 3. 促进生态走廊的养护，管理对于海洋动植物种群之间的移徙、地理分布和遗传交换至关重要或极为重要的要素 4. 促进西班牙国家对欧洲和泛欧网络以及全球海洋保护区网络的贡献
第 26 条	可能被纳入海洋保护区网络的区域类型	1. 海洋保护区 2. 组成 Natura 2000 网络的特别养护区和鸟类特别保护区 3. 第 42/2007 号法令第 29 条规定的其他类型自然保护区 4. 国际公约框架下的保护区 5. 第 3/2001 号法律第 14 条规定的海洋保护区即海洋和渔业保留区
第 27 条	海洋保护区的宣布和管理	1. 海洋保护区只能在生态转型部的建议下，通过皇家法令设立，而且要遵循环境咨询委员会的报告 2. 区分了中央和地方在海洋保护区养护措施中的不同责任 3. 西班牙海洋研究所将会为挑选和创设海洋保护区提供科学指导
第 28 条	海岸及海洋国家总局的职能	1. 代表国家管理海洋保护区，保障各保护区的养护和协调 2. 建议欧洲组织和国际组织将西班牙的海洋保护区纳入欧洲和国际海洋保护区网络，使西班牙达到保护目标 3. 在第 42/2007 号法令框架下设立特别养护区和鸟类特别保护区 4. 与沿海自治区一起确立海洋保护区管理的最低标准，并提交环境部门审议通过 5. 在共同保护指南下对海洋保护区进行检测和评估 6. 促进合作，实现西班牙海洋保护区的整体目标 7. 代表西班牙参加国际海洋保护区网络与合作，扩大西班牙海洋保护区的影响力 8. 根据第 42/2007 号法令，在国家范围内通过并实施养护濒危物种、海洋物种的行动计划 9. 每年撰写海洋保护区监测报告，每三年编制海洋保护区现状报告

续表

条款	标题	内容
第 29 条	西班牙海洋保护区总体规划	1. 总体规划作为协调海洋保护区的基本工具，包括海洋保护区战略目标，以及为实现这些目标而制定的行动计划；与国内及国际部门和组织合作的目标；海洋保护区规划和保护指南；海洋保护区网络共同行动计划，持续监控和评估的程序；确定可能接受国际资助的涉及共同利益的方案 2. 总体规划的最长实施年限为 10 年，生态转型部每年会把遵守情况写入海洋保护区网络报告中 3. 西班牙海洋保护区总体规划将由生态转型部制定，与环境咨询委员会的报告一起交予皇家法令批准。规划的制定和修改将遵循公众参与程序，至少会让自治区加入决策，并将规划交予环境战略评估
第 30 条	物种及其栖息地的监测和评估	为了保护和监测受保护的濒危海洋物种及其栖息地，农业、食品及环境部将设立西班牙海洋研究所，与其他研究中心签订管理协定，为国家的行政管理提供技术服务

注：此处的区域类型不仅包括海洋保护区，还包括包含海洋部分的其他保护区类型，涵盖西班牙国内、欧盟和国际三个层面。

资料来源：西班牙立法网，https：//www. boe. es/buscar/doc. php？ id = BOE – A – 2010 – 20050，最后访问日期：2020 年 3 月 20 日。

西班牙 2011 年颁布的第 1599/2011 号法令①第四条明确了对海洋保护区网络中保护区的整合和评估标准，其中包括保护区的代表性、独特性和稀有性、受威胁物种的重要性、栖息地或物种的脆弱性等，符合这些标准的海洋保护区才能被纳入海洋保护区网络。

2011 年 11 月 14 日颁布的第 1629/2011 号法令批准成立了卡乔丘海洋保护区，是西班牙在《自然遗产和生物多样性法》颁布后在海洋保护区网络框架下确立的第一个保护区。它作为西班牙海洋自然遗产保护的里程碑，致力于保护海洋生物多样性并履行西班牙在国际遗产保护方面的承诺。卡乔丘海洋保护区位于伊比利亚半岛北部的比斯开湾，总面积达 234950 公顷。该保护区设立的重要目标之一为保护在此的 1170 种珊瑚礁、蠵龟和宽吻海豚。

① 具体条文参见西班牙生态转型部，https：//www. miteco. gob. es/es/costas/temas/proteccion-medio-marino/RD% 201599_2011% 20Criterios% 20integraci% C3% B3n% 20RAMPE_tcm30 – 162527. pdf，最后访问日期：2020 年 3 月 30 日。

（三）最新实践

1. 成立卡波提诺所保护区

2017 年 9 月 8 日，根据第 81/2016 号法令，[①] 西班牙宣布在穆尔西亚成立地中海第九个海洋和渔业保留区——卡波提诺所保护区，将由西班牙渔业秘书处和穆尔西亚政府共同管理。卡波提诺所保护区位于穆尔西亚海岸南部，占地 1173.79 公顷，是穆尔西亚地区第二大海洋保护区。该保护区有着巨大的生态价值，海洋显花植物、水下洞穴和人造鱼礁都是当地的特色物种和景观。[②] 根据第 81/2016 号法令，为了便于管理和保护其生态价值，卡波提诺所保护区将分为 A、B、C、D 四个区域。其中A 区是拉斯帕洛马斯岛海岸线周围 500 米的海洋区域；B 区是 50 米等深线和特定地理位置之间的内部水域；C 区是 50 米等深线和以下地理位置之间的内部水域；D 区是 50 米等深线和以下地理位置之间的内陆水域。根据每个区域的生态价值和生态敏感度，管理机构会实施相应的管理措施，例如在 B 区内禁止专业捕鱼，而其他三个区域内禁止休闲垂钓。[③]

2. 将地中海鲸类迁徙走廊设立为海洋保护区

2018 年 6 月 29 日，西班牙颁布了第 699/2018 号法令，[④] 宣布将地中海鲸类迁徙走廊设立为海洋保护区。该保护区位于加泰罗尼亚自治区、巴伦西亚海岸和巴利阿里群岛之间，面积超过了 87500 平方公里。这一海洋保护区的设立旨在保护长须鲸、宽吻海豚、红海龟等物种。法令中

[①]　法令原文参见西班牙法律新闻，http://noticias. juridicas. com/base_datos/CCAA/580235 - d - 81 - 2016 - de - 27 - jul-ca-murcia-declara-la-reserva-marina-de-interes-pesquero. html，最后访问日期：2020 年 3 月 2 日。

[②]　Med PAN，http://medpan. org/a-new-marine-reserve-in-spain/，last visited on 10 April, 2019.

[③]　翻译整理自西班牙第 81/2016 号法令，法令原文见西班牙法律新闻，http://noticias. juridicas. com/base_datos/CCAA/580235 - d - 81 - 2016 - de - 27 - jul-ca-murcia-declara-la-reserva-marina-de-interes-pesquero. html，最后访问日期：2020 年 3 月 2 日。

[④]　法令具体条文见西班牙立法网，Real Decreto 699/2018, de 29 de junio , por el que se declara Área Marina Protegida el Corredor de migración de cetáceos del Mediterráneo, se aprueba un régimen de protección preventiva y se propone su inclusión en la Lista de Zonas Especialmente Protegidas de Importancia para el Mediterráneo (Lista ZEPIM) en el marco del Convenio de Barcelona，https://www. boe. es/buscar/pdf/2018/BOE-A - 2018 - 9034-consolidado. pdf，最后访问日期：2020 年 3 月 2 日。

禁止保护区内碳氢化合物的开采活动，这一规定有利于避免开采活动带来的噪声对海洋生物的不利影响。法令还建议将该走廊纳入地中海特别保护区，因为该区域对保护地中海生态系统和栖息地具有重要意义，但最终结果尚待《巴塞罗那公约》大会通过。[①]

三　评析

（一）自上而下的治理基本完善

经过多年的实践，西班牙海洋保护区自上而下的治理体系已经基本完善，各海洋保护区都被纳入海洋保护区网络的范畴，由生态转型部统一管理。并且，关于保护海洋环境的第 41/2010 号法令已对建立海洋保护区网络进行了明确的规定，使海洋保护区管理有法可依。海洋保护区网络并不仅是对西班牙海洋保护区的机械整合，而是只有符合一定标准的现有海洋保护区才能被纳入海洋保护区网络中，第 1599/2011 号法令专门规定了整合和管理这些海洋保护区的标准。西班牙保护区将广阔的海洋保护区置于统一网络之下、利用统一标准管理有利于减少管理分散带来的权责不清，是推进海洋保护区建设的重要举措。

同时，西班牙通过"一区一法"的形式对海洋保护区的管理权责和措施予以细化，使这些保护区的管理真正做到了因地制宜、有法可依。以第 1629/2011 号法令为例，[②] 该法令针对卡乔丘海洋保护区的设立而颁布，不仅罗列了保护区设立的法律根据包括国际、欧盟及西班牙国内三个层面，对该保护区的管理模式及管理权限进行了明确，还对卡乔丘的自然地理状况（包括生物物种、岩石状况等）进行了分析，并配以图片说明。

---

① Ambient Radio, "España crea la segunda área marina protegida más grande del Mediterráneo", 2018, http://ambienteradio. info/espana-crea-la-segunda-area-marina-protegida-mas-grande-del-mediterraneo/, last visited on March 20, 2020.

② 法令具体条文参见西班牙立法网，Real Decreto 1629/2011, de 14 de noviembre, por el que se declara como Área Marina Protegida y como Zona Especial de Conservación el espacio marino de El Cachucho, y se aprueban las correspondientes medidas de conservación, https://boe. es/buscar/doc. php? id = BOE-A - 2011 - 19246，最后访问日期：2020 年 1 月 15 日。

（二）自下而上的治理仍须加强

自下而上的治理侧重人们互相配合并遵守一致通过的规则。① 西班牙在海洋保护区管理过程中强调中央与自治区的合作。以海洋和渔业保留区为例，在目前已建立的 11 个保护区中，有 6 个由中央与自治区政府共管。这有利于充分利用自治区政府对当地的权威与了解，使保护行动规划落到实处，提高管理效率。

但是，目前西班牙自下而上的治理仍停留在中央和地方政府合作阶段，未真正实现让当地社区参与决策。当宣布某一海域为海洋保护区时，此地的捕鱼、海上休闲活动等相关生产经营活动都会受到影响。让当地社区参与决策有利于降低当地利用者由于其生产经营活动受影响带来的抵触情绪，促进平衡决策，更好地发挥海洋保护区的效能。

四 小结与启示

作为海洋国家和早期的海洋强国，海洋对西班牙的经济和社会有着重要的意义。西班牙拥有丰富的海洋生物多样性，但同时海洋环境也正面临着人类活动带来的挑战。尽管西班牙在 2007 年才正式提出海洋保护区这一概念，但其海洋保护区实践可以追溯到 1986 年建立泰拜尔盖海洋和渔业保留区，是欧洲建立海洋保护区的先锋国家之一。因此，西班牙进行海洋保护区的实践时间较长，目前已建立了覆盖面积广、种类多、层次丰富的保护区体系。西班牙目前共有 265 个海洋保护区，总面积达 84220平方公里，占管辖海域面积的 8.37%，包括鸟类特别保护区、特别养护区、海洋和渔业保留区和具有地中海重要性的特别保护区 4 种类型。

海洋保护区效能的发挥不仅在于建立，更在于高效的管理。西班牙的海洋保护区治理模式相对完善，特别是已制定规则将符合特定标准（如生态独特性、脆弱性、物种丰富性）的各海洋保护区纳入海洋保护区网络，并由统一机构进行统一管理，大大提高了管理的效率，是西班

---

① 联合国环境规划署：《2017 年前沿报告：全球环境的新兴问题》，2017，第 39 页，https://www.unenvironment.org/zh-hans/resources/2017qianyanbaogao。

牙在治理上的重要举措。但是，有待改进之处为西班牙尚未充分实现自下而上的治理，应充分考量各方利益，把当地利益代表者纳入决策者的范畴，以及充分发挥地方政府在监测海洋保护区运行中的作用。

参考文献

一　中文

1. 联合国环境规划署：《2017 年前沿报告：全球环境的新兴问题》，2017，https：//www. unenvironment. org/zh-hans/resources/2017qianyanbaogao。

二　外文

1. Birdlife Europe Press, Spanish landmark Legislation Increases 20 – fold Marine Protected Areas, 2014, http://www. birdlife. org/sites/default/files/attachments/20140717PR_Spanish-SPAs. pdf.

2. RAC/SPA（Regional Activity Center for Specially Protected Areas）, Specially Protected Areas of Mediterranean Importance, 2016, http://www. rac-spa. org/sites/default/files/doc_spamis/spamis 2016. pdf.

3. Rodríguez, David, "Rapid Assessment of Protection and Ecological Effectiveness of the Spanish Fishing Reserve Network", *Marine Policy* 90（2018）.

4. Specially Protected Areas of Mediterranean Importance, 2016, http://www. rac-spa. org/sites/default/files/doc_spamis/spamis 2016. pdf.

5. 《自然遗产和生物多样性法》，2007，https://www. boe. es/boe/dias/2007/12/14/pdfs/A51275 – 51275. pdf。

三　主要参考网站

1. 地球保护区（Protected Planet），https://www. protectedplanet. net。
2. 地中海海洋保护区管理机构（MedPAN），http://medpan. org。
3. 地中海行动计划中心（RAC/SPA），http://www. rac-spa. org。
4. 联合国环境规划署（UNEP），https://www. unenvironment. org。
5. 世界自然基金会（WWF），https://www. wwf. es。
6. 西班牙法律新闻，http://noticias. juridicas. com。
7. 西班牙立法网，https://www. boe. es。
8. 西班牙生态转型部，https://www. miteco. gob. es。
9. 中华人民共和国外交部，http://www. fmprc. gov. cn。
10. Ambient Radio, http://ambienteradio. info.

第十二章　德国海洋保护区建设：新型协调模式

一　德国海洋自然环境与海洋保护区概况

（一）海洋自然环境

德国位于欧洲中部，东邻波兰、捷克，南毗奥地利、瑞士，西接荷兰、比利时、卢森堡、法国，北接丹麦。德国陆上邻国众多，仅北端濒临北海和波罗的海。陆地边界全长 3757 公里，海岸线长 2389 公里。[①] 北海、波罗的海都是较为封闭的海域，其中波罗的海属于内海，四面几乎均为陆地环抱，沿岸分布较多的平缓沙滩。北海沿岸拥有众多湿地和狭长海湾，海域整体水深较浅。北海和波罗的海均为德国近海的重要渔场，不仅为德国提供了丰富的渔业资源以及油气资源，还蕴含着丰富的海洋生物资源，包括各种珍稀鱼类、鸟类、甲壳类、海洋哺乳动物，如潜鸟、燕鸥、环斑海豹、港湾鼠海豚等。北海和波罗的海海域为这些生物提供觅食地和栖息地。

受自然地理特征影响，德国较早开始了海岸带和海洋资源的开发，如今海洋经济已得到充分发展。根据《德国海洋议程 2025》，目前德国海洋经济每年总产值约为 500 亿欧元，来源既包括造船业、海洋工程和海洋矿产这类传统海洋产业，也包括航运、港口运输、海洋可再生能源和滨海旅游等海洋服务类的新兴产业。[②]

德国仅北端濒临北海和波罗的海，因此其海洋活动范围较为集中，

[①] 中华人民共和国外交部，http://www.fmprc.gov.cn/web/gjhdq_676201/gj_676203/oz_678770/1206_679086/1206x0_679088/，最后访问日期：2020 年 3 月 15 日。

[②] 国家海洋信息中心：《解读〈德国海洋议程 2025〉》，2017，http://www.cme.gov.cn/info/1509.jspx，最后访问日期：2020 年 3 月 15 日。

再加上海域较为封闭，海洋自净能力相较于开放海域有限，因而不断增加的陆源污染和海运污染致使德国海洋环境面临着极大的压力，海洋污染、富营养化、动植物物种濒危等问题突出。为此，德国自20世纪后半叶陆续制定了一系列规划和计划，结合欧盟有关海洋的政策指令，在海岸带综合管理、海洋空间规划、渔业可持续发展和区域海洋环境合作等层面做出不懈努力，以期实现海洋生态功能恢复，促进海洋可持续发展。

（二）海洋保护区概况

德国充分利用海洋保护区进行海洋保护，于2002年修改《联邦自然保护法》，并制定了国家计划，提出在近海水域和海洋建立特别保护区。2004年在专属经济区建立海洋空间总体规划，并于2005年完成北海和波罗的海的海洋空间规划环境报告，对自然保护海域做出划分。在欧盟Natura 2000框架下，德国在波罗的海和北海专属经济区拥有沙洲和礁这两种栖息地类型，为珍稀海洋动植物提供觅食、休养和繁殖的场所。

按照欧盟《鸟指令》和《栖息地指令》，在与联邦政府其他部委、沿海各州、民众沟通协调后，经过德国联邦环境部的详细研究和自然保护局的协作评估，德国向欧盟Natura 2000提交了位于北海和波罗的海专属经济区的10个保护区的报告，其中8个为（栖息地）特别养护区（SAC），2个为鸟类特别保护区（SPA）。截至2018年10月，德国北海43%的海域和波罗的海51%的海域已被确立为海洋保护区，将保护区范围由沿岸逐渐延伸到远离海滨的水域。

1. 德国北海海域的海洋保护区

如表12-1所示，德国北海专属经济区中包括多格滩保护区、叙尔特岛保护区、博尔库姆珊瑚礁保护区和东德湾特别保护区。

表12-1　德国北海海域的海洋保护区

北海			
名称	类别	面积（平方公里）	特别保护对象
多格滩保护区	SAC	1692	沙洲、港湾鼠海豚、普通海豹
叙尔特岛保护区	SAC	5603	港湾鼠海豚、灰海豹、海鸟、七鳃鳗、鲟鱼

续表

北海			
名称	类别	面积（平方公里）	特别保护对象
博尔库姆珊瑚礁保护区	SAC	625	礁、沙洲、灰海豹、普通海豹
东德湾特别保护区	SPA	3140	潜鸟、迁徙鸟类

资料来源：Federal Agency for Nature Comservation，Protected Areas：Overview and Key Fact，https：//www. bfn. de/en/activities/marine-nature-conservation/national-marine-protected-areas/overview-and-key-facts. html，last visited on March 20，2020。

以多格滩保护区为例。多格滩是北海最大的沙洲，位于北海的一个较浅的区域，距离英格兰东海岸约 100 公里，面积达 18000 平方公里，其中 1692 平方公里的区域被《栖息地指令》指定为特别养护区。[①] 多格滩大部分细沙含有许多贝壳碎片，是沿岸浅海区的代表，不仅为鱼类种群提供了良好的生长条件，同时为海鸟和海洋哺乳动物等觅食者提供了食物来源。从开阔水域的丰富浮游生物到沙洲底部濒临灭绝的海胆和甲壳类动物，再到多格滩的众多鱼类和濒临灭绝的海洋哺乳动物，多格滩海洋保护区正在对海洋动植物物种的保护发挥作用。

2. 德国波罗的海海域的海洋保护区

如表 12 - 2 所示，德国在波罗的海的海洋保护区包括费马恩海峡保护区、卡德特保护区和波美拉尼亚湾保护区，以及包含在波美拉尼亚湾保护区中的阿德勒保护区、伦讷浅滩保护区和奥得拉浅滩保护区。

表 12 - 2　德国波罗的海海域的海洋保护区

波罗的海			
名称	类别	面积（平方公里）	保护对象
费马恩海峡保护区	SAC	279.96	礁、沙洲、港湾鼠海豚
卡德特保护区	SAC	100.09	礁、港湾鼠海豚
阿德勒保护区	SAC	234	沙洲、礁
伦讷浅滩保护区	SAC	87	礁

① Federal Ageacy for Nature Conservation，Doggrer Bank SAC，https：//www. bfn. de/en/activities/marine-nature-conservation/national-marine-protected-areas/north-sea-eez/dogger-bank-sac. html，last visited on March 20，2020.

续表

波罗的海			
名称	类别	面积（平方公里）	保护对象
奥得拉浅滩保护区	SAC	1100	沙洲、礁、港湾鼠海豚
波美拉尼亚湾保护区	SPA	2089.45	礁、沙洲、港湾鼠海豚、海鸟、鲟鱼、鲱鱼

资料来源：Federal Agency for Nature Comservation, Protected Areas: Overview and Key Fact, https://www.bfn.de/en/activities/marine-nature-conservation/national-marine-protected-areas/overview-and-key-facts.html, last visited on March 20, 2020。

以波美拉尼亚湾保护区为例。波美拉尼亚湾位于德国吕根岛东部，波罗的海西南部。其中 2089.45 平方公里的区域于 2005 年 9 月 1 日被划定为保护区，成为德国联邦为数不多的海洋保护区之一。该保护区的设立旨在保护和恢复海洋生态系统，作为海洋生物物种的休养、迁徙和栖息地，特别是红喉潜鸟、黑喉潜鸟、北极燕鸥、长尾鸭、红颈海鸟、黑背鸥等。同时由于波美拉尼亚湾海洋保护区包含了阿德勒保护区、伦讷浅滩保护区、奥得拉浅滩保护区这三个保护区，因此它还拥有沙洲和珊瑚礁这些重要的栖息地，具有多种重要的生态功能，进而成为《鸟指令》和《栖息地指令》中的重要受保护地。

二　德国建立海洋保护区的法律与实践

（一）海洋保护区法律与政策框架

德国建立海洋保护区具有指导性的依据主要包括海洋生态环境保护领域的国际公约、欧盟政策和指令及区域性海洋保护条约和计划、德国国内立法和国内政策文件四个层次。

1. 国际公约

国际公约在全球海洋环境和生物多样性保护中起了基础框架作用，德国积极推动国际性公约的制定和实施，其参与的公约主要包括《拉姆萨尔公约》《濒危野生动植物种国际贸易公约》《保护野生动物迁徙物种公约》《联合国海洋法公约》《生物多样性公约》等。

2. 欧盟政策和指令及区域性海洋保护条约和计划

（1）欧盟政策和指令

欧盟是区域海洋治理的先行者。欧盟出台的各项政策和指令对德国的海洋生态环境保护具有重要的指导作用。截至 2018 年，欧盟在海洋环境保护领域相关的政策指令主要有 8 项，如表 12-3 所示。

表 12-3　欧盟海洋保护相关政策指令

名称	时间	相关内容
《鸟指令》	1979 年实施	保护野生鸟类及其栖息地
《欧盟共同渔业政策》	1983 年实施	保护海洋生物资源多样性和海洋生态系统
《栖息地指令》	1992 年实施	保护野生动植物种及栖息地
《水框架指令》	2000 年实施	水资源管制和水体保护
《海洋综合政策蓝皮书》	2007 年颁布	利用空间规划手段实现海洋资源综合管理
《欧盟海洋战略框架指令》	2008 年颁布	海洋生态系统恢复和海洋综合管理
《欧盟生物多样性战略》	2011 年发布	保护欧盟地区生物栖息地和物种
《欧盟"蓝色增长"战略》	2012 年发布	进一步实施海洋综合性政策

资料来源：笔者根据相关信息整理编制。

（2）区域性海洋保护条约和计划

除欧盟出台的政策和指令外，适用于德国海域的区域性公约和协议也对具体的濒危物种及一系列生态环境提出了进一步的保护要求和目标，如 1974 年的《波罗的海区域海洋环境保护公约》，1992 年的《东北大西洋海洋环境保护公约》，波罗的海和北海小型鲸类保护协议以及瓦登海三边保护协议等。除此之外，还包括海域保护行动计划，如 2007 年通过的《保护波罗的海行动计划》，对不同海域生态系统的保护提出了阶段性的保护计划和操作方案。

3. 国内立法

德国建立了一系列的海洋环境保护管理法律法规，各州依据联邦立法制定相应的实施办法，以此完善海洋环境保护工作的法制化管理。其中《联邦自然保护法》和《联邦水平衡管理法》是德国联邦环境立法中的两大基本法律，为德国水环境和海洋环境的治理与保护提供了实质性的统一操作指南。

（1）《联邦自然保护法》

《联邦自然保护法》于 1977 年 1 月正式生效，德国联邦内阁于 2017 年 3 月通过了《联邦自然保护法》修正案。该修正案为《联邦自然保护法》授权在德国专属经济区内通过法律法规保护濒危物种奠定了基础。《联邦自然保护法》是德国在自然保护领域最为权威和全面的立法，处于框架性指导地位，是联邦法和州立法结合的产物。该法强调德国自然生态保护的重要性。为实现专属经济区对生物多样性的维持和保护以及保障海洋栖息地的自然特征，该法规定联邦和州应建立海洋保护区，并承担对海洋环境的监测和保护职责。

（2）《联邦水平衡管理法》

《联邦水平衡管理法》在 1957 年颁布后到 2009 年共经历了七次修订。该法是德国统一的水管理法律文件，不仅针对德国水资源管理和保护，而且纳入了欧盟《水框架指令》中对水资源管制和水体保护的要求。其中包含了对沿海水体使用、管理和防污的规定，要求必须考虑临近海岸或海湾的水生态系统的脆弱性，促进沿海鱼群和其他海洋生物的保护，实现水体保护和自然保护的有机结合。

4. 国内政策文件

为了进一步提高海洋环境保护的具体操作效能，德国联邦政府及其相关部门发布了一系列联邦海洋政策和计划，以期在联邦和各州政府形成明确的海洋开发与管理的指南。

（1）《海洋议程 2025：德国作为海洋产业中心的未来》

2016 年底，联邦经济与能源部发布《海洋议程 2025：德国作为海洋产业中心的未来》。这是德国近年来首次制定的海洋发展长期战略，明确德国海洋发展总体情况和前进目标，提出积极参与构建欧盟"蓝色发展"战略，促进海洋环境保护和海洋空间规划。该议程对德国海洋事务发展进行了整体情况的梳理，并对未来德国海洋管理、产业、安全等方面的问题做出规划，致力于协调各政府部门、企业、个体的多方参与，提升德国的海洋国际竞争力。

（2）《国家生物多样性战略》

德国《国家生物多样性战略》于 2007 年通过。该战略为顺应《生物多样性公约》和欧盟委员会对其成员国的号召制定，主要内容涉及德国现有濒危或濒临灭绝的野生动植物，进行特有物种保护和重建环境生态服务体系。

（3）《可持续发展战略》

2016 年，德国联邦通过《可持续发展战略》，将改善海洋环境、保护生物多样性和恢复自然生境作为德国未来可持续发展中的重要一环，对于海洋保护区的建立和完善具有参考和指导意义。

（二）海洋保护区的管理

1. 主管机构

如图 12 - 1 所示，德国海洋事务管理职能分散在各涉海部门，包括联邦环境、自然保护、建设和核安全部（以下简称"联邦环境部"），联邦食品及农业部，联邦运输和数字设施部以及联邦经济与能源部等。其中，联邦环境部在德国海洋生态环境保护中发挥着核心作用，主要负责各类环境保护政策、法规和制度及环境标准等制定和环境保护工作的开展，并由其下设的联邦自然保护局和联邦环境局具体实施管理。联邦环境局主要负责大气环境、土壤保护、水资源管理等领域的政策支持工作。联邦自然保护局是联邦政府负责国家和国际自然保护的机构，通过开展相关的科学研究实现其目标，同时负责制定海洋保护区相关海洋物种和栖息地的保护目标。

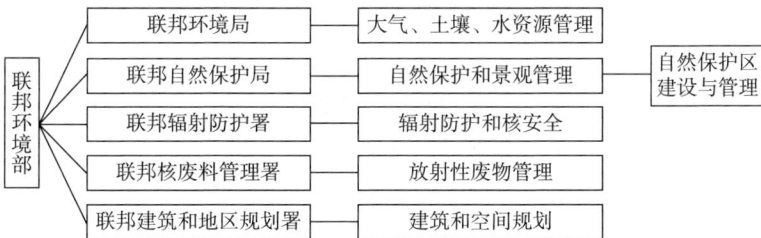

图 12 - 1 德国联邦环境部机构设置与职能分布

资料来源：Federal for the Environment, Nature Conservation and Unclear Safety, Fedaral Authorities, https://www.bmu.de/en/ministry/tasks-and-structure/federal-authorities/, last visited on March 20, 2020。

联邦运输和数字设施部负责进行航运管理和制定海洋资源开发利用规划、进行海洋资源开发等，下设海洋与水文测量局。联邦食品及农业部负责渔业资源的开发和利用，同时关注海洋渔业的可持续开发与保护。在国际海洋保护协定的基础上，联邦食品及农业部参与北海和波罗的海的海洋环境改善工作，关注海洋渔业资源的保护。

尽管行政管理职能分散，但德国建立了有效的协调机制，在联邦政府层面设置国家海洋会议和联邦政府海洋协调员以及部门间论坛，协调联邦层面、联邦与州政府之间、州与州之间以及各行政部门之间有关海洋发展的各项工作。与此同时，北海和波罗的海联邦（州）委员会和海洋保护协调委员会也具备海洋保护和管理职能。①

2. 管理模式

德国海洋保护区的建立和管理由联邦和州政府共同进行。在立法上，由联邦政府进行立法，州政府以联邦立法为指导进一步出台各州的执行或实施的法律文件，反映各州的实际情况，再交由执行机构实施。在管理上，实行海洋分区管理的形式，离岸 12 海里内海域由沿海各州政府实施管理，12 海里以外到 200 海里专属经济区内由联邦政府各执行机构负责实施管理，这一职责主要分配给联邦环境部和其下属的联邦自然保护局。联邦自然保护局还负责 Natura 2000 的海洋保护区选划与管理工作、人类活动对海洋的压力评估工作以及海洋生态保护的政策研究等。②

2012 年 3 月，德国联邦和州各部委签署了新的联邦（州）海洋保护管理协议。该协议规定了联邦政府与沿海州之间的合作，特别是在实施欧盟海洋战略框架指令及其监督方面。除此之外，还建立了北海和波罗的海联邦（州）委员会，负责《欧盟海洋战略框架指令》下联邦及州政府的合作，并协调开展海洋环境监测工作。海洋保护协调委员会统筹管理联邦（州）在北海和波罗的海的环境监测工作，制定计划及规章制度，再由各执行机构具体开展。

（三）最新实践活动

2018 年 3 月 6 日，德国参与了 9 个波罗的海沿岸国家和欧洲联盟的

---

① Federal Agency for Nature Conservation, Organisation and Requirements, https://www.bfn.de/en/activities/marine-nature-conservation/marine-monitoring/organisation-and-requirements.html, last visited on March 20, 2020.

② Federal Agency for Nature Conservation, Marine Monitoring, https://www.bfn.de/en/activities/marine-nature-conservation/marine-monitoring.html, last visited on March 20, 2020.

环境部长和高级代表在比利时布鲁塞尔举行的会议，就波罗的海海洋环境的新承诺达成协议。会议决定加快步伐达成现有波罗的海行动计划——到2021年恢复波罗的海海洋生态平衡的具体路线的目标。更新后的行动计划将致力于保护波罗的海远离富营养化损害和生物多样性丧失。同时制定一个区域性的海洋营养回收战略，旨在减少对波罗的海的营养投入，并更有效地利用营养物质，支持沿岸各国创造一个更加健康和无害的海洋环境。

（四）对建立公海保护区的立场

多年来，德国环境部以及相关机构为保护南北极环境发挥了积极作用，并投入大量资源开展环保领域的研究项目，在保护极地生物、防止外来物种、建立自然保护区等方面成就突出。① 除东北大西洋公海保护区外，自2009年起，德国通过欧盟多次向南极海洋生物资源养护委员会提议设立海洋保护区，坚持建立南极海洋保护区的必要性。2013年7月23日，德国联合其他欧盟成员国向联合国提交一份提案，建议对各国管辖范围以外的公海水域开启推动保护海洋生物多样性的国际进程。② 同时，德国于2016年10月向南极海洋生物资源养护委员会提交了保护威德尔海的申请，涉及面积约180万平方公里，将会成为世界上最大的海洋保护区。③

三 评析

长期以来，德国将环境保护工作置于重要位置，形成了十分完备的环境保护法。在海洋环境保护方面，德国并不局限于欧盟框架下的海洋治理，而是以其为基础，赋予联邦各州政府海洋管理职权。德国海洋保护区实行的是地方自治型管理体系，联邦行政部门负责制定海洋保护相关的联邦政策与法律，由各州行政部门具体承担法律的贯彻

---

① 周菲：《德国参与南极事务的历程与特点及其启示》，《德国研究》2015年第2期。
② 范晓婷主编《公海保护区的法律与实践》，海洋出版社，2015，第246页。
③ Federal Ministry of Food and Agriculture, Fisheries, https://www.bmel.de/EN/Forests-Fisheries/Marine-Conservation/_Texte/CCAMLR.html, last visited on March 20, 2020.

执行任务。虽然形式较为分散,但却建立了有效的协调机制。

在具体制度设计方面,德国的海洋环境保护以坚持预防原则为首要目标,注重通过可持续和环保的方式对海洋进行利用。建立了较为完善的海洋环境监测体系,严格控制污染物入海和人类活动对环境的影响和破坏。在海洋保护区区域合作方面,得益于欧盟整体框架,德国参与欧盟整体规划下成员国间的海洋空间规划管理、渔业可持续管理和海洋生态环境保护行动计划,在区域海洋合作上取得了一系列经验和成果。

总体而言,无论是欧盟还是德国,在海洋生态的保护和管理上都具备了较为丰富的经验,辅以先进的海洋环境监测手段和生物物种统计技术,提高决策管理的便捷性和科学性。值得注意的另一点是,欧盟框架下的德国善于克服众多沿海国可能存在的利益纠纷,充分发挥区域合作效能,为本国和区域内其他国家的海洋保护区建设出谋划策,同时收获来自区域内其他国家的技术援助和政策支持,最终实现海洋生态环境保护领域的互利共赢。

四　小结与启示

德国的海洋保护区广泛分布于北海和波罗的海,面积约占德国专属经济区的50%。海洋保护区多位于温带地区,拥有良好的光照条件,是众多海洋鱼类和哺乳动物的休养和栖息地的首选。在欧盟 Natura 2000 框架下,德国依据《鸟指令》和《栖息地指令》建立了鸟类保护区和特别养护区这两大类海洋保护区保护海洋哺乳动物、海鸟和某些鱼类,以及沙洲和珊瑚礁等自然生境。

在海洋保护区的管理上,不同于传统的自上而下或自下而上的模式,德国实行由联邦政府进行顶层制度设计、地方各州进行地方条例立法和具体管理的模式,并在联邦政府层面设有协调委员会进行统筹管理。这种新型模式在很大程度上提高了德国海洋保护区建设中具体政策与措施的执行力。

德国对海洋保护区建设已经积累了一定的经验。首先,德国海洋产业技术属于高度密集型,因此在自然、环境和安全上更有保障。中国海洋管理正处在转型摸索阶段,在此过程中推动海洋产业转型和海洋技术创新是第一要义，应以提高海洋技术的方式降低海洋生态环境损害程度及发生率，发展面向未来的环保和可持续的海洋产业。其次，必须加强基础设施建设。具体表现为健全全面的海洋生态实时监测系统，整合现有的海洋数据并建立管理网络和共享平台，进一步规范海洋生态指标评测工作，保证海洋环境的观测、预报和预警系统。最后，合作是国际环境治理的重要一环。《欧盟海洋战略框架指令》要求各成员国必须与邻国共同制定基于生态系统方式的海洋保护战略，充分进行区域合作。中国可借鉴德国参与区域合作的经验，推动并健全区域海洋跨界合作与治理，在现有合作机制下寻求更广阔的合作空间，发展区域内部协调与合作机制，保持区域海洋健康发展。

参考文献

一　中文

1. 范晓婷主编《公海保护区的法律与实践》，海洋出版社，2015。

2. 周菲：《德国参与南极事务的历程与特点及其启示》，《德国研究》2015 年第 2 期。

3. 国家海洋信息中心：《解读〈德国海洋议程 2025〉》，2017，http://www.cme.gov.cn/info/1509.jspx。

二　主要参考网站

1. 德国联邦环境保护、自然保护、建设和核安全部，https://www.bmu.de/en/。

2. 德国联邦食品及农业部，https://www.bmel.de/EN/Homepage/homepage_node.html。

3. 德国联邦自然保护局，https://www.bfn.de/。

4. 中华人民共和国外交部，http://www.fmprc.gov.cn/web/gjhdq_676201/gj_676203/oz_678770/1206_679086/1206x0_679088/。

第十三章　挪威海洋保护区：以岛屿为依托的保护模式

一　挪威海洋自然环境与海洋保护区概况

（一）海洋自然环境

挪威位于北欧斯堪的纳维亚半岛西部，西濒挪威海，北邻巴伦支海，南邻北海，海岸线长达 21192 公里。① 挪威领海覆盖面积约为 10 万平方公里，是国内淡水水域面积的五倍。领海外海域覆盖面积约为 200 万平方公里，包括斯瓦尔巴群岛和扬马延岛周围地区。② 挪威的海域被划分为三个主要管理区域，从北到南分别是巴伦支海 – 罗弗敦群岛地区、挪威海、北海和斯卡格拉克地区。这些海洋水域拥有极高的生产力，物种丰富，包括从冷水珊瑚到大型鱼类、海鸟和海洋哺乳动物。其中，巴伦支海是世界上生产力最高的海域之一，是各种底栖生物群落和大量的鱼类、海鸟和海洋哺乳动物的重要栖息地。挪威海是挪威、斯瓦尔巴群岛和冰岛之间的北大西洋的一部分，物种丰富，富含鲭鱼、鲱鱼和蓝鲸等物种，整个大陆架上都有大型的珊瑚礁群。挪威海环境状况总体良好，而且大部分的水体和深海海底污染水平较低。③ 与挪威海和巴伦支海相比，北海和斯卡格拉克地区受人类活动的影响较大，世界上一些最繁忙的航运路线都位于该区域，并分布着密集的渔业和大型石油和天然气工业。

---

① 中华人民共和国外交部，https://www.fmprc.gov.cn/web/gjhdq_676201/gj_676203/oz_678770/1206_679546/1206x0_679548/，最后访问日期：2020 年 3 月 20 日。

② Norwegian Environment Agency, Marine and Coastal Water, https://www.environment.no/topics/marine-and-coastal-waters/, last visited on March 20, 2020.

③ Norwegian Envirament Agency, The Norwegian Sea, https://www.environment.no/topics/marine-and-coastal-waters/the-norwegian-sea/, last visited on March 20, 2020.

　　20 世纪 60 年代，在挪威海域发现大量油气资源之后，便开始进行大规模的海上油气资源开采。挪威也是欧洲最大的渔业国家，北部沿海是世界著名渔场。据统计，目前挪威的天然气出口量居世界第三位，鱼类和海产品出口量也名列前茅。[①] 由于发达的海洋产业和相对集中的沿海而居的人口，挪威的海洋和沿海生态系统受到渔业、水产养殖、航运和石油天然气生产以及来自陆上工业、农业和废水处理以及海洋垃圾等富营养物和其他污染物的破坏。人类活动和气候变化对海洋生物多样性及其栖息地造成了威胁，并给这些区域的管理带来了重大挑战。为了应对这些污染和挑战，挪威开发了涉及多个部门合作的综合海洋管理体系，以使其所有海域达到良好的环境状况。经过长时间的治理，挪威沿海水域及海洋环境状况有了极大的改善，但仍存在部分来自工业有害物质排放和气候变化的环境压力。[②]

（二）海洋保护区概况

　　挪威建立海洋保护区旨在保护具有高度海洋保护价值的海洋区域或对陆地物种具有生态必要性的海洋区域，并对其中一种或多种特定物种进行特殊保护，以改善海洋区域的特定生态功能。[③] 在 2009 年出台的《自然多样性法》中，挪威第一次以法律条文的形式对"海洋保护区"做出规定。《自然多样性法》第 39 条规定：海洋保护区可以建立在具有海洋保护价值或对陆地物种具有重要生态价值的海域。具体包含以下特征的地区可以作为海洋保护区进行保护：

　　（1）包含独特或具有代表性的生态系统，且没有大型基础设施；

　　（2）包含濒危、稀有或脆弱物种、社区、栖息地或景观类型；

　　（3）代表一种特定类型的栖息地；

　　（4）对生物多样性特别重要；

　　（5）包含独特的地质特征；

---

①　挪威王国驻华大使馆，https://www.norway.no/zh/china/values-pri/norway-today/，最后访问日期：2020 年 3 月 20 日。

②　Norwegian Enviranment Agency, The Norwegian Sea, https://www.environment.no/topics/marine-and-coastal-waters/, last visited on March 20, 2020.

③　挪威环境署，https://www.miljodirektoratet.no/en/Areas-of-activity1/Conservation-Areas/Categories-of-protected-areas/，最后访问日期：2020 年 3 月 20 日。

（6）具有特殊的科学价值；

（7）包含一个或多个特定物种且具有特定生态功能。

目前，挪威海洋保护区总面积为 84898 平方公里，其中位于斯瓦尔巴群岛和熊岛的保护区面积最为广阔。[①] 在斯瓦尔巴群岛和熊岛周边区域，有三个大型海洋保护区，其中两个分别位于斯瓦尔巴群岛的东部和西部，另一个环绕着熊岛。这三个海洋保护区包括了 4 个自然保护区和 7 个国家公园的海洋部分，总面积约为 78321 平方公里。斯瓦尔巴群岛位于北冰洋，拥有独特的野生生物和壮阔的北极自然风光，近三分之二的区域被列为保护对象，这些区域内包含多个自然保护区、国家公园等。斯瓦尔巴群岛保护区总面积达 39800 平方公里，大约总共覆盖了岛屿面积的 65% 和海域面积的 87%，仅自然保护区和国家公园面积就分别达到了 25313 平方公里和 14487 平方公里，其他形式的保护区几乎可以忽略不计。[②]

挪威的海洋保护区主要包括自然保护区、国家公园和景观保护区这三种类型，并且部分包含陆地区域。海洋保护区以自然保护区和国家公园为主，在保护区功能方面，自然保护区和国家公园的建立条件和管理模式更为系统，在挪威海洋物种和生态系统保护领域发挥了主要作用。

1. 自然保护区

自然保护区是挪威《自然多样性法》中规定的最严格的保护区，建立在含有濒危、稀有或脆弱物种、栖息地或景观类型或代表特定类型的栖息地的地区，具有高度的生物多样性保护价值和独特的地质特征或特殊科学研究价值。海洋自然保护区的主要目的是保护海洋价值或确保与陆地自然价值密切相关的海洋综合区域。[③] 以扬马延岛自然保护区为例。扬马延岛是大西洋北部的火山岛，位于格陵兰岛和冰岛之间。扬马延岛自然保护区成立于 2010 年 11 月 19 日，目的为保护岛屿周围的海域生态系统。保护区覆盖约 4315 平方公里的海域，在 2012 年被提名为东北大西洋

---

① 挪威环境署，https://www.miljodirektoratet.no/en/Areas-of-activity1/Marine-and-coastal-areas/Marine-protected-areas-in-the-OSPAR-network/，最后访问日期：2020 年 3 月 20 日。

② Norwegian Environment Agency, Protected areas, https://www.environment.no/topics/biodiversity/protected-areas/, last visited on March 20, 2020.

③ 挪威渔业局，https://www.fiskeridir.no/Sjoeareal/Verneomraader-og-planer/Naturreservat，最后访问日期：2020 年 2 月 12 日。

海洋保护区网络。[①]

2. 国家公园

包含独特或具有代表性的生态系统或景观，以及没有大型基础设施建设的大面积自然栖息地的区域可以作为国家公园加以保护。[②] 以伊特勒 – 哈瓦勒（Ytre Hvaler）国家公园为例。伊特勒 – 哈瓦勒国家公园成立于 2009 年，是挪威第一个主要为保护海洋环境而设立的国家公园。该保护区位于奥斯陆峡湾东岸，总面积达 354.8 平方公里，其中除 14 平方公里的陆地外，其余均为海域。[③] 这一国家公园拥有欧洲最著名的珊瑚礁，它的成立提高了对保护海洋环境重要性的认识。

3. 景观保护区

挪威的景观保护区是具有重大生态或文化价值的自然和文化景观的区域，旨在保护这一区域的自然生态景观及其自然系统，其中景观形象和景观体验是景观保护区建设的中心目标。

二　挪威海洋保护区法律与政策框架

（一）国际公约

挪威保持着与其他国家在自然保护领域的国际合作，并在这种持续的国际合作下加入了若干重要的涉及生态环境保护的国际公约，对建设和管理海洋保护区具有指导意义。相关国际公约主要包括：《南极条约》体系，1971 年的《拉姆萨尔公约》，1973 年的《濒危野生动植物种国际贸易公约》，1972 年的《保护世界文化和自然遗产公约》，1979 年的《欧洲野生动物与自然栖息地保护公约》，1979 年的《保护野生动物迁徙物种公约》，1992 年的《生物多样性公约》，1992 年的《东北大西洋海洋环境保护公约》。

[①] Jan Mayen Naturreservat（Jan Mayen），http://faktaark. naturbase. no/Vern？ id = VV00003010，last visited on March 20，2020.

[②] 挪威《自然多样性法》第 35 条。

[③] Protected Planet，Ytre Hvaler in Norway，https://www. protectedplanet. net/ytre-hvaler-national-park，last visited on March 20，2020.

（二）国内立法

为了更好地治理和恢复因油气开采而日益恶化的海洋生态环境，挪威随后加强了对海洋环境的监管力度，建立并完善了一系列法律和法规规制海上活动和污染，重建海洋生态系统。目前挪威海洋保护区建设和管理领域的主要法律文件包括《自然多样性法》《海洋资源法》《斯瓦尔巴环境保护法》等。

1.《自然多样性法》

挪威《自然多样性法》于 2009 年 7 月 1 日生效，取代了 1970 年颁布的《自然保护法》，这是挪威自然及其管理领域的最全面和最重要的一项立法。它涵盖了生物、景观和地质多样性的保护，包括有关物种管理、保护区、外来生物、选定栖息地类型、优先物种及其栖息地的条款。《自然多样性法》正式纳入了"海洋保护区"这一类别。在具体海洋保护区的建立上，该法规定最迟在做出保护区决定时必须提交战略管理计划草案，必要时还应附加运营管理计划。挪威政府强调，所有管理计划都必须符合建立有关保护区的条例和《自然多样性法》的规定。①

2.《海洋资源法》

《海洋资源法》于 2008 年 6 月 6 日颁布，该法通过渔业管理以保护海洋基础环境，对有关挪威海洋遗传物质的获取进行了规定，旨在确保对海洋野生生物资源及其遗传物质进行可持续的管理。根据该法，渔业和海岸事务部在有关海洋渔业的条例中制定详细的规定，通过渔业管理手段实现海洋保护区内的资源保护。例如，在《海洋资源法》框架下，九个珊瑚礁区域被列为免受渔业活动干扰的保护区域，限制捕捞活动。②《海洋资源法》第 19 条指出，"国王可以建立禁止捕捞或其他形式的对海洋野生生物资源进行利用的海洋保护区，对于不与保护该地区的目的相冲突的活动和其他形式的使用，可以给予豁免"。

① 挪威政府，https://www. regjeringen. no/en/dokumenter/meld. -st. - 14 - 20152016/id2468099/，最后访问日期：2020 年 2 月 12 日。
② Norwegian Ministry of Climate and Environment, Norway's Fifth National Report to the Convention on Biological Diversity, 2014, https://www. regjeringen. no/contentassets/b760c6666be74cc3b8aa1a2ea5351a24/5nr_cbd_norway_final. pdf.

3. 《斯瓦尔巴环境保护法》

《斯瓦尔巴环境保护法》于 2001 年 6 月 15 日颁布，2012 年 4 月 20 日进行了修正，适用于斯瓦尔巴群岛的全部陆地及其陆地以外的海域，是建设和管理斯瓦尔巴群岛和其中各类保护区的指导性法律文件。[①] 该法案的目的是保护在斯瓦尔巴群岛几乎未受影响的环境，包括荒野、景观、植物、动物和文化遗产，但允许在其框架下的无害环境的定居、研究和商业活动。根据《斯瓦尔巴环境保护法》，在保护区内，不论海象、鲸鱼、海豹和北极熊的年龄大小，其繁殖地都会受到保护。[②]

此外，《水管理条例》、《污染控制法》、《环境信息法》、《野生动物法》、《鲑鱼和淡水鱼法》以及《规划和建筑法》等也为挪威海洋生物多样性的养护提供了法律依据。

（三）海洋保护相关计划与政策

为了改善受破坏和濒危的海洋生态系统及物种，挪威加强了监管力度，出台了一系列海洋管理计划和政策目标，进行海洋生态系统保护。《海洋环境综合管理白皮书》是挪威海洋的大规模空间管理工具，涵盖挪威专属经济区内沿海基线以外的区域。目的是通过可持续利用海域的自然资源和生态系统服务，提供创造价值的框架，同时保持生态系统的结构、功能、生产力和多样性。挪威政府制定了综合海洋管理计划，分别为 2006 年提出的巴伦支海 – 罗弗敦地区海洋管理计划、2009 年提出的挪威海海洋管理计划和 2013 年提出的北海海洋管理计划。这些海洋综合管理计划以海域生态系统调查结果为基础，确定了海域中特别有价值和脆弱地区，将其列为海洋保护区，并采取措施加以保护。

同时，挪威气候环境部还根据其职能和挪威各阶段环境保护状况，不定期出台环境领域的计划和目标。这一阶段正在实行的计划为"2016 ~ 2021 年长期计划"，改进海洋生态系统和自然资源的管理是该计划的长期目标之一，具体包括减缓海洋酸化和海洋生态系统的污染，治理海洋垃

---

① 挪威政府，https://www.regjeringen.no/en/dokumenter/meld.-st.-14-20152016/id2468099/，最后访问日期：2020 年 2 月 12 日。

② 斯瓦尔巴群岛，https://www.sysselmannen.no/Toppmeny/Om-Sysselmannen/Sysselmannens-oppgaver/Miljovern/Kulturminnevern/，最后访问日期：2020 年 2 月 12 日。

圾和微塑料等。

三　挪威建立海洋保护区的实践

（一）海洋保护区管理实践

1. 主管机构

挪威气候环境部是挪威自然环境与气候管理的最高行政机构，主要职责为确保落实挪威各级政府的气候和环境政策。挪威政府和议会负责确立挪威自然保护的框架，气候环境部、挪威环境署和地方行政长官共同进行海洋保护区的实际操作工作。除此之外，挪威贸易、工业及渔业部及其下属的渔业局也根据其职能范围，在渔业框架内参与海洋保护区的管理工作。

如图 13 - 1 所示，气候环境部下属的挪威环境署是海洋保护区建设和管理的主管机构，负责在国内建立海洋保护区，并与其他国家合作建立国际保护区网络。在挪威气候环境部的领导下，环境署还具体负责淡水、海洋区域、危险化学品、气候、噪声、空气污染、废物、生物多样性和户外娱乐等事务。在地方一级，地方环境管理部门的主要职责为确保国家环境目标能够在地方的环境目标和措施中得到落实，对海洋保护区相关的环境指标和活动开展进行监管。除此之外，挪威还设有许多海洋研究机构为海洋保护区的建设和管理提供技术支持，如海洋研究所和挪威极地研究所等。

2. 管理机制

海洋保护区实行基于区域一级的管理措施，由沿海各地区及斯瓦尔巴群岛和扬马延岛的行政长官和环境局共同承担管理职责。① 地方行政长官在中央和地方政府之间进行沟通协调，负责实施、协调和启动保护区的建设，由地方环境局具体负责保护区的实际操作工作。

（1）建立海洋保护区的程序

地方环境局是海洋保护区的主管机构，同时还可以设立咨询委员会

---

① 挪威渔业局，https://www.fiskeridir.no/English/Coastal-management/Marine-protected-areas，最后访问日期：2020 年 3 月 20 日。

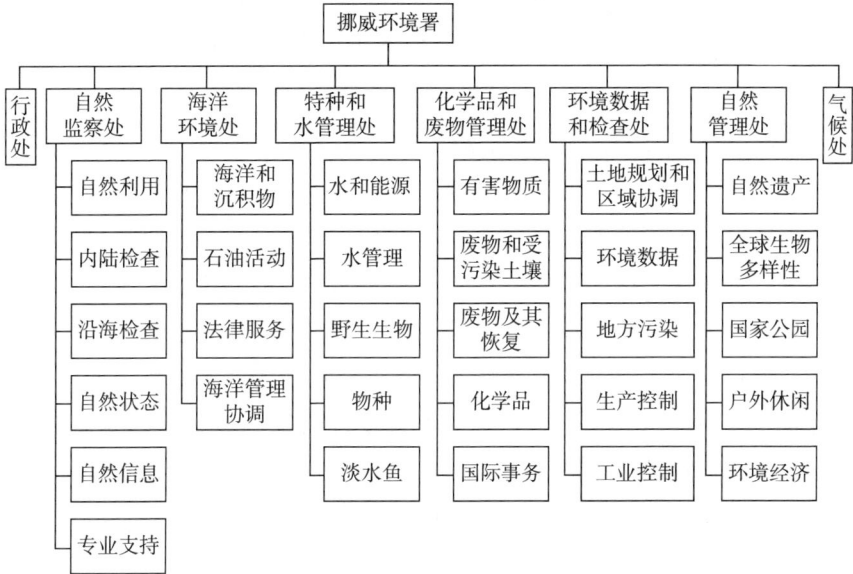

图 13 - 1　挪威海洋保护区主管机构及职能分布

资料来源：挪威环境署，https://www.miljodirektoratet.no/en/About-us/Contact-us/Organization-chart/，最后访问日期：2020 年 3 月 20 日。

负责草案咨询和公众意见反馈工作。地方环境局公布管理计划草案，草案应确定海洋保护区的保护目的、保护价值和预期后果等内容。海洋保护区的管理计划草案还应予以公告，至少在一份具有广泛阅读群体的当地报纸上发表，并由咨询委员会进行公众咨询。咨询对象包括渔业局、石油局、水资源和能源局、海事局等行政机构和海洋研究机构以及民间渔业组织和其他民间组织如挪威帆船协会等。公众咨询程序完成后，基于该咨询意见，主管机关可与有关部门协商对草案做适当调整，制定海洋保护区管理条例。管理条例应包含具体执行指导规则，如操作方法、一般例外和特定豁免条款等。之后由地方环境局将管理条例上交至环境部，环境部可视情况对草案进行调整和修改，最终由政府公布施行。

（2）海洋保护区内的行为豁免与监督

在海洋保护区内，任何人不得直接或间接损害其保护目标，对任何活动的限制都必须与保护目的成比例。同时，为了协调保护和实际利用之间的关系，在海洋保护区管理中规定了一般豁免的活动。具体来说，如果不违背保护的目的，并且也不会对保护价值产生重大影响，或者出于安全或重要的公共利益考虑，主管机构可以根据《自然多样性法》第48条给予该行为豁免。

在项目许可方面，如果根据海洋保护区保护条例或其他法律要求需要持有开展项目的许可证，那么项目开发方可以向主管机关申请，并提交该项目对保护区的影响评估文件。在做出许可或拒绝许可决定时，主管机关应说明这一决定可能会对海洋保护区产生的影响，以及这些影响的重要性。许可后，主管机关应至少在一份具有广泛阅读群体的当地报纸上或通过其他法律规定的适当方式进行项目公告。主管机关同时负责海洋保护区内的监督工作，可以修改颁发许可证的条件或设置新条件，必要时还可以撤销许可证。

（3）不同类型海洋保护区的活动管制

在所采取的具体管理措施方面，因类型及保护目的不同，海洋保护区内的限制活动也相应地有所区分。第一，根据《自然多样性法》，自然保护区是最为严格的保护区形式。在自然保护区内，严格限制对自然价值和自然景观有影响的活动。在大多数情况下，自然保护区内不禁止捕捞活动，但在某些特殊领域，则会对捕捞工具的使用加以适当考虑。一般情况下不允许拖网捕捞，只有在特殊情况下，如果渔业资源收获率很低或者拖网捕捞对保护目的没有重大影响，渔业局可视具体情况授予拖网捕捞的特别许可。[①] 第二，国家公园内应保护景观及其植物、动物、地质特征和文化古迹免遭项目、装置或其他开发活动的污染和破坏，禁止对自然环境或文化遗产产生持久影响的活动，除非这种影响有利于保护目标的实现。但考虑到民众对大自然的需求，允许在公园内进行远足、滑雪和露营等活动，而道路、住宿等类似基础设施都被安排在国家公园保护区域之外。国家公园内通常不禁止渔业捕捞活动，但不允许建立具有永久性建筑的水产养殖场。[②] 第三，景观保护区是《自然多样性法》规定的保护区形式之一，对自然区域的使用限制最少，主要目的是保护

---

① 挪威渔业局，https：//www. fiskeridir. no/Sjoeareal/Verneomraader-og-planer/Naturreservat，最后访问日期：2020 年 3 月 20 日。

② 挪威渔业局，https：//www. fiskeridir. no/Sjoeareal/Verneomraader-og-planer/Marine-nasjonalparker，最后访问日期：2020 年 3 月 20 日。

其独特或美丽的自然或人文景观。在景观保护区中，禁止任何可能会显著改变景观性质或特征的项目。在这一限制下，正在进行的活动可以继续开展，新的项目则应严格符合景观保护区的要求，充分考虑该项目的实施可能对景观保护区产生的影响。景观保护区内不禁止渔业捕捞活动，但是否允许拖网捕捞则由拖网捕捞实际上可能对保护目的造成的影响决定。如果水产养殖者充分考虑到保护区的保护目的，且其水产养殖活动没有带来永久性建筑和显著可见的海面设施，则海洋保护区主管机构可根据其申请许可建立水产养殖设施。①

（二）挪威对建立公海保护区的立场

挪威的海洋经济占据国民经济的命脉，海洋内丰富的油气和渔业资源使其成为世界上著名的海洋产业国家。在极地管理上，挪威视北极事务为外交政策的重中之重，是最先出台北极战略和政策文件的北极国家。北极在挪威的战略性地位也在一定程度上决定了挪威对涉及北冰洋保护区的保守态度。

2016 年 6 月，由于挪威、丹麦和冰岛的反对，在《奥斯陆巴黎保护东北大西洋海洋环境公约》第 24 次会议上，关于在北极公海建立海洋保护区的提议没有获得通过。这些国家拒绝参与谈判，使远东地区冰冻水域这一生态脆弱地区在未来的安全性降低。② 挪威在 BBNJ 的国际法律文书草案的谈判中关注惠益分享问题，表示赞成在可持续性限度内以可获得的最佳科学信息和商业利润为基础的惠益分享制度，并且与澳大利亚一起建议采取不会对海洋科学研究或 ABNJ 的其他活动造成障碍的方式。③在挪威向 BBNJ 国际文件谈判预委会第三次会议提交的建议性文件中，挪威提到其支持海洋资源养护和可持续利用，并继

---

① 挪威渔业局，https://www.fiskeridir.no/Sjoeareal/Verneomraader-og-planer/Landskapsvernom-raader，最后访问日期：2020 年 3 月 20 日。

② Greenpeace Norway, Denmark and Iceland Prevent Protection of Unique Arctic Area, 2016, http://archivo-es.greenpeace.org/espana/es/news/2016/Junio/Norway-Denmark-and-Iceland-prevent-protection-of-unique-Arctic-Area-/, last visited on March 20, 2020.

③ IISD, Earth Negotiations Buletin, 2016, http://enb.iisd.org/vol25/enb25106e.html, last visited on March 20, 2020.

续坚持惠益共享制度。① 其后，在 2018 年 9 月召开的"关于 BBNJ 的养护和可持续利用问题形成具有法律约束力的国际文件的第一次政府间会议"中，挪威对建立包括海洋保护区在内的划区管理工具的目的和程序要素等问题表明立场，建议采取区域性机制。

针对南北极海洋保护，挪威政府也有一些积极动作。2016 年 10 月，挪威对在南极洲罗斯海建立海洋保护区的决定表示支持，并与美国、新西兰以及其他南极海洋生物资源养护委员会成员国合作，就罗斯海地区海洋保护区提出规划建议，促进该地区资源的保护和可持续利用之间的平衡。② 之后，在 2017 年 12 月 1 日，美国、加拿大、挪威、俄罗斯、丹麦、冰岛、日本、韩国、中国和欧盟达成了一项保护北冰洋中部免受一切商业捕鱼的国际协议，在覆盖面积约 280 万平方公里的国际海域将商业捕鱼活动暂停 16 年。③

四　评析

作为在世界范围内具有影响力的海洋石油大国，挪威十分注重通过节能技术和措施进行海洋油气开发，降低海上活动对所在海域的污染。由于拥有漫长的海岸线和广阔的海域，挪威长期以来积累了能源和海洋资源领域的大量知识，并开发了多种可持续利用自然资源的先进技术，如可再生能源水电技术和对本国水域的鱼类、海产品及石油天然气资源的开发利用技术等。④

渔业管理制度也是挪威海洋保护区管理中的关键一部分。本着致力于源头治理的目标，挪威同时实行基于生态系统的海洋管理，要求活动

---

① Norway, Comments by Norway at the Third Session of the Prepcom, 2017, www. un. org/depts/los/biodiversity/prepcom_files/rolling_comp/Norway. pdf.

② 挪威政府, https://www. regjeringen. no/en/aktuelt/protected-area-antarctica/id2518229/, 最后访问日期：2020 年 3 月 20 日。

③ Leola Abraham, Look Back, 2017, Greenpeace, https://www. greenpeace. org/archive-international/en/news/Blogs/makingwaves/2017-looking-back/blog/60940/, last visited on March 20, 2020.

④ 挪威王国驻华大使馆, https://www. norway. no/zh/china/values-pri/energy-marine-res/, 最后访问日期：2020 年 3 月 15 日。

者报告渔业活动中所有被捕获的海洋生物，并且强调海洋生物多样性管理适用于种群遗传到栖息地的各个生态系统层面。挪威的渔业管理制度旨在最大限度地提高海洋生物资源的长期可持续产量，同时保护生物多样性和生态系统的功能，为海洋保护区的管理建立了坚实的制度基础。但与此同时，这种复杂的渔业管理系统也给海洋保护区的建设造成了一定阻碍，涉及利益相关方的投入以及复杂的立法和监管程序，这些程序可能会影响对这些系统进行管理上调整的能力，海洋保护区的建设通常经过冗长的程序才能得以实施或调整。①

除此之外，挪威海洋保护区的一个显著特点为较为集中，绝大部分围绕在岛屿周边。由于挪威绝大部分的人口、经济活动和工业生产都分布于沿海地区，而挪威的海洋保护区主要位于远离陆地、人类活动少的斯瓦尔巴群岛和熊岛、扬马延岛附近，通过依托岛屿形成海陆共建的保护模式。

五 小结与启示

挪威西部由北到南依次濒临巴伦支海、挪威海和北海，这三个海域中广泛设立着众多海洋保护区，具体表现形式为自然保护区、国家公园和景观保护区这三种类型，其中景观保护区规模相对较小。挪威海洋保护区总面积达84898平方公里，其中斯瓦尔巴群岛和熊岛附近的海洋保护区面积最为广阔。挪威在《自然多样性法》中正式明确提出了"海洋保护区"这一概念，并规定海洋保护区的指定必须以战略管理计划草案为基础，必要时还应附加运营管理计划。

依托本国高水平的海洋监测技术和渔业管理体系，挪威以生态系统的管理为目标，海洋保护区建设和管理相对有序。挪威环境署负责统筹海洋保护区规划，并由地方各级环境部门贯彻实施相关规章。同时海洋保护区可以基于地区情况而建立，并由区域一级的政府或社区组织具体负责保护区的启动和管理。在具体保护措施方面，挪威主要采取禁渔或限渔等

---

① S. F. Mcdermott et al., "Lessons on Marine Protected Area Management in Northern Boreal Regions from the United States and Norway", *Marine Fisheries Review* 79 (2017), p. 29.

渔业管理方法，同时通过控制废物排放和其他来源造成的污染，并进行严格的海洋生态物种和栖息地环境监测实现沿海水域的保护和管理。另外，在管理模式方面，当地社区的广泛参与也是挪威海洋保护区的特色之一。

总体而言，挪威的海洋保护区建设实践中具有值得借鉴之处。首先，海洋保护区建设与渔业管理制度相互协调和补充。挪威的渔业管理体系对捕获和渔具使用方式做出规定，要求其必须考虑到对损害海洋生物资源的可能性。在海洋保护区的建设中，可加强对渔业活动的管理，如出台适用于海洋保护区管理的渔业活动规范性文件、开发和使用对海洋环境影响较小的拖网渔业等，以减少不必要的拖网渔获量，确保海洋保护区内的海洋生物资源实现更有效的保护。

其次，挪威在其管辖海域中专门划分了油气禁采区。挪威是一个海上石油国家，为了使海洋环境免受石油工业的干扰，挪威对海上石油活动采取了较为严格的标准，尤其是巴伦支海海域。其他国家或地区可根据具体情况，结合各自的海洋空间规划，适当划分油气禁采区，规定海洋保护区内禁止油气开采和采矿等活动，确保海洋生物及其栖息地周边环境的生态良好状况，实现海洋资源的可持续管理。

再次，扩大居民力量在海洋保护区建设和管理中的参与度。参考挪威海洋保护区中当地社区力量的参与，可考虑引进沿海或海岛周边的基层力量参与保护区的管理，设立当地利益相关者的意见提供渠道如咨询委员会等，并因地制宜地将其意见和建议纳入海洋保护区的管理计划中。

最后，加强海洋科研。以挪威海洋研究所为主的挪威海洋科研机构主要研究海洋资源合理开发与保护及其技术，为其海洋保护区建设提供了大量的专业和技术支撑。可加大在这一领域的政策支持和投入，自主开发海洋技术研究平台，为海洋保护区建设提供助力。

参考文献

一　英文

1. Abraham, Leola, Look Back, 2017, Greenpeace, https://www.greenpeace.org/archive-international/en/news/Blogs/makingwaves/2017-looking-back/blog/60940/.

2. Greenpeace, Norway, Denmark and Iceland Prevent Protection of Unique Arctic Area,

2016，http：//archivo-es. greenpeace. org/espana/es/news/2016/Junio/Norway-Denmark-and-Iceland-prevent-protection-of-unique-Arctic-Area-/.

3. Mcdermott，S. F. ，et al. ，"Lessons on Marine Protected Area Management in Northern Boreal Regions from the United States and Norway," *Marine Fisheries Review* 79 （2017）.

4. Norwegian Ministry of Climate and Environment，Norway's Fifth National Report to the Convention on Biological Diversity，2014，https：//www. regjeringen. no/contentassets/b760c6666be74cc3b8aa1a2ea5351a24/5nr_cbd_norway_final. pdf.

5. Norway，Comments by Norway at the Third Session of the Prepcom，2017，https：//www. un. org/depts/los/biodiversity/prepcom_files/rolling_comp/Norway. pdf.

二　主要参考网站

1. 国际可持续发展研究所，http：//enb. iisd. org/vol25/enb25106e. html。

2. 绿色和平组织，https：//www. greenpeace. org/archive-international/en/。

3. 挪威环境署，http：//www. miljodirektoratet. no/no/。

4. 挪威气候环境部，http：//www. environment. no/。

5. 挪威王国驻华大使馆，https：//www. norway. no/zh/china/。

6. 挪威渔业局，https：//www. fiskeridir. no/Russkij/。

7. 挪威政府，https：//www. regjeringen. no/no/id4/。

8. 斯瓦尔巴群岛，https：//www. sysselmannen. no/。

9. 中华人民共和国外交部，https：//www. fmprc. gov. cn/web/。

10. Protected Planet，http：//www. protectedplanet. net。

第十四章　俄罗斯海洋保护区：专项海洋
保护区体系缺失

一　俄罗斯海洋自然环境与海洋保护区概况

（一）海洋自然环境

俄罗斯是一个典型的陆海复合型国家，横跨欧亚大陆，东西最长9000公里，南北最宽4000公里，总面积为1709.82万平方公里，居世界国土面积第一位。[①] 俄罗斯北方濒临北冰洋，东部濒临太平洋，西部濒临波罗的海，南部濒临黑海，海岸线长达33807公里，形成了海岸线绵长、出海口相互隔离且航程远的海洋地理环境。[②] 同时，俄罗斯还拥有贝加尔湖这一世界上最深的湖泊，且蕴藏着占地球总量高达20%的淡水，是重要的水生态保护区。由于俄罗斯地处高纬度地区，其临近北冰洋的海域有半年多的时间处于冰冻状态。

从海洋资源方面来看，俄罗斯大陆架面积为420万平方公里，俄罗斯80%的石油和天然气储藏于此；俄罗斯海洋专属经济区的面积为850万平方公里，接近美国国土的面积。[③] 俄罗斯沿海、沿河、湖泊地区居住着50%以上的人口，同时囊括了近60%的工业生产。[④] 得益于其丰富的水力资源和渔业资源，海洋产业被置于俄罗斯经济发展中相当重要的地位。作为世界航运大国，海洋运输业是其长期以来经济发展和国家安全的重要命脉，丰富的海洋水产资源为海洋渔业提供了得天独厚的便利

---

① 中华人民共和国外交部，http://www.fmprc.gov.cn/web/gjhdq_676201/gj_676203/oz_678770/1206_679110/1206x0_679112/，最后访问日期：2020 年 3 月 6 日。

② 中华人民共和国外交部，http://www.fmprc.gov.cn/web/gjhdq_676201/gj_676203/oz_678770/1206_679110/1206x0_679112/，最后访问日期：2020 年 3 月 6 日。

③ 肖辉忠、韩冬涛：《俄罗斯海洋战略研究》，时事出版社，2016，第 7 页。

④ 肖辉忠、韩冬涛：《俄罗斯海洋战略研究》，时事出版社，2016，第 7 页。

条件。另外，海洋矿产资源开发业、油气开采业、船舶制造业也蓬勃发展，海洋经济占据俄罗斯经济收入的重头。但是，海洋产业的发展给俄罗斯的海洋环境造成了一定的损害。同时，由于国内政治动荡，俄罗斯的海洋管理工作曾陷入困境。直到俄罗斯联邦建立后，尤其是进入 21 世纪后，联邦政府逐渐开始关注国内自然环境和海洋环境的治理，相继开启机构重组和环境立法工作，海洋生态环境状况才有所改善。

（二）海洋保护区概况

俄罗斯拥有庞大的自然保护区和国家公园体系，所占面积超过国土面积的 4%，对生物多样性的保护发挥着重要作用。但其中海洋保护区的规模和数量则稍显逊色。

俄罗斯并未以专门立法的形式对海洋保护区做出规定，而是将涉及海洋保护的区域纳入现行国家各类特别保护区的建设和管理中。现行法律《联邦特别自然保护区法》规定了下列类型的特别自然保护区：国家级自然保护区、全国和地方性的国家自然禁猎区、国家公园、自然公园、自然遗迹地。根据其他法律规定，属于特别自然保护区的还包括植物园、树木公园、疗养院和医疗保健地。除此之外，法律规定可以建立其他类型的地方性特别自然保护区（域）。① 在俄罗斯的保护地体系中，海洋保护区主要以国家公园、自然保护区、野生动物保护区这三类形式存在。如表 14 - 1 所示，目前俄罗斯有 108 个自然保护区、47 个国家公园和 70 个野生动物保护区，其中部分保护区包含海域部分，可被视为海洋保护区。

表 14 - 1　俄罗斯联邦保护区情况概览

保护区类型	涉海/总数（个）	建立目的	管理措施
国家公园	2/47	保护国家范围内具有特殊生态、历史及美学价值的区域	可开展环境、娱乐和科教活动，开发生态旅游项目
自然保护区	59/108	保护生物多样性，维持受保护的生态系统的自然状态	主要用于科学研究，禁止或限制人类活动

---

① 尤·依·彼尔谢涅夫、王凤昆：《俄罗斯生态保护构架——特别自然保护区域体系》，《野生动物学报》2007 年第 1 期。

续表

保护区类型	涉海/总数（个）	建立目的	管理措施
野生动物保护区	12/70	保护野生动植物及其栖息地	根据实际情况限制性开展经济活动

资料来源：俄罗斯联邦自然资源与环境部，http://www.mnr.gov.ru/activity/oopt/，最后访问日期：2019 年 4 月 10 日。

1. 国家公园

在俄罗斯众多类型的特别自然保护体系中，国家公园是其保护级别最高的保护地之一。目前共有 47 个国家公园，[①] 其中包含 2 个海洋保护区，分别为库尔什沙嘴国家公园和索契国家公园。《联邦特别自然保护区法》中对国家公园的定义做了规定，国家公园在地位上属于联邦级特别自然保护区，在环境上具有特殊的自然资源保护、生态修复和休闲休养等价值，是具有高度的生态多样性和保存度较高的典型自然综合体。根据《联邦特别自然保护区法》，俄罗斯自然资源与环境部会针对每个国家公园设立一个联邦国家预算机构，负责国家公园运营中的具体工作。国家公园的管理相较自然保护区而言较为宽松，具体表现为可开展环境、娱乐和科教活动，开发生态旅游项目，用作经济用途。

以索契国家公园为例。索契国家公园于 1983 年 5 月 5 日成立，总面积达 1937.37 平方公里，是俄罗斯第二个国家公园，同时也是海洋保护区。索契国家公园内有超过 3000 种植物、250 多种脊椎动物，其中包括各类哺乳动物、爬行动物、鸟类和鱼类等。[②] 索契国家公园旨在通过保全植物群落、保护珍稀和濒危动植物物种，实现维护和恢复自然综合生态系统及其所具有的环保、科学和娱乐价值的目的。

2. 自然保护区

俄罗斯《联邦特别自然保护区法》中规定了自然保护区的建设与管理制度，由俄罗斯联邦自然资源与环境部进行管理。设立自然保护区是

[①] 高洁煌、蔚东英：《俄罗斯国家公园的管理制度及对我国的启示》，《南京林业大学学报》（人文社会科学版）2017 年第 3 期。

[②] 俄罗斯联邦特别自然保护区，http://oopt.info/index.php? oopt = 979，最后访问日期：2020 年 3 月 6 日。

为了保护生物多样性，维护受保护的生态系统的自然状态，主要用于自然科学研究和动植物研究等，区域内禁止或限制人类活动。截至目前，俄罗斯共有 108 个自然保护区,[①] 总面积超过 37 万平方公里，占俄罗斯总领土面积的比例超过 2%。[②] 其中海洋保护区的总数为 59 个。

以俄罗斯远东海洋自然保护区为例。俄罗斯远东海洋自然保护区成立于 1978 年 3 月 24 日，是俄罗斯唯一的全部保护区域均为海域的保护区。保护区位于日本海西部，距离符拉迪沃斯托克约 250 公里。该自然保护区旨在保护远东海洋的稀有海洋物种和沿海动植物物种及沿海自然环境，保护区内完全禁止捕猎。远东海洋自然保护区约占彼得大帝湾面积的 10%，保护区包括 11 个岛屿，总面积约为 643 平方公里。[③]

3. 野生动物保护区

俄罗斯共有 70 个野生动物保护区,[④] 总面积约为 14.33 万平方公里，约占俄罗斯领土的 0.84%，其中包括 12 个海洋保护区。[⑤] 野生动物保护区的设立是为了保护俄罗斯珍稀动物品种及其栖息地所处的生态系统，区域内禁止狩猎野生动物和鸟类，一些禁猎区允许一些有限度的经济活动，例如在特定的时节进行采果、捕猎等活动，开放程度视各保护区实际情况而做具体规定。相较自然保护区而言，野生动物保护区的设立更简便和快捷，且与居民活动的协调度更高。

以法兰士约瑟夫地群岛野生动物保护区为例。法兰士约瑟夫地群岛野生动物保护区设于 1994 年 4 月 23 日，位于世界上最靠北的法兰士

---

① V. Mokievsky, P. P. Shirshov and N. Nikolaeva, "Marine and Coastal Protected Areas (MPA) as the Basis for the Monitoring Network of Ecosystem of Seas of Russia", paper represented at the SPE Arctic and Extreme Environments Technical Conference and Exhibition, Moscow, October 2013, pp. 2-3.

② 俄罗斯联邦特别自然保护区, http://oopt. info/index. php? page = 22, 最后访问日期: 2020 年 3 月 6 日。

③ 俄罗斯联邦特别自然保护区, http://oopt. info/index. php? oopt = 1218, 最后访问日期: 2020 年 3 月 6 日。

④ V. Mokievsky, P. P. Shirshov and N. Nikolaeva, "Marine and Coastal Protected Areas (MPA) as the Basis for the Monitoring Network of Ecosystem of Seas of Russia", paper represented at the SPE Arctic and Extreme Environments Technical Conference and Exhibition, Moscow, October 2013, pp. 2-3.

⑤ 俄罗斯联邦特别自然保护区, http://oopt. info/index. php? page = 24, 最后访问日期: 2020 年 3 月 6 日。

约瑟夫群岛，总面积达 42000 平方公里。① 境内生活着海象、北极熊和北极露脊鲸等多种动物，保护区的设立是为了保护其栖息地和筑巢地及所属的海洋生态系统。法兰士约瑟夫地群岛现为俄罗斯北极国家公园的一部分，位于巴伦支海北部。2016 年，俄罗斯政府扩建了设立于 2009 年的俄罗斯北极国家公园，将这片生物多样性非常丰富的地区纳入其中。北极夏天期间，由于大量海冰融化为水，水源充足，成千上万只的海鸟在此筑巢。

总体上看，在俄罗斯现有的各类保护区中，较少包含有海洋和沿海区域。其中全部或绝大部分保护区域为海域的保护区仅包括远东海洋自然保护区、科曼多尔群岛（又称"指挥官群岛"）自然保护区和弗兰格尔岛自然保护区。

二　俄罗斯海洋保护区法律与政策框架

（一）国际层面

俄罗斯签署了一系列涉及海洋生物资源养护和可持续利用的国际条约，主要包括：

（1）《南极条约》体系；

（2）1971 年的《拉姆萨尔公约》；

（3）1972 年的《保护世界文化和自然遗产公约》；

（4）1992 年的《生物多样性公约》；

（5）1992 年的《北太平洋溯河性鱼类保护条约》；

（6）《执行 1982 年〈联合国海洋法公约〉有关养护和管理跨界和高度洄游鱼类种群的规定的协定》（又称《鱼类种群协定》）；

（7）2012 年的《北太平洋公海渔业资源保存及管理条约》。

（二）国内立法

从苏联时代到俄罗斯联邦时代，政府为提高海洋活动的有效性和强

① 俄罗斯联邦特别自然保护区，http://oopt. info/index. php？oopt＝716，最后访问日期：2020 年 3 月 20 日。

化对海洋和海岸带资源的管理，先后制定和修改涉及海岸带和海洋管理的相关法规，力争使其适应新的国际海洋秩序，为海洋开发与管理保护提供规范性指引。当前俄罗斯在海洋管理方面的法律和法规主要包括《俄罗斯联邦环境保护法》、《联邦特别自然保护区法》和《联邦渔业和水生资源保护法》等。

1. 《俄罗斯联邦环境保护法》

俄罗斯于 1992 年制定了《俄罗斯联邦环境保护法》，并于 2014 年 12 月 12 日对其进行了修订。该法明确了环境保护领域的监管、国家环境监测、生态系统的保护等领域的具体行为准则，并明确了自然保护区建设对环境保护的重要性。该法连同《俄罗斯联邦生态评估法》对环境保护和自然保护区的生态评估、许可、审查和建立环境影响评价体系做出了系统性规定。

2. 《联邦特别自然保护区法》

俄罗斯于 1995 年 2 月 15 日通过《联邦特别自然保护区法》，并为适应自然保护区面临的新情况，在 2014 年 10 月 14 日对其进行了修订。其中针对各类自然保护区做出了较为完整的综合性规定，按照 IUCN 分类方法将保护区划分为不同种类，对每类保护区采取不同的保护手段，在建设和管理俄罗斯各类自然保护区方面具备指导意义。

3. 《联邦渔业和水生资源保护法》

《联邦渔业和水生资源保护法》于 2004 年制定，并于 2014 年 6 月 28 日通过修订本。新规则适用于临海区域生物资源捕捞、经济专属区捕鱼等范围，其中重点规定了渔业和水生物资源的养护和管理，主要体现在确立水生生物的捕捞许可制度和合同的订立制度上，并明确了联邦政府在此领域实行监督和管制的权力。

为更好地对自然保护区进行保护，俄罗斯联邦还制定了许多其他相关的法律，如《森林法》《俄罗斯联邦动物法》《历史文化遗迹保护和利用法》等。在海洋水域环境和渔业资源养护方面，于 2012 年制定了《保护海洋环境免受石油污染法》，2015 年制定了《禁止漂网捕鱼法》等。这些法律的颁布和实施完善了俄罗斯联邦海洋保护区法制建设，进一步保障了海洋保护区在海洋环境保护领域有章可循。

（三）国内主要政策文件

自 20 世纪末以来，俄罗斯制定了一系列海洋政策，提出了一系列海洋学说，旨在为各涉海部门开展海上执法和海洋工作提供具体行动指南。

1.《俄罗斯联邦世界海洋计划》

1997 年 7 月 27 日，俄罗斯出台了《俄罗斯联邦世界海洋计划》，该计划旨在恢复俄罗斯在全球海洋领域中的地位，从经济发展和国家安全利益出发，全面解决俄罗斯在开发和利用世界海洋方面存在的问题。①

2.《至 2020 年期间俄罗斯联邦海洋学说》

2001 年，俄罗斯颁布了《至 2020 年期间俄罗斯联邦海洋学说》。针对海洋地位的日益提升，该学说系统阐述了 2020 年前俄罗斯国家海洋政策的走向，在一定程度上改变了俄罗斯的条块分割式的海洋管理模式，为未来的海洋事业奠定了基础。

3.《至 2030 年期间俄罗斯联邦海洋发展战略》

2010 年 12 月 8 日，俄罗斯总统普京签署了《至 2030 年期间俄罗斯联邦海洋发展战略》。此战略文件的出台标志着俄罗斯的海洋开发和管理进入了关键阶段。文件提出了俄罗斯的主要战略目标，包括提高海运和造船业竞争力、扩大渔产品供应、提高海域安全保障、开发大陆架矿物资源以及加强海洋科学调查和海洋空间与资源保护等。其中，将海洋空间与资源保护也纳入战略的重点领域中。

这三份政策性文件在俄罗斯海洋建设中起着纲领性作用，在 21 世纪初极大地推动了俄罗斯海洋管理和海洋事业的发展。

4.《至 2030 年期间俄罗斯联邦海洋学说》

2015 年 7 月 26 日，俄罗斯联邦总统普京批准了《至 2030 年期间俄罗斯联邦海洋学说》。新版海洋学说增加了大西洋和北极的战略分量，并首次将南极海域列入了利益范围。文件明确指出俄罗斯在南极地区的长期任务，包括积极利用南极条约机制，在南极地区保持并扩大存在；在南极开展综合科研项目、增加在全球气候研究中的份额；合理开发南极生物资源促进俄罗斯经济发展和保护环境等。

---

① 李景光主编《国外海洋管理与执法体制》，海洋出版社，2014，第 130 页。

三　俄罗斯建立海洋保护区的实践

（一）海洋保护区管理实践

俄罗斯联邦的海洋管理体系包括联邦总统、议会、联邦政府海洋委员会、政府各部和地方各级政府机构。其中，海洋保护区的建设和管理职能主要分配在联邦政府海洋委员会和俄罗斯联邦自然资源与环境部这两大机构中。

1. 主要管理机构

（1）联邦政府海洋委员会

为解决海洋活动管理职能分散问题，充分协调各部门对海洋领域的有效管理，最大范围地确保俄罗斯的国家利益，俄罗斯于 2001 年 9 月成立了联邦政府海洋委员会（以下简称"海洋委员会"），下设于联邦议会。作为海洋综合管理的最高机构，海洋委员会负责协调中央和地方行政机关与科研机构的所有海洋活动，与军事、安全、法律、经济和外贸这五大委员会并列，权力高于联邦政府各部委。委员会主席由俄罗斯联邦政府总理担任，由联邦政府各部门、地方政府部门和海洋研究领域的主要负责人组成。海洋委员会下设 1 个常设秘书处和 9 个跨部门委员会，海洋委员会以俄罗斯国家政策为基础，一方面，根据相关的国家政策和国际性规定，制定和修改国家海洋政策的目标和任务，以及联邦海洋活动的发展规划；另一方面，协调联邦各权力执行机构、联邦各主体权力执行机构及相关组织的活动，履行相应的目标纲要，审查海洋政策问题，保障联邦海洋规划和任务的实现。

（2）俄罗斯联邦自然资源与环境部

俄罗斯对自然资源和生态环境实行"相对集中与分类、分级、分部门管理相结合"的体制。土地管理由经济发展部负责，能源管理由能源部负责，其他如矿产资源、水资源、林业资源、海洋资源的管理及生态环境保护的职能绝大部分都集中于自然资源与环境部一个部门。[1]

---

① 吴初国、霍雅勤、苏轶娜等：《转型中的俄罗斯自然资源管理兼与中国对比——访俄见闻与思考》，《国土资源情报》2015 年第 11 期。

俄罗斯联邦自然资源与环境部是一个联邦执行机构，同时是海洋环境的主管机构，管理各类自然保护区。它负责起草和实施有关自然资源和生态保护法律法规和政府政策，以及勘探、使用、重建和保护自然资源，包括矿产资源、水体、林地等。针对不同类型的保护对象，设立相应的特别保护区域，进行环境监测和保护，并组织国家环境专家进行环境评估等。

按照俄罗斯政府体制中典型的"部－局－署"的顶层权力执行体系，自然资源与环境部专门设有"两局三署"，具体架构如图 14 –5 所示。

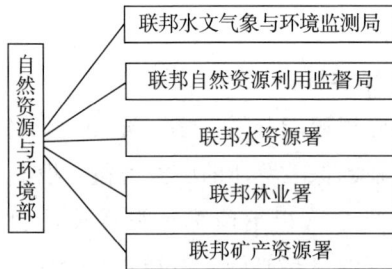

图 14 –5 俄罗斯联邦自然资源与环境部机构设置

资料来源：The Russian Government，http://government. ru/en/ministries/#federal_ministries，last visited on April 10，2019。

（3）俄罗斯联邦其他涉海部门

除自然资源与环境部之外，能源部、农业部及其下属的渔业局、经济发展部、交通部及其下属的海洋和内陆水运局、教育与科学部等联邦政府部门都涉及海洋管理。俄罗斯各涉海部门有着较为明确的职责分工，注重海洋管理的统筹与协调。各涉海部门内设有直属海洋管理机构，依据相关的法律法规中的职责与分工规定，专门负责海洋领域的工作。这些部门在各自职能范围内开展海洋管理活动，对海洋生物资源及其栖息地的保护发挥着一定作用。

2. 管理模式

俄罗斯十分重视海洋的综合管理，经过长期实践，最终确立了统一协调、垂直领导的海洋管理体制。由联邦政府与其直属海洋委员会统筹和协调各部门的工作，在具体执行上，由自然资源与环境部牵头，其他各涉海部门负责各自职能内的工作，并垂直领导其下各直属海洋管理机构。这种统一管理体制有利于从宏观决策层面对保护区进行政策指导和监督检查。

在海洋委员会的统一协调下，各部门之间建立了良好的合作机制，旨在实施国家海洋政策和加强海洋管理工作的统筹协调，如建立高层决策协调机制、制定综合性海洋发展战略、协调跨部门的海洋政策等。[①]同时，俄罗斯实行直接管理的模式，按联邦级、地区级和地方级划分为三个级别，分别确定直接管理机构，这种形式在一定程度上可以避免分级管理中产生的责任推诿和利益纠纷问题。在保护区的直接管理上，俄罗斯按照法律规定对各类保护区设立专门的管理局，负责保护区法律规章的具体执行和保护区内活动的监管。

（二）最新实践活动

1. 建立东芬兰湾国家自然保护区

2017年12月21日，俄罗斯联邦政府宣布建立东芬兰湾国家自然保护区。该保护区总面积为140.86平方公里，位于波罗的海东芬兰湾和临近的内陆海域。主要用于保护候鸟季节性迁徙期间的栖息地及水禽和各类水鸟物种的筑巢地，以及海豹等珍贵海洋生物等。

2. 在摩尔曼斯克地区建立希比内国家公园

2018年2月19日，俄罗斯联邦政府宣布将在摩尔曼斯克地区建立总面积为848.04平方公里的希比内国家公园，旨在保护科拉半岛西部的生态系统及其内部独特的地质、水文、珍稀动植物及历史文化景观。该国家公园将允许用作经济用途，由自然资源与环境部管辖并可由地方团体进行适当经营。

3. 建立新西伯利亚群岛联邦自然保护区

俄罗斯政府于2018年3月8日发布通知，宣布建立新西伯利亚群岛联邦自然庇护区。[②] 新西伯利亚群岛联邦自然庇护区总面积为65944.96平方公里，将选址在萨哈（雅库特）共和国的新西伯利亚群岛及其毗邻的水域。该庇护区的目的为保护俄罗斯北极独特的岛屿生态系统。这里

---

① 万青松、陈雪：《试析俄罗斯海洋管理体制》，《欧亚经济》2014年第1期。

② The Russian Government, Establishing Novosibirsk Islands Federal Nature Sanctuary, 2018, http://government. ru/en/docs/31568/, last visited on March 20, 2020.

是许多生物的栖息地和繁殖地，包括需要特殊保护的动物，如北极熊、海象、楔尾鸥等，同时该区域还具备与岛屿发现和探索时期有关的历史和文化遗址，如猛犸象遗骸沉积地，具备极大的环境和科学价值。

4. 对公海保护区持保守态度

在公海保护区的设立问题上，考虑到海洋带来的自然资源和航道利益，俄罗斯持相对谨慎和保守的立场。以俄罗斯在南北两极的活动为例。俄罗斯是最先进行北极研究和开发的国家之一，北极对俄罗斯而言有着特殊的科研、政治、军事利益。2015 年版海洋学说除强调俄联邦专属经济区和大陆架财富的重要性外，突出强调俄罗斯在这一地区要保障俄罗斯舰队自由出入大西洋和太平洋的特殊意义，突出重视"北极航道"，强调"北极航道对俄罗斯联邦的可持续发展和安全来说，意义正在提升"。[①] 同时，在 2015 年版海洋学说中，俄罗斯将南极地区列为其海洋政策新的重要关注方向，意在加强南极地区科研活动，巩固其在南极的地位。因此，俄罗斯强调在设立公海养护区时需认真对待其中的决策机制，以及正确处理养护和可持续利用之间的关系。

四　评析

除远东海洋保护区所涉保护区域均为海域外，俄罗斯并未设置专门的海洋保护区，而是将需要保护的海域一并纳入其他特别保护区的范围中，进行统一管理。现阶段，俄罗斯海洋保护区的建设和管理尚存在一些问题。

从立法方面看，专门性法律缺位。俄罗斯尚未颁行专门适用于海洋保护领域的立法，而是主要从现行陆海统筹的综合性法律出发管理海洋保护区。其陆海均适用的综合性法律虽然可以从系统上统一对环境保护进行规划，但侧重点仍在陆地自然环境保护上，海洋保护区的特殊性难以体现，导致海洋生态环境的保护难以得到兼顾。

从主管机构方面看，存在机构重组留下的后遗症。俄罗斯政府涉环境保护的国家机构具有高度的不稳定性。同时，对保护区实行直接管理，

---

① 左凤荣、刘建：《俄罗斯海洋战略的新变化》，《当代世界与社会主义》2017 年第 1 期。

由联邦级、地区级和地方级直接向保护区提供人员配置和经费支持。这种"自给自足"的方式在一定程度上不甚合理，容易引起地方主管机构在推进保护区建设工程上的消极怠工，或擅自进行经济开发等情况，不利于保护区的生态系统保全。

在政策支撑方面，从财政部发布的财政支出报告中的数据看，俄罗斯在环境保护领域的财政预算投入较少。[①] 同时，由于其海洋经济的巨大效益，俄罗斯在海洋开发与海洋保护的利益协调上尚存在取舍的难题。与其庞大的陆地国家公园和自然保护区相比，海洋保护区的数量和规模不足，政府的重视程度还不够。

五　小结

俄罗斯现有的海洋保护区包含在各类保护区体系的沿海和岛屿附近海域中，主要包括国家公园、自然保护区和野生动物保护区这三种类型。在各类保护区中，俄罗斯的海洋保护区绝大部分以自然保护区的形式存在，适用自然保护区较为严格的管理规定。以远东海洋自然保护区、科曼多尔群岛自然保护区和弗兰格尔岛自然保护区为代表，海洋保护区主要分布在俄罗斯的东部沿海。相较陆地保护区，俄罗斯的海洋保护区实践较少，且绝大部分都是被纳入保护主体为陆地自然生态环境的各类特别保护区中。

在管理方面，俄罗斯并未以专门立法的形式对海洋保护区进行规定，而是将各类保护区中的海域部分纳入现行国家各类特别保护区域的建设和管理中，管理模式和保护程度依照海洋保护区所属保护区类别有所区分。在联邦自然资源与环境部的统筹规划下，由各类保护区的专门管理局负责海洋保护区相关规章制度的具体执行和活动的监管。

总体而言，俄罗斯在海洋保护区建设中既存在亮点，同时也不乏进步空间。通过考察俄罗斯建立海洋保护区的实践，可以发现，有针对性的海洋保护相关立法、合理的管理架构以及配套的生态大数据系统是建

---

① Nataliya Golovanova, "Environmental Protection in the Russian Federation-Assignment of Powers", paper represented at the International Conference on Strengthening Green Federalism, New Delhi, October, 2012, pp. 4 – 5.

设和管理海洋保护区的必备条件。

参考文献

一　中文

1. 高洁煌、蔚东英:《俄罗斯国家公园的管理制度及对我国的启示》,《南京林业大学学报》(人文社会科学版) 2017 年第 3 期。

2. 李景光主编《国外海洋管理与执法体制》,海洋出版社,2014。

3. 肖辉忠、韩冬涛:《俄罗斯海洋战略研究》,时事出版社,2016。

4. 万青松、陈雪:《试析俄罗斯海洋管理体制》,《欧亚经济》2014 年第 1 期。

5. 吴初国、霍雅勤、苏轶娜等:《转型中的俄罗斯自然资源管理兼与中国对比——访俄见闻与思考》,《国土资源情报》2015 年第 11 期。

6. 尤·依·彼尔谢涅夫、王凤昆:《俄罗斯生态保护构架——特别自然保护区域体系》,《野生动物学报》2007 年第 1 期。

7. 左凤荣、刘建:《俄罗斯海洋战略的新变化》,《当代世界与社会主义》2017 年第 1 期。

二　英文

1. Golovanova, Nataliya, "Environmental Protection in the Russian Federation-Assignment of Powers", paper represented at the International Conference on Strengthening Green Federalism, New Delhi, October 2012.

2. Mokievsky, V., Shirshov, P. P. and Nikolaeva, N., "Marine and Coastal Protected Areas (MPA) as the Basis for the Monitoring Network of Ecosystem of Seas of Russia", paper represented at the SPE Arctic and Extreme Environments Technical Conference and Exhibition, Moscow, October 2013.

三　主要参考网站

1. 俄罗斯联邦海洋管理委员会, https://www.msc.org/。

2. 俄罗斯联邦特别自然保护区, http://oopt.info/。

3. 俄罗斯联邦自然资源与环境部, http://www.mnr.gov.ru/en/。

4. 俄罗斯政府网, http://government.ru/en/。

5. 中华人民共和国外交部, https://www.fmprc.gov.cn/web/。

第五编

亚洲国家

第十五章　印度海洋保护区：核心为生物多样性保护

一　印度海洋自然环境与海洋保护区建设概况

（一）海洋自然环境

印度位于印度洋的地理中心，东临孟加拉湾，西濒阿拉伯海，是南亚地区国土面积最大的国家，其海岸线长约 7500 公里，领海面积约 15 万平方公里，专属经济区面积约 200 万平方公里。[①] 印度沿海及管辖海域中分布着"200 多种硅藻物种，90 种鞭毛藻，844 种海藻，560 种珊瑚和 39 种红树林物种，超过 10000 种无脊椎动物和 2500 种脊椎动物"。[②] 印度有四大珊瑚礁主要分布区，分别位于安达曼－尼科巴（Andaman & Nicobar）群岛、拉克沙（Lakshadweep）群岛，马纳尔湾（Gulf of Mannar）和卡奇（Kachchh）湾，[③] 这些珊瑚礁分布区为许多海洋生物提供了栖息地。印度非常重视红树林保护。1987 年，印度红树林覆盖面积为 4046 平方公里，经过多年养护，在 2011 年，这一数据已增长至 4662.56 平方公里。[④] 在恒河三角洲的孙德尔本斯，分布着世界上最大的红树林，印度与孟加拉国已于此设立了跨境红树林保护区。此外，印度的安达曼－尼科巴群岛、拉克沙群岛一直是公认的生物多样性热点区域。印度沿海及管辖海域还分布着许多珍贵的濒危海洋物种，包括儒艮、鲸类、水獭等

[①]　参见宋德星《印度海洋战略研究》，时事出版社，2016，第 189 页。

[②]　Ministry of Environment and Forests, India's Fifth National Report to the Convention on Biological Diversity, 2014, p. 14.

[③]　Dr. P. Balakrishna, "Foreword", in K. Venkataraman et al., eds, *Ecology and Conservation of Tropical Marine Faunal Communities*, Berlin, Heidelberg: Springer Press, 2013, p. v.

[④]　Ministry of Environment and Forests, India's Fifth National Report to the Convention on Biological Diversity, 2014, p. 41.

25 种海洋哺乳动物。[①] 在世界已经发现的 7 种海龟中，有 5 种就生活在印度。[②] 印度的管辖海域因分布有如此丰富的生物物种而具有极高的生态保护价值。

印度洋连接太平洋和大西洋，海运贸易历史源远流长，是国际能源、矿产资源贸易的主要运输航线。印度陆地国土深入印度洋，地缘优势得天独厚，进入 21 世纪以来，印度在印度洋区域政治、经济、军事领域实力不断增长，主导印度洋成为印度海洋战略的重要目标。除地缘政治利益外，丰富的海洋资源也驱使印度不断地将注意力投向印度洋。在非生物资源方面，印度洋的矿藏丰富程度仅次于太平洋，包括能源资源和多金属结核。自独立以来，印度重视其海洋油气资源勘探和开采。早在 20 世纪 70 年代，印度就在孟买附近海域发现了大油田，并且，"在 1982 年，印度就成为继美国、苏联和日本之后第四个、也是发展中国家首个获准在印度洋进行矿藏开采的'优先投资方'"。[③] 近海油气开发为印度政府带来大量的财政收入，促使印度积极增加在印度洋的油气资源勘探开发活动。在生物资源的利用方面，印度洋丰富的渔业资源是印度重要的食物和经济来源，印度依靠其内陆水产养殖和海洋捕捞，已经成为世界上第三大渔业生产国。

与大多数沿海国家相类似，随着人类沿海和海洋开发利用活动的不断加深，印度的海洋生态环境也面临着严重威胁，这些威胁要素主要包括："生境的丧失和退化、外来物种入侵、气候变化、污染渔业的非可持续利用和过度捕捞。"[④] 经济、社会活动不断对海洋生物及其栖息施加压力，自然生境的丧失和物种的减少则直接削减国家可持续发展能力。面对这一现状，印度采取了红树林恢复、禁止破坏性捕鱼以及设立海洋保护区等手段，试图修复和保护受损的海洋生态环境。

[①] Dr. P. Balakrishna, "Foreword", in K. Venkataraman et al. , eds. , Ecology and Conservation of Tropical Marine Faunal Communities, Berlin, Heidelberg: Springer Press, 2013, p. v.

[②] Dr. P. Balakrishna, "Foreword", in K. Venkataraman et al. , eds. , Ecology and Conservation of Tropical Marine Faunal Communities, Berlin, Heidelberg: Springer Press, 2013, p. v.

[③] 宋德星：《印度海洋战略研究》，时事出版社，2016，第 156 页。

[④] Ministry of Environment and Forests, India's Fifth National Report to the Convention on Biological Diversity, 2014, p. 41.

（二）海洋保护区建设概况

在印度，海洋保护区被视为一种海洋自然资源管理工具，用于"保护生物多样性以及依赖它的人民的福祉"。[1] 印度的海洋保护区是其自然保护区网络的组成部分，海洋保护区的建设最早可以追溯到印度独立以后。1975 年，印度在奥里萨邦（Odisha）正式设立了第 1 个海洋保护区，即毕塔卡尼卡（Bhitarkanika）庇护区。[2] 在发展之初，印度的自然保护区主要包括国家公园及野生生物庇护区两种类型，这些自然保护区多属于临时性的保护措施。随后，印度的海洋保护区进入数量增长高峰期，印度大部分海洋保护区都设立于 20 世纪 70 年代至 80 年代，仅在 1977 年，印度就在安达曼 - 尼科巴群岛及周边海域设立了 94 个庇护区，而这些庇护区的面积都比较小。

当前，印度的法定海洋保护区主要包含四种类型，分别为：庇护区、国家公园、养护保留区以及社区保留区。[3] 其设立依据均为《野生生物保护法》。此外，根据其他法律设立的生物多样性遗产地、世界自然遗产、拉姆萨尔湿地以及设立在森林区域、沿海地区的各类保护区，也在印度的海洋保护区系统中扮演着重要角色。如表 15 - 1 所示，据印度官方统计数据显示，印度共设立了 131 个海洋保护区，其中大多数海洋保护区都以国家公园或庇护区的形式存在。

表 15 - 1　印度海洋保护区现状

地理位置	庇护区（个）	国家公园（个）	养护保留区（个）	社区保留区（个）	总计（个）
印度半岛	20	4	0	1	25

---

[1] Sivakumar Kuppusamy et al., Coastal and Marine Protected Areas in India: Challenges and Way Forward, p. 51, https://www.researchgate.net/publication/265642777, last visited on December 30, 2019.

[2] Ministry of Environment and Forests, India's Fifth National Report to the Convention on Biological Diversity, 2014, p. 24.

[3] Sivakumar Kuppusamy et al., Coastal and Marine Protected Areas in India: Challenges and Way Forward, p. 52, https://www.researchgate.net/publication/265642777, last visited on December 30, 2019.

续表

地理位置	庇护区（个）	国家公园（个）	养护保留区（个）	社区保留区（个）	总计（个）
安达曼－尼科巴群岛	96	9	0	0	105
拉克沙群岛	1	0	0	0	131

　　资料来源：ENVIS Centre on Wildlife & Protected Areas，http://www. wiienvis. nic. in/Database/ MPA_8098. aspx#，last visited on December 30，2019。

二　印度海洋保护区法律与政策框架

（一）国际层面

　　印度是《联合国海洋法公约》《生物多样性公约》《拉姆萨尔公约》《关于保护世界文化和自然遗产公约》《濒危野生动植物种国际贸易公约》等与海洋生物多样性保护相关的国际条约的缔约国，并积极参与关于国家管辖范围外海洋生物多样性的养护和可持续利用新的协议的协商。在 IUCN 跨界保护区项目的框架下，印度还设立了两处跨界海洋保护区，分别为孙德尔本斯国家公园和马纳尔湾生物圈保留区。

　　印度与南极大陆隔印度洋相望，作为印度洋地区最具影响力的国家，印度自独立以来一直持续关注南极事务，并非常关注以磷虾为代表的南极生物资源。1947 年印度独立，这一时期印度"陷于与周边国家的领土争端之中"，[1] 但即便是这一时期印度也积极发表对南极治理的看法，并提出了南极国际化的主张，印度希望最终将南极置于联合国管理之下。但印度的主张遭到了主张南极主权国家的一致反对。"在 1956 年和 1958 年，印度两度试图将南极洲问题设置为联合国大会议程，皆因没有得到其他国家支持而作罢。"[2] 其后，认识到南极国际化存在的阻碍难以消除，印度对南极的主张也产生了变化。1983 年，印度陆续加入《南极海洋生物资源养护公约》以及《南极条约》，并获准成为《南极条约》的

---

　　① 郭培清：《印度南极政策的变迁》，《南亚研究季刊》2007 年第 2 期。
　　② 王婉潞：《联合国与南极条约体系的演进》，《中国海洋大学学报》（社会科学版）2018 年第 3 期。

协商国，有权参与南极治理决策。同年，印度还在南极设立了永久性考察站冈高特里站（Dakshin Gangotri），在其后的南极考察中，"印度十分关注南极的生物和矿产资源"。[①]《南极条约》体系协商国将南极界定为"自然保留地"并排斥"人类共同遗产"，[②] 环境保护是当今南极治理的首要议题。作为缔约国，印度在南极的活动受到《南极条约》体系相关法律文件以及关于保护南极海洋生物资源的相关条款的规制。

（二）国内立法

1. 海洋保护区相关立法

印度海洋保护区相关法律主要包括《宪法》、《环境（保护）法》、《生物多样性保护法》以及《野生生物保护法》等。其中，《野生生物保护法》是印度海洋保护区建设最重要的法律依据，它是庇护区、国家公园、养护保留区以及社区保留区四种海洋保护区的设立依据。

印度《宪法》第七附表（第 246 条）分别规定了"联邦职权表"、"各邦职权表"以及"联邦及各邦兼有职权表"。根据"联邦职权表"，联邦政府的涉海职权包括管理海上货运和海上航行、航运设施、港口、领海以外的渔业活动等；根据"各邦职权表"，邦政府享有管理领海内的渔业活动的权力；根据"联邦及各邦兼有职权表"，印度"邦和联邦政府均有权就森林和野生动物保护问题进行立法"，[③] 因此，印度各邦和联邦政府均负有保护海洋生物多样性的职责。

《环境（保护）法》、《生物多样性保护法》以及《野生生物保护法》进一步明确了印度联邦政府和各邦政府的海洋保护区建设职权，如表 15 - 2 所示。《环境（保护）法》赋予了联邦政府设置禁区的权力，因此为达到环境保护的目的，联邦政府可以设置海洋保护区。在《生物多样性保护法》体系下，邦政府有权设立生物多样性遗产地，联邦政府虽有其他保护生物多样性的权力和义务，但无权设立生物多样性遗产地。根据

[①]　郭培清：《印度南极政策的变迁》，《南亚研究季刊》2007 年第 2 期。

[②]　王婉潞：《联合国与南极条约体系的演进》，《中国海洋大学学报》（社会科学版）2018 年第 3 期。

[③]　Ramya Rajagopalan, Marine Protected Areas in India, April 2008, p. 7, https://www.icsf.net/en/monographs/article/EN/91-Marine-Protecte.html, last visited on December 30, 2019.

《野生生物保护法》，联邦政府和各邦政府都可以设立海洋保护区，但联邦政府设立海洋保护区是有限制的。一方面，联邦政府可以设置海洋保护区的类型仅包括庇护区和国家公园两种，而邦政府则可设立庇护区、国家公园、养护保留区以及社区保留区四种类型的海洋保护区；另一方面，联邦政府仅能在其管辖区域设立海洋保护区，这些区域包括印度的联合属地，以及邦政府出租或以其他方式移交给联邦政府的，并且未被指定为海洋保护区的区域。例如，安达曼－尼科巴群岛是印度的海外联合属地，由印度联邦政府直接管理，在该群岛的 105 个庇护区均由印度联邦政府设立和管理。

表 15 - 2 印度海洋保护区的主要法律规定

法律	联邦政府职权	邦政府职权
《环境（保护）法》	第 3 条规定，为保护和提高环境质量，阻止、控制和减少环境污染，印度联邦政府有权采取一切必要和适当的措施，其中包括设置禁区。根据该条规定，任何人在禁区内不得进行任何行业、操作及加工或类似活动，或只能在采取特定保全措施的情况下进行上述活动	无
《生物多样性保护法》	并未赋予联邦政府设立生物多样性遗产地的权力。第 36 条规定，当联邦政府有理由相信某个生物多样性丰富或生物资源丰富的区域，其生物栖息地有可能受到过度利用、滥用或被忽视的威胁时，联邦政府应向有关邦政府发出指令，要求其立即采取改善措施，并向邦政府提供技术或其他帮助； 此外，联邦政府还具有制定国家生物多样性保护战略、计划及方案的义务；有发布濒危物种名单的权力；有设置生物资源储备库的权力；决定《生物多样性保护法》部分条款不适用的权力等	第 37 条规定，在不违反其他法律规定的前提下，邦政府可以将生物多样性重要地区设立为生物多样性遗产地
《野生生物保护法》	根据第 38 条第 1 款规定，如果邦政府将其控制下的任何区域出租或以其他方式移交给联邦政府，并且该区域未被指定为海洋保护区，那么在该区域符合《野生生物保护法》规定的条件的情况下，联邦政府可以将该区域设立为庇护区； 根据第 38 条第 2 款规定，联邦政府可以将任何区域设立为国家公园，包括已经被联邦政府或邦政府设立为庇护区的区域	可以在领海以内设立海洋保护区，包括庇护区、国家公园、养护保留区以及社区保留区四种类型； 如果邦政府拟设立的养护保留区中部分土地所有权归联邦政府所有，则邦政府应取得联邦政府的同意

资料来源：根据印度《环境（保护）法》《生物多样性保护法》《野生生物保护法》整理制作。

除以上立法外，印度的《森林法》及《森林保护法》对海洋保护区建设也具有重要意义。印度《森林法》将森林划分为四类：保留森林，乡村森林，受保护森林和非政府（私有）森林。它们为沿海地区红树林的保护提供了法律依据。此外，"在大多数情况下，海洋保护区的外围都设立了保留森林"。[①] 这些保留森林与海洋保护区地理临近，生态系统联系密切，它们的存在对维护海洋保护区的生态完整具有重要价值。

2. 《野生生物保护法》对海洋保护区的规定

《野生生物保护法》是印度海洋保护区建设的直接法律依据。该法于1972年生效，并于2002年和2006年分别制定修正案。1972年《野生生物保护法》规定了庇护区和国家公园制度，"但由于土地私有权和土地使用，在已有的以及拟议的保护区内及周围地区，保护（效果）遭到削减"。[②] 为解决这一问题，2002年，印度又通过修正案引入养护保留区以及社区保留区。如表15-3所示，庇护区与国家公园设立目的基本相同，其设立的首要目的都是为保护野生生物而非发展渔业。根据《野生生物保护法》，非经许可，任何人不得在庇护区内破坏、开发或转移包括森林产品在内的任何野生生物，不得通过任何行为毁坏、破坏或转移任何野生动物的栖息地，不得剥夺任何野生动物或其在保护区内的栖息地，不得转移、截流或增加流入或流出庇护区的水流。《野生生物保护法》对国家公园也有类似规定。庇护区和国家公园的主要区别在于是否允许权利人在海洋保护区内继续行使其权利。

《野生生物保护法》详细规定了设立各类海洋保护区的程序。根据该法，各邦必须以通告的形式设立庇护区，该通知必须尽可能明确庇护区的位置和界限。在通告发出后，地方财政长官应该调查和确认庇护区内是否存在任何私人权利，而权利人则可以在通知发出后两个月内书面提出索赔要求。在收到权利人的索赔请求后，财政长官可以进一步判断是拒绝，还是全部或者部分接受该索赔请求。在全部或部分接受的情况下，财政长官可以选择：

---

① Ramya Rajagopalan, Marine Protected Areas in India, April 2008, p. 12, https://www.icsf.net/en/monographs/article/EN/91-Marine-Protecte.html, last visited on December 30, 2019.

② ENVIS Centre on Wildlife & Protected Areas, http://www.wiienvis.nic.in/Database/MPA_8098.aspx#, last visited on December 30, 2019.

（1）将相关土地排除在庇护区之外；

（2）继续取得该土地或权利，除非政府已经通过征收方式取得相关土地或权利；

（3）在与首席野生生物监护者商议后，继续允许权利人在庇护区内行使其权利。

国家公园与庇护区设立的程序大致相同，而最大的区别在于《野生生物保护法》不允许权利人继续在国家公园内行使其权利。此外，在选址时，国家公园可以设立在庇护区范围内。由此观之，国家公园具有最严格的保护标准，是印度保护级别最高的海洋保护区类型。

养护保留区和社区保留区都是 2002 年《野生生物保护法》修正案新增的海洋保护区类型，主要功能在于连接两个相邻海洋保护区，其设立和管理的规定与庇护区相同。养护保留区和社区保留区的主要区别在于所属区域的所有权性质。当社区和个人自愿保护野生动植物及其栖息地时，政府可以将该区域宣布为社区保留区。养护保留区和社区保留区为地方和当地社区自发管理海洋保护区奠定了制度基础。

表 15-3　印度海洋保护区的类型及设立目的

海洋保护区类型	设立目的
庇护区	设立于具有足够的生态、动物、花卉、地貌、自然或动物学意义的地区，以保护、繁衍或发展当地的野生生物或其生存环境
国家公园	设立于在生态、动物、花卉、地貌或动物学具有联系或重要性的地区，以保护、繁衍或发展当地的野生生物或其生存环境
养护保留区	设立于所有权属于政府的区域，是海洋保护区之间的连接、缓冲或野生生物迁徙走廊
社区保留区	设立于所有权属于私人或社区的区域，是海洋保护区之间的连接、缓冲或野生生物迁徙走廊

资料来源：根据印度《野生生物保护法》及其修正案整理制作。

（三）相关政策

在相关立法的基础上，印度也出台了许多与海洋保护区建设相关的政策性文件，包括《关于环境与可持续发展的国家保护战略和政策声明（1992）》《野生生物养护战略（2002）》《国家环境政策（2006）》《湿地、红树林和珊瑚综合管理行动计划准则》《印度生物圈保护区保护、维护、研究和开发准则（1999）》，以及近年来的《海岸管制区通告（2011）》《岛屿保护区通告（2011）》《国家野生生物行动计划2002～2016》《国家生物多样性行动计划（2008）》等。[①][②]

《海岸管制区通告（2011）》与《岛屿保护区通告（2011）》在红树林保护方面发挥着重要作用。这些通告将红树林作为生态敏感地区，并将其归类为1级海岸管制区（CRZ－1），对这些地区采取最严格的保护措施，同时设立专门的管理机构，配备财政资金支持。[③]

《国家野生生物行动计划2002～2016》（以下简称《计划》）呼吁加强保护区网络建设，提倡有效地建设保护区，其中包括海洋保护区。该《计划》认可地方社区在传统上依赖于自然生态，并在自然生态的保护中发挥了一定的作用，因此提出要注重将地方社区纳入海洋保护区的管理。

《国家生物多样性行动计划（2008）》是印度为履行《生物多样性公约》义务而制定的。为促进公约的实施，《生物多样性公约》"敦促缔约方制定国家生物多样性战略或同等文书，并将生物多样性保护纳入对生物多样性有直接或间接影响的所有部门的主要工作"。[④] 印度的《国家生物多样性行动计划》由部际协商制定，2008年得到印度政府批准。其后，为反映印度的国家生物多样性目标承诺，印度又于2014年对《国家生物多样性行动计划（2008）》进行了增编。据此，印度的海洋保护区建设的承诺目标为：在2020年以前，在保护区的指定和管理以及其他基于区域的保护措施的基础上，有效和公平地保护陆地和内陆水域内具有生态代表性的区域以及沿海和海洋区域，特别是对物种、生物多样性和生态系统服务特别重要的区域，保护区面积将覆盖全国20%以上的包括陆地

---

① 参见 Ramya Rajagopalan, Marine Protected Areas in India, April 2008, pp. 12 – 13, https://www.icsf.net/en/monographs/article/EN/91-Marine-Protecte.html, last visited on December 30, 2019。

② 参见 Malvika Onial et al., "Updating India's National Biodiversity Action Plan: The Process and Way Forward", *Current Science* 115 (2018), p. 422。

③ 参见 Ministry of Environment and Forests, India's Fifth National Report to the Convention on Biological Diversity, 2014, p. 41。

④ Malvika Onial et al., "Updating India's National Biodiversity Action Plan: The Process and Way Forward", *Current Science* 115 (2018), p. 422.

和海洋景观在内的地理区域。

三　印度海洋保护区的实践

（一）海洋保护区管理实践

印度联邦级别的海洋保护区的主管机构是环境、森林与气候变化部，各邦的海洋保护区主管机构为各邦森林部门中具体负责野生生物保护的机构。[①] 为履行海洋保护区的管理职能，印度又根据《野生生物保护法》设立不同的海洋保护区管理主体。如表 15－4 所示，在邦一级，邦政府又分别设立野生生物守护机构、邦野生生物委员会、保护区管理委员会、咨询委员会以及地方财政长官。在庇护区或国家公园，野生生物守护机构主管海洋保护区的日常管理；而养护保留区或社区保留区的日常管理则分别由养护保留区管理委员会或社区保留区管理委员会负责。在联邦政府设置的庇护区或国家公园中，首席野生生物监护者的权力和责任由联邦政府指定的野生生物保护局局长行使。同时，联邦政府也应设立联邦野生生物国家委员会，在建立和管理海洋保护区以及限制海洋保护区内的活动方面，向联邦政府提出建议。

表 15－4　海洋保护区管理主体

相关主体	职权内容	成员构成
野生生物守护机构	海洋保护区管理事务的具体执行机构。首席野生生物监护者颁发进入海洋保护区的许可证；为保护和提高环境，在邦政府同意后，允许对野生生物及其生境采取破坏、毁坏及移除等必要措施；批准持枪进入海洋保护区；控制海洋保护区，包括其中的道路、桥梁等基础设施，控制放牧活动等	首席野生生物监护者；野生生物监护者；每个保护区 1 名名誉野生生物监护者；其他高级职员

[①]　H. S. Singh, "Marine Protected Areas in India", *India Journal of Marine Sciences* 32 （2003）, p. 232.

续表

相关主体	职权内容	成员构成
（邦）野生生物委员会	就设立和管理海洋保护区向邦政府提出建议	主席，由邦或联邦财政长官担任（视土地性质）；副主席，由负责森林和野生生物管理的部长担任；秘书，由首席野生生物监护者担任；3 名邦立法机关成员，或 2 名联邦立法机关成员；3 名野生生物保护领域非政府组织机构人员；10 名环境保护主义者、生态学家和环境保护主义者，其中包括 2 名部落代表；负责森林和野生动植物的邦政府或联邦领土政府的秘书；邦林业局主管人员；邦部落福利部门秘书；邦旅游发展公司常务董事；不低于监察长级别的邦警察局官员；不低于联邦政府提名的准将军衔的武装部队代表；邦畜牧局局长；邦渔业局局长；由野生动物保护机构负责人提名的官员；印度德拉敦（Dehradun）野生动物研究所代表；印度植物调查局的代表；印度动物调查局的代表
（邦）保护区管理委员会	就管理和维护海洋保护区向首席野生生物监护者提供建议	秘书，由森林或野生动植物部的代表担任；保护区当地村委会代表；3 名在保护区工作的野生生物保护领域非政府机构代表；农业、畜牧业代表各 1 名
咨询委员会	就更好地管理和保护庇护区可以采取的具体措施，包括使庇护区内及周围居民参与海洋保护区管理的措施，向管理者提供建议	首席野生生物监护者或其提名人担任主任；庇护区所在地立法机关代表；2 名农村管理机构代表；2 名非政府组织代表；3 名在野生生物保护领域活跃个人；家庭及兽医部门代表各 1 名；名誉野生生物监护者；庇护所负责人担任秘书
地方财政长官	确认保护区范围内存在的任何权利及其性质、范围	无
养护保留区管理委员会	保护、维护和管理养护保留区	秘书由森林或野生动植物部代表担任；1 名村委会代表；3 名野生生物保护领域非政府组织人员；农业、畜牧业代表各 1 名
社区保留区管理委员会	保护、维护和管理社区保留区	5 名村委会提名代表（若无村委会，则由村民会议提名）；1 名森林或野生动植物部代表；主席由委员会选举产生，该主席同时是名誉野生生物监护者
野生生物保护机构	野生生物保护局长在联邦设立的庇护区及国家公园中行使与首席野生生物监护者相同职权	局长；局长助理；其他高级职员

相关主体	职权内容	成员构成
联邦野生生物国家委员会	就建立和管理海洋保护区以及限制海洋保护区内的活动提出建议	主席，由总理担任；副主席，由负责森林和野生生物的部长担任；秘书，由野生生物保护机构局长担任；3 名国会议员；森林和野生生物的计划委员会成员；5 名政府提名的非政府组织人员；10 名联邦政府提名的著名环境保护主义者、生态学家；负责森林和野生动物的印度政府秘书；陆军参谋长；负责国防的印度政府秘书；负责新闻和广播的印度政府秘书；负责财政支出的印度政府秘书；负责部落福利的印度政府秘书；联邦政府森林管理部门负责森林和野生动植物的总干事；印度政府旅游局局长；印度德拉敦林业研究和教育理事会总干事；印度德拉敦野生动物研究所所长；印度动物调查局局长；印度植物调查局局长；印度兽医研究所所长；联邦动物园管理局秘书长；国家海洋研究所所长；10 名由联邦政府提名的，印度邦及联盟领土代表（每单位一名，轮流担任）

资料来源：根据印度《野生生物保护法》及其修正案整理制作。

野生生物守护机构对海洋保护区的管理活动覆盖到各个方面，在海洋保护区内进行调查、科研、摄影、旅游以及与居住在海洋保护区内的居民进行合法的交易活动都需要得到首席野生生物监护者的授权。但对于可能对海洋保护区造成更大破坏性的活动，尤其是对野生生物及其栖息地造成破坏、毁坏的活动，首席野生生物监护者在授权之前则要得到邦政府的同意，并且仅在为满足更好地保护野生生物及其栖息地的目的下进行。

如表 15-4 所示，印度还设立了三种为海洋保护区提供咨询建议的委员会，包括野生生物委员会、保护区管理委员会以及咨询委员会，其成员来源广泛，囊括与海洋保护区建设可能相关的各方主体。除政府机构外，野生生物保护类非政府组织、科研机构、当地部落以及居民等非政府主体均被纳入其中，这一制度安排能够使海洋保护区在决策阶段尽可能吸纳更多的意见，并对利益相关者予以特别考虑。在社区保留区管理委员会中，当地社区代表人数占据最大比例，其主席的产生采取选举制，这些规定更有利于当地居民在海洋保护区管理中发挥主导作用，调动利益相关者的参与积极性。

然而，这一制度在实践中的执行状况并不理想。在 2014 年，联邦野生生物国家委员会成员中仅有 1 名非政府组织代表（GEER 基金会，由政府资助），2 名独立学者，这与《野生生物保护法》规定的 5 名非政府组织代表及 10 名独立学者相差甚远。[①] 印度在立法中明确委员会人员构成的动机是"确保政策的变化以及政治和经济环境不会影响委员会行使批准项目的义务"。[②] 非政府成员的减少可能会削减在决策阶段对野生生物保护和利益相关者的考虑。从立法目的出发，GEER 基金会是否符合《野生生物保护法》对非政府组织的要求也是值得质疑的。多个咨询机构的存在的价值在于更好地决策和管理海洋保护区，但这种作用在印度的海洋保护区建设实践中的发挥是有限的。

此外，渔业部在海洋保护区的建设中也发挥着重要作用。在许多邦，渔业管理部门的管理活动对海洋保护区内渔业种群密度、生物多样性及其生存环境具有重要影响，渔业部同时也为渔民群体的福利负责，而渔民群体是海洋保护区的利益相关主体之一。例如，"在奥里萨邦的帕拉蒂普（Gahirmatha）野生生物庇护区看到的那样，为保护海龟聚集区，该邦渔业部自 2003 年以来每年都制定法规，通知禁渔区和禁捕时间"。[③]

（二）最新实践活动

印度的海洋保护区建设快速增长阶段出现在 20 世纪 70 年代至 80 年代，印度大多数的海洋保护区都设立于这一时期。进入 21 世纪后，印度海洋保护区数量增长非常缓慢，在 2000 年至 2020 年间，印度新增海洋保护区数量仅为 5 个。[④] 与海洋保护区相比，印度的陆地自然保护区数量

---

① 参见 Neelotpalam Tiwari, Himanshu Pabreja, "India's Protected Areas: Are They Really Protected or at the Mercy of Wildlife Boards?" *Journal of International Wildlife Law & Policy* 21 (2018), p. 34。

② Neelotpalam Tiwari, Himanshu Pabreja, "India's Protected Areas: Are They Really Protected or at the Mercy of Wildlife Boards?" *Journal of International Wildlife Law & Policy* 21 (2018), p. 34.

③ Ramya Rajagopalan, Marine Protected Areas in India, April 2008, p. 13, https://www.icsf.net/en/monographs/article/EN/91-Marine-Protecte.html, last visited on December 30, 2019.

④ 参见 ENVIS Centre on Wildlife & Protected Areas, http://www.wiienvis.nic.in/Database/MPA_8098.aspx#, last visited on December 30, 2019。

则逐年增长。在未来，"考虑到印度沿海地区对当前社会经济前景的重要性，将很难在现有的海洋保护区网络中将更多的沿海和海洋生物多样性栖息地添加为国家公园或保护区"。①

在公海保护区的问题上，印度作为 77 国集团的成员国，与 77 国集团持相同态度。在 2019 年，"《联合国海洋法公约》关于保护和持续利用国家管辖范围以外区域海洋生物多样性的国际法律约束力文书第三届政府间会议"上，77 国集团对包括公海保护区在内的公海划区管理工具的基础问题发表意见，认为应当"建设"而非"指定"划区管理工具，并倾向于将"预防原则"作为公海保护区设立的基本原则。在划区管理工具标准清单的问题讨论中，77 国集团支持设立包括"缓慢恢复"和"弹性"在内的指示性识别标准清单，并主张删掉稀有性、生物生产力、特殊自然性、经济和社会因素、气候变化和海洋酸化的不利影响以及累积和跨界影响等内容。77 国集团进一步认为划区管理工具标准可由科学技术机构制定，并供缔约方会议审议和通过。在划区管理工具的利益相关者合作的问题上，印度单独发表看法，强调与区域性机构的合作以及框架性合作的重要性。

四　印度海洋保护区实践评析及启示

20 世纪 70 年代至 80 年代，印度海洋保护区迅速发展，然而，进入 21 世纪后，印度海洋保护区数量和面积增长缓慢，并且尚未显示出较大的增长潜力。印度更重视陆地自然保护区的发展，得益于对森林保护的重视，印度在红树林保护方面取得了一定的成绩。印度的海洋保护区建设以《野生生物保护法》为中心展开，在立法和管理中各具特点。

印度的《宪法》《环境（保护）法》《生物多样性保护法》《野生生物保护法》是其海洋保护区建设的主要法律依据，结合上文介绍，印度海洋保护区立法主要有以下特点。

第一，海洋保护区建设以生物多样性保护为核心。与许多国家以渔

---

① Sivakumar Kuppusamy et al., Coastal and Marine Protected Areas in India: Challenges and Way Forward, p. 60, https://www.researchgate.net/publication/265642777, last visited on December 30, 2019.

业法作为海洋保护区的法律依据不同，印度的海洋保护区相关立法则以生态保护立法为主。因此，印度海洋保护区的首要价值在于生物多样性保护而非渔业资源养护。

第二，政府职权划分清晰。作为联邦制国家，印度海洋保护区立法非常注重明确联邦政府和各邦政府在建设海洋保护区中的职权划分，整体看来，邦政府是海洋保护区建设的基本负责主体。一方面，《野生生物保护法》详细地规定了邦政府设立海洋保护区的程序，联邦海洋保护区设立的规定主要参照邦海洋保护区设立的规定；另一方面，印度《宪法》《环境（保护）法》对联邦政府海洋保护区建设职权的规定也更加宏观和具有原则性。因此，联邦政府在海洋保护区建设中承担次要角色，主要负责各邦政府不能顾及的区域的海洋保护区建设，邦政府是海洋保护区建设的重要力量。从实践来看，各邦政府一共设立了25处海洋保护区，主要分布于印度半岛沿岸，其建设海洋保护区的积极性并不高。

第三，海洋保护区设立程序法定、明确。《野生生物保护法》关注海洋保护区设立程序事项，规定了政府、相关权利人在海洋保护区建设过程中的权利义务及其行使方式，具有明确性以及较强的可操作性。

第四，各类海洋保护区缺乏个性化规定。印度主要有四种法定海洋保护区，其中国家公园、养护保留区以及社区保留区的管理措施主要参照庇护区，受到最严格保护的国家公园与庇护区设立目的相近，二者最大的差别也仅仅在于是否允许保留私人权利上。因此，印度的海洋保护区分类并没有体现出明显的差异性，缺乏个性化的制度设计。

印度的海洋保护区管理活动由各邦政府主导，联邦政府的角色具有补充性的特点，但实践中邦政府的建设积极性并不高。邦海洋保护区管理的执行机构是野生生物守护机构，同时，印度又设立了野生生物国家委员会、保护区管理委员会以及咨询委员会，为海洋保护区设立和管理提供建议。此外，政府另行指定地方财政长官负责处理海洋保护区内私人权利的相关事项。多种类型管理主体的存在在一定程度上体现了分权与制衡的思想，有利于决策的科学性。《野生生物保护法》又明确规定了前述主体的成员来源及数量，有利于保障在海洋保护区设立和管理中听取多方意见，提高决策的科学性和稳定性。但遗憾的是，这一制度在实践中没有得到很好的执行，各类咨询委员会中非政府主体的人数很难得到保障。在印度海洋保护区管理中，最大的障碍还来自环境保护与当地土著群体权利之间的矛盾。"如果必须开展这些保护活动，则必须确保（保护活动）未在一定程度上对土著社区的权利构成限制。"① 处理环境保护与利益相关者的矛盾是全球海洋保护区管理普遍存在的问题，印度已经为此采取了一些做法，比如设立社区保留区及社区保留区管理委员会、将土著和部落纳入海洋保护区决策咨询主体等。但是实践中，印度海洋保护区网络中社区保留区的数量仅为1，咨询委员会的构成也存在未严格依照法律规定的情况。

印度是印度洋地区最具影响力的国家，其管辖海域内生物多样性丰富，极具保护价值。近年来，印度的自然保护区发展不平衡，海洋保护区较陆地自然保护区发展更慢，政府对海洋保护区，尤其是远洋海洋保护区的建设关注较少。印度海洋保护区立法具有以生物多样性保护为核心、政府职权划分清晰、海洋保护区设立程序法定、明确的特点，但不同类型的海洋保护区差异较小，缺乏个性化的制度设计。印度海洋保护区建设参与主体较多，在一定程度上体现了制衡的特点；政府和非政府主体均有法定的参与海洋保护区建设的渠道，但这一制度在实践中没有得到较好的执行；印度在平衡海洋保护区建设与利益相关者方面也作出了努力，但收效甚微。整体而言，作为一个发展中国家，受制于经济发展水平和发展需求，印度对海洋保护区建设的关注是有限的。然而无论是出于可持续发展的考虑，还是出于在印度洋生物多样性保护领域获得更多的话语权和更大的影响力的考虑，印度都应当增加对海洋保护区建设的关注，并提升自身严格依法管理海洋保护区的能力。

参考文献

一　中文

1. 郭培清：《印度南极政策的变迁》，《南亚研究季刊》2007 年第 2 期。

---

① Neelotpalam Tiwari and Himanshu Pabreja, "India's Protected Areas: Are They Really Protected or at the Mercy of Wildlife Boards?" *Journal of International Wildlife Law & Policy* 21 (2018), p. 44.

2. 宋德星：《印度海洋战略研究》，时事出版社，2016。

3. 王婉潞：《联合国与南极条约体系的演进》，《中国海洋大学学报》（社会科学版）
2018 年第 3 期。

二　英文

1. Balakrishna, P., "Foreword", in Venkataraman. K. et al., eds., *Ecology and Conservation of Tropical Marine Faunal Communities*, Berlin, Heidelberg: Springer Press, 2013.

2. Kuppusamy, Sivakumar et al., Coastal and Marine Protected Areas in India: Challenges and Way Forward, https://www. researchgate. net/publication/265642777.

3. Ministry of Environment and Forests, India's Fifth National Report to the Convention on Biological Diversity 2014, 2014.

4. Onial, Malvika et al., "Updating India's National Biodiversity Action Plan: The Process and Way Forward", *Current Science* 115 (2018).

5. Rajagopalan, Ramya, Marine Protected Areas in India, April 2008, https://www. icsf. net/en/monographs/article/EN/91-Marine-Protecte. html.

6. Singh, H. S., "Marine Protected Areas in India", *India Journal of Marine Sciences*, 32 (2003).

7. Tiwari, Neelotpalam and Pabreja, Himanshu, "India's Protected Areas: Are They Really Protected or at the Mercy of Wildlife Boards?" *Journal of International Wildlife Law & Policy* 21 (2018).

三　主要参考网站

ENVIS Centre on Wildlife & Protected Areas, http://www. wiienvis. nic. in/Database/MPA_ 8098. aspx#.

第十六章　日本海洋保护区：保护与持续利用相结合

一　日本海洋自然环境与海洋保护区建设概况

（一）海洋自然环境概况

日本位于太平洋西岸，是一个由东北向西南延伸的弧形岛国。日本由北海道、本州、四国、九州四个大岛和其他 6800 多个小岛屿共同组成，[①] 专属经济区面积较大，约是其陆地面积的 10 倍。[②] 日本周边海域为 50 多种海洋哺乳动物、约 3700 种海洋鱼类，以及 122 种海鸟提供了生存环境。[③] 千岛寒流和日本暖流在北海道附近交汇，形成了世界上最大的渔场，即北海道渔场。以日本南部的某些岛屿为中心，分布着红树林和珊瑚礁生态系统，这些岛屿长期与其他地区隔离，因此产生了一些本地特有的生物物种。海洋为日本提供了丰富的资源，在日本人的生产和生活中发挥着重要的作用；同时，日本对海洋秉持保护和利用相结合的态度。

1. 日本海洋经济与海洋生态

当前，日本面临三个主要的海洋环境挑战：第一，过度捕鱼造成的渔业资源萎缩；第二，人类活动造成的海洋污染；第三，海洋旅游资源的保护和利用。

渔业是日本的重要产业，日本不仅是渔业产品的生产大国，同时也

---

① 中华人民共和国外交部，http://www.fmprc.gov.cn/web/gjhdq_676201/gj_676203/yz_676205/1206_676836/1206x0_676838/，最后访问日期：2020 年 3 月 20 日。
② 中华人民共和国外交部，http://www.fmprc.gov.cn/web/gjhdq_676201/gj_676203/yz_676205/1206_676836/1206x0_676838/，最后访问日期：2020 年 3 月 20 日。
③ Ministry of the Environment, Marine Biodiversity Conservation Strategy, 2011, p. 14.

是渔业产品的消费大国。拥有世界第一大渔场，即北海道渔场，凭借着先进的捕鱼技术，日本的渔业发展非常迅猛。2016 年，日本渔民人均渔业产量为 27.6 吨，约是中国的 5 倍，居世界第四位。[①] 但自 20 世纪以来，因为迅速扩张和不加节制的捕捞行为，日本的渔业资源迅速减少。日本农林水产省对 20 世纪 60 年代以来日本渔业产值的统计显示，20 世纪 90 年代至今，日本的渔业产值总体呈现下降趋势。[②] 20 世纪 70 年代到 80 年代，日本的过度捕捞行为是造成这一结果的重要原因。此外，海洋捕捞与开发活动对鱼类生存环境的破坏也使海洋再生产和恢复能力降低，"在沿海地区，（海洋）环境的渔业资源生产能力下降正在成为一个问题。这是由于生态系统，如海藻床、潮滩、珊瑚礁和沙洲的质量下降和退化"。[③] 日本政府意识到，要改变当前的困境，"有必要构建、保护、恢复和创造包括海藻床和潮滩在内的渔业环境"。[④]

日本渔业生产区域主要分布在海洋，包括海滨地区、近海地区和远洋地区，而其内河的捕鱼和水产养殖只占据其渔业生产的小部分。水产品在日本人的饮食中占据着重要地位，截至 2013 年，日本年度人均鱼类和渔业产品年消费量一直居于世界第一位。[⑤] 考虑到海洋渔业在生产生活中的重要性，日本认为其在国际管理和可持续利用渔业资源方面负有重大责任。在长期的实践中，日本认识到，与渔业资源管理、释放幼苗及成年鱼等措施相比，恢复和维持良好的渔场环境对渔业资源的可持续发展更加重要，日本因此设立了多种类型的海洋保护区以恢复和增强海洋的渔业再生产能力。海洋保护区的突出优势在于，它具有建立在科学知识基础上的明确的目的、合适的管理方式和持续的监测，能够满足可持续渔业的发展要求。

海洋污染也是日本面临的主要海洋环境问题之一。日本工业具有临

---

①　Ministry of Agriculture, Forestry and Fisheries, White Paper on Fisheries: Summary, FY 2016 Trends in Fisheries, FY 2017 Fisheries Policy, 2016, p. 3.

②　Ministry of Agriculture, Forestry and Fisheries, White Paper on Fisheries: Summary, FY 2016 Trends in Fisheries, FY 2017 Fisheries Policy, 2016, p. 12.

③　Ministry of the Environment, Marine Biodiversity Conservation Strategy, 2011, p. 41.

④　Ministry of the Environment, Marine Biodiversity Conservation Strategy, 2011, p. 41.

⑤　Ministry of Agriculture, Forestry and Fisheries White Paper on Fisheries: Summary, FY 2016 Trends in Fisheries, FY 2017 Fisheries Policy, 2016, p. 1.

海分布的特点，70%以上的工业生产集中在太平洋沿岸地区，[1] 工业废水、废弃物直接向海洋排放，对海洋环境健康具有重大威胁。以濑户内海为例，二战以后，在日本"产业优先"政策的指引下，濑户内海沿岸形成了一大批工业重镇。为了发展经济，人们在濑户内海沿岸围海造田，并将大量工业废水直接排入濑户内海，导致天然海岸线锐减，海滨生态恶化，赤潮频频发生，生物资源锐减。在这样的发展模式下，濑户内海一度面临成为"死海"的局面。经历了"先污染"和"先破坏"的工业化生产之后，日本经济开始转型，政府和公众更加关注环境问题，日本出台了《濑户内海环境保护特别措施法》，开始全面治理濑户内海海岸带。这一时期，日本在濑户内海沿岸建立了大量自然海滨保全地区及国立公园，当地海洋生态环境逐渐恢复。当前，根据日本环境省统计情报，赤潮在濑户内海依旧时有发生，但是频率已经大大降低。日本政府已经充分意识到海洋保护区对可持续利用海洋资源的重要性。除沿海工业排放，来自海上活动产生的污染也是日本当前需要面对的重要课题。船舶活动的废水和废弃物排放，石油和化学物品的渗漏、泄漏，海洋勘探开发，甚至船舶底部的防污涂料都是海洋环境恶化的重要原因。

得益于曲折的海岸线和较大的南北差异，日本各地的海岸呈现出不同特色的风情，这些自然景观具有极高的旅游价值。为了更好地保护和利用这些旅游资源，日本政府投入了巨大的财力和物力推动自然公园建设。日本仅国家公园就占据了其领土总面积的5.5%，这些自然公园有效保护和利用了日本的森林、湿地、海洋等丰富的自然景观和野生动植物资源。[2] 日本政府希望旅游业能够成为日本未来经济发展的支撑，并希望到2020年，日本的外国游客数量能够增加到4000万人次，到2030年可以增加到6000万人次，为此，日本制定了"国家公园2020年计划"。[3] 作为实现上述愿景的措施之一，"国立公园2020年计划"的核心为打造8个国立公园以吸引游客。如表16-1所示，在日本重点打造和

---

[1]　中国地图出版社，http://www.map1000.com/mapworld/world/country_f/01050000.html，最后访问日期：2020年3月15日。

[2]　Ministry of the Environment, http://www.env.go.jp/en/nature/enjoy-project/index.html, last visited on March 20, 2020.

[3]　Ministry of the Environment, http://www.env.go.jp/en/nature/enjoy-project/index.html, last visited on March 20, 2020.

推广的 8 个核心国立公园中，有 4 个公园包含海洋景观。可见，海洋生态环境在日本的旅游业中具有重要的价值。

表 16 - 1　日本"国立公园 2020 年计划"核心公园

公园名称	景观	包含海洋景观
十和田八幡平（Towada-Hachimantai）国立公园	山脉、湖泊、溪流	
阿寒摩周（Akan-Mashu）国立公园	火山、森林、湖泊	
日光（Nikko）国立公园	群山、湖泊、水库、瀑布、湿地	
伊势志摩（Ise-Shima）国立公园	海岸地区、山脉	是
大山隐岐（Daisen-Oki）国立公园	山脉、岛屿	是
阿苏库朱（Aso-Kuju）国立公园	火山	
雾岛锦江湾（Kirishima-Kinkowan）国立公园	火山、海湾	是
庆良间诸岛（Keramashoto）国立公园	海洋、岛屿	是

资料来源：Ministry of the Environment, http://www.env.go.jp/en/nature/enjoy-project/index.html, last visited on April 10, 2019。

2. 海洋灾害与海洋生态

除人类活动外，日本海洋环境还面临自然灾害的破坏，主要包括地震、火山爆发、海啸、台风等。这些自然灾害与人类活动交互影响，往往带来更加严重的后果。日本位于环太平洋火山地震带，分布着全球 1/10 的火山，并且全球 1/5 的地震发生在日本。[1] 2011 年 3 月 11 日，日本发生里氏 9.0 级特大地震，引发海啸及核电站泄漏事故。事故发生后，日本将大量被放射性物质污染的水排入海洋之中。这一举措不仅使日本福岛周边海域被污染，而且随着洋流运动，核污染也扩散到了周边国家管辖海域。日本政府指出，核污染"实际下降的速度比预计的要快，这可能是由于去污工作的影响，也可能是由于自然因素如降雨造成的影响大于预期"。[2]雨水的冲刷最终还是会将放射性物质带入海洋之中，日本相关地区的渔业在此后遭受重大冲击，但更加严重的是这些放射性物质对海洋生物基因及生物多样性造成的潜在影响。

---

[1]　中华人民共和国外交部，http://www.fmprc.gov.cn/web/gjhdq_676201/gj_676203/yz_676205/1206_676836/1206x0_676838/，最后访问日期：2020 年 3 月 20 日。

[2]　Ministry of the Environment, Annual Report on the Environment in Japan 2017, 2017, p. 24.

（二）海洋保护区概况

日本环境省在 2011 年发布了《海洋生物多样性养护战略》，这份文件的重要性在于，它第一次以官方文件的形式明确了日本海洋保护区的定义和具体类型。日本《海洋生物多样性养护战略》对海洋保护区的定义是："以法律或其他有效方式设立和管理的海洋区域，这些区域考虑到对海洋的使用方式，并旨在保护海洋生物多样性，支持海洋生态系统的健康结构和功能，确保海洋生态系统的可持续利用。"由此可见，日本海洋保护区设立的目的"不仅在于保护环境，而且在于确保持续地利用海洋资源"。[①] 在日本出台《海洋生物多样性养护战略》之前，日本已经存在多种形式的海洋保护区，比如上文提到过的自然公园和海滨保护区，这份文件还对日本已经存在的海洋保护区进行了鉴别和分类。

日本《海洋生物多样性养护战略》将其已经存在的海洋保护区分为三类：第一类旨在保护自然景观的区域，例如自然公园和自然海滨保护区；第二类旨在保护自然环境或生物栖息的区域，例如自然保护区、自然栖息地保护区、野生动物保护区等；第三类旨在保护海洋动植物资源的区域，如沿海海洋资源开发区。日本的自然环境保护区分布广泛，保护区的地理形态包括山地、平原、湖泊和海洋等，它们共同构成了日本的自然保护区系统。日本沿海的自然保护区地理形态多具有复杂性，同时包括陆地和海洋地理环境。日本当前尚未建立起独立的海洋保护区网络，具有海洋因素的自然保护区是当前日本海洋保护区的重要构成部分。

二　日本海洋保护区的法律框架

（一）日本参与的国际条约与采取的国际行动

世界各国越来越重视海洋的作用，日本作为一个岛国，对海洋更是

---

① Naoki Amako, "Regulation and Management of Marine Protected Areas in Japan", in Hubert-Jean Ceccaldi et al. , eds, *Marine Productivity：Perturbations and Resilience of Socio-ecosystems*, Switzerland：Springer, 2015, p. 28.

有着天然的感情。日本希望在国际海洋治理中发挥重要的作用，因此积极地活跃在各种相关国际场合。如表 16 - 2 所示（不完全统计），日本签订或加入了一系列国际条约，这些条约对日本在国内推进海洋保护区发挥着重要的作用。日本是"国际珊瑚礁倡议"的发起国，该组织致力于保护世界各地的珊瑚礁和相关生态系统，虽然该组织的决定对成员国没有约束力，但是其在珊瑚礁保护国际合作、协调和宣传领域扮演着重要角色。日本还与美国、俄罗斯、韩国、中国等签订了多项关于环境保护的科学和技术协定，始于 1999 年的"中日韩环境部长会议"一直是太平洋西岸区域环境保护的重要国际合作平台。

表 16 - 2　日本签订的国际条约

日本签订的国际条约	主要内容
《联合国海洋法公约》	保护海洋环境，通过国际合作保护洄游鱼类，日本通过制定《海洋基本法》履行《联合国海洋法公约》设定的义务
《联合国鱼类种群协定》	执行《联合国海洋法公约》，保护海洋生态环境，强调预防原则和渔业组织的重要作用
《生物多样性公约》	该公约以保护生物多样性及其栖息地为主要目标，2010 年《生物多样性公约》缔约方大会在日本名古屋举行，大会确立了保护海洋环境的"爱知计划"，日本对此非常重视
《保护世界文化和自然遗产公约》	对包括海洋在内的世界遗产的特别保护
《港口国措施协议》	禁止违法、没有报告和逃避监管的渔船入港
《濒危野生动植物种国际贸易公约》	保护濒危野生动植物的国际合作，缔约国通过海关法、外汇管理法和外贸管理法等限制濒危野生动植物的交易

资料来源：笔者根据相关信息整理编制。

（二）国内立法

日本的海洋保护区有多种类型，不同类型的海洋保护区的设立依据也不同，如表 17 - 3 所示。日本海洋保护区的设立依据总体上可以分为两种：第一种是与海洋有关的立法，第二种是与环境保护有关的立法。首先，《自然公园法》是一部非常重要的法律，以它为基础设立的与海洋有关的自然公园占据了海洋保护区很大的比例。该部法律系统地规定了自然公园的管理主体、公园分级、公园内区域划分、费用分担、自然公园计划等问题。《自然公园法》要求在公园设立时制定自然公园计划，包括保护计划和利用计划，并最终将成为自然公园管理的依据。其次，《濑户内海环境保护特别措施法》是《水污染防治法》《海洋污染及海上灾害防治法》两部一般法的特殊法，① 在当时，一般法对濑户内海环境问题束手无策，该法因地制宜地解决了濑户内海环境治理问题。现在，濑户内海同时存在国立公园和海滨保护区，渔业产量也得到了增长。它成功地平衡了海洋保护和经济发展之间的矛盾，从长远出发，为濑户内海地区创造了具有非常高经济价值的旅游资源。

表 16－3　日本海洋保护区相关国内立法

法律文件	内容
《海洋基本法》	框架性的规定，第一条、第二条规定海洋保护与持续利用相结合
《环境基本法》	框架性规定，保护野生动植物、养护生物多样性、保护水资源以及国家有责任采取环境保全措施等
《自然公园法》	自然公园制度、特别海域保护制度
《水污染防治法》	对水资源保护的法律文件，包括损害赔偿制度，是濑户内海海滨保护区设立的法律依据之一
《野生动物保护法》	野生动物保护区的设立依据
《濒危野生动物保护法》	自然栖息地保护区的设立依据
《渔业资源保护法》	相关渔业资源的可持续利用和保护，受保护的水表地区和共同渔业权区域
《海洋渔业资源发展促进法》	海岸线海洋资源开发区域的设立依据
《濑户内海环境保护特别措施法》	濑户内海沿岸海滨保护区的设立依据

资料来源：笔者根据相关信息整理编制。

除表 16－3 所示法律文件外，《通过环境教育促进环境保护活动法》《生态旅游促进法》《生物多样性基本法》《海岸法》等立法也从各个角度对日本海洋环境的保护和可持续利用做出了规定，例如《通过环境教

---

① 徐祥民、孔晓明：《日本〈濑户内海环境保护特别措施法〉的成功经验——兼论对我国渤海治理的启示》，《中国海洋法学评论》2007 年第 1 期。

育促进环境保护活动法》旨在推进全国的环境教育，增强公民的环保意识，为包括政府、学校、民间团体等多个主体设立推进环境教育的义务。该部法律虽然与海洋保护区不直接相关，但是对日本全民形成环境保护意识，关注海洋环境有着重要影响。《生物多样性基本法》根据《环境基本法》的基本原则制定，旨在明晰政府、企业、个人等主体在生物多样性保护领域的不同权利和义务，是国家生物多样性战略的制定依据。《生物多样性基本法》第 14 条至第 15 条与保护区建设相关，该法第 14 条要求政府保护生物多样性热点地区，该法第 15 条第 2 款注重协调野生生物保护与人类活动之间的矛盾，根据该款规定，即便野生生物可能破坏人类生活环境，或对农业、林业、渔业造成损害，政府也应采取措施，妥善保护野生生物的栖息地并防止损害发生。

三　日本建立海洋保护区的实践

（一）海洋保护区的主要管理机构

日本海洋保护区采取分散管理的模式，管理主体较多，表 16 - 4 介绍了不同海洋保护区的管理主体及其主要职责。日本在 2011 年的《海洋生物多样性养护战略》中第一次明确海洋保护区的定义，之后并未专门针对海洋保护区立法，因此，海洋保护区的管理机构根据所属自然保护区类型而确定，海洋和陆地自然保护区的管理机构没有特别区分。日本亦没有专门的海洋经济或环境主管机构，海洋保护区与陆上自然保护区均由日本环境省主管。环境省下设的生物多样性政策部门、国立公园主管部门和野生动物主管部门、地区环境保护办公室皆为海洋保护区的管理主体。除环境省外，日本内阁、日本农林水产省、日本国土交通省等涉海政府部门也有一定的海洋环境保护义务。日本环境省 2017 年的统计数据显示，日本的国家公园占有的 61.9% 的土地属于国有土地，12.5% 的土地属于公有土地，25.6% 的土地属于私有土地。因为海洋保护区并不全部设立在国有土地上，所以也有部分非政府主体对海洋保护区的管理具有重要影响。

表 16 - 4　日本海洋保护区管理

海洋保护区种类	负责管理的主体	管理模式
旨在保护自然景观的区域	综合海洋政策本部、环境省、都道府县知事和环保部门、财团法人、社团法人、个人	综合海洋政策本部统筹协调全国涉海事务，收集、整理并公布海洋情报，确立海洋治理政策； 环境省是海洋保护区的主管机构，负责海洋自然公园、自然海滨保护区的设立和管理。环境省下设 7 个地方环境事务所，专门负责不同地区国家公园的管理工作； 都道府县地方环境部门负责国定公园和都道府县自然公园的管理。都道府县知事在自然海滨保护区的设立和管理中负责听取相关海域负责人、居民组成的协会的意见，并采取必要的措施，在制定相关计划时与环境大臣协商； 环境省和都道府县知事有权根据财团法人或者普通社团法人的申请，在其权限内与这些法人团体签订合同，由其负责管理自然公园； 日本还鼓励个人以各种方式，如成为志愿者，参与到自然公园的管理中。自然保护事务所所长、都道府县知事及国家公园协会会长可以推荐"自然公园指导员"，作为辅助管理自然公园的志愿者
旨在保护自然环境或生物栖息的区域	内阁、环境省、地方公共团体（包括官方和非官方）、个人	内阁持续关注相关动植物的状况，尤其对濒危物种的认定； 环境省主要负责对这一地区内的开发和建设活动进行严格监管； 地方公共团体（包括官方和非官方）根据该区域内的自然社会条件，制定并实施对濒危野生动植物物种的保护措施； 鼓励个人对自然栖息地的保护做出努力
旨在保护海洋动植物资源的区域	环境省、农林水产省、都道府县知事及相关部门、社会团体、渔业组织及个人	环境省认定具有生态或生物保护重要性的海域，并设立保护区，农林水产省也在相关计划中推进渔业资源保护区的设立和发展； 日本一些渔业组织自发设立并管理禁渔业，为了防止组织以外的人偷捞，这些渔业组织一般不对外公布禁渔区的位置信息； 长期以来，日本渔民不仅是渔业资源的使用者，而且是渔业资源的管理者，他们所发挥的作用甚至超过政府。"渔民的活动可能包括但不限于资源评估、设置个人捕捞配额、维护海藻床或珊瑚礁，其中一些可以被视为海洋保护区管理的要素"

资料来源：笔者根据相关信息整理编制。

（二）海洋保护区的分类管理

1. 旨在保护自然景观的区域

自然公园和海滨保护区同属于旨在保护自然景观区域这一类别，与此同时，这两种类型也是日本海洋保护区最重要的两种形式。

（1）自然公园

自然公园是根据日本《自然公园法》设立的日本最重要的自然保护区类型。《自然公园法》特别指出，在自然公园的建立和管理中，应该特别关注海域地区。截至 2011 年，日本有 40%～50% 的海藻床和珊瑚礁以自然公园的形式加以保护。[1] 日本的自然公园按照风景的秀美程度分为三个级别：国立公园、国定公园和都道府县自然公园。这三种自然公园有不同的保护级别。国立公园由环境大臣指定，其景色必须在全国范围内具备足够的代表性，保护级别最高；国定公园的风景稍次于国家公园，但也是由环境大臣指定，保护级别相应降低；都道府县自然公园的风景仅是在该地区具有足够的代表性即可，由都道府县设立，保护级别最低。

日本设立自然公园有两个目的：保护环境与永续利用。为了平衡这两者之间的关系，日本将国立公园和国定公园内不同区域再次分级。对于海域地区来说，主要分为海上公园区和普通区。海上公园区是生物多样性和海洋风景的保护区，设立在具有重要海洋鱼类、珊瑚礁或其他物种的海洋区域；普通区是海上公园区以外的区域，与人类生活更加密切；在普通区和海上公园区之间还可以设置缓冲区。政府可以出台相应的措施，比如限制车流、车速、人流等，限制人类活动对不同区域的干扰。在自然公园内的建设开发活动必须得到公园主管部门的同意，尤其是在海上公园区，需要主管自然公园的政府部门的严格审核。截至 2011 年，日本自然公园中的海洋区域大部分是以普通区的形式保护的，仅有 10% 的地区是保护标准更高的海上公园区。[2] 意识到海上公园区占比太低，海洋保护区保护标准因此被拉低，日本在《海洋生物多样性养护战略》中提出，日本计划将这一数据在 2012 年之前翻倍，并对其他海洋保护区

---

[1]　Ministry of the Environment, Marine Biodiversity Conservation Strategy, 2011, p. 46.

[2]　Ministry of the Environment, Marine Biodiversity Conservation Strategy, 2011, p. 46.

进行类似调整。①

　　国立公园是日本自然公园中最重要的组成部分。尽管日本国立公园的数量最少，设立标准最高，但国立公园所占的面积比重最大。截至2017 年（以 30 个国立公园计算），日本国立公园总面积超过日本国土面积的 5.5%。② 截至 2018 年 3 月，日本共有国立公园 34 个，分布在日本各地，包含了日本各种具有代表性的自然景观。如表 16 - 5 所示，在这些自然公园中，包含海洋区域的共有 19 处。

表 16 - 5　日本与海洋有关的国立公园

国立公园名称	与海洋有关的公园特色
三陆复兴国立公园（重建）	海岸（海洋动植物栖息地）
小笠原国立公园	热带岛屿（世界遗产、动植物和生态系统）
富士箱根伊豆国立公园	海岸线、岛屿
吉野熊野国立公园	海滩、海岸线（部分地区为世界遗产，联合国教科文组织生态公园）
濑户内海国立公园	群岛景观
大山隐岐国立公园	海滨、岛屿（独特的海洋生物环境）
足折宇和海国立公园	水下海岸、岛屿（珊瑚礁、亚热带海洋生物群落）
云仙天草国立公园	海岸线、淹没海岸、岛屿和海崖（珊瑚礁）
屋久岛国立公园	火山岛（植物栖息地）
奄美群岛国立公园	岛屿（动植物栖息地）
伊势志摩国立公园	海岸
雾岛锦江湾国立公园	海湾
庆良间诸岛国立公园	岛屿
利尻礼文佐吕别国立公园	海岸带
知床国立公园	海域河口
山阴海岸国立公园	多种类型的海岸景观
杨巴鲁国立公园	岛屿及周边海域，地理隔离产生的独特物种
西表石垣国立公园	日本最大的红树林和珊瑚礁
赛凯国立公园	群岛海域，生物多样性丰富的潮滩

　　资料来源：Ministry of the Environment, National Parks of Japan, http://www. env. go. jp/en/nature/nps/park/index. html, last visited on March 20, 2020。

---

①　Ministry of the Environment, Marine Biodiversity Conservation Strategy, 2011, p. 46.

②　Ministry of the Environment, National Parks of Japan, 2017, p. 2.

（2）海滨保护区

海陆交互的海岸带同时具有海洋和陆地的特性，在海浪、洋流、地质运动等多个地理因素的共同作用下，形成了极为复杂的生态系统。日本海岸环境变化丰富、生态系统复杂，因而具有非常大的保护价值。日本一直把海滨地区视为与人类活动联系最密切的地区，是保护的主要对象。海滨地区也是日本渔业活动的重要分布区，日本认为设立海滨保护区是日本渔业发展的必然要求，日本濑户内海治理最重要的工具为自然海滨保护区。《濑户内海环境保护特别措施法》授权日本政府可以在濑户内海沿岸设立自然海滨保护区。根据该法规定，在濑户内海自然海滨保护区内新设建筑物、变更土地利用方式、采掘矿物土石等活动都要经过申请，当地都道府县主管部门批准同意后才能进行。日本通过这种严格的审核批准程序控制填海造田等活动可能对海滨地区造成的生态破坏。

2. 旨在保护自然环境或生物栖息的区域

与自然公园一样，旨在保护自然环境或生物栖息地的保护区并不是专为海洋设计的环境治理工具，这类保护区具有海洋要素的部分才属于海洋保护区的范围。该类海洋保护区包括以下几种。第一，自然养护区，包括自然环境保护区和原生自然环境保护区。与自然公园可以允许人类与自然接触和交流不同，自然环境保护区和原生自然环境保护区是被指定为维持原生状态的地区和保持良好的自然环境的地区，这些地区设立的目的是将原生的自然环境传给后代，因此限制人类过多接触和干预当地生态系统。日本共有 10 个自然环境保护区和 5 个原生自然环境保护区，只有 1 个自然环境保护区和 1 个原生自然环境保护区包含海洋环境。[1] 在自然环境保护区和原生自然环境保护区内的建设和开发活动都必须经过政府审批。第二，野生动物保护区。在野生动物保护区内，日本政府主要打击违法猎捕活动，保护生物多样性，同时监管建设和开发活动。如果野生动物保护区设立在海洋区域，那么船舶等海上设施的使用也要受到规制。但是到目前为止，日本的野生动物保护区都设立

---

[1]　Ministry of the Environment, http://www.env.go.jp/nature/hozen/feature.html # onnebet-sudake, last visited on March 20, 2020.

在森林地区，尚未设立在海洋区域，然而这并不排除在未来日本政府可能会在海域设立这种形式的海洋保护区。第三，自然栖息地保护区。该保护区设立的目的是保护濒危的野生动植物，保护等级高于野生动植物保护区，所以该区域还分为控制区和限制进入区。控制区旨在严格监管建设和开发活动，保证特定动植物的数量，限制进入区严格地限制人类进入。

3. 旨在保护海洋动植物资源的区域

日本环境省认为，生态或生物上具有重要意义的海洋区域，除海滨区域外，还包括近海洋面和近海海底。日本环境省分别对这些地区进行了认定，并根据《保护渔业资源法》设立了受保护的水表地区和共同渔业权区域；根据《海洋渔业资源发展促进法》设立了海岸线海洋资源开发区域和其他指定海域以及其他法律授权的组织指定的区域。这些海洋保护区兼具保护生物资源、实现持续发展的特点。保护海洋环境和海洋生态系统是维持日本渔业的关键，"海洋保护区并不一定意味着禁捕区，如果建立并以适当方式运作，可能会为增加渔业资源做出巨大贡献"。① 不同海洋区域的生态状况不同，而日本政府正是通过对不同地区设立不同种类的海洋保护区实现具有针对性的环境监管和治理。

（三）最新实践活动

2010 年，《生物多样性公约》缔约方大会在日本名古屋举行，并达成 2011～2020 年《生物多样性战略计划》（又称"爱知计划"）。为响应"爱知计划"制定的海洋保护目标，日本承诺在 2020 年之前完成对其管辖的 10% 的沿海和海洋区域的保护。此后，日本进行了包括识别海洋区域、收集和持续监测海洋信息，建立海洋保护区，制定珊瑚礁保护行动等一系列工作。

1. 设立国立公园

继 2013 年 5 月设立三陆重建国立公园（包含海洋区域）与 2014 年设立庆良间诸岛国立公园（包含海洋区域），2017 年 3 月 7 日，日本奄

---

① Ministry of Agriculture, Forestry and Fisheries, White Paper on Fisheries: Summary, FY 2016 Trends in Fisheries, FY 2017 Fisheries Policy, 2016, p. 7.

美群岛国立公园正式建立。奄美群岛由日本鹿儿岛县最南端的一群岛屿组成，面积为421.81平方公里，地形复杂，动植物资源丰富。奄美群岛国立公园拥有多达120种的亚热带植物，其沿海地区是许多迁徙动物物种的重要停留和繁殖区域，包括海龟产卵地和海鸟的繁殖基地，也是燕鸥和海燕的栖息地。"在海洋中，许多种类的鱼类、贝类和甲壳类动物生活在一个高度生物多样性的珊瑚礁中，其中大约有220种被确认的珊瑚礁。"① 这一海洋保护区的设立对于当地海洋环境的保护将产生重要作用。日本的自然公园版图在不断扩大，在该过程中，有越来越多的海域被加以保护。

2. 保护珊瑚礁计划

珊瑚礁为许多海洋动植物提供了生活环境，因此珊瑚礁生态系统对海洋生物多样性具有非常重要的影响，珊瑚礁分布区往往会被指定为海洋保护区。日本的珊瑚礁区域分布广泛，但生态系统破坏严重。2016年，日本环境省发布了《2016~2020年日本保护珊瑚生态系统的行动计划》，旨在促进珊瑚礁生态系统的有效和顺利的保护。日本采取了包括发动当地渔民捕捉珊瑚虫的天敌，在珊瑚礁保护区建立海上公园等措施，试图修复和保护海岸区域珊瑚礁生态系统。2018年是世界珊瑚礁保护年，日本政府以此为契机，通过推进珊瑚礁再生事业，发展海洋保护区，加强国际合作等方式推进行动计划。

四 评析

日本海洋保护区的设立旨在平衡保护环境和持续利用这两个目标。日本有非常成功的海洋保护区利用的案例：在濑户内海的环境治理中，海洋保护区发挥了积极的作用；国立公园为日本旅游业繁荣增添了活力。日本的海洋保护区不仅在治理污染、养护海洋生境以及保护生物多样性方面扮演着重要角色，而且作为渔业资源的管理工具和旅游资源，对日本经济发展具有促进作用。具体说来，日本海洋保护区建设呈现出以下

---

① Ministry of the Environment, http://www.env.go.jp/en/nature/nps/park/, last visited on March 20, 2020.

特点。

（一）多主体参与

日本的政府、社会团体以及普通民众都实质而有效地参与海洋环境治理，全民关注和全民参与有利于提高保护海洋环境的效率。首先，日本海洋保护区的土地存在私有成分，并非所有的海洋保护区都设立在国有土地上，一些社会团体和普通公众因此参与海洋环境治理。在一些渔业保护区，渔民或地区的渔业组织非常有效地参与渔业资源的保护，日本还有渔民自发设置个人捕捞配额、维护珊瑚礁生态环境的实践。以日本学生为主体的志愿者也积极参与海洋环境治理，在海洋保护区的垃圾清理、游客讲解、宣传等方面扮演着非常重要的角色。其次，日本注重通过立法增强国民的环境教育。在日本《环境基本法》《海洋基本法》《自然公园法》中，都有为政府、社会团体、普通公众设定环境保护义务的专门条款。日本还制定了《通过环境教育促进环境保护活动法》，旨在推进日本环境保护教育事业。这种以专门性立法为基础，通过教育增强全民环保意识的理念十分值得借鉴。最后，从横向上来看，包括环境省、农林水产省、气象厅等在内的多个政府部门都参与了海洋保护区的管理；从纵向上来看，从中央到都道府县及其下一级的行政机构，日本各级政府都是海洋环境治理的主体。尽管不同政府部门管理的海洋保护区的类型、等级不同，参与程度也不同，但是每个管理主体都形成了关切海洋环境保护的意识。

（二）海洋保护区的分级制度

日本的海洋保护区类型多样，不同类型的海洋保护区的保护级别有着明显的差异。日本设立海洋环境保护区有两个目的，即保护与持续利用。该理念符合日本《环境基本法》《海洋基本法》的要求。为了达到保护和利用海洋之间的平衡，日本为自然公园设计了一套分级制度。国立公园、国定公园、都道府县自然公园的设立标准、管理机构等都体现出与其价值相应的等级。且在国立公园和国定公园中，又以更加精细的区域划分体现不同区域的重要性，根据不同区域的生态重要性对人类活动进行不同程度的限制，比如与海洋有关的国立公园中普通区和海上公园区的划分。野生动物保护区和自然栖息地保护区也与此相类似，后者对人类活动的限制更加严格。这种分级制度是在保护与持续利用相平衡的理念下发展出来的，而这个理念最早在日本《环境基本法》《海洋基本法》等上位法中被确立。日本政府的各项海洋环境管理活动严格遵循保护与持续利用相结合的逻辑思维，因此，尽管日本的海洋保护区形式多样，管理部门分散，但所有的海洋保护区设立和管理都秉承了同样的理念和价值观，在总体上朝着共同的方向发展。

（三）海洋保护区发展不均衡

日本当前已经存在多种形式的海洋保护区，但是这些不同种类的海洋保护区发展并不均衡，没有形成海洋保护区网络系统。第一，日本不同种类的海洋保护区的数量存在差异，自然公园的数量最多，与之形成巨大反差的是，与海洋有关的野生动物保护区的数量为零。日本环境省在打造自然公园上投入了大量的精力，希望通过自然公园带动日本旅游业的发展，这就导致自然公园的发展速度和规模远远超过其他种类的海洋保护区。日本政府的这种决策倾向带有明显的经济目的，以旅游业发展为目的设立的自然公园中，海洋环境必然会受到大量人类活动的影响，具有更加严格的保护标准的海洋保护区需要引起更多的关注。第二，日本不同种类的海洋保护区设立的依据、目的、管理主体、保护计划各不相同，且较为单一。海洋保护区在发展中，越来越注重全面保护海洋生态系统，日本想要打造一个符合"爱知计划"的海洋保护区网络还需解决海洋保护区整合的问题。

五　小结与建议

海洋为日本的发展提供了丰富的生物和非生物资源，也是日本海外贸易的运输通道，但是在大量的海洋开发和利用活动下，海洋环境不堪重负，各种环境问题纷纷凸显。海洋保护区是治理海洋环境的有效工具，但在日本，并非所有的海洋保护区都以保护海洋环境作为唯一目标。日本不同类型的海洋保护区有不同的功能定位：自然公园的发展与旅游业相关，在保护环境的同时为日本带来经济收益；海滨公园承担了部分治理污染的功能，有利于恢复因人类活动而损害的海滨自然生境；野生动物保护区、自然栖息地保护区等旨在保护自然环境或生物栖息的区域，将保护生物资源及其赖以生存的自然环境放在首位。在海洋保护区的管理上，日本政府与非政府主体都有实质性的参与，且该种参与得到了法律的保障；同时，海洋保护区分级管理的模式又能与不同海域的保护需求相匹配。日本的海洋保护区依然存在不足之处，主要表现为不同种类的海洋保护区发展并不均衡以及难以整合成一个系统的海洋保护区网络，因而，日本的海洋保护区还有一定的发展空间。

整体看来，日本的海洋保护区实践体现出以下几个特点。第一，海洋保护区数量庞大，分布广泛，保护区之间有明确的保护等级划分。第二，海洋保护区种类较多，可以因地制宜地选择适合的保护模式，但不同种类的海洋保护区设立和保护的目标不同，没有统一的体系。第三，参与主体广泛，尤其是当地的渔民、渔业组织以及其他社会团体的参与，能够有效提高海洋环境保护的效率。

日本是一个岛国，国内大部分的事务都可能与海洋密切相关，政府和公民参与海洋事务的热情较高，长期以来也积累了很多海洋环境治理经验，值得中国学习和反思。首先，海洋保护区建设需要提高公民参与海洋环境保护的意识，发动与海洋活动联系最紧密的当地公民和团体参与海洋环境保护。日本为提高全民环保意识专门出台了《通过环境教育促进环境保护活动法》，在这方面应向日本学习，即使不出台专门的法律，也可以通过高校、社会公益组织、志愿者团体等，向社会公众普及海洋环境保护知识，增强公民的海洋环境保护意识。其次，海洋保护区的分级制度也值得借鉴，要通过精细的划分，明确每一个地区的生态状况，因地制宜地采取适宜的保护措施，在生态脆弱的地方严格限制人类活动，形成系统、有秩序的海洋保护区系统。最后，日本的海洋保护区面临设立和保护目标单一，难以建立系统化的海洋保护区网络的问题。这个问题值得引以为戒，在进行海洋保护区网络设计时，要进行详尽的科学调查，制定综合性的保护目标，既要考虑到整个海洋保护区系统的秩序构建，又不能忽略在每个海洋保护区内的整体生态平衡。

参考文献

一 中文

徐祥民、孔晓明：《日本〈濑户内海环境保护特别措施法〉的成功经验——兼论对我国渤海治理的启示》，《中国海洋法学评论》2007年第1期。

二 英文

1. Amako, Naoki, "Regulation and Management of Marine Protected Areas in Japan", in Hubert-Jean Ceccaldi et al., eds, *Marine Productivity: Perturbations and Resilience of Socio-ecosystems*, Switzerland: Springer, 2015.

2. Ministry of Agriculture, Forestry and Fisheries, White Paper on Fisheries: Summary, FY 2016 Trends in Fisheries, FY 2017 Fisheries Policy, 2016.

3. Ministry of the Environment, Annual Report on the Environment in Japan 2017, 2017.

4. Ministry of the Environment, Marine Biodiversity Conservation Strategy, 2011.

5. Ministry of the Environment, National Parks of Japan, 2017.

三 主要参考网站

1. 日本环境省，http://www.env.go.jp/index.html。

2. 日本环境省自然环境局，http://www.biodic.go.jp/。

3. 日本首相官邸，http://www.kantei.go.jp/。

4. 中国地图出版社，http://www.map1000.com/mapworld/world/country_f/01050000.html。

5. 中华人民共和国外交部，http://www.fmprc.gov.cn/web/gjhdq_676201/gj_676203/yz_676205/1206_676836/1206x0_676838/。

第十七章　韩国海洋保护区：自律型
管理体制

一　韩国海洋自然环境与海洋保护区概况

（一）海洋自然环境

韩国属于海洋国家，地处朝鲜半岛南部，西、南、东三面环海，海岸线长约 1.2 万公里，大陆海岸线长约 6000 公里，占全部海岸线的一半以上。[①] 周围拥有的 3200 多个岛屿的海岸线长度占全部海岸线的 46%。[②] 韩国西部和南部海岸线曲折，且有众多河流，沿岸形成了多种形态的滨海湿地，包括众多滩涂，是世界五大滩涂区之一。沿岸湿地处于海洋与陆地之间的相接地带，是地球自然环境中生产力较高的生态系统之一，比沿海地区高 10%～20%，同时也比农耕和山林地区更具生产力。[③] 韩国西海岸和南海岸的滩涂及其周边生态环境中的生物种类更为多样，其中，栖息的鱼类超过 200 种，同时包含 250 多种甲壳类、200 余种软体动物、海藻类 100 余种，并且是众多微生物、海鸟和其他植物的栖息地。

韩国管辖海域面积为 44.4 万平方公里，是其陆地面积的 4.5 倍，大陆架面积也超过陆地面积的 3 倍。[④] 海洋资源远比陆地资源更为丰富，经济价值高，因此韩国的海洋产业十分发达。在很长一段时期，沿岸大力发展造船业、海运业等传统海洋产业。由于潮水的涨落，盐水浓度高，

---

① 侯典芹：《从海洋政策的演变看韩国的海洋意识》，《中国海洋大学学报》（社会科学版）2014 年第 4 期。
② 侯典芹：《从海洋政策的演变看韩国的海洋意识》，《中国海洋大学学报》（社会科学版）2014 年第 4 期。
③ 韩国海洋生态信息中心，http://www.ecosea.go.kr/kind/tidalinfo/tidalinfo02.do，最后访问日期：2020 年 2 月 16 日。
④ 刘洪滨：《韩国 21 世纪的海洋发展战略》，《太平洋学报》2007 年第 3 期。

暖流和寒流交汇，鱼类资源丰富，水产养殖业、渔业、海底矿物产业以及海洋观光业成为韩国海洋资源利用的主要方式。海洋水产对 GDP 的贡献水平预计在 2022 年将达到 8%，且有望在 2030 年提高到 10% 以上。[①]韩国海洋水产部计划扩大面向未来渔业的产业覆盖范围，与此同时，也注重保持与海洋资源的平衡。韩国致力于通过更新捕捞标准发展可持续渔业，包括区分近岸和沿海渔业标准、大力限制密集型捕捞用具、重建水产养殖保险制度等方式保护海洋特殊物种。[②]

长时期的海洋开发使韩国沿岸水域和海洋生态遭受极大程度的破坏。20 世纪 90 年代，韩国政府开始将海洋生态修复工作作为政府工作重点之一，在海洋生态治理和沿岸滩涂修复方面投入了大量资金和人力。时至今日，韩国已经开发出了比较完善的海洋污染防控、海洋垃圾和废弃物处理系统、生态指标监测系统、海洋保护区管理系统，形成了海洋生态综合管理体制，将构建生态监督技术平台纳入年度工作计划，以科技进步推动海洋生态保护水平的提高。

（二）海洋保护区概况

根据韩国《海洋生态管理法》第 25 条第 1 款，海洋保护区是保持原始的自然生态、海洋生物多样性丰富、具有保护和学术研究价值的海域。

根据《海洋生态管理法》第 25 条、《湿地保护法》第 8 条、《自然环境保护法》第 2 条、《自然公园法》第 2 条，韩国的海洋保护区类别可划分为沿岸湿地保护区、海洋生物保护区、海洋生态和景观保护区、特别管理海域、国立公园、沿岸海洋生态轴等。目前已经建立 28 处韩国代表性海洋保护区。

如表 17-1 所示，韩国代表性海洋保护区包括 13 处湿地保护区，覆盖面积达 1421.59 平方公里；13 处海洋生态系统保护区，覆盖面积达 259.328 平方公里；1 处海洋生物保护区，覆盖面积达 91.237 平方公里；1 处海洋景观保护区，覆盖面积为 5.25 平方公里。

---

① Ministry of Oceans and Fisheries, Mission & Vision, http://www.mof.go.kr/eng/content/view.do? menuKey = 752&contentKey = 32, last visited on March 20, 2020.

② Ministry of Oceans and Fisheries, Mission & Vision, www.mof.go.kr/eng/content/view.do? menuKey = 752&contentKey = 32, last visited on March 20, 2020.

表 17 – 1　韩国代表性海洋保护区

分类	编号	名称	指定
湿地保护区	1	务安滩涂	海洋水产部令第 2008 – 718 号
	2	珍岛滩涂	海洋水产部令第 2008 – 719 号
	3	顺天湾滩涂	海洋水产部令第 2008 – 720 号
	4	瓮津长峰岛滩涂	海洋水产部令第 2008 – 722 号
	5	扶安格浦湾滩涂	海洋水产部令第 2008 – 723 号
	6	松岛滩涂	仁川广域市令第 2009 – 423 号
	7	马山湾滩涂	海洋水产部令第 2011 – 770 号
	8	始兴滩涂	海洋水产部令第 2012 – 64 号
	9	大阜岛滩涂	海洋水产部令第 2017 – 44 号
	10	西天滩涂	海洋水产部令第 2018 – 99 号
	11	高昌滩涂	海洋水产部令第 2018 – 100 号
	12	新安滩涂	海洋水产部令第 2018 – 101 号
	13	宝城郡滩涂	海洋水产部令第 2018 – 102 号
海洋生态系统保护区	14	新斗里海岸沙丘生态系统	海洋水产部令第 2002 – 77 号
	15	门岛及周边海域生态系统	海洋水产部令第 2002 – 85 号
	16	五六岛及周边海域生态系统	海洋水产部令第 2003 – 98 号
	17	大伊作岛及周边海域生态系统	海洋水产部令第 2003 – 99 号
	18	可居岛及周边海域生态系统	海洋水产部令第 2012 – 835 号
	19	小花岛及周边海域生态系统	海洋水产部令第 2012 – 836 号
	20	南兄弟岛周边海域海洋保护区	海洋水产部令第 2013 – 251 号
	21	木岛周边海域海洋保护区	海洋水产部令第 2013 – 252 号
	22	青山岛周边海域海洋保护区	海洋水产部令第 2013 – 253 号
	23	郁陵岛周边海域海洋保护区	海洋水产部令第 2014 – 139 号
	24	楸子岛周边海域海洋保护区	海洋水产部令第 2015 – 202 号
	25	兔子岛周边海域海洋保护区	海洋水产部令第 2016 号
	26	襄阳鸟岛周边海域	海洋水产部令第 2017 – 165 号
海洋生物保护区	27	加露林湾海域海洋保护区	海洋水产部令第 2016 – 105 号
海洋景观保护区	28	宝岭小黄沙区海域海洋保护区	海洋水产部令第 2018 – 315 号

　　资料来源：韩国海洋生态信息中心，www. ecosea. go. kr/mpa_domcondi/mpa/coni/mpa02. do，最后访问日期：2020 年 3 月 20 日。

二 韩国海洋保护区法律与政策框架

韩国十分重视海洋立法和法规、政策的建设工作，长期以国际海洋事务风向为指向标、以国内海洋实际情势为落脚点、以国内法律体系为基本手段，建立并完善海洋开发和资源环境保护的系统化的管理体制。

（一）韩国参与的国际条约与采取的国际行动

作为三面环海的典型沿海国家，韩国不仅高度重视海洋产业的发展，同时也适时地提高了对海洋生态管理的关注。在海洋环境迅速变化的趋势下，韩国先后加入了《南极条约》体系、《拉姆萨尔公约》、《生物多样性公约》、《鱼类种群协定》等与海洋保护相关的国际公约，助推本国海洋保护区的建设。

与此同时，为实现多策并举，韩国着眼于构建地区合作机制，其中涉及海洋保护区建设和管理的主要有以下几种。第一，东北亚区域环境合作。自1999年以来，韩国、中国和日本每年举行一次三方环境部长会议，提出解决东北亚地区环境问题的合作措施。第二，"东盟－中日韩"环境部长会议，借助东盟－中日韩领导人会议机制，搭建区域环境合作的高层平台。第三，韩国－瓦登海三国湿地保护合作。2009年，韩国与瓦登海三国（德国、丹麦及荷兰）签署了《滩涂保护合作协定》，旨在加强湿地保护的交流与合作。韩国把海洋保护区作为建设生态滨海湿地的一个重要工具。第四，中韩海洋科学共同研究中心。1995年5月12日，中韩双方在青岛设立了中韩海洋科学共同研究中心，中心主管部门是中国国家海洋局和韩国海洋水产部，由国家海洋局第一海洋研究所和韩国海洋科学技术院共同负责。其宗旨是为了扩大和发展两国在海洋领域的合作，提高两国海洋科技水平，共同保护海洋环境，促进海洋资源的可持续开发和利用。

（二）国内立法

《海洋污染防治法》是韩国首部针对海洋环境保护的立法，在海洋环境治理中的运用最为广泛，其间经过多次修改，但最终因难以适应实践需求而被废止。目前，韩国的海洋环境保护领域的立法还在不断完善中，现阶段有关海洋保护区的法律机制主要由以下立法组成。

1. 《海洋渔业开发框架法》

1987 年，韩国颁布的《海洋开发基本法》是海洋开发与利用领域的基础性法律，并以此为基础制定了《21 世纪韩国海洋发展战略》。为了强化对海洋资源和海洋产业的规定，韩国在 2002 年发布《海洋渔业开发框架法》,① 彻底取代了《海洋开发基本法》，此后又多次对《海洋渔业开发框架法》中的部分条款进行修订，使其最终成为一部集海洋资源管理、维护、开发和利用以及海洋区域保护为一体的基础指导性法律。同时，为了确保该法的实施，韩国制定并多次修改相应的执行条令。

2. 《湿地保护法》

《湿地保护法》② 旨在通过规定与有效保护和管理湿地相关的事项，加强对湿地生物多样性的养护，并以此促进湿地保护的国际合作。该法第 8 条至第 18 条以专章的形式规定了湿地的保全和管理，包括湿地保护区的指定、与湿地公约的协调、湿地保护区的取消或修改、保护区计划的建立和实施、养护和利用湿地的设施及相应的限制活动，还规定了针对受损湿地的管理和鼓励人工湿地的建设。

3. 《海洋生态系统养护和管理法》

2017 年最新修订的《海洋生态系统养护和管理法》,③ 为海洋保护区的指定和管理的具体程序提供法律规定。其第二章规定了基于海洋生态调查的海洋保护基本规划，强调对海洋生态变化情况的详细调查和信息汇总，同时要求维护海洋的基础生产。第三章涉及海洋生物的保护，规定了保护洄游性海洋动物、修复和处置海洋生物、防止海洋生物的副捕捞、禁止捕捞受保护海洋生物以及对可能造成海洋生态损害的生物的管

---

① National Law Information Center, Framework Act on Marine Fishery Development, http://www. law. go. kr/LSW/eng/engLsSc. do? menuId = 2&section = lawNm&query = ocean + exploration&x = 16&y = 28#liBgcolor12, last visited on March 20, 2020.

② National Law Information Center, Wetlands Conservation Act, http://www. law. go. kr/LSW/eng/engLsSc. do? menuId = 2&query = 13880#liBgcolor0, last visited on March 20, 2020.

③ National Law Information Center, Conservation and Management of Marine Ecostens Act, http://www. law. go. kr/LSW/eng/engLsSc. do? menuId = 1&query = conservation + and + management + of + marine + ecosystems + &x = 27&y = 34#liBgcolor0, last visited on March 20, 2020.

理等方面的内容。第四章则对海洋保护区建设的具体操作进行规定，主要包括以下几方面的内容：第一，海洋保护区的指定条件、管理模式、管理计划；第二，海洋保护区内的行为限制和停止命令；第三，海洋保护区的调查和紧急保护；第四，海洋保护区周边区域设施的管理、土地的收购、优先使用以及居民支援等。第五章着重于海洋生物多样性的养护，提出制定海洋生物多样性养护措施和加强国际合作，并设立海洋生物研究所推动技术开发研究，以及限制海洋生物进出口等。

4. 《自然环境保护法》

韩国于1994年颁布、2018年修订《自然环境保护法》，① 旨在允许人们享受自然的同时，寻求对自然环境的可持续利用。其第二章规定了生态和风景保护区的建设和管理问题，其中包括海洋生态地区的保护。第三章规定生物多样性的养护，强调对生态环境的密切监控和观察，有效管理自然环境，保护生态系统和自然风光。

5. 《海洋环境保护与利用法》

《海洋环境保护与利用法》② 是2017年制定并生效的法律，目的为对保护和利用海洋环境的相关问题确定基本的方向和法律依据，以便系统和可持续地管理海洋，进而改善海洋环境，为提高国民生活质量和推动国家发展做贡献。该法一共包括28条，围绕海洋生态系统和海洋环境保护展开，明确了海洋保护领域的基本原则和规定，并列举了国家和地方政府以及公民和商业实体对于海洋环境保护的义务和责任。除了指出应制定海洋环境综合计划和出台海洋生态标准，第15条和第16条还规定了海洋环境综合空间的管理以及海洋环境保护海域的划定。

此外，韩国海洋保护区的规定还散见于其他法律规范中，如：《渔业资源管理法》第46~53条和《渔业管理促进法》第6条都针对渔业资源保护海域的禁渔限渔进行了规定。《自然公园法》第2条明确了自然公园的分类，以海洋为保护对象的自然公园也属于其中之一。《海岸带管理

---

① National Law Information Center, Natural Environment Conservation Act, http://www. law. go. kr/LSW/eng/engLsSc. do? menuId = 1&query = conservation + and + management + of + marine + ecosystems + &x = 27&y = 34#liBgcolor0, last visited on March 20, 2020.

② National Law Information Center, Act on Conservation and Utilization of the Marine Enviroment, http://www. law. go. kr/LSW/eng/engLsSc. do? menuId = 1&query = 14494&x = 27&y = 28#liBgcolor0, last visited on March 20, 2020.

法》采用先进的海岸带管理制度，注重营造清洁、生态良好的海岸带环境。《生物多样性养护法》第 3 条则系统地强调了在《生物多样性公约》的背景下促进生物多样性的养护和可持续利用生物资源。

（三）韩国关于海洋保护区的政策

1.《21 世纪韩国海洋发展战略》

2000 年，韩国海洋水产部制定《21 世纪韩国海洋发展战略》，由 100 个具体计划组成，每十年修订一次。韩国将其定位为海洋开发与保护的最高综合性长期战略，以实施"蓝色革命"为基础，以实现海洋强国为发展目标，提出了创造有生命力的海洋国土、发展以高科技为基础的海洋产业、保持海洋资源的可持续开发三大基本目标。[①]《21 世纪韩国海洋发展战略》第 2 个十年战略（2011～2020 年）提出了通过合作利用与养护改善海洋环境、改革海洋产业与扩展海洋区域的三大基本目标。

2. 海洋水产发展基本计划

海洋水产发展基本计划是为实现海洋水产发展计划具体化，按年度制定计划，综合海洋水产部、环境部等相关中央行政机关正在推行的项目，对海洋资源开发与利用做出的整体规划。通过水产发展计划的制定，实现海洋开发和保护的协调，加强对海洋的管理，促进海洋产业的可持续发展。

3. 沿岸综合管理计划

以 1999 年颁布的《海岸带管理法》为基础，韩国于 2000 年制定《第一次国家海岸带综合管理规划》（2001～2010）。在 2008 年全面修订《海岸带管理法》后，韩国于 2010 年制定《第二次国家海岸带综合管理规划》（2011～2020），为有效进行海洋空间管理提供方向指引。

4. 海洋水产部《2018 年业务计划》

海洋水产部《2018 年业务计划》在其"修复海洋环境及海洋生态系统"一节中，提出保护海洋生态环境、强化海洋环境管理基础的目标，并建议主要通过以下途径加以实现：比较国内外海洋保护区案例，改善制度方案；建立地区自律型管理体制，强化海洋保护区管理；构建地区

---

① 刘洪滨：《韩国 21 世纪的海洋发展战略》，《太平洋学报》2007 年第 3 期。

管理委员会之间的中心网络，推动各地区的经验交流共享。①

三 韩国建立海洋保护区的实践

（一）海洋保护区的管理实践

1. 主要管理机构

经过几个阶段的改革，在 2013 年，韩国恢复海洋水产部，集海洋事务管理职能于一体，综合管理海洋和水产事务，海洋保护区管理事项也是其职责之一。管理机构主要以"海洋水产部 – 地方厅属海洋环境科"的形式存在。

（1）韩国海洋水产部

韩国海洋水产部是一个独立的内阁级部门，是海洋事务领域的唯一综合管理机构。其主要职能包括港口和航运管理、渔业管理、海洋环境管理、海洋政策管理、海洋科学管理、海洋科学技术发展、海上安全和溢油应急反应等其他涉海事务。②

海洋水产部目前有 8 个分局，其中海洋环境业务由海洋政策局负责。海洋政策局下设海洋产业政策科、海洋环境政策科及远洋渔业和国际政策科，其职责分配如表 17 – 2 所示。

表 17 – 2 海洋政策局职责分配

机构	海洋产业政策科	海洋环境政策科	远洋渔业和国际政策科
职能	海洋政策	海洋环境政策	国际合作
	海洋开发	海洋保护	远洋渔业
	海洋休闲	海洋生态	国际商务贸易
	沿海规划管理	海洋和渔业生物资源	
	海洋领土		

资料来源：韩国海洋水产部，http://www.mof.go.kr/content/view.do? menuKey = 630&contentKey = 6，最后访问日期：2020 年 3 月 20 日。

---

① 韩国海洋水产部，http://www.mof.go.kr/article/list.do? menuKey = 410&boardKey = 39，最后访问日期：2020 年 2 月 16 日。
② 李晓东、吴珊珊：《主要周边国家海岛开发与保护管理政策研究》，海洋出版社，2016，第 76 页。

（2）地方厅属海洋环境科

为了有效地实施国家海洋环境保护政策，海洋水产部于1999年在地方海洋水产部新设了海洋环境科，主要负责一般性的海事和渔业事务，包括提供海上安全保障、保护海洋环境、推动港口发展、开展可持续利用研究和开发渔业资源等，同时也是负责促进海洋休闲活动的韩国内阁级部门。

2. 管理模式

韩国从1999年开始启动海洋保护区相关管理工作。[①] 通过海洋环境法律体制综合化、海洋环境政策一元化、海洋环境管理专门化、海洋环境意识明晰化等方式，改善韩国海洋管理现状，建立多元一体的海洋综合管理体制。

韩国海洋保护区建设与管理工作主要由海洋水产部领头，环境部、国土交通部、农业部、文化部等根据各自职责和管辖范围对生态保护区中涉及海洋保护的事务进行管理。此外，韩国海洋环境公团、韩国海洋科学技术院、韩国国立海洋调查院等机构对海洋保护区选址与管理工作也有所涉及。

环境部长官、海洋水产部长官或市、道知事可指定保护区，与相关行政机关领导协商后，制定并执行保护计划，保护计划的制定方法、制定流程等相关必要事项依据总统令执行。在海洋保护区的管理上，设立海洋保护区区域管理委员会，负责保护区事务管理。韩国已经形成了一套较为完善的海洋保护区管理评价体系，主要通过三个阶段进行：设定管理目标；现状监控；管理效果评价。其中管理目标设定和管理效果评价职能仍由政府部门执行，现状监控环节中采取"利害关系者"直接参与方式，将"地方自治团体""当地居民""市民团体""企业""地方自治团体"纳入现状监控体系，可参与沿岸环境实地调查与评估，并进行反馈。第三阶段管理效果评价是韩国海洋保护区管理中最为重要的环节，分为年度管理评价和中长期管理评价（见表17-3）。

---

① 韩国海洋水产部：《2017年度海洋水产发展计划报告书》，http://www.mof.go.kr/article/view.do? menuKey=851&boardKey=22&articleKey=16797，最后访问日期：2020年2月16日。

表 17 - 3　海洋保护区管理效果评价

	年度管理评价	中长期管理评价
评估周期	每年	5 年一次（或 5 年以上）
选定标准	完成基本管理计划的地区	完成 5 年基本管理计划或超过 5 年的地区
评估方法	按年度进展进行评价；通过与地区负责人面谈及访问现场，了解现状	定量评价：利用评价指标 定性评价：由地方利害关系人参与讨论
评估范围	管理计划、管理现状、管理效果	管理基础、管理计划、资源投入、管理过程、管理结果 5 个领域
预期效果	通过对管理现状的评估，全面改善管理	通过提出中长期管理目标及计划，实现管理目标
推动进程 2008 年	实施 10 个年度评估	—
2009 年	实施 12 个年度评估	—
2010 年	—	—
2011 年	实施 14 个年度评估	—
2012 年	实施 16 个年度评估	实施 1 处评估：务安
2013 年	实施 18 个年度评估	实施 2 处评估：顺天湾；宝城郡滩涂
2014 年	实施 20 个年度评估	实施 2 处评估：泰安；新斗里岛
2015 年	实施 21 个年度评估	实施 3 处评估：舒川；扶安；瓮津长峰岛
2016 年	实施 22 个年度评估	实施 4 处评估：大伊作岛；珍岛；松岛；曾岛

注："—"代表该项信息缺失。

资料来源：韩国海洋生态信息中心，http://www.ecosea.go.kr/management/mpa/management/mpa04.do，最后访问日期：2020 年 3 月 20 日。

根据韩国《海洋生态系统保护与管理法》第 28 条的规定，各保护区应每 5 年制订一次《海洋保护区管理基本规划》，开展地区现状调查，听取相关人员意见，开发海洋保护区保护与可持续利用相关的项目，从而促进海洋保护区的保护管理与可持续利用。

3. 分类管理

如前文所述，依照相关立法，韩国的海洋保护区分为不同的类别，这些不同类型的海洋保护区具有不同的管理机制。

（1）沿岸湿地保护区

韩国拥有生物多样性丰富的湿地自然生态系统。从 15000 年前到

5000 年前，随着海平面上升，黄海逐渐扩张，在海平面上升、海潮、内陆河流堆积等因素的综合影响下，韩国广阔的沿岸滩涂最终形成。韩国滩涂面积达 2487.2 平方公里，其中西海岸分布的滩涂占总面积的 83.8%，其中全罗南道约占 42.0%，仁川占 35.2%，忠清南道约占 14.3%，全罗北道约占 4.8%，庆尚南道整体约占 3.7%。①

湿地保护区可由环境部、国土交通部、海洋水产部等部门依照《湿地保护法》进行指定。1999 年的《湿地保护法》首次以专门法的形式规定了湿地的保护，是韩国湿地政策的重要转折点。《沿岸管理法》也涉及沿岸区域的环境保护问题，旨在通过沿岸带综合管理，指定沿岸保护区域，限制开发和使用，以此实现生态效益。《湿地保护法》则更为专业，对湿地种类进行划分，强调利用生态调查和环境监控等手段有效利用和管理湿地及养护其生物多样性。《湿地保护法》第 4 条为沿海湿地基础调查提供了法律依据，据此，2014 年韩国制定了"沿海湿地基础调查"计划，分为两个阶段（第一个阶段：2015～2020 年；第二个阶段：2021～2025年）推进，分别以两年为周期及以一年为周期进行沿岸滩涂调查。②

（2）特别管理海域

特别管理海域为釜山沿岸、蔚山沿岸、光阳湾、马山湾、始华湖仁川沿岸 5 处，共计 2908.81 平方公里。③ 其中，始华湖及始华湖流域在20 世纪末 21 世纪初因工业废水和生活污水的大量涌入，遭受了严重污染，水质迅速恶化。韩国将其确定为第一个实施综合海岸管理的沿海地区，于 2012～2016 年进行了第三阶段的始华湖综合管理计划。通过实施全污染物负荷管理系统和沿海综合管理系统，进行生态系统的管理和修复，实现了始华湖流域资源利用最大化。

（3）国立公园

韩国国立公园作为"代表韩国的自然生态系统、自然以及文化景观的地区"，是为了实现其保护和保存以及可持续发展，由韩国政府特别指

---

① 韩国海洋生态信息中心，http://www.ecosea.go.kr/k_condition/tidalcondi/tidalcondi02.do，最后访问日期：2020 年 2 月 16 日。

② 韩国海洋生态信息中心，http://www.ecosea.go.kr/totsvy_condi/svyproject/totsvy/totsvy02.do，最后访问日期：2020 年 2 月 16 日。

③ 韩国海洋水产部，http://www.mof.go.kr/synap/view.do? fn = MOF_ARTICLE_14381_2017042615ba909b5cd470&fd = 201804，最后访问日期：2020 年 2 月 16 日。

定并加以管理的地区。国立公园是韩国自然生态系统的核心，为了更有效地管理国立公园的资源，韩国于 2003 年 7 月制定并执行《第 1 个自然公园基本规划（2003～2012）》，同时根据 19 处公园的具体情况制定了每一处公园的详细实践方案——《国立公园管理具体计划》。自 1967 年指定首个国立公园——智异山国立公园以来，至今已指定 22 处国立公园，占韩国陆地国土面积的 6.7%。[①]

在韩国国立公园中，海上、海岸型国立公园共计 4 个，分别为闲丽海上国立公园、泰安海岸国立公园、多岛海海上国立公园和边山半岛国立公园，总面积达 3348.2 平方公里。这些海洋国立公园内奇岩怪石丰富，生态环境保存完好，是多种珍稀动植物的栖息地，具有很高的保存价值。[②] 其中闲丽海上国立公园是韩国最早被指定为国立公园的海上公园；多岛海海上国立公园总面积达 2312 平方公里，是韩国最大的国立公园；边山半岛国立公园是韩国太阳最晚落山地区，落潮极其壮观；泰安海岸国立公园则是韩国唯一一处各种海岸生态系统共存的国立公园，具有极高的保存价值。

国立公园管理公团是韩国唯一的专业管理国立公园的机构，设立于1987 年，隶属于环境部。在环境部长官委托权限下，通过对公园资源的调查和研究，负责保存和管理资源，同时在公园内建造各种设施并负责维护指导公园的有效使用，承担公园宣传工作等，有效地开展公园管理工作。另外，国立公园管理公团通过与国外国立公园管理机构、国际组织建立合作体系，交流国际经验，以此引导国内保护地区管理工作的展开。

（4）生态和景观保护区

由环境部根据《自然环境保护法》，对符合一定条件的地区，可以从中指定为生态和风景保护区。环境部每年需要调查全国各地的生态优秀地区和沿海沙丘，并根据调查结果指定生态和风景保护区。地方政府（如市、道等）也可以指定对应行政区域内具有保护价值的生态和风景保护区。截至 2013 年底，环境部划定了 9 个生态和风景保护区（共计

---

① 韩国国立公园管理公团，http：//www. knps. or. kr/portal/main. do，最后访问日期：2020年 2 月 17 日。

② 韩国国立公园管理公团，http：//www. knps. or. kr/portal/main. do，最后访问日期：2020年 2 月 17 日。

241.615 平方公里），市（道）指定了 23 个生态和风景保护区（共计 42.53 平方公里）。

环境部长官将符合条件的地区指定为生态和景观保护区后，根据环境指标的不同，按照核心保护区域、缓冲保护区域、转移保护区域等对其进行划分、指定并管理。对因军事目的或自然灾害等其他原因导致生态、景观保护地区丧失价值或无须继续保护时，环境部长官可以解除或变更该地区。环境部长官还应与有关中央行政机关负责人和管辖市、道知事进行协商，确立管理基本计划。

（5）沿岸海洋生态轴

除上述海洋保护区主要类别外，沿岸海洋生态轴也是韩国海洋保护项目之一。"生态轴"的概念首次出现在 2004 年修订的《自然环境保护法》中。①

关于建立生态网络的详细内容正在纳入国家环境综合规划和此后制定的自然环境保护的基本方案之中。韩国政府还在 2010 年制定了"朝鲜半岛生态轴线制定计划"，实施区位限制、受损区域修复工程等中长期保护措施，以及修复核心生态轴线之间的连接点。2013 年 8 月，制定了"朝鲜半岛生态轴线连接与恢复实施方案"，并据此对 50 个核心生态轴线的断线或受损部分进行了选择和修复。

（二）最新实践活动

1. 加大海洋保护区建设力度

2017 年 12 月，韩国海洋水产部将海洋生物保护对象大叶藻聚集的江原道襄阳郡鸟岛附近海域确定为海洋保护区，使韩国已建立的海洋保护区达 28 处，其中包括 14 处沿岸湿地保护区、13 处海洋生态系统保护区、1 处海洋生物保护区，整体面积达到 586.4 平方公里。② 韩国海洋水产部于 2013 年开展了海洋生态系统基本情况调查，发现在鸟岛周边海域栖息

---

① 《自然环境保护法》第 2 条："'生态轴'指为了增进生物多样性、保持生态界功能的连续性，连接重要的生态地区或维持生态功能所需地区形成的生态栖息空间。"

② 韩国海洋水产部：《韩国海洋水产部将江原道鸟岛附近海域确定为海洋保护区》，2017，中韩海洋科学共同研究中心网站，http://www.ckjorc.org/cn/cnindex_newshow.do? id = 2671，最后访问日期：2020 年 2 月 2 日。

着大范围（0.13平方公里）的海洋生物保护对象大叶藻。经过一系列申请程序之后，将该地区确定为海洋保护区。

此外，韩国在2008年调整和新建4处湿地保护区和1处海洋景观保护区，其中新安海滩湿地保护区的面积为1100.86平方公里，为韩国有史以来建立面积最大的海洋保护区。

2. 开展南极海海洋保护区生态系统结构与功能研究

韩国海洋水产部计划在世界上最大的海洋保护区南极洲罗斯海开展"南极海海洋保护区生态系统结构与功能研究"课题，课题总经费为171亿韩元。研究旨在将以南维多利亚岛为中心的罗斯海研究专项转变为以韩国张保皋科学基地为中心，并将研究范围扩展到北维多利亚岛。根据此次研究的结果，韩国海洋水产部将调整企鹅栖息地周边地区的作业时间和捕获量，并将其应用于罗斯海地区海洋保护区最佳管理方案的制定中。①

3. 重建滩涂生态系统及建立京畿道海洋示范区

由于韩国沿岸滩涂面积广阔，韩国针对滩涂生态系统进行重建，将包括高兴滩涂、江华东检岛在内的区域重新建设成为滩涂。扩大滩涂修复的覆盖面，并通过海洋生态旅游认证鼓励海洋生态旅游，推动生态系统修复项目的实施，恢复生态多样性。此外，韩国还计划建立一个分享海洋和渔业信息的平台，实现综合空间管理，并以此为基础对京畿道湾进行海洋空间设计，将其打造成为海洋示范区。

四 评析

基于韩国地域环境的特殊性，海洋管理在韩国占据着极其重要的地位。总体而言，韩国的海洋事务管理体制在经过不断改革后，其海洋保护区的建设逐步趋于成熟。首先，在区位选择与指定方面，韩国以充分的海洋生态调查数据为基础，结合地区实际情况进行海洋保护区的选址和价值定位。其次，在管理机制方面，韩国海洋事务管理职权集中在海洋水产部，同时实行政府分级管理与地区自律型管理相结合的机制，在

① 韩国海洋水产部，http://www.mof.go.kr/article/view.do? menuKey=376&boardKey=10&articleKey=16984，最后访问日期：2020年2月2日。

很大程度上避免了分头管理和地方民众对项目的抵触。最后，在理念方面，韩国海洋保护区建设并不单纯以保护环境为唯一要义，而是将海域资源管理和海洋生态保护共同纳入海洋功能区划中。韩国政府注重在保护生态环境的基础上开展生态旅游业，构筑绿色沿岸空间，将其作为地区生态观光品牌进行推广，实现以生态经济助推生态保护的目的。

韩国海洋生态系统管理中有一个突出的特点，即着力于建立海洋保护地区的自律型管理体制，发挥市民监督的作用。各海洋保护区管理委员会注重开展居民支援项目和培养民间环保力量，为加强民众对海洋保护区的了解、增强民众对海洋的保护意识，海洋保护区管理委员会还举办多种活动，包括"世界湿地日"纪念活动、"海洋保护区大会"等。通过这些活动的开展，韩国民众在原有强烈的海洋保护意识基础上，得以更深入地参与海洋生态保护。韩国海洋保护区自律型团体体制建设的成功经验对海洋保护区建设推进过程中如何处理民众开发需求与海洋保护的冲突具有借鉴意义。

与此同时，韩国海洋生态保护建设工作中也存在一些不足。从海洋水产部发布的《2016 年韩国海洋保护区管理评价》① 来看，一部分海洋保护区的管理委员会存在管理计划迟延或完成度不高的情况。管理委员会设置之后暴露出部分地区的管理主体不明确的问题，导致管理事业进度缓慢或被搁置，管理委员会几乎无法发挥实际运营功效。这一情况的出现很大程度上是因为制度难以运用到具体地区的保护项目建设中，因此，需要注重对保护区管理委员会主管人员实践能力的培养，同时制定能够解决沟通不畅的管理计划，处理好顶层设计与基层实践的协调问题。

五　小结与建议

韩国的海洋保护区主要包括沿岸湿地保护区、海洋生态系统保护区、海洋生物保护区、海洋景观保护区、特别管理海域、国立公园、沿岸海洋生态轴这几类，其中沿岸湿地保护区和海洋生态系统保护区是最主要

---

① 韩国海洋生态信息中心，http://nimo. ecosea. go. kr/mpainfo/datacenter/doc/datacenter06. do，最后访问日期：2020 年 2 月 16 日。

的形式。韩国南部与西部海岸拥有广阔的滨海湿地，生物多样性丰富，是众多鱼类、甲壳类、软体动物以及众多微生物、海鸟等的栖息地。这种特色沿岸湿地生态系统生产力较高，构成了韩国滨海及海洋生态环境保护最为重要的区域。与此同时，韩国沿海还分布着众多岛屿，邻近或围绕岛屿的海域也是韩国海洋保护区的聚集地。

韩国的海洋保护区可由环境部长官、海洋水产部长官或市、道知事指定，随后制定并执行保护计划，并由海洋保护区区域管理委员会负责保护区内各项事务的管理。韩国注重制定有关海洋保护区管理现状的指标并进行评估，通过实地调查寻求有效的解决方案。

随着海洋环境保护理念的推广，韩国海洋保护区的范围和力度都逐渐扩大，连续几年将海洋生态修复和海洋保护管理列入年度工作计划中。目前韩国海洋保护区以岛屿周边海域生态和生物保护区、沿岸滩涂湿地、特别管理海域、国立公园等形式为主，在制定管理方案时针对不同的地域特征和环境更替趋势运用不同类型保护区的特殊管理体制，实施不同海域的海洋生物种群恢复方案，取得了许多成效。在海洋保护区的技术方案设计方面，韩国大力促进海洋保护区环境管理、海洋生态系统综合调查项目、海洋保护区管理评价运营体系、海洋生物资源信息化管理、沿岸和海域特色管理融为一体，辅以地方自治团体的自我评价和调查，建立起多方位、架构清晰的管理体系。

一方面，韩国海洋环境保护仍存在不可忽视的问题。由于韩国长期以来形成了对海洋资源的依赖，海洋资源不仅是日常生活所需，更是韩国经济的一大支柱。在推动海洋保护区域的设立和管理进程中，为了避免政府机构之间、政府与地区民众之间出现利益冲突，韩国还须在目前的"政府主管－民众自治"的海洋保护区管理体系下寻求更为有效的解决方式，同时因地制宜地在需要进行生态保护的地区开展管理活动，有序开发和保护海洋生态资源。

参考文献

一　中文

1. 李晓东、吴珊珊：《主要周边国家海岛开发与保护管理政策研究》，海洋出版社，2016。

2. 侯典芹：《从海洋政策的演变看韩国的海洋意识》，《中国海洋大学学报》（社会科学版）2014 年第 4 期。

3. 刘洪滨：《韩国 21 世纪的海洋发展战略》，《太平洋学报》2007 年第 3 期。

4. 韩国海洋水产部：《韩国海洋水产部将江原道鸟岛附近海域确定为海洋保护区》，2017，中韩海洋科学共同研究中心网站，http://www. ckjorc. org/cn/cnindex_newshow. do? id = 2671。

二　主要参考网站

1. 韩国海洋水产部，http://www. mof. go. kr/eng/index. do。

2. 韩国环境部，http://www. me. go. kr/home/web/main. do。

3. 韩国国立公园管理公团，http://www. knps. or. kr/portal/main. do。

4. 韩国海洋生态信息中心，http://www. ecosea. go. kr/main. do。

5. 韩国国家法律信息中心（National Law Information Center），http://www. law. go. kr/LSW/eng/engMain. do。

第十八章 菲律宾：社区管理的小型海洋保护区为主

一 菲律宾海洋自然环境与海洋保护区概况

（一）海洋自然环境

菲律宾位于亚洲东南部，北隔巴士海峡与中国台湾遥遥相对，南和西南隔苏拉威西海、巴拉巴克海峡与印度尼西亚、马来西亚相望，西濒南中国海，东临太平洋。菲律宾是一个群岛国家，大小岛屿共有7000多个，其中吕宋岛、棉兰老岛、萨马岛等11个主要岛屿占全国总面积的96%，海岸线长约18533公里。[①]

菲律宾珊瑚礁区域约为2.7万平方公里，[②] 占全球珊瑚礁面积的9%。[③]菲律宾的海洋生态系统位于"珊瑚礁三角区"，[④] 支持世界上生物多样性最高的鱼类、珊瑚和无脊椎生物物种，并被认为是海洋生物多样性的世界中心。[⑤] 菲律宾丰富的海洋资源包括2300多种鱼类、超过500种珊瑚物种，上百种海草和上千种海洋无脊椎生物，是全世界海洋及沿岸生态系统最丰富的国家之一。[⑥] 菲律宾拥有丰富的海洋资源，为渔业的发展提供了条件。渔业和水产养殖业是菲律宾国民经济的支柱产业之

---

① 中华人民共和国外交部，www. fmprc. gov. cn/web/gjhdq_676201/gj_676203/yz_676205/
1206_676452/1206x0_676454/，最后访问日期：2020 年 3 月 16 日。

② 李涛、陈丙先：《菲律宾概论》，世界图书出版公司，2012，第 200 页。

③ Alexandra Shah, An Evaluation of Social Goals in Philippine Marine Protected Areas, Ph. D.
diss. , George Mason University, 2016, p. 20.

④ 珊瑚礁三角区，也简称为"珊瑚三角区"，是指印度尼西亚、菲律宾、巴布亚新几内亚
和所罗门群岛之间呈三角形的水域。

⑤ C. M. Roberts et al. , "Marine Biodiversity Hotspots and Conservation Priorities for Tropical
Reefs", *Science* 295 （5558）（2002）, p. 1280.

⑥ 李涛、陈丙先：《菲律宾概论》，世界图书出版公司，2012，第 200 页。

一，已开发的海水、淡水渔场面积达 2080 平方公里。^① 另外，菲律宾陆上石油资源有限，但海上油气资源较为丰富，海运业和造船业也比较发达。^②

尽管菲律宾管辖海域内富含丰富的海洋生物资源，但同时处于高度威胁之中。伴随着开放性的毁灭性捕鱼活动，极度贫穷和飞速增加的人口已经导致菲律宾的鱼类和珊瑚礁的状况急剧恶化。^③ 有研究报告发现，在 2000 年至 2004 年间，菲律宾 40% 的珊瑚礁处于很差的状态，而不到 1% 的珊瑚礁处于良好状态。^④ 捕猎濒危物种以及管理上的监管不当、财政支持不到位等问题对海洋生物、珊瑚礁、红树林及其他生态环境造成了恶劣影响。对此，与世界其他国家一样，菲律宾的海洋管理者也实施了包括海洋保护区的养护管理措施和立法，以保护其衰退的海洋资源。菲律宾从 20 世纪 70 年代末期开始加强海洋治理，已经使沿海和海洋生态环境得到一定程度的恢复。^⑤

（二）海洋保护区概况

菲律宾保护海洋资源和限制资源开采的概念存在于西班牙殖民之前，已发展了数百年。为了应对菲律宾全国范围内渔业资源的衰减，海洋保护区成为全国使用的重要的渔业管理工具之一。菲律宾建立海洋保护区起步较早。在 20 世纪 40 年代，菲律宾建立了第一个海洋保护区，即百岛国家公园。菲律宾从 20 世纪 70 年代末期开始重视海洋综合管理，20 世纪 80 年代通过建立地方海洋保护区推进海岸带综合管理工作。^⑥ 在 1974 年和 1984 年，菲律宾先后正式建立了苏米龙岛和阿波岛海洋保留区，均是由地方管理的小型海洋保护区。

---

① 中华人民共和国外交部，www. fmprc. gov. cn/web/gjhdq_676201/gj_676203/yz_676205/ 1206_676452/1206x0_676454/，最后访问日期：2020 年 3 月 16 日。

② 朱新山：《菲律宾海洋战略研究》，时事出版社，2016，第 110 页。

③ Alexandra Shah, An Evaluation of Social Goals in Philippine Marine Protected Areas, Ph. D. diss. , George Mason University, 2016, p. 20.

④ Asia Development Bank, State of the Coral Triangle：Philippines, 2014, p. 19.

⑤ V. Horigue et al. , "Marine Protected Area Networks in the Philippines：Trends and Challenges for Establishment and Governance", *Ocean & Coastal Management* 64（2012），p. 16.

⑥ 李景光、阎季惠等：《主要国家和地区海洋战略与政策》，海洋出版社，2016，第 189 页。

菲律宾现已建立超过1300个海洋保护区，总覆盖面积超过4万平方公里，[①] 约占5%的沿海地区水域。其中大部分为小型海洋保护区，平均面积不到0.1平方公里。[②] 目前最大的两个海洋保护区为2016年设立的卡加延思洛（Cagayancillo）海岸海洋区和1988年设立的图巴塔哈群礁（Tubbataha Reefs）国家海洋公园。[③] 根据保护功能的不同，菲律宾的海洋保护区主要分为海洋庇护区、鱼类庇护区、海洋保护区、海洋保留区这四大类。[④] 具体根据建立和管理模式的不同，可以分为国家指定的海洋保护区和基于社区的海洋保护区两种形式。在很大程度上，菲律宾的海洋保护区由当地社区和地方政府与国家政府共同管理。菲律宾仅有一小部分为国家海洋保护区，由菲律宾总统或政府部门通过1992年的《国家综合保护区系统法案》指定。在国家宣布的113个保护区中，有29个是海洋保护区，覆盖面积达13700平方公里。[⑤]

以埃尔尼多（El Nido）海洋自然保护区为例。埃尔尼多位于巴拉望岛西北部，是一片小的群岛，由45个形态各异的火山岩岛屿组成。该海洋自然保护区由菲律宾政府于1998年通过《国家综合保护区系统法案》指定，覆盖面积达891.35平方公里。保护区内有各种各样的野生动植物，包括超过850种珊瑚鱼、400多种珊瑚礁和500多种鱼类，以及100多种鸟类和3种濒危海龟等其他珍稀生物。[⑥]

基于社区的海洋保护区占据菲律宾海洋保护区中的绝大部分，一般为覆盖面积较小的共同管理的保护区或渔业保护区，经地方政府通过其他法律和条例指定，由社区和地方政府共同管理。以苏米龙岛海洋保留区为例，该保护区于1974年由宿务的奥斯洛布镇与锡利曼大学合作建

---

① Philippine MPA Database, https://database. mpasupportnetwork. org, last visited on March 20, 2020.

② Alexandra Shah, An Evaluation of Social Goals in Philippine Marine Protected Areas, Ph. D. diss. , George Mason University, 2016, p. 30.

③ Philippine MPA Database, https://database. mpasupportnetwork. org, last visited on March 20, 2020.

④ Coral Triangle Atlas, http://ctatlas. reefbase. org/mpadatabase. aspx? mpaname = &country = Philippines, &pagesize = 50, last visited on March 20, 2020.

⑤ PAME, http://pame. denr. gov. ph/, last visited on March 20, 2020.

⑥ Protected Planet, El Nido in Philippines, https://www. protectedplanet. net/el-nido-managed-resource-protected-area, last visited on March 20, 2020.

立，并由当地社区和政府共同进行管理，覆盖面积仅为 0.4 平方公里，主要保护其区域内的珊瑚礁和鱼类资源。[①]

二　菲律宾海洋保护区法律与政策框架

(一) 国际层面

菲律宾积极参加国际事务论坛，签署了诸多国际条约，其中有关环境保护和生物多样性养护的公约主要有：《南极条约》体系；1971 年的《拉姆萨尔公约》；1975 年的《保护世界文化和自然遗产公约》；1979 年的《保护野生动物迁徙物种公约》；1992 年的《生物多样性公约》。在区域合作层面，菲律宾作为珊瑚礁三角区的国家之一，目前是珊瑚三角区国际行动计划的成员国，海洋保护区的建设为该行动计划的关键目标之一。[②]

(二) 国内立法

菲律宾着眼于国家和地方政府双管齐下的海洋保护区立法模式，同时采用渔业领域相关规定作为保护区内渔业活动的具体约束规则。如表 18-1 所示，菲律宾在建立海洋保护区方面发挥重要作用的四部政府立法包括 1932 年的菲律宾第 3951 号法案、1991 年的《地方政府法典》、1992 年的《国家综合保护区系统法案》以及 1998 年的《渔业法典》。

表 18-1　菲律宾海洋保护区相关主要立法

菲律宾海洋保护区相关主要立法	摘要
1932 年的菲律宾第 3951 号法案	允许建立海洋公园
1991 年的《地方政府法典》	国家政府重新恢复各地方政府部门原有的职权
1992 年的《国家综合保护区系统法案》	允许指定陆地、海洋和野生生物的国家保护区

---

① Protected Planet, Sumilon lsland Philippines, https://www. protectedplanet. net/sumilon-is-land-fish-sanctuary, last visited on March 20, 2020.

② V. Horigue et al. , "Marine Protected Area Networks in the Philippines: Trends and Challenges for Establishment and Governance", *Ocean & Coastal Management* 64 (2012), p. 17.

菲律宾海洋保护区相关主要立法	摘要
1998 年的《渔业法典》	各地方政府部门命令以禁取形式保护 15% 的沿岸水域。菲律宾海洋庇护区战略要求至 2020 年以禁取形式保护 10% 的珊瑚礁区域

资料来源：Alexandra Shah, An Evaluation of Social Goals in Philippine Marine Protected Areas, Ph. D. diss. , George Mason University, 2016, p. 21。

1. 菲律宾第 3951 号法案

1932 年颁布的第 3951 号法案建立了菲律宾海洋保护的法律框架，并允许设立海洋公园。该法案启动了 1940 年的第一个海洋公园百岛海洋公园，虽然接下来在 70 年代和 80 年代建立了许多其他的海洋公园和保留区，但是其中很少是有效的渔业管理工具，因为大多数都被政府忽视或废弃。直到 90 年代，这些保护区才开始成为有效的渔业管理工具，并被政府重视。

2. 《地方政府法典》

菲律宾在 1991 年的《地方政府法典》中规定了地方政府的职能和权力，为菲律宾国家及地方层面的海洋保护区的建立和管理设立了框架。《地方政府法典》将沿海地区管理职权下放到各地方政府部门，包括省、直辖市、市，赋予地方政府对地方水域海洋资源的专属管理权，并由国家政府进行监督，为地方政府组织建立、管理和执行当地海洋保护区提供了法律依据。据此，沿海省市无须经过国家政府的许可，通过颁布地方指令建立各自的海洋保护区。除此之外，《地方政府法典》中还包含促进民众和非政府组织参与地方事务管理的相关规定，包括环境、自然资源和渔业等相关事务。例如，地方政府组织可以与民众和非政府组织合作，共同提供基本服务、进行能力建设和开展生计项目，这些规定为菲律宾地方海洋保护区的多元管理框架奠定了法律基础。政府权力下放以及鼓励地方政府部门管理本辖区的沿海区域可以使菲律宾的海洋保护区迅速建立，因而不再受国家政府官僚程序的阻碍。[1]

---

[1]　Alexandra Shah, An Evaluation of Social Goals in Philippine Marine Protected Areas, Ph. D. diss. , George Mason University, 2016, p. 23.

3. 《国家综合保护区系统法案》

《国家综合保护区系统法案》于 1992 年通过，为菲律宾保护区提供了整体法律框架，旨在建立一个统一的保护区系统，保护陆地景观、海景和野生生物庇护地，因此，该法案的适用范围也涵盖了菲律宾海岸和海洋中的保护区。1992 年之前加以保护的国家公园、海洋景观和野生生物庇护区都被追溯纳入国家综合保护区系统。该立法针对国家层面的保护区做出规定，国家综合保护系统由环境和自然资源部门为主的国家政府进行管理，并由总统或国会宣布保护区的设立。该立法规定了保护区内的禁止行为，并界定了保护区的范围及其建立和管理方式。除此之外，法案要求设立保护区管理董事会，包含来自环境和自然资源部门以及省级、市级和村政府的代表，负责保护区的总体规划和决策；同时要求设立综合性保护区基金，当缺乏外部基金时用以资助国家综合保护区。然而，该立法的保护对象和制度设计主要针对陆地上的保护区，对海洋保护区的建立和管理的具体指导作用有限。国家综合保护区系统包含上万公顷的大型区域。然而，海洋区域并未在国家综合保护区系统中被区分开来，而是作为更大的保护区的一部分。菲律宾政府推动国家综合保护区系统是为了保护成功建立的海洋保护区，避免出现地方社区"背离保护目标，而为经济利益利用海洋保护区"。①

4. 《渔业法典》

《渔业法典》于 1998 年颁布，旨在规范开发、管理、保护和利用渔业和水产资源。该法典提供了建立渔业管理区域、渔业保护区的制度框架，规定省、直辖市和市的地方政府机构有权在其管辖的水域内管理和养护渔业，并有权采取适当措施。同时还规定所有地方政府可对本地所有渔民进行许可并规定其捕鱼数量，以避免不可持续的渔业。尤其是该法典的第 81 部分和第 16 部分推动了海洋保护区的建立。第 81 部分规定授权地方政府部门与其各自的渔业水生资源管理理事会一道以禁取保护区形式指定涵盖 15% 的沿岸省市水域（海岸线 15 公里以内）。除了法典授权的 15% 的目标，在第 16 部分中，鼓励菲律宾最基层的"村"

---

① E. J. Hind, M. C. Hiponia and T. S. Gray, "From Community-based to Centralized National Management—A Wrong Turning for the Governance of the Marine Protected Area in Apo Island, Philippines?" *Marine Policy* 34（1）（2010），p. 55.

（barangays）指定小型的庇护区。这些庇护区的面积可为 0.01 平方公里到 0.15 平方公里，并且由渔业水生资源管理理事会决定哪些区域应该被加以保护。另外，该法典同时授权菲律宾海洋庇护区战略规定至 2020 年以禁取形式保护 10% 的珊瑚礁区域。

此外，菲律宾还有不少可适用于海洋环境和资源保护的法律，如《海洋污染法令》、2001 年的《野生动物资源保育和保护法》等多部立法中的相关法律规定也为后续海洋保护区中具体保护措施的制定提供了依据。

（三）海洋保护计划与政策

为了发展海洋保护事业和拓展本国海洋利益，菲律宾不断加强政策和战略制定与实施工作。其中对海洋保护区实践影响较大的为《菲律宾海洋综合管理计划》与《菲律宾 2015 - 2028 生物多样性战略和行动计划》。《菲律宾海洋综合管理计划》于 2011 年 9 月发布，是对海洋和海岸带地区进行综合管理的行动框架。该计划将保护沿海和海洋生物多样性、履行菲律宾在保护海洋生物多样性方面承担的国际义务作为目标之一，预防对沿海和海洋环境与资源的过度开发，恢复已退化的区域，保护自然环境、生态系统和生物多样性。[①]该计划强调生物多样性的养护，对海洋保护区的建设和发展起到了促进作用。《菲律宾 2015 - 2028 生物多样性战略和行动计划》强调在实现经济包容性增长的同时加强环境保护。其愿景为"重视生物多样性，保护、恢复和理智使用、维护生态系统，维持一个健康的星球，并为所有人提供必要的福利"。该战略和行动计划为推动保护区的发展提供了政策和行动支持。

三 菲律宾建立海洋保护区的实践

（一）海洋保护区的管理实践

1. 主管机构

菲律宾在海洋保护区领域的主要管理机构为环境和自然资源部、生

---

① 李景光、阎季惠等：《主要国家和地区海洋战略与政策》，海洋出版社，2016，第 189 页。

物多样性管理局以及渔业和水产资源局，其中生物多样性管理局隶属于环境和自然资源部，渔业和水产资源局隶属于农业部。

环境和自然资源部的主要职责是为菲律宾公民提供良好和舒适的环境，负责保护、开发和管理自然资源，促进生态环境的良性循环。其下属的生物多样性管理局是一个负责建立和管理保护区、保护野生动物、促进生态旅游并使其制度化的职能机构。生物多样性管理局除了管理海岸生物多样性和湿地生态系统外，还负责保护洞穴和洞穴资源，以及获得关于生物多样性和自然保护的信息。① 而农业部下属的渔业和水产资源局则负责菲律宾渔业和水产资源开发、改良、管理和养护，旨在提高资源生产力和利用效率，确保长期可持续发展渔业和水产资源。渔业和水产资源局还负责制定和实施国家渔业综合发展计划，制定养护和管理跨界鱼类和高度洄游鱼类的规章制度，并协助地方政府机构开发、管理和保护渔业资源。②

2. 管理模式

根据两种不同类型的海洋保护区，菲律宾的海洋保护区的管理模式可分为国家海洋保护区的国家管理模式以及基于社区的海洋保护区的地方管理模式。

（1）国家海洋保护区的国家管理模式

根据《国家综合保护区系统法案》对指定保护区的相关规定，在提出申报区域时需进行公开听证，征询利益相关方意见。随后由总统或国会发布公告，宣布设立海洋保护区，公告中指明保护区的详细地理位置、范围与面积等信息。按照《国家综合保护区系统法案》及其实施细则和条例，菲律宾环境和自然资源部负责海洋保护区的行政管辖和控制。在与农业部下属的渔业和水产资源局、能源部及其他部门的磋商和协调下，环境和自然资源部对保护区进行评估，并制定具体的管理计划。另外，《国家综合保护区系统法案》还创设了一个保护区的总体规划和决策机构——保护区管理董事会，由非政府组织、人民团体、部落社区代表、

---

① Biodiversity Management Bureau, http://bmb. gov. ph/, last visited on March 20, 2020.
② Bureau of Fisheries and Aquatic Resources, https://www. bfar. da. gov. ph/, last visited on March 20, 2020.

地方政府和国家部门等多方利益相关者组成。[①] 保护区管理董事会在中央及地方各级均可设立，主要负责咨询、协调和反馈事宜。国家海洋保护区内明确禁止任何可能干扰或破坏海洋生态系统的行为，这一系统包括但不限于保护区内的珊瑚礁、野生动物或其他海洋生物。如有违反行为，将根据《国家综合保护区系统法案》和《野生动物资源保育和保护法》等相关法律法规加以限制或惩处。[②]

（2）基于社区的海洋保护区的地方管理模式

基于社区的海洋保护区根据地方或市级的政府条例指定，由当地社区组织和政府共同进行管理，地方政府机构还可以提供财政、资源和技术方面的协助。许多科学机构和非政府组织也广泛参与菲律宾海洋保护区的规划、监控和管理。菲律宾建立了许多地方政府联盟，促进海洋保护区网络、生态系统管理和综合海岸管理。这些联盟中的大多数都发挥着桥梁作用，包括但不限于政府机构、非政府组织、项目援助者和学术界，它们共同发起并促进更多利益相关方参与海洋保护，通过相互间的沟通协调改进海洋保护区的设计。在菲律宾，地方政府在管理和养护海洋资源和渔业方面可以拥有一定的专属管辖权。[③] 因此，菲律宾地方政府在资源利用与管理上受国家制约较小，这也促使基于社区的海洋保护区在提高社区接受度和实现当地渔业保护目标上具有一定的成效。[④] 基于社区的海洋保护区旨在保护海洋生态环境，如区域内的珊瑚礁及其他栖息地。因此，这种保护目标和管理模式下的海洋保护区对捕鱼活动的限制程度低于国家海洋保护区。[⑤]

菲律宾认识到创建更多的保护区并不一定意味着具有良好的养护实效或更佳的管理实践，因此还采用了包括海洋保护区管理有效性评估工

---

① Alan T. White, Catherine A. Courtney and Albert Salamanca, "Experience with Marine Protected Area Planning and Management in the Philippines", *Coastal Management* 30 (2002), p. 7.

② Presidential Proclamation 489, 2018, http://bmb. gov. ph/elibrary/mainmenu-policies－52359/presidential-proclamation/proclamation－2018, last visited on March 20, 2020.

③ Vu Hai Dang, *Marine Protected Areas Network in the South China Sea*, Brill, 2014, p. 170.

④ V. Horigue et al., "Marine Protected Area Networks in the Philippines: Trends and Challenges for Establishment and Governance", *Ocean & Coastal Management* 64 (2012), p. 20.

⑤ G. K. Lowry, A. T. White and P. Christie, "Scaling up to Networks of Marine Protected Areas in the Philippines: Biophysical, Legal, Institutional, and Social Considerations", *Coastal Management* 37 (2009), p. 275.

具在内的多种方法，对菲律宾现有海洋保护区的有效性进行评估，确定和认可在海洋保护区管理中取得显著成效的地方政府。这种评估方法也开创了珊瑚礁三角区综合管理有效性评估的先河。① 可通过有效性评估对所保护海域的生态环境和自然资源进行综合调查，并根据调查结果不断改善现有保护区的管理。

（二）最新实践活动

2018 年 5 月 15 日，菲律宾总统签署声明，宣布将菲律宾隆起（又称"宾汉隆起"）部分地区划定为海洋保护区。该地区中约有 5000 平方公里的区域将被确立为"严格保护区"，除进行科学研究外，将禁止一切人类活动。另外还将划定部分区域为"渔业管理区"，防止非法捕捞和过度捕捞。

四　评析

菲律宾具有保护海洋资源和限制资源利用的较长历史，并且在建立海洋保护区方面已经成为实践的领导者，拥有超过 1300 个海洋保护区。虽然大部分的海洋保护区是 2000 年后设立的，但是一些海洋保护区已经超过 30 年的有效保护。另外，菲律宾海洋保护区域虽然数量较多，但绝大多数为小型的保护区或庇护区，远远未能达到覆盖面积的国家目标，因而需要增加海洋保护区的总体面积，以实现 2020 年10% 的保护目标。

菲律宾的海洋保护区大多通过地方政府发起设立并由沿海社区进行管理，这些海洋保护区在保护海洋生物的同时也吸引着大量的游客。这种部分分权的模式将海洋保护区管理的责任分配给了那些最依靠海洋生态健康的群体：沿海社区。这种协调管理正是有效和可持续性资助海洋保护区的关键。作用、责任和利益在国家和地方政府部门、社区、私人部门和其他资源使用者之间共享。该模式通过帮助当地捕鱼者和社区取

---

① The Coral Triangle Atlas, http://archive. constantcontact. com/fs113/1108454596610/archive/1111301697733. html, last visited on March 20，2020.

得对海洋保护区内及周边的排他性捕鱼权，以及共同改善捕鱼业的健康和产量，使其参与海洋资源的管理。虽然一些案例显示相关政策和管理的失败，但是海洋保护区已成为菲律宾改善环境治理，联合地方政府支持相关政策和项目，加大社区在一些利益高度冲突的地区的决策力度，并提高社区在海岸管理中的参与度。

因此，菲律宾海洋保护区的突出的特点表现在规划和执法过程中当地政府和社区的广泛参与，为本地管理的海洋保护区的计划推行减少了阻力，且提升了政策执行效率。一些证据表明菲律宾基于社区的管理体系已取得了一些养护方面的成果。比如，2010 年发表的一项研究显示，菲律宾的一个海洋保护区在 14 年间，大型食肉珊瑚鱼类的物种丰富度增加了 4 倍，另一个保护区在 15 年间增加了 11 倍。[①]

然而，值得注意的是，菲律宾目前国家一级的海洋保护区网络尚不健全。尽管菲律宾早在 20 世纪 90 年代就出台了旨在构建国家综合保护区系统的立法，但该目标在海洋领域取得的成效并不明显。菲律宾海洋保护区的管理路径分为国家和地方政府两类，两类保护区在管理机构和适用法律层级上有所区别。菲律宾目前正在努力扩大综合保护区系统，实现集群化管理。在这种背景下，国家综合保护区计划和地方政府单一的保护区计划下的海洋保护区制度体系间更加紧密的配合和协调就越发重要。一方面，海洋保护区的养护执行问题依然存在。菲律宾的海洋保护区绝大多数仍依靠社区和地方政府进行建设和管理，这种方式虽然有利于实践层面海洋保护区具体措施的贯彻和执行，但该类海洋保护区的层级较低，因而存在稳定性和持续性不足的问题。此外，即使菲律宾海洋保护区的状况可以为污染等局部威胁提供保护，但是海洋保护区对气候变化等全球威胁依然很脆弱，并且并不能由地方层面控制。

另一方面，菲律宾的沿海和海洋保护区的最大制约因素之一为财政问题，公共部门投入资金不足导致无法有效地管理保护区，甚至部分已被指定的保护区的管理计划都得不到充分的资助。[②] 许多海洋保护区受

---

①　该科研结果来自菲律宾国家科学基金会的报告，Lily Whiteman, Good News and Bad News for Coral Reefs, National Science Foundation, https://www.nsf.gov/discoveries/disc_summ.jsp?cntn_id＝134125，最后访问日期：2020 年 3 月 16 日。

②　范晓婷主编《公海保护区的法律与实践》，海洋出版社，2015，第 280 页。

到资金不足问题的困扰，这种情况也导致了菲律宾目前有些海洋保护区没有得到执行，海洋保护区生态状况不断下降。① 而且目前仅有 100 多处海洋保护区得到适当管理。大多数并未受到沿海居民的欢迎，因为他们将其视为对他们在家门前捕鱼能力的威慑。这是由于目前大多数海洋保护区已经被设计为保护海洋生物多样性，而不是补充鱼类种群和支持当地经济。的确，有相关研究的结果显示，在菲律宾海洋保护区设立的 1 ~ 3 年后，全职和季节性渔民的收入都大幅度地减少。海洋保护区造成的损失比预计得要高，而且至少在短期的 4 年内溢出效应并没有对其进行补偿。②

最后值得一提的是，菲律宾的海洋保护区数据库建设。菲律宾海洋保护区数据库于 2014 年 9 月 8 日正式启动，是迄今为止关于菲律宾海洋保护区的最大和最全面的数据库。该数据库提供迅速查阅海洋保护区面积、位置和管理效果的基本信息以及国内所有海洋保护区的当前和历史监测数据的途径。数据库中的相关地图能够帮助政策制定者、资源管理者和当地社区做出关于保护和管理工作的正确决定。

五　小结与启示

菲律宾是典型的群岛国家，拥有丰富的海洋生物资源及综合性的沿岸生态系统，包括鱼类、海草、海洋无脊椎生物及其他珍稀海洋生物。菲律宾海洋保护区建设已有几十年的历史，当前菲律宾正式建立的海洋保护区超过 1300 个，覆盖面积超过 1 万平方公里，其中大部分为基于社区管理的小型海洋保护区。

菲律宾海洋保护区的相关立法和管理较东南亚其他国家而言相对先进，早在 20 世纪 90 年代就颁布了《国家综合保护区系统法案》和《渔业法典》。菲律宾的国家海洋保护区依据《国家综合保护区系统法案》指定，由国家发布公告设立，环境和自然资源部、生物多样性管理局及

---

① V. Horigue et al. , "Marine Protected Area Networks in the Philippines: Trends and Challenges for Establishment and Governance", *Ocean & Coastal Management* 64 (2012), p. 2.

② Giselle PB. Samonte et al. , "The Effect of Marine Protected Areas on Fishers' Income in the Philippines", *Journal of Ocean and Coastal Economics* 3 (1) (2016), p. 22.

渔业和水产资源局进行统筹规划。基于菲律宾的群岛国特性，除国家海洋保护区外，菲律宾绝大多数海洋保护区是地方性的，地方或市级的政府条例可以指定地方海洋保护区，并由当地社区和地方政府共同管理。分散化的小型海洋保护区对于不同地区的海洋生态系统的保护至关重要，但也有不足之处，譬如其覆盖海域面积较小，在一定程度上不利于保护区内海洋生物的群落养护；执行力度有限等。

通过菲律宾海洋保护区的建设和管理可获取一些经验与启示。一是具有传统捕鱼活动的国家在建立海洋保护区时应以促进公众参与，获取当地社区支持和确保当地渔民的利益和收入为重点，适当进行权力下放，使地方政府在当地海洋保护区建设中发挥主要的作用。同时需要避免因海洋保护区的层级较低而可能出现的稳定性和持续性不足与执行力不强等问题。针对一些并不能由地方层面控制的全球问题或无法解决的现实问题，国家部门应把握总体发展方向，制定海洋保护区的调整方针和政策，并做好相关的协调工作，适时解决地方海洋保护区实践中存在的具体问题。二是构建完整的资金支持机制，确保海洋保护区管理中的资金流。尽管海洋保护区具有恢复海洋生物规模及数量的功效，但这一成效及潜在收益的取得过程十分漫长，地方政府在贯彻和执行海洋保护区具体措施的过程中容易出现地方政府管理不力、财政支持不充足，进而导致保护目标难以实现甚至减损的情况。因此，必须为海洋保护区构建资金支持机制，确保可持续管理。另外，完善海洋保护区沿海社区的补偿机制。为受海洋保护区建立初期短期影响的高度依赖沿海和海洋资源的沿海社区和居民提供合理的补偿机制，促进地方的参与及支持。三是构建综合性的大型海洋保护区。与小规模海洋保护区相比，大型保护区在充实和促进涵盖整个生态系统的保护工作上具有更大优势。但同时，大型海洋保护区的建立必须以坚实的管理机制和技术及资金支持为基础，因此需要加强制度研究和设计，以及构建跨地区的海洋保护区管理合作机制。四是加强和发展海洋保护区建设的技术支撑，增强信息透明度，建立信息全面、易于操作、数据规范和准确的数据库，随时了解全国范围内海洋保护区的发展情况，及时调整和完善海洋保护区的实践活动。

参考文献

一　中文

1. 范晓婷主编《公海保护区的法律与实践》，海洋出版社，2015。

2. 李景光、阎季惠等：《主要国家和地区海洋战略与政策》，海洋出版社，2016。

3. 李涛、陈丙先：《菲律宾概论》，世界图书出版公司，2012。

4. 朱新山：《菲律宾海洋战略研究》，时事出版社，2016。

二　英文

1. Asia Development Bank, State of the Coral Triangle: Philippines, 2014.

2. Dang, Vu Hai, *Marine Protected Areas Network in the South China Sea*, Brill, 2014.

3. Hind, E. J. , Hiponia, M. C. and Gray, T. S. , "From Community-based to Centralized National Management—A Wrong Turning for the Governance of the Marine Protected Area in Apo Island, Philippines?" *Marine Policy* 34 (1) (2010).

4. Horigue, V. et al. , "Marine Protected Area Networks in the Philippines: Trends and Challenges for Establishment and Governance", *Ocean & Coastal Management* 64 (2012).

5. Lowry, G. K. , White, A. T. and Christie, P. , "Scaling up to Networks of Marine Protected Areas in the Philippines: Biophysical, Legal, Institutional, and Social Considerations", *Coastal Management* 37 (2009).

6. Presidential Proclamation 489, http://bmb. gov. ph/elibrary/mainmenu-policies – 52359/ presidential-proclamation/proclamation – 2018.

7. Roberts, C. M. et al. , "Marine Biodiversity Hotspots and Conservation Priorities for Tropical Reefs", *Science* 295 (5558) (2002).

8. Shah, Alexandra, An Evaluation of Social Goals in Philippine Marine Protected Areas, Ph. D. diss. , George Mason University, 2016.

9. Samonte, Giselle PB. et al. , "The Effect of Marine Protected Areas on Fishers' Income in the Philippines", *Journal of Ocean and Coastal Economics 3* (1) (2016).

10. White, Alan T. , Courtney, Catherine A. and Salamanca, Albert, "Experience with Marine Protected Area Planning and Management in the Philippines", *Coastal Management* 30 (2002).

11. Whiteman, Lily, Good News and Bad News for Coral Reefs, National Science Foundation, https://www. nsf. gov/discoveries/disc_summ. jsp? cntn_id = 134125.

三　主要参考网站

1. 地球保护区（Protected Planet），https://www. protectedplanet. net/。

2. 菲律宾保护区管理改善项目 (PAME)，http://pame. denr. gov. ph。

3. 菲律宾海洋保护区数据库 (Philippine MPA Database)，https://database. mpasup-
   portnetwork. org。

4. 菲律宾生物多样性管理局，http://bmb. gov. ph/。

5. 菲律宾渔业和水产资源局，https://www. bfar. da. gov. ph/。

6. 珊瑚三角区地图集 (The Coral Triangle Altas)，http://ctatlas. reefbase. org/default. aspx。

7. 中华人民共和国外交部，http://www. fmprc. gov. cn。

第十九章　印度尼西亚海洋保护区：加强区域合作与政府管理水平不足并存

一　印度尼西亚海洋自然环境与海洋保护区概况

（一）海洋自然环境

印度尼西亚共和国（以下简称"印尼"）是一个东南亚国家，在地理上横跨亚洲和大洋洲，拥有约 17508 个岛屿，是世界上最大的群岛国家，也被称为"万岛之国"。① 印尼拥有世界第二长的海岸线，海岸线长度约为 5.5 万公里；印尼的专属经济区面积约为 600 万平方公里，超过其陆地领土面积的 3 倍。②

印尼地处以海洋生物多样性闻名的珊瑚三角区（The Coral Triangle Region）。珊瑚三角区是一个覆盖印度尼西亚、马来西亚、菲律宾、巴布亚新几内亚、东帝汶和所罗门群岛的海域，该地区有近 600 种不同的珊瑚礁，占世界上所有已知珊瑚物种的 76%。③ 珊瑚三角区的海洋生物多样性非常丰富，为 2000 多种海洋动物提供了栖息地，包括鲸、海豚、鼠海豚、儒艮和鲸鲨，以及地球上已知的 7 种海龟中的 6 种等珍稀的海洋动物。④ 珊瑚三角区为以金枪鱼为代表的重要商业鱼类的产卵地，每年能够为全球金枪鱼产业带来超过 10 亿美元的收入。⑤ 珊瑚三角区还是世

---

① 《世界地图集》，中国地图出版社，2018，第 231 页。

② Food and Agriculture Organization of the United Nations，http://www.fao.org/fishery/facp/IDN/en#CountrySector-Overview，last visited on March 20，2020.

③ World Wildlife Fund，https://www.worldwildlife.org/habitats/ocean-habitat，last visited on March 20，2020.

④ World Wildlife Fund，https://www.worldwildlife.org/habitats/ocean-habitat，last visited on March 20，2020.

⑤ World Wildlife Fund，https://www.worldwildlife.org/habitats/ocean-habitat，last visited on March 20，2020.

界上红树林最多的地区，这些红树林为海陆交界处的动物提供了重要的生存环境。

珊瑚三角区为生活在当地沿海地区的居民提供了食物和收入，印尼也从中获得大量收益。作为珊瑚三角区最大的国家，印尼有将近 6000 万人口生活在珊瑚礁 20 英里以内，其国内海鲜消费总量居于东南亚国家之首。[①] 印尼沿海的居民凭借珊瑚三角区提供的生物资源发展渔业和旅游业。据联合国粮农组织统计，2012 年，渔业占印尼农业经济的比重达到了 21%，占国内生产总值的比重达到了 3%。[②] 近年来，由于气候变暖和海水酸化，珊瑚三角区的珊瑚礁大量白化，对当地的海洋生物多样性带来严重的负面影响。沿海地区的工业污染排放，以及毒鱼、炸鱼、误捕等破坏性捕鱼活动和对海洋资源的过度开发，加剧了珊瑚三角区的生态环境恶化。

（二）海洋保护区概况

印度尼西亚的海洋保护区最早设立于 20 世纪 70 年代，截至 2014 年，印尼海洋保护区面积总和超过 17.30 万平方公里。[③] 如表 19 - 1 所示，印尼海洋事务与渔业部信息显示，印尼当前共有 149 个海洋保护区，海洋保护区的类型多达 10 种。2010 年，印尼政府承诺将在 2020 年之前建立 20 万平方公里的海洋保护区，以帮助其完成《生物多样性公约》名古屋会议提出的"爱知计划"下的全球海洋保护目标。

表 19 - 1　印尼海洋保护区统计

序号	类型	数量（个）
1	海洋自然保留区	6

[①] Coral Triangle Support Partnership, Stewarding Biodiversity and Food Security in the Coral Triangle: Achievements, Challenges, and Lessons Learned, 2014, p. 16.

[②] Food and Agriculture Organization of the United Nations, http://www.fao.org/fishery/facp/IDN/en#CountrySector-Overview, last visited on March 20, 2020.

[③] 印尼海洋事务与渔业部，http://statistik.kkp.go.id/sidatik-dev/index.php? m =5，最后访问日期：2020 年 3 月 16 日。

序号	类型	数量（个）
2	区域水生养护区	101
3	水生自然保留区	3
4	海洋野生动物庇护区	5
5	国家海洋公园	7
6	水上国家公园	1
7	海洋自然旅游公园	14
8	水上旅游公园	6
9	小岛公园或海岸公园	5
10	其他	1

资料来源：印尼区域和鱼类保护局，http://kkji. kp3k. kkp. go. id/index. php/basisdata-ka-wasan-konservasi，最后访问日期：2020 年 3 月 20 日。

为评估海洋保护区管理的有效性，印尼发布了海洋保护区管理效能评估指南，即 E-KKP3K 指南。该指南规定了评估海洋保护区可持续管理成功与否的程序及准则。E-KKP3K 指南将印尼的海洋保护区分为 5 个级别，并用不同的颜色表示这些级别。指南中的级别由低到高分别为：1 级（红色）、2 级（黄色）、3 级（绿色）、4 级（蓝色）和 5 级（金色）。管理较好的海洋保护区的负责人可以获得 E-KKP3K 奖。根据印尼海洋事务与渔业部公布的信息，印尼当前的 149 个海洋保护区中，有 13 个海洋保护区是 2 级，83 个是 1 级，53 个未公布评级信息。[1] 从这些评级信息可知，印尼大部分的海洋保护区都没有被有效管理，这一结果与众多国际环保组织的调查结果相一致。"大自然保护协会、世界野生动物基金会和保护国际基金会对海洋保护区的监测表明，一些海洋保护区对鱼类种群具有积极影响。但据估计，印度尼西亚只有不超过 20% 的海洋保护区在功能上符合其管理目标。"[2]

---

[1] 印尼区域和鱼类保护局，http://kkji. kp3k. kkp. go. id/index. php/basisdata-kawasan-konser-vasi，最后访问日期：2020 年 3 月 20 日。

[2] Reef Base，Summary Report for MPAs in Indonesia，http://www. reefbase. org/key_topics/pdf/Indonesia% 20mpa. pdf.

二　印尼建立海洋保护区的法律与实践

（一）海洋保护区法律与政策框架

1. 国际层面

印尼加入了《联合国海洋法公约》《生物多样性公约》《拉姆萨尔公约》《保护世界文化和自然遗产公约》《濒危野生动植物种国际贸易公约》等国际条约，承担在各条约下相应的海洋环境保护义务。同时，作为珊瑚三角区的国家，印尼在珊瑚三角区的整体保护中发挥了一定作用。2009 年，在印尼的倡导下，印尼与马来西亚、东帝汶、巴布亚新几内亚、所罗门群岛和菲律宾签订了《关于珊瑚礁、渔业和粮食安全的珊瑚三角区倡议领导人宣言》（以下简称《珊瑚三角区倡议》）。《珊瑚三角区倡议》的成员旨在建立一个珊瑚三角区多边伙伴关系，并通过处理粮食安全、气候变化和海洋生物多样性等关键事宜维持非比寻常的海洋和沿海资料。[①] 2009 年，印尼专门设立了国家协调委员会以引领国内实施《珊瑚三角区倡议》下的各项规划和行动，印尼还承诺将指定一个 1.2 万平方公里的海洋公园作为保护区，并通过学校开展海洋保护区培训课程。[②]

2. 国内立法

印尼的《地方政府法令》及其修正案第 32/2004 号法案、第 31/2004 号《渔业法》、第 27/2007 号《沿海地区和小岛屿管理法》及其修正案第 1/2014 号法案共同搭建起了渔业及海洋保护的法律框架。[③] 此外，印尼 1997 年颁布的《环境保护法》为环境保护的基本法，规定了环境保护目标、公民的权利与义务、环境保护机构、环境功能维持、环境管理、

---

① Coral Triangle Initiative on Coral Reefs, Fisheries, and Food Security, http://www. coraltrian-gleinitiative. org/about, last visited on March 20, 2020.

② Coral Triangle Initiative on Coral Reefs, Fisheries, and Food Security, http://www. coraltrian-gleinitiative. org/country/indonesia – 0, last visited on March 20, 2020.

③ Daniella Ferrol-Schulte et al. , "Coastal Livelihood Vulnerability to Marine Resource Degradation: A Review of the Indonesian National Coastal and Marine Policy Framework", *Marine Policy* 52 (2015), p. 165.

环境纠纷、调查及惩罚违反该法的行为等内容。

与设立海洋保护区直接相关的是《渔业法》和《沿海地区和小岛屿管理法》。《渔业法》授权海洋事务与渔业部可以确定受保护物种和设立海洋保护区;海洋事务与渔业部部长可以规划管理渔业资源,确定渔业库存和捕捞率。《沿海地区和小岛屿管理法》为规划、协调、整合沿海地区的管理提供了法律框架,其最突出的特点是鼓励以社区为基础的沿海和小岛屿管理规划,重视咨询沿海土著和居民的意见。《沿海地区和小岛屿管理法》强调建立以科学为基础的海洋空间规划,要求对不同海域制定不同的管理计划,为沿海地区和小岛屿的生态保护和可持续发展提供了法律依据。

印尼没有专门的海洋保护区立法,现有的法律也不能构成完整的海洋保护区法律框架。海洋保护区立法薄弱导致了"地方管理不善和(权力)滥用、高度的不遵守法律、资源使用者之间经常发生冲突,以及不同层级的政府和政府部门之间关系紧张与互相不信任"。[①]

3. 对公海保护区的立场

2018 年 9 月,在"《联合国海洋法公约》关于 BBNJ 的养护和可持续利用问题形成具有法律约束力的国际文件的第一次政府间会议"上,各国和主要国际环保组织都发表了各自对包括海洋保护区在内的划区管理工具的态度和立场。印尼是 77 国集团的成员国;77 国集团在公海保护区等划区管理工具的问题上主张建立一个决策、实施、监督和审查海洋保护区的全球框架和机制,每个国家都可以单独提交对有关问题的建议,公海保护区要与目标海域的保护需求相适应。在识别公海保护区等划区管理工具的问题上,77 国集团认为必须考虑区域生态环境的独特性、可变性、脆弱性、敏感性、生物生产力和多样性等因素。此外,印尼非常关注在公海保护区建设中沿岸国权利的保护问题,由于公海保护区的建设可能对公海的渔业、航运、科研等活动带来一定的限制,因而印尼呼吁各国保证在公海的活动不会对沿岸国造成不利影响。

---

① L. Wever et al. , "Decentralization and Participation in Integrated Coastal Management: Policy Lessons from Brazil and Indonesia", *Ocean and Coastal Management* 66 (2012), p. 63.

（二）海洋保护区管理实践

印尼的海洋保护区最初由印尼环境和林业部管理。印尼海洋事务与渔业部成立于 1999 年，并接手了海洋保护区的管理工作。根据《渔业法》的规定，印尼海洋事务与渔业部有权设立海洋保护区。在实践中，其下属的印尼区域和鱼类保护局直接负责沿海和小岛屿的海洋保护区的管理工作。与环境和林业部相比，印尼海洋事务与渔业部和海洋保护区有着更加密切的联系，本应有利于提供更加专业的管理，但实际上，海洋事务与渔业部未能提高海洋保护区的管理水平。一方面，海洋事务与渔业部自身管理能力和积极性不高；另一方面，印尼的国家权力下放改革后，海洋事务与渔业部的部分规划和命令不能在地方得以有效执行。

1998 年，印尼颁布第 22/1999 号法律，即《地方政府法令》。这部法律将中央部分权力下放到地方，地方政府获得了印尼管辖海域中距海岸线 12 海里以内的海域的管辖权，12 海里以外的海域依然由中央管理。地方政府借机不断加强对资源的控制，在海洋资源开发和管理中发挥着更加重要的作用。地方政府重视通过开发海洋资源促进经济发展，地方财政也因此获得了增长，但是，地方政府对海洋环境治理的积极性不高，管理资源的能力遭到很多质疑。"许多珊瑚礁保护社区认为，印度尼西亚政府缺乏保护珊瑚礁的能力，知识和适当的反腐措施"，[1] 并且，地方政府"极少有机会接受适当的培训，以实施透明、负责任的综合资源管理"。[2] 相比地方政府，沿海当地居民展现了更高的资源管理能力和环境保护积极性。在权力下放的改革中，地方社区参与资源管理的案例增多，"区域性，以及文化团体的沿海管理方式已经取得了成功"。[3] 沿海的居民意识到珊瑚礁对于他们的生存和生活的重要性，也通过一些环保组织

---

[1]　Kelly Heber Dunning, "Locally Managed Marine Protected Areas in Indonesia. Helping Local People and Ecosystems", Conservation Watch, http://www. conservation-watch. org/2016/10/12/guest-post-kelly-heber-dunning-locally-managed-marine-protected-areas-in-indonesia-helping-local-people-and-ecosystems/, last visited on March 20, 2020.

[2]　L. Wever et al., "Decentralization and Participation in Integrated Coastal Management: Policy Lessons from Brazil and Indonesia", *Ocean and Coastal Management* 66 (2012), p. 68.

[3]　L. Wever et al., "Decentralization and Participation in Integrated Coastal Management: Policy Lessons from Brazil and Indonesia", *Ocean and Coastal Management* 66 (2012), p. 70.

或地方性团体参与"海洋保护区的规则制定、监督、执法和冲突解决之中",① 但这种参与是有限度的,因为他们并没有得到更多的授权,也缺乏资金支持。

三　印尼海洋保护区实践评析及启示

印尼是世界上最大的群岛国家,且地处珊瑚三角区,海洋生物多样性非常显著。保护海洋生物多样性不仅对于印尼的经济和社会发展有积极影响,而且对于全球海洋环境保护具有重要意义,因此珊瑚三角区国家之间的区域合作值得特别关注。珊瑚礁为多种海洋生物提供生存场所,对环境变化具有敏感性,珊瑚三角区又分布着多个国家,商业捕捞、工业排放以及围海造田等活动对海洋环境产生了极大的威胁。在海洋环境治理中,由于海水的流动性以及部分海洋物种迁徙的特性,国际合作是必要且有效的,珊瑚三角区的各个国家在海洋环境保护中达成一致能够有效减少恶性开发利用海洋资源。印尼是《珊瑚三角区倡议》的积极倡导者,并首先提出建立珊瑚礁合作管理机制。在《珊瑚三角区倡议》签署后,印尼又率先做出建立海洋保护区的承诺,并在国内设立国家协调委员会以执行《珊瑚三角区倡议》下的决策。印尼的行为体现了其在区域环境问题上的积极性,有助于其建立良好的国际形象和声誉。

除保护珊瑚礁的区域性合作组织外,印尼海洋保护区实践中还有其他突出的亮点,比如重视海洋保护区的评估,建立了 E-KKP3K 评估系统,沿海社区和居民对海洋资源管理和环境保护具有积极性。但是,这些优势没有得到充分的发挥。从 E-KKP3K 评估结果来看,有 53 个海洋保护区未公布评级信息,其原因可能是这些保护区未被评估或评估信息未被公开,但无论是哪一种原因,E-KKP3K 评估系统的目的都未达成。在印尼中央权力下放到地方的过程中,地方政府更加重视海洋捕捞以及

---

① Kelly Heber Dunning, "Locally Managed Marine Protected Areas in Indonesia. Helping Local People and Ecosystems", Conservation Watch, http://www. conservation-watch. org/2016/10/12/guest-post-kelly-heber-dunning-locally-managed-marine-protected-areas-in-indonesia-helping-local-people-and-ecosystems/, last visited on March 20, 2020.

资源开发，这些活动有利于推动经济发展、促进财政收入增长。与此同时，沿海社区和居民也确实得到了更多的参与海洋资源管理的机会，《沿海地区和小岛屿管理法案》也为鼓励社区参与沿海和小岛屿管理规划提供了法律依据，但是，他们缺少资金支持和更多的授权。印尼沿海社区和居民的生产生活与海洋资源的开发和保护密切相关，值得肯定的是，印尼沿海社区和居民认识到了珊瑚礁的重要性，并参与海洋资源管理。沿海社区和居民参与海洋治理需要政府在资金、授权方面加大支持力度，政府自身也需要更加积极主动地促进海洋保护区建设。

政府的海洋保护区管理能力不足是印尼海洋保护区实践优势不能完全发挥的重要原因。首先，由于印尼中央权力下放的改革运动，中央和地方政府在资源管理的问题上关系比较紧张，要在全国范围内构建系统的海洋保护区网络，必须在印尼中央政府和地方政府之间建立有效的协调机制。印尼的地方自治改革还在继续，中央政府正在积极采取措施清理中央和地方之间的法令执行障碍，但是，完善中央和地方之间的权力分配体系仍需一段时间。其次，不管是印尼中央政府还是地方政府，其海洋保护区的管理能力都受到了质疑。海洋事务与渔业部及区域和鱼类保护局未能有效提高海洋保护区的管理水平，印尼只有不超过20%的海洋保护区在功能上符合管理目标。地方政府从中央政府接手距海岸线12海里以内的海洋资源管理权后，也极少有机会接受专业化的管理培训。中央政府和地方政府都需要提高海洋保护区的执法能力。最后，印尼没有专门的海洋保护区立法。立法薄弱是导致海洋保护区管理不善、权力滥用的重要原因。印尼中央政府在清理中央和地方之间的法令执行障碍的过程中，可以探索完善海洋保护区立法，以立法巩固阶段性的障碍清理成果，逐渐搭建起中央和地方海洋保护区的管理合作平台。

印尼是发展中国家，国家人口总数排世界第四位。一方面，印尼在海洋中获取食物维持生产和生活需要；另一方面，随着工业的发展，印尼也将大量未经处理的工业废水、废料排入海洋。面对巨大的发展压力，印尼政府不得不在一定程度上牺牲环境。当前，许多发展中国家都面临海洋开发利用与环境保护的问题，因此印尼的实践经验和教训值得特别关注。先污染后治理的模式并不适合当今世界的发展趋势，过度消耗海洋资源、破坏海洋环境将会给未来的发展造成恶果。印尼所管辖的海域在生物多样性上具有天然的优势，随着科技的发展，这些优势最终会转化为更高的生产力优势。考虑到未来的发展，印尼政府应当对海洋保护区给予更多的重视。对于印尼国内权力下放改革产生的问题，需要印尼通过自身的发展来改善，"印尼的民主体制已经开始形成了一种自我纠错的机制"，① 但是这个问题的解决需要时间。不能期待先解决印尼的中央和地方矛盾再来关注环境问题，不管是中央政府还是地方政府，在海洋环境治理的问题上应当及早达成一致。加快海洋保护区建设、提高海洋保护区管理水平同时符合中央和地方的利益诉求。在当下的发展背景下，印尼政府应当更加积极主动承担海洋保护区建设的责任。

参考文献

一　中文

1. 许利平：《印尼的地方自治：实践与挑战》，《东南亚研究》2010 年第 5 期。

2. 《世界地图集》，中国地图出版社，2018。

二　英文

1. Coral Triangle Support Partnership, Stewarding Biodiversity and Food Security in the Coral Triangle：Achievements, Challenges, and Lessons Learned, 2014.

2. Ferrol-Schulte, Daniella et al. , "Coastal Livelihood Vulnerability to Marine Resource Degradation：A Review of the Indonesian National Coastal and Marine Policy Framework", *Marine Policy* 52 (2015).

3. Dunning, Kelly Heber, "Locally Managed Marine Protected Areas in Indonesia. Helping Local People and Ecosystems", Conservation Watch, http：//www. conservation-watch. org/2016/10/12/guest-post-kelly-heber-dunning-locally-managed-marine-protected-areas-in-indonesia-helping-local-people-and-ecosystems/.

4. Reef Base, Summary Report for MPAs in Indonesia, http：//www. reefbase. org/key_topics/pdf/Indonesia% 20mpa. pdf.

5. Wever, L. et al. , "Decentralization and Participation in Integrated Coastal Management：Policy Lessons from Brazil and Indonesia", *Ocean and Coastal Management* 66 (2012).

---

① 许利平：《印尼的地方自治：实践与挑战》，《东南亚研究》2010 年第 5 期。

三　主要参考网站

1. 联合国粮农组织（FAO），http://www.fao.org/fishery/facp/IDN/en#CountrySector-Overview。

2. 珊瑚三角区倡议（Coral Triangle Initiative），http://www.coraltriangleinitiative.org/node。

3. 世界自然基金会（WWF），https://www.worldwildlife.org/habitats/ocean-habitat。

4. 印尼海洋事务与渔业部，https://kkp.go.id/。

5. 印尼区域和鱼类保护局，http://kkji.kp3k.kkp.go.id/index.php/basisdata-kawasan-konservasi。

第二十章 马来西亚海洋保护区：海洋公园为主

一 马来西亚海洋自然环境与海洋保护区建设概况

（一）海洋自然环境

马来西亚地处东南亚，国土被南中国海分隔成东、西两部分。西马来西亚位于马来半岛南部，包括 11 个州，北与泰国接壤，南与新加坡隔柔佛海峡相望，东临南中国海，西濒马六甲海峡；东马来西亚位于加里曼丹岛北部，包括沙巴和沙捞越两个州，与印尼、菲律宾、文莱相邻。① 马来西亚位于珊瑚三角区，全国海岸线总长 4192 公里，② 海洋动植物资源丰富，是世界上生物多样性最强的 12 个国家之一。③ 马来西亚属热带海洋性气候，终年高温多雨，拥有很多优质的海滩、海岛，马来西亚以此为依托发展旅游业。海洋赋予马来西亚的不仅有丰富的生物资源，还有航运利益和能源利益。"马六甲海峡有近一半水域属马来西亚领海，是马来西亚的重要对外航运通道，也是东亚地区的'海上生命线'。"④ 海运是马来西亚国际贸易的主要形式，马来西亚 95% 的贸易通过海运完成。⑤ 同时，马来西亚的经济发展非常依赖海洋油气资源，自 20 世纪下

---

① 中华人民共和国外交部，https：//www. fmprc. gov. cn/web/gjhdq_676201/gj_676203/yz_676205/1206_676716/1206x0_676718/，最后访问日期：2020 年 3 月 16 日。

② 中华人民共和国外交部，https：//www. fmprc. gov. cn/web/gjhdq_676201/gj_676203/yz_676205/1206_676716/1206x0_676718/，最后访问日期：2020 年 3 月 16 日。

③ Department of Marine Park Malaysia, Total Economic Value of Marine Biodiversity, http：//www. dmpm. nre. gov. my/v1/e-perpustakaan/wp-content/uploads/2017/12/BUKU-TOTAL-ECONOMIC-VALUE-OF-MARINE-BIODIVERSITY-Draf-9-FINAL. pdf.

④ 姜丽等：《马来西亚在南海的战略利益分析》，《广东海洋大学学报》2014 年第 2 期。

⑤ 中华人民共和国商务部，http：//my. mofcom. gov. cn/article/ddgk/201407/20140700648588. shtml，最后访问日期：2020 年 3 月 16 日。

半叶以来，马来西亚不断加大海洋油气资源勘探和开发，其勘探和开发范围一直延伸至中国南海海域。"在南海发展海上石油生产后，南海石油不仅满足了马来西亚需求，更为马来西亚经济迅速发展带来丰盈财富，石油出口总值已经超过其国民生产总值的 20%。"[1] 伴随着经济发展，马来西亚的海洋环境也遭到了破坏。海运与石油开采对海洋环境产生污染，并且该种破坏具有跨界污染的属性；气候变暖，海水温度上升并酸化导致珊瑚三角区的珊瑚礁大量白化，生物多样性和渔业资源锐减对马来西亚的食物安全造成威胁。

（二）海洋保护区概况

海洋公园是马来西亚的海洋保护区的主要类型，一般以海岛为基础，并包括距离该岛低潮线 1 海里或 2 海里的海域，周边的小岛屿也可能被纳入海洋公园的范围。自 20 世纪 80 年代起，马来西亚开始意识到海洋环境恶化会造成渔业资源的减少，出于恢复渔业资源的需求，马来西亚开始设立禁渔区，保护以珊瑚礁为代表的海洋生境。1983 年，时任马来西亚总理指令农业部（渔业部门）设立海洋公园，[2] 马来西亚的海洋保护区建设开始起步。同年，根据当年行之有效的《渔业法》（1963），热浪岛被设立为渔业禁区。其后，《渔业法》两次被修改，修改内容包括将潜在区域设立为海洋公园的相关规定，[3] 马来西亚的海洋保护区也随之发展。当前，马来西亚海洋保护区的主要类型即根据《渔业法》（1985）设立的海洋公园。截至 2018 年 6 月，马来西亚在吉打、登嘉楼、彭亨、柔佛、纳闽共设立了 42 个由马来西亚海洋公园局（Department of Marine Park Malaysia）管理的海洋公园，这五个州都分布于西马来西亚。在东马来西亚，沙捞越州和沙巴州还有由州政府设立并管理的海洋保护区，[4] 其类型主要包括海洋公园和国家公园等。马来西亚计划在 2025 年

---

① 姜丽等：《马来西亚在南海的战略利益分析》，《广东海洋大学学报》2014 年第 2 期。

② Department of Marine Park Malaysia, http://www. dmpm. nre. gov. my/sejarah-penubuhan. html? uweb = jtl&lang = en#, last visited on March 20, 2020.

③ Department of Marine Park Malaysia, http://www. dmpm. nre. gov. my/sejarah-penubuhan. html? uweb = jtl&lang = en#, last visited on March 20, 2020.

④ Ministry of Water, Land and Natural Resources, https://www. mybis. gov. my/art/33, last visited on March 20, 2020.

之前，以保护区或其他有效区域管理形式保护其管辖的 10% 的海域。①

二　马来西亚海洋保护区法律与政策框架

（一）国际层面

马来西亚是《联合国海洋法公约》《生物多样性公约》《拉姆萨尔公约》《保护世界文化和自然遗产公约》《濒危野生动植物种国际贸易公约》《南极条约》《国际植物保护公约》等与生物多样性保护相关的国际条约的缔约国。马来西亚公园管理局的规划和海洋公园管理组担负处理海洋公园与各种条约之间的关系的职能。

马来西亚希望能在东南亚地区的海洋公园生物多样性养护和管理中扮演领导者的角色，② 因而在东南亚地区的海洋环境保护合作中，马来西亚表现得非常积极。在区域层面，马来西亚是 2009 年的《关于珊瑚礁、渔业和粮食安全的珊瑚三角区倡议领导人宣言》的缔约国，与印尼、东帝汶、巴布亚新几内亚、所罗门群岛和菲律宾合作保护珊瑚三角区的生物多样性，关注气候变化对珊瑚礁带来的影响，并通过建立海洋保护区的方式增强相关海域的恢复能力。2001 年，由全球环境基金资助，联合国环境规划署实施的"扭转南中国海和泰国湾环境退化趋势"项目启动。该项目旨在促进区域合作以控制陆源污染物和过度捕捞，恢复和保护海洋生态环境，马来西亚与中国、越南、柬埔寨、泰国、印度尼西亚、菲律宾 7 个国家共同参与其中。

（二）国内立法

马来西亚没有专门的海洋保护区立法，当前设立和管理海洋保护区的依据包括联邦层面的《渔业法》，《费用令（马来西亚海洋公园）》（2003）以及州立法层面的沙巴州《公园法规》（1984）和沙捞越州《国家公园

---

① Ministry of Natural Resources and Environment, National Policy on Biological Diversities 2016 – 2025, 2016, p. 14.

② Department of Marine Park Malaysia, http://www.dmpm. nre. gov. my/vision _ mission _ objectives. html? uweb = jtl, last visited on March 20, 2020.

和自然养护条例》（1988）。马来西亚的联邦和州都没有专门的海洋保护区立法，联邦层面的《渔业法》比较滞后，没有为适应马来西亚海洋保护区管理机构的变化而做修改。海洋保护区缺少更加细化的管理依据，《费用令（马来西亚海洋公园）》（2003）只是马来西亚海洋公园收费依据，内容单一。与西马来西亚各州不同，东马来西亚的沙捞越州和沙巴州各自进行海洋保护区立法，这一现象与马来西亚联邦与州之间权力分配模式相关，东马来西亚两州在地方事务上拥有更大的自主权。

《渔业法》第 41 条至第 45 条是当前马来西亚海洋保护区的设立和管理依据。该法第 41 条规定了海洋保护区设立的目的，并授权渔业管理负责人可以设立海洋公园或海洋保留区，该项权力在 2007 年 7 月已经正式转移给马来西亚海洋公园局行使，但《渔业法》至今未修改；第 42 条规定了海洋保护区的负责人有权控制和协调海洋保护区内所有环境保护事宜；第 43 条规定了未经许可禁止在海洋保护区内进行的活动，这些活动主要包括捕鱼、采集动植物、破坏珊瑚礁、随意弃置、建筑物建设以及摧毁任何有生命或无生命的物品；第 44 条规定了绝对禁止带入海洋保护区的武器；第 45 条赋予渔业管理负责人制定适用于保护区管理的行政法规的权力，事实上，这项权力也转移给了马来西亚海洋公园局负责人行使，但《渔业法》未回应实践中这一政府职权的调整。

2003 年，马来西亚渔业管理部门根据 1951 年的《费用法》颁布了《费用令（马来西亚海洋公园）》（2003）。《费用令（马来西亚海洋公园）》（2003）是马来西亚海洋公园局管理的海洋公园的收费依据，它同时规定了所收取的费用处理方式，是马来西亚海洋公园局行使海洋公园管理职能的产物。马来西亚各州所拥有的对地方事务的自主权不平等，东马来西亚两州与西马来西亚十一州相比，地方权力较大。西马来西亚的海洋保护区受《渔业法》调整，而沙捞越州和沙巴州都进行了各自的自然保护区立法，并以之为依据建立了州海洋保护区管理体系。1984 年，沙巴州颁布了《公园法规》；1988 年，沙捞越州颁布了《国家公园和自然养护条例》，这两部法律的共同特点是，它们同时调整陆地和海洋上的自然保护区的设立和管理。与联邦相同，东马来西亚两州都没有专门的海洋保护区立法，但与《渔业法》相比，沙巴州和沙捞越州海洋保护区立法已经专业化到自然保护区的设立和管理层面。

(三) 相关政策

2016 年，作为对《国家生物多样性政策》（1998）的延续和更新，马来西亚自然资源和环境部发布了《国家生物多样性政策》（2016 - 2025）。这是一项兼具陆地和海洋生物多样性治理的国家政策。在《国家生物多样性政策》（2016 - 2025）中，马来西亚计划在 2025 年之前达成 17 项具体目标，其中第 6 项的内容涉及海洋保护区的建设，即马来西亚计划在 2025 年之前，以保护区或其他有效区域管理形式保护其管辖的 10% 的海域。[①] 马来西亚认为这个目标的确立有利于保护关键生态系统、物种和基因多样性。[②]

三 马来西亚海洋保护区的实践

(一) 海洋保护区管理实践

马来西亚水、土地和自然资源部为海洋保护区的主管机构。2018 年 7 月，马来西亚联邦政府机构进行了重组，水、土地和自然资源部以原自然资源和环境部的土地和自然资源管理部门为基础，吸收了能源、绿色科技与水利部的水利管理职能。水、土地和自然资源部负有养护和管理生物多样性的职责，这一职责的主要内容包括管理马来西亚的森林、野生生物和海洋公园，其中，管理海洋公园的职责主要由该部下设的马来西亚海洋公园局履行。[③] 根据马来西亚《渔业法》，马来西亚海洋公园原本由农业部下设的渔业管理部门管理，但是"渔业部门下的海洋保护区管理效果较差"。[④] 其后，在马来西亚政府职权调整的机构改革中，马

---

① Ministry of Natural Resources and Environment, National Policy on Biological Diversities 2016 - 2025, 2016, p. 14.

② Ministry of Natural Resources and Environment, National Policy on Biological Diversities 2016 - 2025, 2016, p. 14.

③ Ministry of Water, Land and Natural Resources, http://www. kats. gov. my/en-my/AboutUs/Pages/default. aspx, last visited on March 20, 2020.

④ Gazi Md Nurul Islam et al. , "Community Perspectives of Governance for Effective Management of Marine Protected Areas in Malaysia", *Ocean & Coastal Management* 135 (2017), p. 34.

来西亚联邦内阁会议于 2006 年 6 月 14 日批准通过自然资源和环境部关于组建部门负责管理海洋公园的备忘录。2007 年 7 月 16 日，马来西亚海洋公园局正式成立，管理海洋公园的职能被转移至原自然资源部，同时，海洋公园的管理人员编制扩大了近一倍。[1]

　　马来西亚海洋公园局的使命是"为国家经济的持续增长科学养护和管理海洋公园的海洋资源"。[2] 为了完成该使命，海洋公园局下设六个组分别负责不同的管理活动。如表 20 – 1 所示，海洋公园局的职权范围较大，除海洋环境保护外，还负责海洋公园内旅游活动的管理。马来西亚海洋公园局通过招标的方式选择企业在海洋公园内运营潜水、度假村、租船等旅游业相关产业。根据《费用令（马来西亚海洋公园）》（2003）游客进入海洋公园需要支付养护费（conservation charge），并且收取的费用应被纳入"海洋公园与海洋养护基金"，主要用于海洋公园旅游业的基础设施建设。值得注意的是，旅游业的发展同样会对海洋环境造成负担，"海洋公园局和执法机构严格执行海洋保护区中的规定。但由于旅游活动造成的人为压力过大，珊瑚礁和森林栖息地一直处于压力之下"。[3]

表 20 – 1　马来西亚海洋公园局机构与职能划分

部门	主要职能
规划和海洋公园管理组	该组负责的活动内容具有综合性，分为两个工作部门。一个部门负责海洋生态系统管理的国际合作与国内协调，主要工作内容包括在国际层面开展海洋环境保护管理的技术合作，履行相关国际条约，以及在国内层面与其他政府机构协调工作，并发布年度报告；另一个部门负责海洋保护区的管理，其工作内容包括制定海洋公园旅游管理计划，监管海洋公园的旅游活动，收集并发布旅游活动的相关信息，以及制定、审查和更新每个海洋公园管理计划（每 5 年更新一次），确定可以被设立为海洋公园的潜在地区，监测海洋生态信息，评估珊瑚礁和特定保护物种的生存状态等

---

①　Department of Marine Park Malaysia, http://www. dmpm. nre. gov. my/sejarah-penubuhan. html? uweb = jtl&lang = en, last visited on March 20, 2020.

②　Department of Marine Park Malaysia, http://www. dmpm. nre. gov. my/visi-misi-moto-objektif. html? uweb = jtl&lang = en, last visited on March 20, 2020.

③　Gazi Md Nurul Islam et al. , "Community Perspectives of Governance for Effective Management of Marine Protected Areas in Malaysia", *Ocean & Coastal Management* 135 (2017), p. 36.

续表

部门	主要职能
研究和资源清查组	该组分为两个工作部门。一个部门负责加强与国内外大学等研究机构的合作,确定与海洋生态系统的重点研究领域并制定研究计划,促进海洋科研工作开展;另一个部门负责长期监测和评估海洋公园生物、水文等指标的变化,并为海洋公园内的项目开展提供技术意见
海洋生物多样性保护组	该组分为两个工作部门。一个部门负责海洋公园的执法活动,调查海洋保护区内的违法活动并保存和公布调查记录,提供和维护海洋公园内的设备、设施,负责供应水、船舶发动机用油等;另一个部门负责行政许可活动,有权批准或拒绝在海洋公园内的研究活动的申请,并对已批准的活动进行持续监督
教育和信息解释组	发布研究成果,参加国际展览会,增强公众教育等
服务和管理组	负责人力资源管理、财务管理、游客数据统计和网站管理等
工程组	处理和协调与国家规划的关系,监测和协调海洋公园局项目实施等

资料来源:Department of Marine Park Malaysia, http://www. dmpm. nre. gov. my/marine-park-planning-and-management. html? uweb = jtl, last visited on March 20, 2020。

马来西亚是联邦制国家,联邦政府和州政府之间的权力分配"重叠且复杂"。① 整体而言,联邦政府权力较大,马来西亚海洋公园局作为联邦层面的政府部门,管理着西马来西亚吉打、登嘉楼、彭亨、柔佛、纳闽五个州的海洋公园;同时,东马来西亚的两个州权力较西马来西亚的州权力大,可以独立进行海洋保护区立法和管理,并且东马来西亚两个州州政府的海洋保护区管理机构也并不与联邦政府完全相同。例如,在东马来西亚的沙捞越州,海洋保护区由其林业局(Sarawak Forestry Department)管理;在沙巴州,海洋保护区由沙巴公园局(Sabah Parks)管理。②沙捞越州林业局和沙巴州公园局都不是专为海洋保护区管理而设立的机构,它们同时负责陆上保护区的管理工作。因此,有学者指出,"规划和管理马来西亚海洋公园的挑战仍然是联邦 – 州对土地和海洋立法权

---

① Gazi Md Nurul Islam et al. , "Community Perspectives of Governance for Effective Management of Marine Protected Areas in Malaysia", *Ocean & Coastal Management* 135 (2017), p. 35.

② Malaysia Biodiversity Information System, https://www. mybis. gov. my/art/33, last visited on March 20, 2020.

的分离"。①

海洋保护区内的居民大多比较依赖海洋资源，部分居民从事渔业活动，从海洋中获取食物，然而海洋保护区的管理者并没有妥善处理海洋保护区建设与当地居民的生产生活需求之间的关系。将当地社区和居民纳入海洋保护区决策和管理机制是很多成功的海洋保护区的实践经验，但是"在现有的海洋保护区管理中，当地人没有积极参与海洋保护区管理的决策"。②"因为马来西亚目前的政治和法律框架强烈支持对渔业资源进行集中管理，因此它取消了所有传统的以社区为基础的管理模式，反而是这些模式可能会得到社区的支持。"③ 马来西亚需要改善当地社区的海洋保护区教育，帮助他们寻找替代性的生产生活方式，并且尊重传统的以社区为基础的管理模式，妥善安置当地居民。④

（二）最新实践活动

2018 年 9 月中旬，沙捞越州首席部长拿督巴丁宜阿邦佐哈里在主持一项活动时表示，马来西亚已经将卢康暗沙（Luconia Shoals）⑤ 设立为海洋国家公园。⑥ 卢康暗沙位于南沙群岛南端，由北康暗沙和南康暗沙组成，周围海域中蕴藏着丰富的生物资源和石油资源。据沙捞越当地媒体《婆罗洲邮报》报道，2018 年 6 月 28 日，沙捞越林业局已经发布了

① Gazi Md Nurul Islam et al. ，"Community Perspectives of Governance for Effective Management of Marine Protected Areas in Malaysia"，*Ocean & Coastal Management* 135 （2017），p. 35.
② Gazi Md Nurul Islam et al. ，"Community Perspectives of Governance for Effective Management of Marine Protected Areas in Malaysia"，*Ocean & Coastal Management* 135 （2017），p. 39.
③ Habibah Mohd Yusah et al. ，"Factors Influencing Residents' Attitude towards Marine Resource Utilization in Tun Sakaran Marine Park Malaysia"，*International Journal of Business and Society* 19 （2018），p. 44.
④ Habibah Mohd Yusah et al. ，"Factors Influencing Residents' Attitude towards Marine Resource Utilization in Tun Sakaran Marine Park Malaysia"，*International Journal of Business and Society* 19 （2018），p. 44.
⑤ Luconia Shoals，马来西亚称巴丁宜阿里浅滩，中国则称南康暗沙与北康暗沙。1935 年，中华民国大陆地图审查委员会按照音译公布的名称为"南卢康尼亚滩"和"北卢康尼亚滩"。1947 年，中华民国将其改为"南康暗沙"和"北康暗沙"。1983 年，公布名称亦为"南康暗沙"和"北康暗沙"。笔者将其转译为"卢康暗沙"。卢康暗沙位于南海九段线内，为中国领土。
⑥ Fortifying Rightful Ownership, Sarawak Government，https://www.sarawak.gov.my/web/home/news_view/119/11196，last visited on March 20, 2020.

关于设立卢康暗沙国家公园的简报，并称该国家公园的设立依据是《国家公园和自然养护条例》第 10 条，沙捞越林业局希望与渔业管理部门合作，保护当地的珊瑚礁和鱼类，并挖掘当地的生态旅游价值。① 沙捞越政府进一步表示：卢康暗沙位于马来西亚大陆架上，在卢康暗沙设立的海洋国家公园是马来西亚最大的海洋保护区，在此设立海洋保护区，不仅是为了保护当地的珊瑚礁，而且可以巩固沙捞越作为该地区海洋资源的合法拥有者的地位。② 9 月下旬，在马来西亚、文莱和印度尼西亚举行的第 12 届 "婆罗洲之心"③ 三方会议开幕式上，马来西亚再次提到这一事件对保护生物多样性的价值，并称在初期阶段，马来西亚宣布的卢康暗沙海洋国家公园面积达到 10117.72 平方公里。④

　　马来西亚在卢康暗沙设立海洋国家公园主要有两个目的：第一，保护海洋环境；第二，强化其对于卢康暗沙的控制和影响。南海是半封闭海域，地理位置重要，自然资源丰富，长期以来，周边国家对南海的开发利用活动不断扩大，南海海域的环境问题不断凸显。卢康暗沙附近蕴藏着丰富的石油资源，也分布着海洋鱼类赖以生存的珊瑚礁。石油开采活动会对海洋底栖生物的生存环境造成不可逆的破坏，单纯从工具价值来看，建立海洋国家公园不失为一种有效的海洋资源管理和海洋环境治理工具。但马来西亚的目的不止于通过海洋国家公园保护海洋环境。中国和马来西亚在卢康暗沙的主权归属上存在分歧。在此背景下，海洋保护区这一原本用于海洋生物多样性保护的工具，被赋予了政治使命，沙捞越希望通过设立海洋保护区巩固其 "作为该地区海洋资源

① Yunus Yussop, Special Briefing on Setting up of Luconia Shoals National Park, Borneo Post Online, http://www.theborneopost.com/2018/06/28/special-briefing-on-setting-up-of-luconia-shoals-national-park/, last visited on March 20, 2020.

② Fortifying Rightful Ownership, Sarawak Government, https://www.sarawak.gov.my/web/home/news_view/119/11196, last visited on March 20, 2020.

③ "婆罗洲之心"（HoB）是指婆罗洲的中心部分，地跨文莱、印度尼西亚和马来西亚。2007 年文莱、印度尼西亚、马来西亚与国际环保组织 WWF 合作发起 HoB 倡议，共同保护当地的热带雨林及生物多样性。

④ Fortifying Rightful Ownership, Sarawak Government, https://www.sarawak.gov.my/web/home/news_view/119/11196, last visited on March 20, 2020.

的合法拥有者的地位"。①

马来西亚所谓"在卢康暗沙设立新的海洋国家公园"的事件与中马两国的南海争端不可分割。卢康暗沙位于九段线以内，中国政府一直对其拥有主权。1979年，马来西亚发布了一份新的领海和大陆架疆域图，"这份1：150万比例尺的所谓'新地图'标明了东马沙巴和沙捞越两州的大陆架主权声索界限，把南海东南部的12个岛礁划入其声索范围"，②卢康暗沙就涉及其中。设立海洋保护区是一国对其管辖海域行使管辖权的体现，马来西亚在卢康暗沙"设立海洋保护区"的行为，触动了中马两国关于南海相关地物归属的敏感问题，马来西亚所图不仅在于海洋环境保护，更是借此机会展示其所谓"管辖权"行使活动。

四　评析与启示

马来西亚地处东南亚，濒临南中国海，海洋生物资源丰富，被誉为世界上生物多样性最丰富的12个国家之一。海运和海上油气勘探为马来西亚创造了大量的财富，是国家经济的重要支撑。随着经济的发展，马来西亚面临海洋生物多样性及渔业资源锐减的危机，保护渔业资源是马来西亚最初建立海洋保护区的动力。当前，马来西亚也很重视海洋保护区对生物多样性保护和旅游业发展的价值。马来西亚是联邦制国家，海洋保护区的管理主体分为联邦和州两类，联邦的海洋保护区管理机构主要是马来西亚海洋公园局，其管辖的海洋保护区类型单一，以海洋公园为主，主要分布在西马来西亚，设立依据是联邦1985年的《渔业法》。马来西亚海洋公园局内设六个部门，管理事项囊括与海洋环境保护及海洋公园旅游业相关的所有事项。东马来西亚的沙巴州公园局和沙捞越州的林业局分别根据各州立法管理各自的海洋保护区，沙巴州海洋保护区以海洋公园为主要类型，沙捞越州的海洋保护区以国家公园为主要类型。州政府的海洋保护区管理机构不需要与联邦政府保持一致，州政府管理的海洋保护区与联邦政府管理的海洋保护区不存在层级划分。在国际海

---

① Fortifying Rightful Ownership, Sarawak Government, https://www.sarawak.gov.my/web/home/news_view/119/11196, last visited on March 20, 2020.

② 苏莹莹：《马来西亚务实南海政策及其新变化》，《东南亚研究》2017年第5期。

洋环境保护合作层面，马来西亚加入了世界主要的与海洋环境保护相关的国际条约，包括《联合国海洋法公约》《生物多样性公约》《拉姆萨尔公约》等，以及地区性的《珊瑚三角区倡议宣言》，同时，马来西亚还参与了区域性的"扭转南中国海和泰国湾环境退化趋势"海洋环境保护合作项目等。

马来西亚的海洋保护区建设具有值得借鉴之处。第一，马来西亚联邦政府将海洋公园管理职权从渔业管理部门剥离，在水、土地和自然资源部成立专门的管理机构，即马来西亚海洋公园局，并扩大该局编制增加管理人员，这一举措有利于提高海洋公园管理水平。海洋公园内一般对渔业活动有较多限制，农业部下属的渔业管理部门在促进渔业发展与加强海洋公园管理之间存在矛盾，过去渔业部门的海洋保护区管理也确实存在效率不高的情况。水、土地和自然资源部的职能，如自然保护区的管理、生物多样性保护等与海洋公园的设置目的相吻合。因此，马来西亚的这一政府职能调整有利于为海洋公园提供专业化的管理，也体现了政府对于海洋公园的关注的提升。第二，马来西亚制定了《费用令（马来西亚海洋公园）》（2003）作为海洋公园的收费依据。该法令公布了海洋公园的收费标准，并规定收取的费用应被纳入海洋公园与海洋养护基金，有利于提高海洋公园费用收取和使用的透明度。第三，马来西亚在区域性的海洋环境保护合作中表现积极，这些合作项目有利于控制跨境污染，恢复和保护区域海洋环境。

马来西亚的海洋保护区建设也存在不足之处。第一，在实践中，马来西亚海洋保护区形式比较单一，海洋保护区的生物多样性保护价值受到旅游业发展的挤压。海洋公园是马来西亚海洋保护区的主要类型，沙捞越州的海洋保护区以国家公园为主要形式，且这些海洋保护区大多支持发展生态旅游。旅游业的膨胀同样会给海洋动植物及其生境带来压力，马来西亚同样面临此种问题，但马来西亚并没有采取更加细致的海洋保护区分类或进行分区管理的措施，在介绍海洋保护区旅游活动的同时并未规定对人类活动的限制或限制人类活动的区域。第二，海洋保护区立法滞后。马来西亚的海洋保护区的法律依据是 1985 年的《渔业法》，在这部法律颁布之初海洋保护区的主管机构还是农业部下属的渔业管理部门。当前，马来西亚的政府职能多次调整，自 2007 年起，海洋保护区的管理机构已经转移至水、土地和自然资源部，该项权力转移的基础是内阁会议的批准决定，① 而《渔业法》规定的海洋保护区管理部门至今仍是渔业管理部门，马来西亚的立法没有对实践出现的变化给予及时的回应。第三，管理者未能处理好与海洋保护区当地社区和居民的关系。当地社区和居民参与度是评价海洋保护区管理效率的重要因素，但在实践中，当地社区和居民对海洋保护区相关活动的参与积极性不高。从马来西亚海洋公园局的机构和职能划分来看，没有专门处理与当地居民、社区之间关系的部门，也缺乏将它们纳入海洋保护区决策和管理之中的制度安排。

马来西亚赋予了海洋保护区政治使命，应当引起中国政府的警惕。中国应当增加对南海海洋环境问题的关注，积极树立和维护保护南海海洋环境健康的良好形象。第一，通过设立海洋保护区等方式加强南海资源管理和海洋环境保护。南海确实面临由于石油开采、过度捕捞、海洋运输等活动造成的渔业缩减和生物多样性减少的问题，中国作为南沙群岛的主权国家应当采取一定的措施治理海洋环境。设立海洋保护区就是被广泛证明为行之有效的方式，中国可以在适当的时机在南海设立海洋保护区。第二，紧密关注马来西亚在南海的动态，加强与马来西亚的双边交流沟通。中国和马来西亚过去存在友好合作的基础，而马来西亚也长期奉行务实外交的立场，中国和马来西亚存在通过友好协商共同保护南海海洋环境的可能，在坚持主权属于中国的立场的前提下，中国和马来西亚在经济、能源等领域的合作可以延续到海洋环境保护领域。第三，推动和主导南海海洋环境保护合作。目前，在南海海洋环境保护领域，"在资金、技术、影响力等方面均能起到推动作用的内部主导力量仍未出现"，② 但南海的海洋环境治理关乎每一个沿岸国的利益，环境问题具有现实性和紧迫性，不能等到南海争端解决之后再来处理环境问题。《南海各方行为宣言》第 6 条鼓励各方在争议解决之前在海洋环境保护方面开展合作，但是对海洋环境保护合作的具体问题还有待于"南海行为准则"进一步落实。中国应当把握这一时机，推动各方在海洋保护

---

① Department of Marine Park Malaysia, http://www.dmpm.nre.gov.my/sejarah-penubuhan.html? uweb = jtl, last visited on March 20, 2020.

② 刘丹：《南海海洋环保合作的困境与出路——兼及对"南海仲裁案"相关仲裁事项的辩驳》，《外交评论》2017 年第 5 期。

领域达成共识，加强合作，努力在南海海洋环境保护合作领域取得一定的成效。

参考文献

一　中文

1. 姜丽等：《马来西亚在南海的战略利益分析》，《广东海洋大学学报》2014 年第 2 期。

2. 刘丹：《南海海洋环保合作的困境与出路——兼及对"南海仲裁案"相关仲裁事项的辩驳》，《外交评论》2017 年第 5 期。

3. 苏莹莹：《马来西亚务实南海政策及其新变化》，《东南亚研究》2017 年第 5 期。

二　英文

1. Department of Marine Parks Malaysia, Total Economic Value of Marine Biodiversity.

2. Ministry of Natural Resources and Environment, National Policy on Biological Diversities 2016 – 2025, 2016.

3. Islam, Gazi Md Nurul et al., "Community Perspectives of Governance for Effective Management of Marine Protected Areas in Malaysia", *Ocean & Coastal Management* 135 (2017).

4. Yusah, Habibah Mohd et al., "Factors Influencing Residents' Attitude towards Marine Resource Utilization in Tun Sakaran Marine Park Malaysia", *International Journal of Business and Society* 19 (2018).

5. Yunus Yussop, Special Briefing on Setting up of Luconia Shoals National Park, Borneo Post Online, http://www.theborneopost.com/2018/06/28/special-briefing-on-setting-up-of-luconia-shoals-national-park/.

三　主要参考网站

1. 马来西亚海洋公园局，http://www.dmpm.nre.gov.my/eperpustakaan.html? uweb =。

2. 马来西亚生物多样性信息系统，https://www.mybis.gov.my/art/33。

3. 马来西亚水、土地和自然资源部，http://www.kats.gov.my/ms-my/Pages/default.aspx。

4. 沙捞越政府，https://www.sarawak.gov.my/。

5. 中华人民共和国外交部，https://www.fmprc.gov.cn/web/gjhdq_676201/gj_676203/yz_676205/1206_676716/1206x0_676718/。

6. 中华人民共和国商务部，http://my.mofcom.gov.cn/article/ddgk/201407/20140700648588.shtml。

第二十一章　越南海洋保护区建设：海洋战略的一部分

一　越南海洋自然环境与海洋保护区概况

（一）海洋自然环境

越南社会主义共和国位于中南半岛东部，北与中国接壤，西与老挝、柬埔寨交界，东面和南面临南海。越南拥有 3260 多公里海岸线，[①] 岛屿众多，海域面积宽广。海洋在越南的政治、经济、军事等层面都具有重要的战略意义。超过一半的越南人口居住在沿海及岛屿之上。[②] 近十几年来，越南通过 2007 年越共十届四中全会出台的《至 2020 年越南海洋战略》和《越南海洋法》形成了其"海洋战略"，[③] 致力于将越南发展成为海洋强国。[④]

绵长的海岸线和广阔的海域赋予越南丰富的海洋生物多样性，其海洋生物物种多达 6845 种，其中鱼类 2000 种，蟹 300 多种，贝类 300 种，虾类 75 种。[⑤] 然而，越南的海洋生态环境不断恶化，这一趋势开始引起政府的高度关注和重视：一方面，因许多人为因素及无序开发导致海洋环境不断受到污染，以致海洋生态环境出现日益恶化难以治理的

[①] 中华人民共和国外交部，http://www.fmprc.gov.cn/web/gjhdq_676201/gj_676203/yz_676205/1206_677292/1206x0_677294/，最后访问日期：2020 年 3 月 16 日。

[②] Vu Hai Dang, *Marine Protected Areas Network in the South China Sea*, Martinus NIJHOFF Publishers, 2014, p. 178.

[③] 转引自〔越〕何登《发展海洋经济和保卫祖国海域、海岛中的若干思想工作问题》，〔越〕《共产主义杂志》2007 年第 5 期。

[④] 《越南海洋战略落实 10 年：努力发展成为海洋强国》（2018），越南对外通讯杂志，http://vnafar.com/vietnam-island/story - 9432，最后访问日期：2020 年 3 月 16 日。

[⑤] 中华人民共和国外交部，http://www.fmprc.gov.cn/web/gjhdq_676201/gj_676203/yz_676205/1206_677292/1206x0_677294/，最后访问日期：2020 年 3 月 16 日。

趋势，威胁渔业资源和海洋生物；另一方面，政府的管理措施与手段相对落后，资金与技术出现了巨大缺口，相关法律也明显不足。为了应对海洋生态危机，2010 年 5 月，时任越南总理阮晋勇批准了《到2020 年越南海洋自然保护区体系规划》。该规划颁布之后，越南又陆续通过了《越南海洋法》以及《越南海洋和海岛资源法》，并开始逐步推进海洋保护区建设。

（二）海洋保护区概况

越南自 2001 年设立了第一个海洋保护区——芽庄湾（Nha Trang Bay）保护区，① 迄今已建立 43 个海洋保护区，总面积达 3455.8 平方公里，覆盖了 0.5% 的越南水域。② 根据第 27/2005/ND-CP 号法令，越南设有三种类型的保护区，分别是国家公园、物种及栖息地养护区和水生生物自然保护区。2008 年颁布的第 57/2008/ND-CP 号法令③对这三类海洋保护区的分类标准进行了细化。

国家公园应当完全满足以下条件：拥有以下一种或多种典型生态景观：珊瑚礁、红树林、海草、潟湖或河口，且未被人类破坏或很少遭受人类活动影响的海洋区域；是一种或多种因面临灭绝危险而需要保护或管理的珍稀野生动物的栖息地；面积至少为 200 平方公里，其中至少三分之一的区域属于未被人类破坏或很少遭受人类活动影响的典型生态系统；生态养护目标确保能得以实现且该目标不因有害的人类活动而改变。

海洋物种及栖息地养护区应当完全满足以下条件：一种或多种因面临灭绝危险而需要保护或管理的珍稀野生动物的栖息地；是拥有以下一种或多种典型生态景观：珊瑚礁、红树林、海草、潟湖或河口，且未被人类破坏或很少遭受人类活动影响的海洋区域；面积超过 100 平方公里，

---

① International Center for Environmental Management, "Vietnam National Report on Protected Areas and Development", 2003, p. 41, https://portals. iucn. org/library/sites/library/files/documents/2003 – 106 – 4. pdf.

② Atlas of Marine Protection, Vietnam, http://www. mpatlas. org/region/country/VNM/, last visit on March 20, 2020.

③ "Decree No. 57/2008/ND-CP of May 2, 2008", Vietnam Low & Legal Forum, http://extwpr-legs1. fao. org/docs/pdf/vie82059. pdf.

其中五分之一是严格保护区域；生态养护目标确保能得以实现且该目标不因有害的人类活动而改变。

水生生物自然保护区应当完全满足以下条件：多种海洋野生生物的栖息地的海洋区域；能为海洋物种提供成长及繁衍的基础；能吸引临近海域的海洋物种；面积至少为 100 平方公里，其中三分之二的面积能为海洋物种提供成长及繁衍的基础；生态养护目标确保能得以实现且该目标不因有害的人类活动而改变的区域。[①]

对比这三种海洋保护区类型的分类标准，可以发现国家公园和海洋物种及栖息地养护区都强调对典型海洋景观和濒危海洋物种的保护，二者的主要区别在于面积；水生生物自然保护区则注重对普通海洋物种栖息地的保护。越南海洋保护区的分类标准侧重于物种、景观和面积，这与其他多数国家侧重于功能的分类标准不一样。虽然越南海岸线绵长，但其领海和专属经济区大部分都在南海，自然景观具有相似性，珍稀物种也在南海海域内活动，故而以物种的珍稀度作为海洋保护区的分类标准的科学性值得商榷。此外，目前越南关于保护区的报道及相关资料基本没有提及海洋保护区分类，而且后续的立法也没有针对不同类型的海洋保护区设置不同的管理方式与监督评估方法，可以认为该分类标准并未被适用于越南海洋保护区的实践中。

以芽庄湾保护区为例。芽庄湾保护区始建立于 2001 年，当时尚无海洋保护区的分类管理。芽庄湾位于越南中部，海岸线的最东部，隶属于越南庆和省。芽庄湾保护区总面积达 160 平方公里，其中的 122 平方公里属于海域。芽庄湾的生物多样性依赖于超过 350 种珊瑚组成的珊瑚礁（占世界珊瑚种类的 40%），在此生长着 220 种底层鱼类，160 种软体动物，62 种藻类和海草，与印度洋和太平洋的生物多样性密切相关。芽庄湾海洋保护区已建立分区管理，包括核心区、缓冲区及过渡区三个区划。在核心区内，基础设施和海底建设都被严格禁止，交通工具未经允许也不得通行。[②] 芽庄湾凭着美丽的风光，近年来吸引着越来越多的游客到

---

①　翻译整理自第 57/2008/ND-CP 号法令，参见 "Decree No. 57/2008/ND-CP of May 2, 2008", Vietnam Low & Legal Forum, http://extwprlegs1.fao.org/docs/pdf/vie82059.pdf。

②　IUCN, "Vietnam Marine Protected Area Management Effectiveness Evaluation", 2015, http://eascongress.pemsea.org/sites/default/files/file_attach/PPT-ICM-04-BuiThiThuHien.pdf。

此旅游。一方面，旅游产业的发展能为生态保护提供更充足的资金；另一方面，因当地政府未能平衡处理旅游开发与生态保护的关系，过度的旅游开发和管理的薄弱甚至让芽庄湾因海滩过度拥挤而屡次被评为世界最差海滩旅游地。同时，过度旅游开发也带来了一系列的生态环境问题。

二 越南海洋保护区的法律与实践

（一）海洋保护区法律和政策框架

1. 国际层面

国际合作是保护海洋生物多样性的重要途径之一，越南已经认识到了法律工具对环境质量保障的重要性，并签署了多个涉及环境和生物多样性保护的国际条约。其中包括确立了沿海国应承担海洋保护义务的《联合国海洋法公约》和《生物多样性公约》。表 21 - 1 列举了越南已加入的主要国际公约。此外，越南还加入了旨在通过采取最佳手段对珊瑚礁进行可持续管理的国际珊瑚礁倡议。[1] 为响应联合国环境规划署针对海洋垃圾的"清洁海洋"倡议，越南积极参与海洋垃圾治理的国际合作和交流。2018 年 12 月 10 日，越南自然资源和环境部同加拿大驻越南大使馆在河内联合举办国际资讯研讨会，为越南海洋塑料垃圾管理国家行动计划建言献策。[2]

表 21 - 1 越南加入的海洋保护区相关国际公约

公约名称	时间	海洋保护区相关内容
《拉姆萨尔公约》	1989 年生效	湿地保护和合理利用（包括红树林、沿海地区及珊瑚礁）

---

① 国际珊瑚礁倡议（International Coral Reef Initiative）由澳大利亚、法国、日本、牙买加、菲律宾、瑞典、英国和美国八国政府于 1994 年创立。该倡议是力图保存全世界的珊瑚礁及其相关生态系统的国家和组织间非正式伙伴关系的联盟。

② 《越南拟定海洋塑料垃圾管理国家行动计划》，2018，越南人民军队网，http://cn.qdnd. vn/cid - 6157/7197/nid - 555892. html，最后访问日期：2020 年 3 月 20 日。

续表

公约名称	时间	海洋保护区相关内容
《生物多样性公约》	1993 年签署	"爱知目标"设立了 2020 年以前世界 10% 的水域被海洋保护区覆盖的目标
《联合国海洋法公约》	1982 年签署	沿海国应承担的海洋保护的义务
《保护世界文化和自然遗产公约》	1987 年核准	保护具有突出普遍价值的自然景观、受威胁的动植物生境区

资料来源：笔者根据相关信息整理编制。

2. 东盟层面

越南作为东盟成员国，也参与了东盟的一系列协定。表 21 - 2 为涉及海洋保护的相关协议，这些协议为越南加强与东盟其他国家的海洋保护区合作提供了法律框架与技术支持。

表 21 - 2 东盟相关协定

协议	签署时间	海洋保护相关内容
《东盟养护自然和自然资源协定》	1985 年	东盟国家应采取合适手段养护海洋动植物物种
《成立东盟生物多样性中心协定》	2005 年	成立东盟生物多样性中心
《东盟海龟养护谅解备忘录》	2012 年	海龟养护

资料来源：ASEAN legal instrument, http://agreement.asean.org/。

3. 国内立法及规划

如表 21 - 3 所示，自 2003 年以来，越南通过颁布《越南渔业法》、《越南海洋法》、《越南海洋和海岛资源环境法》以及多项法令对海洋保护区相关事项进行了详细的规定。其中第 27/2005/ND-CP 号法令和第 57/2008/ND-CP 号法令是专门针对海洋保护区出台的立法，对海洋保护区的规划和管理等权责事项做了比较详细的规定。① 通过一系列法律，越南初步形成了涵盖海洋保护区规划、建立、管理、运行等多方面的法律框架。但该法律框架比较粗糙，管理和运行中的许多细致事项及标准尚未纳入立法范畴，并且海洋保护区监督和成效评测方面的立法也

---

① 米良：《越南社会主义共和国海洋和海岛资源环境法》，《南洋资料译丛》2017 年第 1 期，第 39~69 页。

亟须完善。

表 21-3　越南海洋保护区立法及规划

法律或规划	颁布时间	海洋保护区相关内容
《越南渔业法》	2003 年	对政府和各省人民委员会管理海洋保护区的权责进行了规定
第 109/2003/ND-CP 号法令	2003 年	湿地养护和可持续发展,沿岸湿地保护区的养护也要遵照此法令
第 27/2005/ND-CP 号法令	2005 年	对海洋保护区进行了定义、分类;对总理、农业和农村发展部管理海洋保护区的权责进行了详细规定;规定了沿岸湿地保护区的定义
《海岸带综合管理战略》	2006 年	明确了海岸带的管理分工
第 57/2008/ND-CP 号法令	2008 年	对海洋保护区的具体管理方式、范围做出规定
《到 2020 年越南海洋自然保护区体系规划》	2010 年	至 2020 年前分阶段新建 16 个海洋保护区,投资 4600 亿越南盾
《越南海洋法》	2012 年	加强国际合作以保护海洋生物多样性及海洋生态系统
《到 2020 年和面向 2030 年海洋资源可持续开发利用与海洋环境保护战略》	2013 年	完善海洋与海岛资源和环境综合管理法规与机制;加大对海洋和海岛资源管理调查的投入
《越南海洋和海岛资源环境法》	2015 年	合理开发海洋资源,保护海岛生态环境,禁止向海洋保护区排放污染物

资料来源:翻译整理自 Vu Hai Dang, *Marine Protected Areas Network in the South China Sea*, Martinus Martinus NIJHOFF Publishers, 2014, p. 182。

(二) 海洋保护区管理实践

目前,越南实行的是政府主导地方运行的海洋保护区管理机制。海洋保护区的设立和管理规则的制定由政府负责,具体管理则由保护区的专属管理委员会负责,社会公众也有一定的参与。

1. 管理机构

越南的生物多样性保护职能分属于几个部门,包括自然资源和环境部、农业和农村发展部等。自然资源和环境部是海洋、海岛资源与环境保护的综合主管部门,下属的海洋与海岛总局协助该部门管理相关业务,

是众多相关项目的牵头单位和参谋机关。[①] 越南海洋保护区的规划建设
和管理职能由总理、农业和农村发展部和各省人民委员会共同承担，其
中总理负责海洋保护区系统规划，由其决定建立国家公园、国际级[②]和
国家级海洋保护区、跨部门管理的保护区以及跨省的海洋保护区；农业
和农村发展部负责将候选海洋保护区提交总理并管理总理批准建立的海
洋保护区；政府负责发布国际级或国家级海洋保护区的管理规约；各省
人民委员会可以制定管理规则，管理由总理批准设立的其他海洋保护
区。[③] 目前越南政府尚未设立统一的海洋保护区管理机构，也缺乏有效
的合作机制协调海洋保护区运作中海洋、环境保护、渔业等部门之间的
职能分配。[④] 实际管理执法中存在权限不清、执法主体不明的情况，中
央和地方的权责关系也未完全厘清。越南保护区的制度安排复杂而且不
具有连贯性，部门间协作薄弱，对优先保护的物种也没有适当的管理
规划。[⑤]

2. 管理模式

为了更好地管理海洋保护区，越南政府于 2003 年通过《越南渔业
法》，于 2005 年通过第 27/2005/ND-CP 号法令，[⑥] 后者明确了海洋保护
区的分类。为了实现对海洋保护区的有效管理，越南在 2008 年颁布的第
57/2008/ND-CP 号法令中确定了海洋保护区的基本管理模式。[⑦] 该法令

---

① 丁小芹、张继伟、叶亨利：《中越北部湾海洋生物多样性保护机制对比研究》，《环境与
   可持续发展》2018 年第 4 期。
② 国际级海洋保护区指的是根据国际条约或者在国际组织如联合国环境规划署推荐下建
   立的海洋保护区。
③ Vu Hai Dang, *Marine Protected Areas Network in the South China Sea*, Martinus NIJHOFF Pub-
   lishers, 2014, p. 182.
④ Thu Van Trung Ho et al. , "A Multilevel Analytical Frame-work for More-effective Governance
   in Human-nature Systems: A Case Study of Marine Protected Areas in Vietnam", *Ocean & Cos-
   tal Management* 90 (2014), p. 18.
⑤ PARC, "Policy Brief: Building Vietnam's Protected Areas System: Policy and Institutional In-
   novations Required for Progress", 2006, p. 16, http://icem. com. au/documents/biodiversity/
   parc/PARC%203548_PolicyBrief. pdf.
⑥ "Decree No. 27/2005/NP-CP, 2005", Vietnam Law & Legal Forum, http://vietnamlawmaga-
   zine. vn/decree-no-27-2005-nd-cp-1962. html, last visited on March 20, 2020. 该法令
   详细介绍了《越南渔业法》中海洋保护区及内陆水域养护区的相关条款。
⑦ 法令具体条文参见 "Decree No. 57/2008/ND-CP of May 2, 2008", Vietnam Law & Legal
   Forum, http://extwprlegs1. fao. org/docs/pdf/vie82059. pdf。

为海洋保护区的分类提供详细标准，并根据海洋保护区的功能区划对人类活动进行了不同程度的限制。①

　　每一个海洋保护区都有专属的管理委员会，具体负责该保护区的管理和运行。管理委员会是一个公共非营利组织，拥有独立法人地位和银行账户，管理委员会由理事会、专业部门及巡逻小组组成。② 管理委员会的任务包括：在海洋保护区内组织和发展养护水生生物的活动；防治污染、疾病及其他有害活动；监控和向相关机构报告海洋保护区内的生物多样性及环境日常的状况；承担保护区内的环境公众教育及为提高公众收入建议相关活动等。同时，委员会可以和保护区当地个人或组织合作，在确保保护效果的前提下发展旅游和其他活动。

　　法令鼓励个人、组织和集体参与海洋保护区的管理、养护和发展，可以参加的具体活动包括：加强环境保护意识信息的传播和教育；监控、巡逻和守卫海洋保护区；海洋保护区内的科学研究和生态服务等。但这些活动都必须严格遵照法律规定并遵循董事会为保护区指定的内部规则。海洋保护区的财政来源包括国家预算、旅游收入和其他活动收入、捐款以及使用保护区的费用。越南鼓励公众和组织投资保护和发展保护区。③

（三）最新实践

1. 建成和完善 16 个海洋自然保护区

　　根据《到 2020 年越南海洋自然保护区体系规划》的具体目标，越南将在海上设立和完善 16 个海洋环境自然保护区。根据规划内容，这 16 个海洋自然保护区位于南沙群岛的广大海域，投资总金额约为 4600 亿越南盾，建设分为两个阶段：第一个建设阶段从 2011 年至 2015 年，陆续建成 16 个保护区并逐步投入运行投资金额约为 3000 亿越南盾；第二个建设阶段从 2016 年至 2020 年，实现保护区的全面完善，投资金额预计约为 1600 亿越南盾。

---

① 例如，在严格保护的区域，大多数的开发活动都是被禁止的，其中甚至包括船只通行。同时会在海洋保护区外围设立一个 500~1000 米的保护带以防止外围的有害影响。

② 法令具体条文参见 "Decree No. 57/2008/ND-CP of May 2, 2008"，Vietnam Law & Legal Forum，http://extwprlegs1.fao.org/docs/pdf/vie82059.pdf。

③ Vu Hai Dang, *Marine Protected Areas Network in the South China Sea*, Martinus NIJHOFF Publishers, 2014, p. 183.

按照规划中的要求，到 2015 年基本建成的越南 16 个海洋自然保护区包括姑苏岛（广宁）、吉婆岛（海防）、李山岛（广义）、芽庄湾（庆和）、富贵岛、昆岛（巴地头顿）和富国岛（建江）等。① 这些地区不少位于争议海域，如富国岛，越南和柬埔寨对其主权归属有纠纷，该岛目前由越南实际控制，柬埔寨宣称对其拥有主权。

虽然这些海洋保护区设定在 2015 年基本建成，但至今官方对这些保护区建设状况及成效的评估有限，并且部分保护区的管理成效堪忧。以富国岛为例，富国岛周围的渔民为了捕捞海马不仅使用潜水装备，还使用对海底有毁灭性影响的海底拖网。然而第 57/2008/ND-CP 号法令早已明令禁止在海洋保护区以破坏水生生物栖息地的方式捕鱼，特别是拖网捕鱼。② 这显示当地渔民有限的生态保护意识以及海洋保护区管理和执法的疏漏。

2. 越南对 BBNJ 的立场

在 BBNJ 国际协定谈判中，虽然越南未提交书面意见书，但均派代表参加了四次预委会。特别是在第一次预委会中，针对海洋遗传资源的地位问题，越南表示应将海床和水体视为一个整体，强调区域及其资源都是共同遗产。③ 这充分表明越南由于缺乏相关的技术、知识和资金，在现有条件下无法充分获得和利用国家管辖范围以外的资源，希望新协定有助于防止发达国家利用自身先发优势独占资源。

在 2018 年 4 月举办的 BBNJ 政府间大会组织会议上，越南代表团在其声明中表达了对 BBNJ 之前四次预委会成果的肯定，以及对促进海洋可持续利用的支持。同时，对于政府间大会，越南反对平行会议，并主张零文案的准备过程应当民主和透明，从而促进各代表团均有充分机会参与各项重要问题的讨论，④ 以上观点与 77 国集团主张相一致。在 2018 年 9 月举办的关于 BBNJ 的养护和可持续利用问题形成具有法

---

① 成汉平：《越南海洋战略研究》，时事出版社，2016，第 117 页。

② 详见第 57/2008/ND-CP 号法令第 6 ~ 9 条，http://extwprlegs1. fao. org/docs/pdf/vie82059. pdf。

③ International Institure for Sustainable Development，"Earth Negotiation Bulletin: A Reporting Service for Environment and Development Negotiations"，2016，http://enb. iisd. org/download/pdf/enb25106e. pdf.

④ Statement by the Delegation of Viet Nam，2018，https://papersmart. unmeetings. org/media2/18558924/viet-nam-bbnj-item-6. pdf.

律约束力的国际文件的政府间第一次会议上，越南代表主张该文书不
应限制《联合国海洋法公约》下的权利和义务，强调 BBNJ 应当是人
类共同遗产的公平分享。①

三　评析

（一）海洋保护区是越南海洋战略的重要部分

《到 2020 年越南海洋自然保护区体系规划》提到的 16 个海洋自然保
护区涵盖了中国南海海域，有的甚至划到了中国的南海断续线以内，如
"南谒岛（中国鸿庥岛——笔者注）海洋保护区"就位于中国南沙群岛
郑和群礁南部。② 这充分表明，越南政府设立这 16 个海洋保护区不仅旨
在确保对资源攫取的可持续性，③ 而且也意在以生态保护为名扩大其对
这些岛屿和海域的实际占领，为获得领土取得中要求的权源创造条件。
此外，16 个海洋自然保护区中有多个位于越南的海上防御链上，如吉婆
岛、姑苏岛等。按照越南的远景规划，未来它们将被建设成保卫海洋战
略的重要军事基地和后勤基地。④ 由此可见，海洋保护区作为实现越南
海洋战略中海洋生态保护远景目标的重要手段，其政治及军事战略价值
都不可忽视。

（二）多因素限制管理水平的提高

尽管越南越发重视海洋保护区建设，在立法和实践上也取得了一
定的成效，比如非法捕鱼减少了近 30%。⑤ 但越南海洋保护区依然存

---

① International Institute for Sustainable Development, "Earth Negotiations Bulletin: A Reporting
Service for Environment and Development Negotiations", 2018, http://enb. iisd. org/oceans/
bbnj/igc1/, last visited on March 20, 2020.

② 崔浩然:《论越南划设"南谒岛海洋保护区"的违法性——兼析南海海洋环保合作机制
的构建》,《中国海洋法学评论》2018 年第 2 期。

③ 成汉平:《越南海洋战略研究》, 时事出版社, 2016, 第 118 页。

④ 成汉平:《越南海洋安全战略构想及我对策思考》,《世界经济与政治论坛》2011 年
第 3 期。

⑤ The World Bank, http://www. worldbank. org/en/topic/environment/brief/oceans, 最后访问
日期: 2020 年 3 月 20 日。

在管理权限不清、执法能力弱、管理水平低等问题，导致海洋保护区功能发挥有限，生态恶化趋势未能得到有效遏制。2016 年 4 月，越南中部沿海地区因不明原因出现了大量死鱼，影响无数渔民的生计，越南官方将此定性为"这是一起首次在我国发生的面积广且复杂的环境事故"。这一事件不仅引起了越南国内的示威游行，也拉响了海上生态威胁和海洋污染的警报。①

财政资金不足、工作人员能力有限以及国民海洋保护区意识淡薄等是制约越南提高海洋保护区管理水平的关键因素。越南海洋保护区管理成效报告指出，越南所有的海洋保护区的财政资金都不足以支撑其开展关键的管理活动，而且这些资金的用途大多已经在制定预算时确定了，使用灵活性非常小。② 公共部门投入资金不足导致无法有效地管理保护区，那些已经在纸面上进行过法律认定的保护区，在实施保护区管理策略时却不能得到充分的资助，因而实现管理、养护和保护目标的能力相当有限。③ 此外，越南海洋保护区的资金大多来自地方政府，但地方政府财政能力有限，只能通过旅游收入予以补贴。④ 过度旅游开发会对保护区生态环境造成恶劣影响，如何保持旅游发展与生态保护之间的平衡也是越南保护区建设中需要思考的重要议题。

此外，越南海洋保护区的工作人员普遍缺乏海洋生物学等相关学科背景，大多数工作人员只扮演着林业管理员的角色，⑤ 所受的正规职业教育有限。即使是在最重要的保护区，也只有一个或两个具有大学水平的工作人员，而且目前在越南进行保护区培训的机会非常有限，因此亟须在各级海洋保护区加强对工作人员的培训和管理能力建设。⑥

资金和人才一直是影响各国海洋保护区管理水平的两个关键因素。

---

① 成汉平：《越南海洋战略研究》，时事出版社，2016，第 199 页。

② IUCN, "Vietnam Marine Protected Area Management Effectiveness Evaluation", 2015, http://eascongress. pemsea. org/sites/default/files/file_attach/PPT-ICM-04-BuiThiThuHien. pdf.

③ 范晓婷主编《公海保护区的法律与实践》，海洋出版社，2015，第 281 页。

④ IUCN, "Vietnam Marine Protected Area Management Effectiveness Evaluation", 2015, http://eascongress. pemsea. org/sites/default/files/file_attach/PPT-ICM-04-BuiThiThuHien. pdf.

⑤ IUCN, "Vietnam Marine Protected Area Management Effectiveness Evaluation", 2015, http://eascongress. pemsea. org/sites/default/files/file_attach/PPT-ICM-04-BuiThiThuHien. pdf.

⑥ 范晓婷主编《公海保护区的法律与实践》，海洋出版社，2015，第 281 页。

对于资金问题，联合国环境规划署在其报告中给出的解决方案是基于市场的治理。基于市场的治理侧重于能带来经济效益的经济计划，赋予生物多样性经济及市场价值有助于促进经济发展和生态保护的有机结合。① 在保护海洋保护区环境的前提下发展农业、渔业、旅游业等产业，挖掘海洋保护区的品牌价值，使生态保护的效益最大限度地惠及当地人，实现发展目标的共赢。但高效益、可持续的海洋保护区治理模式背后是密集的智力投入，需要相关的人才和专业知识对治理方案进行规划、施行及监督评估，因而提高海洋保护区管理人员的素质也是改善海洋保护区管理的关键。为此，国家不仅要促进海洋保护相关学科建设，也要加强人才交流与培训。

（三）缺乏监督和评估机制

除了管理中的不足，越南海洋保护区效能的提高也限于监督和评估机制的缺乏。正如前文所述，越南规划在 2010 年至 2015 年新建 16 个海洋保护区，然而目前尚无这些保护区的具体报告，也无相关评估，信息公开机制的缺乏使得社会公众难以获知海洋保护区的建设情况，更难以进行相关的监督。尽管第 57/2008/ND － CP 号法令中关于海洋保护区分类进行了相对具体的规定，但越南官方资料只是笼统地将这 16 个海洋保护区称为 "海洋自然保护区"，并未明确具体分类。② 此外，虽然这些海洋保护区设定在 2015 年基本建成，但至今官方对这些保护区建设状况及成效的评估有限，并且部分保护区的管理成效堪忧。

四　小结与启示

越南拥有绵长的海岸线与丰富的海洋生物多样性，近年来开始重视通过海洋保护区等划区管理工具进行海洋生态环境保护，并将海洋保护区作为实现越南海洋战略中海洋生态保护远景目标的重要手段，赋予其

---

① 联合国环境规划署：《2017 年前沿报告：全球环境的新兴问题》，2017，第 42 页，https://www.unenvironment.org/zh-hans/resources/2017qianyanbaogao，最后访问日期：2020 年 3 月 20 日。

② 《越南规划建设 16 个海洋自然保护区》，《越南共产党电子报》2010 年 5 月 30 日。

不可小觑的政治及军事战略价值。虽然越南海洋保护区起步晚，但已建立了具有一定规模的海洋保护区体系。特别是《到2020年越南海洋自然保护区体系规划》的颁布，为越南加强海洋保护提供了有效的指导。然而越南目前仅有0.5%的水域被海洋保护区覆盖，与《生物多样性公约》规定的10%覆盖率的"爱知目标"差距甚大。与此同时，越南海洋保护区的管理相对薄弱，资金和人才的短缺制约着海洋保护区效能的发挥及其海洋战略的实现。因而越南要遏制其海洋生态环境恶化和生物多样性下降的趋势，还需提高国民海洋保护区意识、加大资金投入并加强人员培训，并完善监督和评价机制以充分发挥海洋保护区的效能。

参考文献

一　中文

1. 成汉平：《越南海洋战略研究》，时事出版社，2016。

2. 范晓婷主编《公海保护区的法律与实践》，海洋出版社，2015。

3. 成汉平：《越南海洋安全战略构想及我对策思考》，《世界经济与政治论坛》2011年第3期。

4. 崔浩然：《论越南划设"南谒岛海洋保护区"的违法性——兼析南海海洋环保合作机制的构建》，《中国海洋法学评论》2018年卷第2期。

5. 丁小芹、张继伟、叶亨利：《中越北部湾海洋生物多样性保护机制对比研究》，《环境与可持续发展》2018年第4期。

6. 〔越〕何登：《发展海洋经济和保卫祖国海域、海岛中的若干思想工作问题》，〔越〕《共产主义杂志》2007年第5期。

7. 米良：《越南社会主义共和国海洋和海岛资源环境法》，《南洋资料译丛》2017年第1期。

8. 《越南规划建设16个海洋保护区》，《越南共产党电子报》2010年5月30日。

9. 联合国环境规划署：《2017年前沿报告：全球环境的新兴问题》，2017，https://www.unenvironment.org/zh-hans/resources/2017qianyanbaogao。

二　英文

1. Dang, Vu Hai, *Marine Protected Areas Network in the South China Sea*, Martinus NIJHOFF Publishers, 2014.

2. Ho, Thu Van Trung et al., "A Multilevel Analytical Frame-work for More-effective Gov-

ernance in Human-nature Systems: A Case Study of Marine Protected Areas in Vietnam", *Ocean & Costal Management* 90 (2014).

3. ICEM, "Vietnam National Report on Protected Areas and Development", 2003, https://portals. iucn. org/library/sites/library/files/documents/2003 – 106 – 4. pdf.

4. IUCN, "Vietnam Marine Protected Area Management Effectiveness Evaluation", 2015, http://eascongress. pemsea. org/sites/default/files/file_attach/PPT-ICM-04-BuiThiThuHien. pdf.

5. IISD, "Earth Negotiation Bulletin: A Reporting Service for Environment and Development Negotiations", 2016, http://enb. iisd. org/download/pdf/enb25106e. pdf.

6. IISD, "Earth Negotiations Bulletin: A Reporting Service for Environment and Development Negotiations", 2018, http://enb. iisd. org/oceans/bbnj/igc1/.

7. PARC, "Building Vietnam's Protected Areas System: Policy and Institutional Innovations Required for Progress", 2006, http://icem. com. au/documents/biodiversity/parc/PARC% 203548_PolicyBrief. pdf.

8. Statement by the Delegation of Viet Nam, 2018, https://papersmart. unmeetings. org/media2/18558924/viet-nam-bbnj-item-6. pdf.

三　主要参考网站

1. 东盟网站，http://agreement. asean. org/。

2. 海洋保护地图集，http://www. mpatlas. org。

3. 联合国网站，http://www. un. org/。

4. 世界银行官网，http://www. worldbank. org/en/topic/environment/brief/oceans。

5. 越南法律杂志网，http://vietnamlawmagazine. vn。

6. 越南人民军队网，http://cn. qdnd. vn。

7. 越通社，https://zh. vietnamplus. vn/。

8. 中华人民共和国外交部，http://www. fmprc. gov. cn。

9. FAO 官网，http://extwprlegs1. fao. org。

第六编

非洲国家

第二十二章　南非：问题重重的海洋保护区建设

一　南非海洋自然环境与海洋保护区建设概况

(一) 海洋自然环境概况

南非位于非洲大陆最南端，东、南、西三面环海，海岸线长约 3000 公里，专属经济区面积达 155.3 万平方公里。[①] 南非管辖的海域面积远超其陆地面积，且其东、南、西三面的海域显示了不同的地域特性。南非东岸濒临西印度洋，沿东海岸越往北越温暖和潮湿，生物多样性非常显著，但是每类物种的数量不多；南非大陆西岸濒临大西洋，气候干燥寒冷，生物多样性较低，但一些物种的数量非常可观，有丰富的近海渔业资源；在南非南海岸，冷暖海水交汇，产生了丰富的生物多样性和较高的渔业产量。受南非东西海岸气候影响，两岸的生物物种显示了巨大的差异性，这也造就了南非丰富的海洋生物资源。据统计，在南非的管辖海域中已发现超过 1 万种海洋动物和植物，相当于世界海洋生物种类的 15%。[②] 除生物资源外，南非管辖海域的非生物资源储量也十分可观。近海石油和天然气勘探结果显示，南非的海岸和邻近海域可能蕴藏着约 90 亿桶石油和相当于 110 亿桶石油的天然气，仅其潜在的石油量就相当于南非 40 年的石油消耗量。[③] 此外，海洋还为南非的港口、海运、制造业、矿产资源开发、旅游业等提供了发展机遇。

[①] Department of Environment Affairs, Green Paper on the National Environment Management of the Ocean for General Comment, 2012, p. 18.

[②] Department of Environment Affairs, Green Paper on the National Environment Management of the Ocean for General Comment, 2012, p. 19.

[③] Department of Environmental Affairs, https://www.environment.gov.za/projectsprogrammes/ operationphakisa/oceaneconomy, last visited on March 20, 2020.

南非丰富的海洋生物和非生物资源对于南非的经济、社会发展和环境保护发挥着重要作用。随着对海洋资源开发和利用程度的加大，南非海洋环境问题也在不断凸显。过度捕捞、入海淡水减少、气候变暖、污染排放、生物入侵、海上资源勘探开发、海洋运输等对南非的海洋生态环境造成不同程度的破坏。在这些对海洋环境造成负面影响的因素中，过度捕捞问题最值得关注。南非2011年的《生物多样性评估》显示，过度捕捞是南非海洋生物多样性最大的威胁。因此，保护渔业资源可持续发展已经被列为南非海洋环境保护的主要目标之一。

（二）海洋保护区概况

1. 海洋保护区简介

根据南非1998年的《海洋生物资源法》第43条第1款的规定，海洋保护区是指由南非环境事务部部长根据法律指定的，用以保护动植物或某一特定种类的动物或植物，以及它们依赖的海洋环境；通过保护产卵群体，允许种群恢复，提高邻近海域种群量，并为研究提供原始的群落，促进渔业管理；或减少在该海域的竞争使用而可能产生的争端。根据《海洋生物资源法》第43条第2款和第3款，包括捕鱼、建设、排污、疏浚等所有可能对该区域环境造成影响的人类活动都被严格禁止，除非该活动符合海洋保护区适当管理的需求，并得到了南非环境事务部部长的书面许可。在南非，海洋保护区可以按照《海洋生物资源法》划分为三种区域：限制区、控制区以及限制和控制区。① 限制区一般也被称为禁取区，该区域是对人类活动管控最严格的地区，限制区内禁止任何可能对海洋动植物及其生存环境造成破坏的活动；控制区可以允许部分的商业捕捞、娱乐捕鱼等人类活动；限制和控制区则是在某些海洋保护区区域内的再次精细划分，部分区域完全禁止人类活动，而另一部分可以允许特定种类的人类活动。

2003年，南非颁布了《国家环境管理：保护区法》，这部法律主要调整南非自然保护区的设立和管理活动，这里的自然保护区包括陆地自

---

① WWF South Africa, http://mpaforum. org. za/marine-protected-areas/, last visited on March 20, 2020.

然保护区和海洋自然保护区。根据该法第 9 条，南非的自然保护区共有四种类型：第一类包括特别自然保留区（Special Nature Reserves）、自然保留区（Nature Reserves，包括荒野保护区）和受保护的环境（Protected Environments）；第二类专指世界遗产；第三类和第四类是分别针对森林和山地设立的保护区。

2. 海洋保护区的发展

海洋保护区是南非保护海洋生物多样性和养护渔业资源的主要工具。1964 年，南非建立了第一个海洋保护区，即齐齐卡马（Tsitsikamma）海洋保留区。但也有人对此持有不同的观点，认为"事实上海洋保护区以这样或者那样的形式在南非已经存在了一个多世纪"。① 早在殖民时期，为了管理海洋渔业资源，殖民者就已经开始在南非海域建立保护区，这些保护区被认为是南非最早建立的海洋保护区。1890 年，南非当局颁布了《渔业保护法》，根据该部法律的授权，政府可以决定在某一时期是否允许在特定海域进行渔业捕捞活动，并且可以对捕鱼的工具和方式进行限制。这些保护区设立的目的不是为了保护海洋生物多样性，而仅仅是殖民者管理沿海和海洋渔业的工具。

1998 年，南非政府颁布《海洋生物资源法》，该法是南非现代海洋保护区设立的最重要的法律依据。根据《海洋生物资源法》，南非的海洋保护区建立的主要目的为保护海洋生态环境并缓和利益相关者之间在使用当地资源时产生的矛盾。此后，南非陆续建立了一批海洋保护区。2008 年，南非国家生物多样性机构发布了《南非近海海洋保护区指南》。该份文件探讨了在南非专属经济区内建设海洋保护区网络的需求、紧急性、准备工作和协调利益相关者等问题，但尚未提出明确的目标和计划。南非与世界自然基金会（WWF）合作建立了海洋保护区论坛，披露了与海洋保护区相关的信息。根据 WWF 的统计，截至 2019 年 10 月，南非共设立了 65 个海洋保护区和 14 个海洋管理区域，海洋管理区域主要指拉姆萨尔湿地。②

---

① Merle Sowman et al., "Marine Protected Area Management in South Africa: New Policies, Old Paradigms", *Environmental Management* 47 (2011), p. 574.

② Atlas of Marine Protection, http://www.mpatlas.org/region/country/ZAF/, last visited on March 20, 2020.

南非的海洋保护区主要分布在近海地区和东海岸。据统计，截至 2017 年，南非超过 20% 的海岸区域以海洋保护区的形式保护，[①] 但在专属经济区内设立海洋保护区还处于起始阶段。地理分布上的不均衡也让南非的海洋保护区受到批判，认为"南非现有的海洋保护区网络不能被视为具有代表性，因为它偏向近海地区和东海岸"，[②] 以及"许多重要的生态区域和动植物栖息地没有得到任何形式的保护"。[③]

2016 年 2 月，南非环境事务部部长宣布南非将建立海洋保护区网络，并承诺在 2019 年之前保护 5% 的专属经济区。南非政府认为，海洋保护区的设立和海洋保护区网络的构建，不仅有助于减少非法、未报告和不受管制的捕捞活动，而且也有助于履行南非作为《生物多样性公约》成员国的义务。为了履行对 5% 的专属经济区进行保护的承诺，南非制定了阶段性的工作计划：2017/2018 财年，南非计划设立 18 个海洋保护区；2018/2019 财年，南非计划再设立 18 个海洋保护区。[④] 这样，在 2019 年底之前，南非将实现对其管辖的 53594. 15 平方公里（相当于专属经济区总面积的 5%）的专属经济区的保护目标。[⑤]

二 南非建立海洋保护区的法律与实践

（一）海洋保护区法律与政策框架

南非已经批准了《联合国海洋法公约》《生物多样性公约》《濒危野生动植物种国际贸易公约》《保护世界文化和自然遗产公约》等与海洋保护区建设有关的国际公约，也积极将其国内的海洋保护区建设与履行在相关公约下的义务相联系。当前，南非将海洋保护区建设的中心转移到专属经济区内的海洋保护区建设，并承诺在 2019 年之前保护

---

① MPA Forum, Bi Annual Newsletter, 2017, p. 2.

② South African National Biodiversity Institute, Guidelines for Offshore Marine Protected Areas in South Africa, 2008, p. iii.

③ South African National Biodiversity Institute, Guidelines for Offshore Marine Protected Areas in South Africa, 2008, p. iii.

④ Department of Environmental Affairs, Annual Performance Plan (2018/19), 2018, p. 44.

⑤ Department of Environmental Affairs, Annual Performance Plan (2018/19), 2018, p. 44.

5%的专属经济区，这一举措也是南非履行《生物多样性公约》成员国义务的体现。

南非的海洋保护区立法主要包括：《海洋生物资源法》《国家环境管理：保护区法》《国家环境管理：生物多样性法》《国家环境管理：综合海岸管理法》。《海洋生物资源法》颁布于1988年，主要内容为渔业资源保护和开发。该法第43条是海洋保护区设立的直接依据，内容包括海洋保护区设立的目的、海洋保护区的限制活动以及南非环境事务部的权力。2003年，南非颁布《国家环境管理：保护区法》。这部法律调整南非所有保护区的设立、管理及监管活动，其中尚无专门针对海洋保护区的特殊条款。2004年生效的《国家环境管理：生物多样性法》是南非履行《生物多样性公约》义务的成果。这部法律要求政府识别国内应当设立自然保护区的优先保护区域，并采取综合、统一的管理措施。2008年颁布的《国家环境管理：综合海岸管理法》为南非海岸的综合管理提供了法律依据。这部法律加强对生态敏感的沿海地区的土地的使用管理和限制，并支持在沿海地区设立沿海委员会，通过沿海委员会促进利益相关者参与海洋保护区的相关活动。

从南非现有的立法情况来看，南非没有关于海洋保护区的专门立法文件，唯一对海洋保护区做出直接规定的是《海洋生物资源法》。海洋保护区的管理活动与陆地自然保护区相同，都适用《国家环境管理：保护区法》。南非倾向于将海上和陆地保护区纳入全国统一的保护区体系之中，实行陆海统筹规划。《国家环境管理：保护区法》第38条规定，边界相邻的陆地和海洋保护区必须被视为一个综合的保护区，并由一个管理机构管理；从《2008年南非国家保护区扩展战略》的内容来看，海洋保护区建设也是南非国家保护区扩展战略的一个有机组成部分。

（二）海洋保护区管理实践

根据《海洋生物资源法》，南非环境事务部部长有权设立海洋保护区，并可以在征求海洋生物资源咨询局意见后，发布许可豁免特定主体在海洋保护区内进行原本禁止的活动。根据《国家环境管理：保护区法》，南非设有中央和地方自然保护区管理主体，分别为负责国家环境管理的内阁成员和省级保护区执行委员会。实践中，南非海洋保护区主管机构包括：南非国家公园管理局、伊西曼加利索湿地公园管理局、西开普省自然保护委员会、东开普省公园和旅游局、夸祖鲁－纳塔尔省野生动物自然保护局以及开普敦市和纳尔逊－曼德拉市的海洋保护区管理机构。上述主管机构中，南非国家公园管理局是南非环境事务部下设的执行机构，主管南非全国范围内的国家公园；伊西曼加利索湿地公园管理局是专门为伊西曼加利索湿地公园设立的管理机构；其他海洋保护区管理机构则是省、市级的地方海洋保护区管理机构。

《国家环境管理：保护区法》规定，国家环境管理的内阁成员和省级保护区执行委员会可以与个人、组织和国家机构签订管理协议，由这些个人、组织和国家机构具体负责保护区的日常管理工作。这些日常管理机构应当在签署管理协议后 12 个月之内制定并公布保护区管理计划，并根据该计划和南非相关的法规进行日常管理工作。根据《国家环境管理：保护区法》第 39 条，管理机构在制定管理计划时，应当咨询市政当局、其他国家机关、当地社区和其他利益相关主体的意见，尤其要考虑与保护区所在市的发展规划的兼容性。从立法角度看，保护区管理计划是保护区管理活动开展的重要依据，也是评估、监督和监管保护区管理活动的重要依据。从执行的角度看，南非海洋保护区的管理计划普遍存在怠于更新的问题。世界自然基金会（WWF）在 2014 年对南非 23 个海洋保护区的调查报告显示，"南非大多数海洋保护区都有战略管理计划，但大部分的管理计划都已经过时并需要修订"。[1]

南非环境事务部监管海洋保护区管理的主要方式是审查直接管理者的报告，因而与海洋保护区管理机构的直接交流非常有限。在这种情况下，WWF 建议监管主体"最好每个季度与海洋保护区的管理者面对面交流"，[2] 但是 WWF 同时也指出，"受到时间和资金的限制"，[3] 这个建议的可行性并不高。自 2009 年以后，南非国家公园管理局、西开普省自然保护委员会、东开普省公园和旅游局、夸祖鲁－纳塔尔省野生动物自然

---

[1] WWF South Africa, State of Management of South Africa's Marine Protected Areas, 2014, p. 147.

[2] WWF South Africa, State of Management of South Africa's Marine Protected Areas, 2014, p. 146.

[3] WWF South Africa, State of Management of South Africa's Marine Protected Areas, 2014, p. 146.

保护局陆续建立了绩效监控管理系统。尽管这些评估系统的建立有利于提高海洋保护区的管理水平，但这些绩效监控管理系统并不是普遍存在的，层级也比较低，对于整个国家的海洋保护区监管是远远不够的，南非还需要在国家层面加强海洋保护区的管理规制。

管理合作也是海洋保护区管理工作的重要组成部分。根据《国家环境管理：保护区法》，自然保护区的管理机构可以与地方政府、社会团体或者个人签订合作管理协议，以协调某一区域的管理活动，或者监管某一区域内可能对环境造成影响的人类活动。上述管理协议应当确立管理权、经费和区域内资源的分配方案，并对进入或占用保护区、在保护区内进行经济性活动、知识交流、合作管理的金融支持等活动做出规定。同时，在管理协议的制定中应当注意避免造成权力的分散和重复。如果管理协议出现任何无效或者妨碍保护区管理目标实现的情况，国家环境管理的内阁成员和省级保护区执行委员会有权在发出合理通知后，撤销各自管辖的主管机构签订的管理协议。

从管理效果来看，南非的海洋保护区还存在诸多问题。首先，海洋保护区的人员配置不合理，"在大多数海洋保护区内，人力资源都集中在行政工作上"，① 而监测、教育等具有特殊技能的人才则处于紧缺状态。"海洋保护区急需具有专业技能的工作人员，比如船长。"② 其次，"海洋保护区管理机构和利益相关者的矛盾是造成海洋保护区管理低效的主要障碍"，③ 海洋保护区的管理者需要更多地考虑利益相关者的意见和诉求。最后，"预算不足是限制海洋保护区有效管理的关键因素之一"，④ 更新管理计划、招聘有专业技能的工作人员或者加强技能培训，都需要预算的支持，南非政府因此需要加大对海洋保护区的财政支持。

（三）最新实践活动

2013 年 8 月，南非总统对马来西亚进行国事访问，受马来西亚迅速转型国内政治经济的方式启发，南非提出一种以结果为导向的经济发展

---

① WWF South Africa, State of Management of South Africa's Marine Protected Areas, 2014, p. 8.
② WWF South Africa, State of Management of South Africa's Marine Protected Areas, 2014, p. 8.
③ WWF South Africa, State of Management of South Africa's Marine Protected Areas, 2014, p. 9.
④ WWF South Africa, State of Management of South Africa's Marine Protected Areas, 2014, p. 9.

方法，即费吉萨计划（Phakisa）。费吉萨计划代表了在实现政府目标时加快行动的新精神。在该方法的指导下，南非各政府部门也提出在各个领域的发展规划，如实施费吉萨海洋经济。2016 年，正是在该海洋经济发展规划的指导下，南非环境事务部提出在 2019 年之前保护 5% 的专属经济区的计划。

在 2018 年 9 月召开的 "《联合国海洋法公约》关于 BBNJ 的养护和可持续利用问题形成具有法律约束力的国际文件的第一次政府间会议" 上，主要成员国和相关国际组织都发表了对包括海洋保护区在内的划区管理工具的态度和立场。南非是非洲集团（The African Group）的成员国，在公海保护区的问题上，非洲集团对外保持一致立场。非洲集团支持建立不同保护标准的公海保护区。非洲组织建议设立基于国际条约的决策机构，包括建立以科学与技术机构的建议为基础的公海保护区。非洲集团支持相关机构和利益相关者参与公海保护区的磋商机制。南非还单独强调了建立全球公海保护区的监测、控制和监管机制对于公海保护区管理的重要性。

三　评析

南非海洋保护区立法比较分散，《海洋生物资源法》与《国家环境管理：保护区法》是最重要的两部涉及海洋保护区设立、管理、监管等活动的法律。《海洋生物资源法》将海洋保护区分为限制区、控制区以及限制和控制区三种区域，以满足不同区域的保护需求，这种管理思路值得肯定。《国家环境管理：保护区法》对南非的自然公园的管理提供更加详细的规定，并注重将陆地和海洋保护区统筹规划。尽管不是专门的海洋保护区立法，但是这部法律是海洋保护区设立和管理的主要依据。

南非的海洋保护区在地理位置上分布不均衡，东海岸的发展优先于其他沿海地区；全国 20% 的海岸已经设立了海洋保护区，而专属经济区内的海洋保护区建设却处于起步状态。南非政府已经认识到了这些问题，开始把海洋保护区的建设中心转向专属经济区，并制定了阶段性的建设目标。但是南非对西海岸、南海岸的海洋保护区建设没有专项规划。南非的东海岸、西海岸和南海岸有着截然不同的水文、地理和气候特征，海洋保护区的不均衡分布使许多海域特有的动植物生境没有得到有效保护。

南非政府主管部门对海洋保护区实行间接管理，通过管理协议的形式将海洋保护区的管理权授予直接管理机构。这种做法具有创新性，为不同主体参与海洋保护区的管理提供了平台。但该制度的有效运行需要科学合理的监管，当前南非政府对海洋保护区的管理还存在监管机构与直接管理者交流不足的问题。南非海洋保护区的管理存在较多的问题，包括管理计划滞后，专业人员不足，与利益相关者的矛盾没有得到有效解决等。这些问题需要南非政府加强监管，提高管理水平，完善海洋保护区监督管理制度，更需要南非政府增加财政支持。

四　小结与建议

海洋保护区是管理渔业资源和保护生物多样性的有效工具，南非的海洋保护区建设自1964年起至今已有半个多世纪。南非在海洋保护区建设中取得了一定的成果，20%的海岸地区已经设立了海洋保护区，从数量上看已经非常可观。但是南非的海洋保护区实践中也存在很多问题，包括海洋保护区的分布不均衡，管理低效等。南非海洋保护区的实践带来以下启示。

第一，海洋保护区建设需要充足的资金支持。在南非的海洋保护区建设中，资金是限制管理计划更新、人才和技术引进以及提高监管效率最主要的阻碍因素。海洋保护区的设立和管理都需要大量的资金支持，其中最稳定和持续的是政府的财政拨款，政府应当保障海洋保护区最基本的资金需求。部分海洋保护区本身也是海洋公园，能够获得部分经营性收入。应当鼓励海洋保护区管理机构在不妨碍管理目标的实现的基础上，通过经营活动为自身发展和建设创造收入。

第二，海洋保护区建设不应仅关注科学因素，还要尊重社会经济因素。在海洋保护区设立和管理中要尊重利益相关者的意见，处理好海洋保护区管理机构与当地社区、居民之间的关系。通过听证会、专家咨询等途径，吸纳不同的意见，将利益相关者纳入决策主体的范畴，将矛盾尽量化解在决策阶段。此外，与所在地区的长期、整体规划相匹配的海洋保护区发展规划在实施中能够得到当地政府的支持，有利于海洋保护区的长远发展。

第三，注重海洋保护区的均衡发展。南非的海洋保护区在地理位置上分布不均衡，很多具有代表性的海域没有得到有效的保护。构建海洋保护区网络是当前大多数涉海国家的海洋环境保护的发展方向，海洋保护区网络具有系统性和整体性的特点，每一处具有代表性的海域都应当得到保护。主管部门应当对全国的海洋环境进行科学调查，识别具有不同保护价值的海域，并对其采取合适的保护手段。

参考文献

一　英文

1. Department of Environmental Affairs, Annual Performance Plan (2018/19), 2018.

2. Department of Environment Affairs, Green Paper on the National Environment Management of the Ocean for General Comment, 2012.

3. MPA Forum, Bi Annual Newsletter, 2017.

4. South African National Biodiversity Institute, Guidelines for Offshore Marine Protected Areas in South Africa, 2008.

5. Sowman, Merle et al., "Marine Protected Area Management in South Africa: New Policies, Old Paradigms", *Environmental Management* 47 (2011).

6. WWF South Africa, State of Management of South Africa's Marine Protected Areas, 2014.

二　主要参考网站

1. 海洋保护地图集 (Atlas of Marine Protection), http://www.mpatlas.org/region/country/ZAF/。

2. 南非环境事务部 (Department of Enviromental Affairs), https://www.environment.gov.za/。

3. 世界自然基金会（南非）(WWF South African), http://mpaforum.org.za/marine-protected-areas/。

第二十三章　肯尼亚：小型海洋
保护区为主

一　肯尼亚海洋自然环境与海洋保护区概况

（一）海洋自然环境

肯尼亚共和国位于非洲东部，赤道横贯中部，东非大裂谷纵贯南北，东邻索马里，南接坦桑尼亚，西连乌干达，北与埃塞俄比亚、南苏丹交界，东南濒临印度洋，海岸线长 536 公里，[①] 管辖海域面积达 164048.2 平方公里（包含领海和专属经济区）。[②] 不少濒危动植物栖息在肯尼亚的海岸，[③] 包括主要的海洋哺乳动物（如鲸类、海豚、儒艮）、海龟、滨鸟、鱼类等生物在肯尼亚海岸繁衍生息，共同造就了肯尼亚丰富的生物多样性。目前支撑肯尼亚沿海地区经济发展的产业主要为旅游业、渔业、航运、农业、林业和矿业。人类活动带来的海洋污染、陆地退化、气候变化、过度捕鱼及生物多样性受损等问题给海洋环境带来了日益巨大的压力。同时，因资源过度开发利用，肯尼亚的海洋环境、生态系统及一些资源已经出现了退化的迹象，这也给依赖这些海洋资源维持生计的群体带来了危机。

---

① 中华人民共和国外交部，肯尼亚国家概况，https://www.fmprc.gov.cn/web/gjhdq_676201/gj_676203/fz_677316/1206_677946/1206x0_677948/，最后访问日期：2020 年 1 月 30 日。

② Atlas of Marine Protection, http://www.mpatlas.org/region/country/KEN/, last visited on January 30, 2020.

③ UNDP, Legislative Guidelines for the Establishment and Operations of Marine Community Conservation Areas in Kenya, https://sgp.undp.org/all-documents/country-documents/924-kenya---marine-community-conservation-areas-in-kenya,-legislative-guidelines/file.html，最后访问日期：2020 年 1 月 30 日。

（二）海洋保护区概况

面对海洋生态危机，肯尼亚政府近年来采取了多种措施确保自然资源（包括海洋资源和海岸资源）的可持续使用。其中，最初的措施包括1968 颁布的《渔业及野生动物（管理和养护）法》、1975 年第三号会期文件《肯尼亚未来野生动物管理声明》以及 1976 年颁布的《野生动物法》。[①] 上述文件为海洋保护区建设提供了法律基础。

肯尼亚主要有三种海洋保护区类型：海洋国家公园、海洋国家保留区和海洋社区养护区（地方管理海洋地区）。[②] 肯尼亚于 1968 年建立了第一个海洋保护区——瓦塔穆海洋国家公园及海洋国家保留区。截至2019 年 12 月 30 日，肯尼亚已建立 10 个国家级海洋保护区（海洋国家公园及海洋国家保留区），覆盖了 641.9 平方公里的海域，占肯尼亚管辖海域面积的 0.39%。[③] 表 23－1 列举了国家级海洋保护区的概况。此外，肯尼亚还设有 24 个海洋社区养护区。[④]

表 23－1　肯尼亚国家级海洋保护区概况

海洋保护区名称	类型	法律地位确立时间
瓦塔穆海洋国家公园	海洋国家公园	1968 年
瓦塔穆海洋国家保留区	海洋国家保留区	1968 年

[①] UNDP, Legislative Guidelines for the Establishment and Operations of Marine Community Conservation Areas in Kenya, https://sgp. undp. org/all-documents/country-documents/924-kenya---marine-community-conservation-areas-in-kenya,-legislative-guidelines/file. html，最后访问日期：2020 年 1 月 30 日。

[②] UNDP, Legislative Guidelines for the Establishment and Operations of Marine Community Conservation Areas in Kenya, https://sgp. undp. org/all-documents/country-documents/924-kenya---marine-community-conservation-areas-in-kenya,-legislative-guidelines/file. html, last visited on January 30, 2020.

[③] 根据 Atlas of Marine Protection 资料整理，http://www. mpatlas. org/region/country/KEN/, last visited on January 30, 2020.

[④] CORDIO East Africa, Locally Managed Marine Areas (LMMAs) in Kenya: A Detailed History of Their Development and Establishment, https://sgp. undp. org/all-documents/country-documents/922-kenya---a-history-of-locally-management-marine-areas-in-kenya/file. html, last visited on January 30, 2020.

海洋保护区名称	类型	法律地位确立时间
基温加海洋国家保留区	海洋国家保留区	1979 年作为海洋国家养护区被建立，2013 年被确立为海洋社区养护区
马林迪海洋国家保留区	海洋国家保留区	1968 年
马林迪海洋国家公园	海洋国家公园	1968 年
基斯特海洋国家公园	海洋国家公园	1978 年
蒙古提海洋国家保留区	海洋国家保留区	1978 年
蒙巴萨海洋国家保留区	海洋国家保留区	1986 年
蒙巴萨海洋国家公园	海洋国家公园	1986 年
迪亚尼 - 夸莱海洋国家保留区	海洋国家保留区	1995 年

资料来源：根据 Robert Kibiwot, Toward the Formulation of Kenya's Integrated Ocean Management Policy Including Institutional Framework, 2007/2008, https://www. un. org/depts/los/nippon/unnff_ programme_ home/fellows _ pages/kibiwot/kibiwot _ 0708 _ kenya. pdf 和 Atlas of Marine Protection, http://www. mpatlas. org/region/country/KEN/综合整理。

二　肯尼亚海洋保护区的法律与实践

（一）海洋保护区法律与政策框架

建立良好的海洋保护区需要相应的法律框架支撑，肯尼亚也不例外。目前肯尼亚的海洋保护区法律框架主要由国际公约和国内立法两大部分构成，它们为肯尼亚建设和管理海洋保护区提供了法律依据。

1. 国际层面

联合国环境规划署的总部位于肯尼亚首都内罗毕，这在一定程度上反映了肯尼亚在国际环境事务中的地位。肯尼亚也通过参与和缔结国际条约的方式加强对海洋环境的养护，表 23 - 2 列举了涉及海洋保护区的主要公约的名称及其主要内容。

表 23 - 2　肯尼亚签署的海洋保护区相关国际公约

公约	主要内容
《联合国海洋法公约》	沿海国应承担的海洋保护义务
《拉姆萨尔公约》	合理保护和利用湿地

公约	主要内容
《生物多样性公约》	生物多样性养护和可持续利用
《波恩公约》	保护野生动物迁徙物种
《保护东非海洋环境的内罗毕公约》	加强区域协作，加强对海洋及沿岸环境的治理

资料来源：UNDP, Legislative Guidelines for the Establishment and Operations of Marine Community Conservation Areas in Kenya, https://sgp.undp.org/all-documents/country-documents/924-kenya---marine-community-conservation-areas-in-kenya, -legislative-guidelines/file.html, last visited on January 30, 2020。

2. 国内立法

目前肯尼亚的法律体系中尚无专门针对海洋环境和海洋保护区的立法，但《肯尼亚宪法》《野生动物（养护和管理）法》等法律对环境保护、动植物养护等事项作了规定，能为海洋保护区的建设和管理提供相关的法律依据。

（1）《肯尼亚宪法》

2010 年之前《肯尼亚宪法》并未过多关注环境养护问题，直至 2010 年 8 月，肯尼亚颁布了宪法修正案，这次修订大大增加了环境保护的内容以及推进了社区对环境保护的参与。新修订的宪法序言肯定了环境作为国家遗产的重要地位，第 10 条将可持续发展（包括海洋环境的可持续发展）列为国家重要价值及管理原则。第五章的内容专门针对陆地和环境问题，其中第 69 条第 1 款第 a 项规定国家有义务"确保环境及自然资源的可持续开发、利用、管理和养护，并确保累积惠益的公平分配"。关于公众参与，第 69 条第 1 款第 d 项规定国家有义务"鼓励公众参与到环境的管理、保护和养护中"。① 以上的规定赋予了公众及社区参与自然环境与资源养护的权利，其中包括海洋环境和海洋生物多样性养护，这为建设和管理海洋保护区提供了宪法依据。

（2）《环境管理与协调法》

《环境管理与协调法》于 1999 年批准，并于 2000 年开始实施。在该法案颁布之前，肯尼亚并没有针对环境协调管理的立法，各部门独立运

---

① Constitution of Kenya, http://www.kenyalaw.org:8181/exist/kenyalex/actview.xql? actid = Const2010, last visited on January 30, 2020.

行，并未考虑到环境要素之间的有机联系。① 《环境管理和协调法》通过创设国家环境管理局（National Environment Management Authority，NEMA）为环境的协调管理提供了法律依据，这对于海洋环境的养护来说尤其重要，因为海洋环境要素丰富，对各种不同海洋资源的管辖权也较为复杂。该法详细阐述了 NEMA 作为管理环境的首要机构在监督和协调环境要素的职责。《环境管理和协调法》第 50 条赋予了 NEMA 在咨询了相关领导机构的情况下，行使以下权力：（a）识别、准备和保存肯尼亚的生物多样性清单；（b）决定哪些生物属于濒危、稀有或有灭绝风险的范畴；（c）识别生物多样性的潜在威胁及设计措施排除威胁；（d）采取措施降低私人活动对生物多样性的不利影响，促进可持续发展；（e）明确国家对生物多样性养护和可持续利用的国家战略、计划和政府程序；（f）保护当地社区的关于生物多样性的本土财产权利；（g）根据流域保护、对气候的影响、文化和美学价值以及它们实际和潜在遗传价值来衡量未开发自然资源的价值。②

《环境管理与协调法》的第 41、54 和 55 条的规定与海洋环境的养护密切相关。首先，第 41 条规定了对河流、湖泊及湿地的养护，它规定"未经环境影响评估及 NEMA 局长的批准，一些活动被限制在河流、湖泊及湿地生态系统开展"，这些活动包括了引进外来物种、排干河流等。③ 尤其值得注意的是第 41（2）条，它赋予了部长在沿海区域设立保护区的权力，但在设立前，部长应充分考虑该区域的地理情况以及当地社区的利益。在设立保护区之后，部长可以颁布管理该保护区的规范和标准。其次，《环境管理与协调法令》的第 54 条同样赋予了部长在征求相关机关意见之后建立具有环境重要性区域的权力，目的是"提升和养护特定生态要素、自然环境系统、自然景观或者是整体生

---

① UNDP, Legislative Guidelines for the Establishment and Operations of Marine Community Conservation Areas in Kenya, https://sgp. undp. org/all-documents/country-documents/924-kenya---marine-community-conservation-areas-in-kenya,-legislative-guidelines/file. html, last visited on January 30, 2020.

② The Environmental Management and Coordination Act, http://extwprlegs1. fao. org/docs/pdf/ken41653. pdf, last visited on January 30, 2020.

③ The Environmental Management and Coordination Act, http://extwprlegs1. fao. org/docs/pdf/ken41653. pdf, last visited on January 30, 2020.

物多样性"。①此外，该法第 55 条为社区参与海洋保护区建设和管理提供了具体的程序性规定。

（3）《野生动物（养护和管理）法》

肯尼亚《野生动物（养护和管理）法》②于 2013 年通过，2014 年生效，它代替了 1976 年颁布的《野生动物法》，成为肯尼亚在野生动物养护方面的主要指导法律。《野生动物（养护和管理）法》的第 31 条、第 34 条及第 36 条为负责野生动物事务的内阁秘书宣布建立、变更或撤销以及管理保护区提供了法律基础，这些条款与建立海洋保护区相关。第 31 条明确赋予了内阁秘书在咨询相关机构后，有权宣布一个区域为海洋保护区，并制定管理计划。值得注意的是，内阁秘书在行使该权力时，首先要确保公众参与，其次不得与《环境管理与协调法》相悖，最后需得到国民议会的批准。第 34 条规定保护区变更或撤销的要求和程序。第 36 条关于宣布建立和管理海洋养护区，其中第 3 款规定该海洋养护区应采用分区管理制度以满足多种海洋资源的利用需求。条款中提到的区域包括涉及海洋资源的取出区及非取出区，筑巢、繁衍及觅食保护区，禁渔区，当地船舶通行区以及与特定人类活动相关的区域。

（4）《渔业管理和发展法》

于 2016 年颁布的《渔业管理和发展法》③是对 1989 年颁布的《渔业法》的修订。该法对渔业管理的各个事项作了详细规定，其中第 47 条专门针对海洋保护区，与《野生动物（养护和管理）法》的规定类似，同样明确了内阁秘书在指定海洋保护区时的权限。

（二）海洋保护区管理实践

良好的管理是发挥海洋保护区效能的关键，肯尼亚为了实现对其海

① The Environmental Management and Coordination Act, http://extwprlegs1.fao.org/docs/pdf/ken41653.pdf, last visited on January 30, 2020.

② The Wildlife (Conservation and Management) Act, http://kenyalaw.org/kl/fileadmin/pdfdownloads/Acts/WildlifeConservationandManagement%20Act2013.pdf, last visited on January 30, 2020.

③ Fisheries Management and Development Act, http://kenyalaw.org/kl/fileadmin/pdfdownloads/Acts/FisheriesManagementandDevelopmentAct_No35of2016.pdf, last visited on January 30, 2020.

洋保护区的良好管理，着力发挥管理机构的职能，提升管理效率，并充分重视社区在海洋生境养护中不可忽视的作用。

1. 管理机构

目前肯尼亚内阁秘书享有创设海洋保护区的权力，而负责海洋保护区管理的机构是肯尼亚野生动物服务署（Kenya Wildlife Service，KWS），它创设于 1990 年，在 2014 年生效的《野生动物（养护和管理）法》中职能得到进一步明确。KWS 负责肯尼亚野生动物的整体养护及可持续管理利用，其职责包括养护和管理肯尼亚管辖范围内的国家公园、野生动物养护区和庇护区，海洋保护区也在其中。KWS 中涉及海洋保护区的具体职责包括：

● 在每个县设立野生动物养护委员会；

● 替中央政府收取野生动物相关费用，并酌情建立野生动物惠益社区分享机制；

● 与相关利益方商讨建立海洋保护区管理计划；

● 协调及促进海洋保护区管理计划的实施；

● 开展执法活动；

● 与海洋科学家合作，监测珊瑚礁白化等环境问题及环境状况；

● 对海洋保护区管理人员开展培训等。①

除了 KWS，地方政府在海洋保护区管理中也发挥着重要的作用。正如前文所述，每个县会在 KWS 的指导下建立野生动物养护委员会，具体负责当地野生动物的养护，其中也包括海洋动物，具体职能如下：

● 登记注册野生动物使用者的权利；

● 监督保护区管理计划的实施；

● 确保野生动物惠益公平分享；

● 促进相关利益者参与野生动物的养护计划；

● 对肯尼亚野生动物服务署的管理计划作出反馈；

● 开展教育，提高公众保护意识。②

---

① 肯尼亚野生动物服务署，http://www.kws.go.ke/about-us/about-us，最后访问时间：2020 年 1 月 30 日。

② UNDP, Legislative Guidelines for the Establishment and Operations of Marine Community Conservation Areas in Kenya, https://sgp.undp.org/all-documents/country-documents/924-kenya---marine-community-conservation-areas-in-kenya, -legislative-guidelines/file.html, last visited on January 30, 2020.

2. 管理模式

在很长一段时间内，肯尼亚都只设有海洋国家公园和海洋国家保留区两种保护区类型。这两种保护区更偏向自上而下的保护模式，KWS 在管理中发挥主导作用，它与当地社区的关键利益攸关者进行协商，为海洋保护区制定具体的管理计划。在海洋国家公园内，除了研究和旅游业可在付费的情况下允许使用以外，其他对海洋环境的任何营利性利用都不被允许；而在海洋国家保留区，除了研究和旅游业，传统捕捞也是被允许的。①

海洋社区养护区则强调当地社区充分参与海洋养护。肯尼亚每一个完全设立和运转的海洋社区养护区都需要经历五个阶段：（1）概念化；（2）启动；（3）实施；（4）监测和管理；（5）持续存在的适应性管理。表 23 - 3 列举了这五个阶段考虑的主要因素及挑战，社区与相关利益方的参与贯彻于这五个阶段。

表 23 - 3　海洋社区养护区建设管理各阶段的评估标准及挑战

阶段	考虑因素	挑战
概念化	社区及关键利益攸关者是否理解海洋社区养护区的进程； 海洋社区养护区的大致区域是否已被识别； 海洋社区养护区的源头利益是什么； 相关利益方是谁； 相关利益方是否同意建设海洋社区养护区并签订协议； 该阶段的时间框架； 该阶段的资助方	获得相关利益方的信任； 资金缺乏； 参与度低、难以达成共识； 参与者缺少对海洋社区养护区进程的了解
启动	相关利益方是否同意已被识别的特定海洋社区养护区区域； 关键利益攸关者是否已开始准备管理计划； 是否已采取环境影响评估； 是否需要培训和评估计划； 该过程是否具有参与性； 海洋社区养护区的目标是否被社区所理解； 实施前相关利益方是否了解海洋社区养护区的位置、面积及范围； 海洋社区养护区管理的财政计划是否已到位	渔民对海洋社区养护区存在及益处的理解不完整； 缺乏对海洋社区养护区的管理培训； 制度框架和立法模糊； 缺少相关养护教育； 缺少财政资助计划； 以往海洋保护区建立中自上而下流程造成的不信任

---

① Arthur Tuda and Mohamed Omar, "Protection of Marine Areas in Kenya", *The George Wright Forum* 1 (29) (2012), pp. 43 - 50.

阶段	考虑因素	挑战
实施	已建立的海洋社区养护区是否配备浮标、巡逻队及管理计划； 社区是否就海洋社区养护区的建立签订协议，准备好进行管理和监测； 起草的管理计划是否已被完善和采用； 有什么执行和遵守保障措施； 是否挑战了土地所有权人的权利； 是否对管理人员进行培训； 监测计划是否已就位和实施； 海洋社区养护区实施和管理计划实施的时间表； 实施该阶段预估的费用	管理培训有限； 资金不足； 缺少市场策略； 安全保障不足
监测和管理	社区是否同意监测计划； 每年是否能实施生物和社会经济测评； 每个季度是否能对财政状况进行审查； 管理架构是否已就位； 社区管理能力是否得到提升； 生态资源、鱼类及栖息地的状况是否得以改善； 保护区的范围是否得以保持； 是否有足够的设备用于高效管理； 海洋社区保护区是否能够自我维持运营； 实施该阶段预估的费用	资金不足； 海洋社区养护区管理的培训有限； 缺乏监测计划
持续存在的适应性管理	海洋社区保护区的管理计划是否被重新审查； 监测获得的信息是否被储存用以改善管理； 该海洋社区保护区是否引发新的保护区设立； 该阶段的预估费用； 每年及每个月运营该海洋社区保护区的费用	缺少对管理计划的审查； 缺乏市场营销； 缺乏对建立海洋社区保护区费用的了解

资料来源：CORDIO East Africa, Locally Managed Marine Areas（LMMAs）in Kenya: A Detailed History of Their Development and Establishment, 2015, https://sgp.undp.org/all-documents/country-documents/922-kenya---a-history-of-locally-management-marine-areas-in-kenya/file.html, last visited on January 30, 2020。

三　肯尼亚海洋保护区实践评析

1. 建立小型海洋保护区为主

肯尼亚是世界上拥有野生动物物种最多的国家之一，丰富的生物多样性是肯尼亚宝贵的资源，肯尼亚也着力通过立法和管理保护其生境，海洋保护区就是养护海洋生境的重要手段。肯尼亚海洋保护区的实践起步较早，但至今只建立了10个国家级海洋保护区，多为20世纪70~80

年代建立，面积均在 300 平方公里以下，其中马林迪海洋国家公园的面积只有 6.3 平方公里。[①] 比起不少国家内面积动辄成千上万平方公里的海洋保护区，肯尼亚的海洋保护区的规模更适合用"迷你"来形容，但这也是符合肯尼亚国情的。肯尼亚作为一个发展中国家，根据司尔亚司数据信息有限公司（CEIC）的数据，肯尼亚在 2018 年的人均 GDP 为 1839.031 美元，[②] 不足中国的 1/5，且只有美国的 3%。较低的经济水平与较少的财政收入无法支撑肯尼亚建设和有效管理数量多、面积大的海洋保护区，因而肯尼亚选择了适合本国国情的道路。

相比于一些国家急于通过建立超大型海洋保护区以满足 10% 的"爱知目标"，肯尼亚显然对建设海洋保护区持有更审慎的态度，在控制海洋保护区数量的同时控制其面积，同时加强管理，使之避免流为"纸上公园"。肯尼亚的实践值得其他国家借鉴，海洋保护区实际养护效能的发挥离不开良好的管理，良好的管理需要投入大量的人力物力，这对于发展中国家来说需要付出巨大的经济成本。从小型海洋保护区入手将有利于将养护措施落到实处，高效地监控措施的实施效果，并根据养护效果调整养护模式，从而提升养护效能。

2. 存在立法分散的问题

虽然肯尼亚现行立法已经基本将海洋保护区的设立及管理职权厘清，但由于尚无专门的海洋保护区立法，[③] 相关规定分散在其他多部法律中，而且规定得较为简略，仍无法应对海洋保护区实际建设、管理和监测中面临的诸多具体问题。立法的分散不仅会带来法律规定的衔接问题，也加大了普通民众了解海洋保护区管理政策的难度。海洋保护区作为重要的海洋养护手段，其建设和管理涉及地理状况、法律、政治、经济及文化等多维度的问题，需要精细的专项立法加以支撑。综览发达国家的实

---

① Robert Kibiwot, Toward the Formulation of Kenya's Integrated Ocean Management Policy Including Institutional Framework, 2007/2008, https://www.un.org/depts/los/nippon/unnff_programme_home/fellows_pages/kibiwot/kibiwot_0708_kenya.pdf, last visited on January 30, 2020.

② CEICdata, https://www.ceicdata.com/zh-hans/country/kenya, last visited on January 30, 2020.

③ 根据肯尼亚法律数据库（http://www.kenyalaw.org/kl/index.php?id=3409）总结，最后访问时间：2020 年 1 月 30 日。

践，澳大利亚、法国、西班牙等国家都具有海洋保护区专项立法，且每一处保护区有相应的法规明确保护区的范围及管理机构等问题。相比之下，肯尼亚需加强海洋保护区立法，根据本国具体国情及实际建设管理情况将现有的涉及海洋保护区的法律规定加以集中化和精细化处理，制定海洋保护区专项立法，解决当前立法碎片化的问题。

3. 海洋保护区建设管理重视社区参与

综观肯尼亚的海洋保护区立法与实践，社区参与是其海洋保护区管理中非常重要的一环。其历史根源在于，长期以来肯尼亚的经济发展高度依赖当地的资源和原材料，因此，社区与各种资源存在深厚的经济和文化联系。然而，肯尼亚在长达四百多年的时间里都是殖民地，在殖民时期，因殖民者认为当地居民素质低下，因而社区不利于资源的可持续利用。① 这种观念延伸到了早期肯尼亚海洋保护区建设管理中，当时的法律和政策都不支持社区参与。但伴随着津巴布韦"篝火计划"的影响以及"海滩管理组织"的设立，社区的作用也越发得到重视，近年来的立法开始支持社区充分参与到海洋保护区的管理中。近年来的管理实践也表明，社区参与对海洋保护区的有效管理具有重大意义，不仅促进了资源的可持续开发，还为社区经济发展提供了新的思路。女性的参与也是肯尼亚海洋保护区社区参与的一大亮点，肯尼亚在海洋公园设有一名女性监察员及数名女性管理员，女性的参与通常被认为能给团队管理带来特别的技巧，更好地团结社区参与资源的可持续利用。②

目前肯尼亚海洋保护区已初步实现自上而下和自下而上管理相结合的管理模式，在 KWS 的指导和地方政府的推动下，地方社区深入参与海洋保护区管理。实际养护效果也印证了目前海洋保护区管理模式适合肯尼亚国情与自然状况。另外，海洋社区养护区是社区管理融入肯尼亚海洋保护区管理中突出的表现。虽然从宪法到其他法律都有相关条文对社

---

① 参见 UNDP, Legislative Guidelines for the Establishment and Operations of Marine Community Conservation Areas in Kenya, https://sgp.undp.org/all-documents/country-documents/924-kenya---marine-community-conservation-areas-in-kenya,-legislative-guidelines/file.html, last visited on January 30, 2020。

② IUCN, Managing Marine Protected Areas: A Toolkit For the Western Indian Ocean, 2004, https://www.iucn.org/content/managing-marine-protected-areas-toolkit-western-indian-ocean, last visited on January 30, 2020.

区参与进行支持，但在海洋社区养护区建设的五个阶段，都存在资金不足、管理计划缺乏或不明确、管理培训不足等问题，这些问题的潜在原因为社区参与海洋保护区建设过程中资金、人才的缺乏，这也是发展中国家在建设海洋保护区过程中不可避免的问题。解决该问题的关键是基于市场的治理，市场对于经济激励、替代兼容生计和财务可持续性十分重要，赋予生物多样性经济价值有助于促进平衡决策。① 通过制定养护与经营相平衡的市场战略，把海洋社区养护区经营管理中的惠益普及社区，这个过程离不开政府的支持和指导，也需要明确的法律框架对该保护区类型进行详细的规定。

四　小结

肯尼亚拥有五十余年的海洋保护区建设历史，虽然起步早，但肯尼亚对海洋保护区建设持有审慎的态度，现已建立的海洋保护区面积偏小，数量有限。尽管肯尼亚尚无专门的海洋保护区立法，但《环境管理与协调法》《野生动物（养护和管理）法》等法律为海洋保护区建设和管理提供了一定的指导。内阁秘书和肯尼亚野生动物服务署分别掌握海洋保护区创设和管理的权限。目前肯尼亚已初步实现了自上而下和自下而上的管理相结合的管理模式，社区在管理中发挥着越发重要的作用。

另外，肯尼亚关于海洋保护区的相关规定分散在多部法律中，并且大多规定较为抽象，无法为海洋保护区建设中许多具体的问题提供相应的法律依据。此外，海洋社区养护区作为重要的海洋保护区类型，缺乏具体的法律框架支撑其建设，在建设管理实践中也面临着资金不足、管理和监测计划缺乏等诸多问题，需要在政府的帮助和指导下加强基于市场的治理，重视社区惠益分享，促进公众参与，有效应对海洋保护区建设中遇到的挑战，提高保护区效能。

---

① 联合国环境规划署：《2017 年前沿报告：全球环境的新兴问题》，2017，第 41 页，https://www.unenvironment.org/zh-hans/resources/2017qianyanbaogao，最后访问日期：2020 年 3 月 20 日。

参考文献

一　中文

联合国环境规划署：《2017 年前沿报告：全球环境的新兴问题》，2017，https://www. unenvironment. org/zh-hans/resources/2017qianyanbaogao。

二　英文

1. CORDIO East Africa, Locally Managed Marine Areas（LMMAs）in Kenya：A Detailed History of Their Development and Establishment, 2015, https://sgp. undp. org/all-documents/country-documents/922-kenya---a-history-of-locally-management-marine-areas-in-kenya/file. html.

2. IUCN, Managing Marine Protected Areas：A Toolkit For the Western Indian Ocean, 2004, https://www. iucn. org/content/managing-marine-protected-areas-toolkit-western-indian-ocean.

3. Kibiwot, Robert, Toward the Formulation of Kenya's Integrated Ocean Management Policy Including Institutional Framework, 2007/2008, https://www. un. org/depts/los/nippon/unnff_programme_home/fellows_pages/kibiwot/kibiwot_0708_kenya. pdf.

4. Tuda, Arthur and Omar, Mohamed, "Protection of Marine Areas in Kenya", *The George Wright Forum* 1（29）（2012）.

5. UNDP, Legislative Guidelines for the Establishment and Operations of Marine Community Conservation Areas in Kenya, 2015, https://sgp. undp. org/all-documents/country-documents/924-kenya---marine-community-conservation-areas-in-kenya,-legislative-guidelines/file. html.

6. World Agroforestry Centre, Marine Habitats of the Lamu-Kiunga Coast：An Assessment of Biodiversity Value, Threats and Opportunities, 2017, https://cordioea. net/wp-content/uploads/2017/02/CORDIO_ICRAF_BMP. pdf.

三　网站

1. 海洋保护地图集网，http://www. mpatlas. org/region/country/KEN/。

2. 肯尼亚法律网，http://www. kenyalaw. org。

3. 肯尼亚野生动物服务署官网，http://www. kws. go. ke。

4. 司尔亚司数据信息有限公司（CEIC）网站，https://www. ceicdata. com/zh-hans/about-us。

5. 中华人民共和国外交部网站，http://www. fmprc. gov. cn。

6. FAO 法律网，http://extwprlegs1. fao. org。

第二十四章　塞舌尔海洋保护区：新的债务换取保护模式

一　塞舌尔海洋自然环境与海洋保护区建设概况

（一）海洋自然环境

塞舌尔是一个位于非洲东部印度洋上的群岛国家，距离非洲西海岸约为 1600 公里，主要岛屿有三个：马埃岛、普拉兰岛和拉迪格岛。塞舌尔国家陆地领土面积为 455 平方公里，领海面积约为 40 万平方公里，专属经济区面积约为 140 万平方公里，塞舌尔管辖的海域面积达到了其管辖的陆地和海洋面积总和的 99%。[①] 由于长期与大陆隔离，塞舌尔自然衍生出独特的生物系统，部分海洋动物和植物属于塞舌尔的独有物种，具有极高的研究和保护价值。[②] 塞舌尔的管辖海域中发现了约 300 种珊瑚、350 种海绵，以及 1000 多种鱼类和其他物种，其中大约 400 种鱼类仅生存在珊瑚礁海域。[③] 塞舌尔当地居民的生活高度依赖海洋资源。塞舌尔的旅游业和渔业是其经济的两大支柱，国内约 43% 的人口从事旅游业及渔业。[④] 塞舌尔拥有热带岛屿天堂的美誉，由此吸引而来的游客创造了大量的消费利润。据统计，塞舌尔的旅游业对其国内生产总值的贡

[①] 中华人民共和国外交部，https://www.fmprc.gov.cn/web/gjhdq_676201/gj_676203/fz_677316/1206_678428/1206x0_678430/，最后访问日期：2020 年 3 月 20 日。

[②] Ministry of Environment, Energy and Climate Change, Seychelles Sustainable Development Strategy 2012 - 2020, 2011, p. 32.

[③] Ministry of Environment, Energy and Climate Change, Seychelles Sustainable Development Strategy 2012 - 2020, 2011, p. 32.

[④] Mark "Crowley" Russell, Seychelles Government Announces New MPAs in Return for Debt Relief, Dive, http://divemagazine.co.uk/eco/7977-massive-new-seychelles-marine-protected-areas, last visited on March 20, 2020.

献率达到30%，是对其国内生产总值贡献率最大的行业。[①] 渔业是塞舌尔的另一支柱，渔业部门的经济重要性体现在它对于塞舌尔的就业、粮食安全、贸易、外汇的影响上。[②] 塞舌尔海洋渔业资源丰富，鱼类产品不仅是塞舌尔居民获取动物蛋白的主要途径，而且位居出口商品首位。[③]

当前，塞舌尔的海洋环境面临诸多挑战，其中过度捕捞和气候变暖的影响最大。"过度捕捞是塞舌尔海洋生态环境面临的最大威胁。有证据强有力地证明，（塞舌尔）对底栖鱼类的过度捕捞显著增长，破坏了食物链和生态系统的稳定。"[④] 同时，塞舌尔的渔业资源近年来也呈现出不断减少的趋势。气候变暖是塞舌尔面临的另一个环境威胁。一方面，气候变暖会导致海平面上升，淹没沿海地区；另一方面，气候变暖对珊瑚礁产生负面影响，是珊瑚礁白化的一个重要原因。

（二）海洋保护区概况

塞舌尔是《生物多样性公约》的第 2 个签署国，[⑤] 并将海洋保护区建设作为履行《生物多样性公约》下的国家义务的核心。塞舌尔是西印度洋第一个设立海洋保护区的国家。[⑥] 其第一个海洋保护区——圣安妮海洋国家公园（St. Anne Marine National Park）于 1973 年依据《国家公园和自然资源保护法》（1969）设立，主要保护珊瑚礁、海草床、沙滩、鱼类以及海龟等。圣安妮海洋国家公园最初设立的目的是保护野生动植物，对人类活动有严格的限制，但是该地区现在已经允许旅游业及相关产业的发展，是一个著名的旅游景点。2010 年，塞舌尔总统宣布，塞舌

① Ministry of Finance, Trade, Investment and Economic Planning, Budget Strategy and Outlook 2019, 2018, p. 4.

② Ministry of Environment, Energy and Climate Change, Seychelles Sustainable Development Strategy 2012 – 2020, 2011, p. 68.

③ 中华人民共和国外交部，https://www. fmprc. gov. cn/web/gjhdq_676201/gj_676203/fz_677316/1206_678428/1206x0_678430/，最后访问日期：2020 年 3 月 16 日。

④ Ministry of Environment, Energy and Climate Change, Seychelles' National Biodiversity Strategy and Action Plan 2015 – 2020, 2014, p. 1.

⑤ Ministry of Environment, Energy and Climate Change, Seychelles' National Biodiversity Strategy and Action Plan 2015 – 2020, 2014, p. 4.

⑥ Ministry of Environment, Energy and Climate Change, Seychelles Sustainable Development Strategy 2012 – 2020, 2011, p. 32.

尔承诺在 2020 年之前保护 30% 的管辖海域，且其中一半保护区将被设计为禁取区。

二　塞舌尔海洋保护区的法律与实践

（一）管理机制

塞舌尔环境、能源和气候变化部（Environment Energy and Climate Change）有责任确保塞舌尔人民"生活在一个清洁、健康和生态平衡的环境中"[①] 的宪法权利的实现，因此负有保护塞舌尔海洋环境健康的职责。

塞舌尔环境、能源和气候变化部于 2009 年下设国家公园管理局（Seychelles National Park Authority），作为塞舌尔国有保护区的直接管理者。塞舌尔国家公园管理局由政府设立，但以商业方式运营，主席和董事会由国家任命。[②] 管理局自负盈亏，其管理资金主要来自游客消费、商品销售、捐赠以及一部分政府预算。[③]

在实践中，塞舌尔政府乐于将非政府组织纳入海洋保护区管理主体。2009 年，在联合国开发计划署支持下，塞舌尔启动了一个"通过非政府组织管理模式加强塞舌尔的保护区系统"[④] 的项目。如表 24 - 1 所示，塞舌尔国家公园管理局、塞舌尔群岛基金会（Seychelles Islands Found）和自然塞舌尔（Nature Seychelles）都参与了海洋保护区的管理。此外，根据"通过非政府组织管理模式加强塞舌尔的保护区系统"项目的公示信息，可能参与海洋保护区管理的机构还包括绿色岛屿基金（Green Islands Foundation）和岛屿保护协会（Island Conservation Society）。

---

① Ministry of Environment, Energy and Climate Change, http://www.meecc.gov.sc/index.php/about-us/mandate/, last visited on March 20, 2020.

② Julian Clifton et al., "Marine Conservation Policy in Seychelles: Current Constraints and Prospects for Improvement", *Marine Policy* 3 (2012), p. 824.

③ Julian Clifton et al., "Marine Conservation Policy in Seychelles: Current Constraints and Prospects for Improvement", *Marine Policy* 3 (2012), p. 824.

④ Strengthening Seychelles' Protected Area System through NGO Management Modalities, GEF, https://www.thegef.org/project/strengthening-seychelles-protected-area-system-through-ngo-management-modalities, last visited on March 20, 2020.

表 24 - 1　塞舌尔主要海洋保护区与管理者

海洋保护区类型	法律依据	地点	所有者	管理者	海域面积（平方公里）
海洋国家公园	《国家公园和自然资源保护法》	锡卢埃特岛	政府	塞舌尔国家公园管理局	16.55
		库瑞尔	政府	塞舌尔国家公园管理局	12.8369
		圣安妮	政府	塞舌尔国家公园管理局	9.9604
		洛奈港	政府	塞舌尔国家公园管理局	1.5426
		特内	政府	塞舌尔国家公园管理局	0.8628
		伊尔科斯	政府	塞舌尔国家公园管理局	1.6548
特别保留区	《国家公园和自然资源保护法》	阿尔达布拉	政府	塞舌尔群岛基金会	142
		库金岛	非政府组织	自然塞舌尔	0.012

资料来源：Strengthening Seychelles' Protected Area System through NGO Management Modalities, GEF, https://www.thegef.org/project/strengthening-seychelles-protected-area-system-through-ngo-management-modalities, last visited on April 10, 2019。

（二）法律依据

塞舌尔的保护区被不同的法规管制，主要包括《国家公园和自然资源保护法》（1969 年）、《野生动物和鸟类保护法》（1961 年）、《野生鸟类保护（自然保护区）条例》（1966 年）和《保护区条例》（1967 年）。此外，《环境保护法》（1994 年）、《渔业法》（1987 年）、《城乡规划法》（1971 年）① 等这些法律与海洋保护区的建设也有着密切联系。这些法律大多在修改，以适应塞舌尔海洋保护区建立发展的需要。

塞舌尔召开了立法会议表明将要修订与保护区相关的法律，会议期间，塞舌尔强调了修改法律法规，加强海洋保护区管理对履行《生物多样性公约》下的国家义务的重要性。相关法律的修改对塞舌尔岛屿及海洋生物多样性的保护是至关重要的，法律修改是改善和加强管理的基础。塞舌尔已经开始修订《国家公园和自然资源保护法》（1969），内容包括设立一个新的国家咨询委员会，以确保对自然保护区及其生态系统进行

---

① Programme Coordination Unit, http://www.pcusey.sc/index.php/84-news/74-new-protected-area-policy-for-seychelles, last visited on March 20, 2020.

适当的管理和报告。①

（三）债务换取保护协议

大自然保护协会（The Nature Conservancy）与塞舌尔政府达成了一项协议，大自然保护协会承诺为塞舌尔提供资金用于偿还塞舌尔的主权债务，而作为交换，塞舌尔承诺增加对海洋环境保护和应对气候变化的投资，并完善国内政策。这是一项长期的海洋环境保护项目，其目标是将塞舌尔的保护海域从专属经济区的 1% 提高至 30%，支持塞舌尔建立西印度洋第二大海洋保护区，并为塞舌尔海洋环境保护和应对气候变化提供永久资金。该项目主要包括四个步骤。② 第一，2011 年，大自然保护协会与塞舌尔政府达成一致，共同开始设计"债务换取保护协议"（debt-for-conservation）。第二，大自然保护协会与巴黎俱乐部经过长期磋商，与比利时、法国、意大利和英国达成了一致。比利时、法国、意大利和英国同意由塞舌尔以 2020 万美元的折扣价回购价值 2160 万美元主权债务。第三，大自然保护协会负责设立塞舌尔保护和气候变化适应信托基金（Seychelles Conservation and Climate Adaptation Trust，此信托基金实际成立于 2015 年 11 月），并为该基金筹措 2020 万美元。第四，塞舌尔保护和气候变化适应信托基金为塞舌尔政府提供 2020 万美元借款用于回购 2160 万美元的主权债务，并负责该笔借款的回收以及项目的持续运营。

该项目的 2020 万美元资金由两部分构成：第一部分是大自然保护协会所提供的 1520 万美元的借款；第二部分是 500 万美元的慈善赠款，这笔赠款来自 7 个基金会或个人，包括莱昂纳多·迪卡普里奥基金会（Leonardo DiCaprio Foundation）、怀特基金会（Waitt Foundation）、橡树基金会（Oak Foundation）、中国全球保护基金（China Global Conservation Fund）等。③

---

① Hajira Amla, "Seychelles Revising Legislation for Protected Areas — New Areas to be Designated", *Africa News Service* 16 (2017).

② The Nature Conservancy, Case Study: Seychelles Debt Conversion for Marine Conservation and Climate Adaptation, 2017, p. 2.

③ The Nature Conservancy, Case Study: Seychelles Debt Conversion for Marine Conservation and Climate Adaptation, 2017, p. 3.

塞舌尔政府的偿还计划也分为两部分①：第一，塞舌尔政府应当在 10 年内偿还给塞舌尔保护和气候变化适应信托基金 1520 万美元，并由该基金最终偿还大自然保护协会；第二，500 万美元的慈善赠款加上因主权债务回购从比利时、法国、意大利和英国获得的折扣共计 640 万美元，塞舌尔政府需要在 20 年内偿还塞舌尔保护和气候变化适应信托基金这笔资金，但其中 68.5% 的资金可以用当地货币偿还。塞舌尔政府偿还的 640 万美元由塞舌尔保护和气候变化适应信托基金保管，并主要用于资助塞舌尔的海洋环境保护和应对气候变化的项目。

该项目将在四个方面对塞舌尔的海洋环境产生影响。② 第一，海洋保护区面积增加。塞舌尔政府承诺在 2020 年之前将海洋保护区面积提升到专属经济区的 30%，即海洋保护区面积达到 40 万平方公里。这一计划分两个阶段完成，2017 年是一个分割点，在 2017 年之前塞舌尔需将海洋保护区面积提升至专属经济区的 15%。第二，禁渔区面积增加。塞舌尔承诺设立的海洋保护区中，至少有一半要被设立为禁渔区，这一举措将有利于塞舌尔渔业资源的恢复。第三，塞舌尔政府承诺加强沿海的保护，恢复红树林和珊瑚礁，改善沿海管理政策，提高监管水平。第四，塞舌尔保护和气候变化适应信托基金将永久管理赠款，并建立透明的程序将每年的收益分配给塞舌尔政府和 NGO，资助塞舌尔的保护海洋环境和应对气候变化的项目。

（四）海洋空间规划

塞舌尔海洋空间规划（Seychelles Marine Spatial Planning）最早提出于 2014 年，是由塞舌尔政府主导的一项旨在支持塞舌尔管辖海域的持续、健康使用的综合海洋管理规划。这项规划的政府参与主体囊括了塞舌尔环境、能源和气候变化部，旅游部，海上安全管理局，渔业局，蓝色经济部，财政、贸易和经济规划部等多个涉海机构或部门。塞舌尔海洋空间规划覆盖塞舌尔全部管辖海域，该项规划将为塞舌尔的管辖海域

---

① The Nature Conservancy, Case Study: Seychelles Debt Conversion for Marine Conservation and Climate Adaptation, 2017, p. 4.

② The Nature Conservancy, Case Study: Seychelles Debt Conversion for Marine Conservation and Climate Adaptation, 2017, p. 5.

提供三种级别保护：第一，高生物多样性保护区（high biodiversity protection zone），面积达塞舌尔专属经济区15%的生物多样性热点海域将得到高度保护；第二，中等生物多样性保护和可持续利用区（medium biodiversity protection and sustainable use zone），面积达塞舌尔专属经济区15%的海域将得到中等保护，在保护该区域具有代表性的生物及其生境的同时，允许一定区域和范围内的经济活动和可持续利用；第三，综合使用区（multiple use），剩下的70%的海洋保护区将用于经济活动以促进塞舌尔蓝色经济发展。[①] 塞舌尔政府认为，这项规划有助于将海洋保护区的面积提高至专属经济区的30%，促进海洋经济的发展，支撑关于海洋健康、地方经济发展的国家战略的实施，以及应对沿海和近海栖息地的气候变化问题。[②]

塞舌尔海洋空间规划的实施分为两个阶段。第一个阶段的期限是2014年至2017年，这一阶段的主要任务是对塞舌尔的管辖海域进行粗略分区，并与利益相关方共同制定管理注意事项。在这一阶段，塞舌尔建立了一个海洋空间规划图集，将海洋生物多样性、渔业、海洋基础设施、航运和运输、不可再生资源、可再生能源以及旅游和娱乐等数据和信息输入该地图集的数字版本之中，为决策者提供了有效的参考依据。两个新的海洋保护区也是这一阶段的产物：第一个海洋保护区位于阿尔达布拉群岛（Aldabra Group），第二个海洋保护区位于阿米兰特（Amirantes）群岛以及福琼浅滩（Fortune Bank）。第二个阶段的期限是2017年至2020年，在2020年结束之前，塞舌尔要完善海域分区和管理事项，保护30%的专属经济区，并持续监测、审查该项目成果。

塞舌尔海洋空间规划与"债权换取保护协议"具有密切联系，是塞舌尔保护和气候变化适应信托基金对塞舌尔的资助项目。海洋空间规划与"债权换取保护协议"中海洋保护区的建设目标是一致的，因此也是塞舌尔履行"债权换取保护协议"下的政府义务的体现。除"债券换取保护协议"外，塞舌尔政府还将该项目与塞舌尔作为《生物多样性公约》成员国的承诺、联合国可持续发展目标，以及国内港口总体规划、

[①] Seychelles Marine Spatial Plan, Conservation and Marine Planning in Seychelles, 2017, p. 12.

[②] Seychelles Marine Spatial Plan, Conservation and Marine Planning in Seychelles, 2017, p. 3.

蓝色经济路线图等多项国际承诺和国内项目规划相联系，整合了所有承诺、规划的目标。①

（五）设立新的海洋保护区实践

塞舌尔两个新的海洋保护区的设立与"债务换取保护协议"和塞舌尔海洋空间规划联系密切，前者提供了资助，后者实施的直接成果即为这两个海洋保护区。

阿尔达布拉群岛又称阿尔达布拉环礁，它由四个珊瑚岛组成，是世界上最大的珊瑚环礁之一。阿尔达布拉群岛地理位置偏远，地形崎岖，人类难以进入和生活，其生态环境鲜少受到人类活动的影响。阿尔达布拉群岛具有珊瑚礁、海草床以及红树林等多种海洋生境，是世界上最大的巨龟、玳瑁、绿海龟等珍稀海洋动物的生存环境，也是许多鸟类的栖息地，具有极高的保护价值。② 1981 年，塞舌尔设立了阿尔达布拉珊瑚环礁特别保留区，1982 年，阿尔达布拉群岛被列为世界自然遗产，2010 年，又被列为拉姆萨尔湿地。在海洋空间规划实施的第一阶段，阿尔达布拉的保护面积从 346 平方公里扩大至 2555 平方公里，并属于严格限制人类活动的高生物多样性保护区。③

阿米兰特群岛以及福琼浅滩被设立为中等生物多样性保护和可持续利用区。这是一片深水海域，具有独特的深海生物系统，并且渔业资源丰富。这一海洋保护区在设计时，平衡了捕鱼、旅游业和生物多样性保护的需求，鼓励以可持续的方式利用其中的海洋资源。

三　评析

塞舌尔领土面积的 99% 都是海洋，其国家经济发展以及国民生计主要依赖海洋自然资源，占据其 GDP 最大比重的渔业以及旅游业也都以海洋环

---

① Seychelles Marine Spatial Plan, Seychelles Marine Spatial Planning on the Leading Edge of Marine Conservation and Climate Adaptation, 2015, p. 1.

② United Nations Organization for Education, Science and Culture, http://whc. unesco. org/en/list/185, last visited on April 10, 2019.

③ Seychelles Marine Spatial Plan, Presented in preparation of Draft Phase 1 Seychelles Marine Spatial Plan, 2018, p. 6.

境为依托，因此，保护塞舌尔海域内的海洋环境对其国家来说至关重要。

在"债务换取保护协议"和海洋空间规划实施之前，塞舌尔国内已建立了数个海洋国家公园以及特别保留区，这些保护区域大部分归国家所有，但许多非政府组织参与了管理。塞舌尔对国外进口高度依赖，自然资源出口所带来的收益较少，贸易逆差导致外债不断增多，受经济条件限制，塞舌尔在保护海洋自然环境投资方面力不从心。

"债务换取保护协议"为海洋保护区的建设提供了新的思路。塞舌尔是"债务换取保护协议"的最大受益方，大自然保护协会为塞舌尔提供了比原来的债务偿债期限更长、利率更低的偿还方案，塞舌尔可以用本国货币偿还部分债务，并且部分资金被用于塞舌尔的海洋环境改善和应对气候变化项目。这个项目有利于缓解塞舌尔财政的尴尬处境，在经济负累以及海洋环境保护之间寻求到一个平衡点。"债务换取保护协议"的受益主体不仅仅是塞舌尔一方。对于债权国来说，塞舌尔偿债压力较大，债权国存在不能按期收回借款的风险，所以在新的协议模式下，尽管以折扣价出售债权，但是可以避免不能按期收回借款的风险。更重要的是，将这笔债权以折扣价出售给大自然保护协会还具有支持海洋环境保护的积极意义。对于大自然保护协会而言，作为一个国际环保组织，大自然保护协会并无可管辖的海域，但是"债务换取保护协议"为大自然保护协会提供了可供设立海洋保护区的空间，在期限届满时大自然保护协会也可以回收借款。该项目同时满足了债权国、塞舌尔和大自然保护协会的利益诉求，因此具有较高的可行性。大自然保护协会为塞舌尔提供了一个更有利的选择，与由大自然保护协会直接筹措资金赠款相比，"债务换取保护协议"的优势在于以金融工具撬动了多方主体，赢得了多方主体对于海洋保护区建设的关注。不可忽视的是，"债务换取保护协议"得到了国际社会和塞舌尔国内多方主体的援助和支持，并为其他国际环保组织和小群岛国或者发展中国家提供了可资借鉴的创新的环境保护模式。

四　小结

塞舌尔是一个位于非洲东部印度洋上的群岛国家，其管辖的海域面积达到了其管辖的陆地和海洋面积总和的 99%，渔业及旅游是国家经济支柱，全国约 43% 的人口都从事与渔业及旅游业相关的产业。塞舌尔国家公园管理局是海洋公园的主管机构，同时，许多非政府组织也可以参与海洋公园的管理。塞舌尔承诺在 2020 年之前将海洋保护区的面积扩大到其专属经济区面积的一半，并且，在建成的海洋保护区中，一半是禁取区。

塞舌尔的保护区被不同的法规管制，主要包括《国家公园和自然资源保护法》（1969）、《野生动物和鸟类保护法》（1961）、《野生鸟类保护（自然保护区）条例》（1966）、《保护区条例》（1967）、《环境保护法》（1994）、《渔业法》（1987）和《城乡规划法》（1971），① 这些法律大多都在修改，以适应塞舌尔海洋保护区建立发展的需要，同时，修订海洋保护区相关法律政策，也是塞舌尔履行"债务换取保护协议"下的义务的体现。

"债务换取保护协议"与塞舌尔空间规划以及塞舌尔新设立的海洋保护区之间有着密切联系。大自然保护协会与塞舌尔达成"债务换取保护协议"，缓解塞舌尔的债务负担，同时促进其海洋环境保护和应对气候变化，而塞舌尔海洋空间规划的部分资金来自"债务换取保护协议"，同时这也是塞舌尔政府履行"债务换取保护协议"下义务的体现。阿尔达布拉群岛和阿米兰特群岛以及福琼浅滩海洋保护区是以上两个具有联系的项目实施的成果，它们对塞舌尔的海洋生态及蓝色经济的发展具有积极影响。"债务换取保护协议"正在塞舌尔实施，并取得了阶段性成果，这一模式也为国际环保组织推动海洋保护区建设提供了新的思路。

参考文献

一　中文

徐丽丽、邓云成：《塞舌尔：大幅扩展海洋保护区》，《中国海洋报》2017 年 7 月 4
　　日，第 4 版。

---

① Programme Coordination Unit，http：//www. pcusey. sc/index. php/84-news/74-new-protected-area-policy-for-seychelles，last visited on March 20，2020.

二　英文

1. Amla, Hajira, "Seychelles Revising Legislation for Protected Areas—New Areas to be Designated", *Africa News Service* 16 （2017）.

2. Clifton, Julian et al., "Marine Conservation Policy in Seychelles: Current Constraints and Prospects for Improvement," *Marine Policy* 3 （2012）.

3. Ministry of Environment, Energy and Climate Change, Seychelles' National Biodiversity Strategy and Action Plan 2015 – 2020, 2014.

4. Ministry of Environment, Energy and Climate Change, Seychelles Sustainable Development Strategy 2012 – 2020, 2011.

5. Ministry of Finance, Trade, Investment and Economic Planning, Budget Strategy and Outlook 2019, 2018.

6. Mark "Crowley" Russell, Seychelles Government Announces New MPAs in Return for Debt Relief, Dive, http://divemagazine. co. uk/eco/7977-massive-new-seychelles-marine-protected-areas.

7. Seychelles Marine Spatial Plan, Conservation and Marine Planning in Seychelles, 2017.

8. Seychelles Marine Spatial Plan, Presented in preparation of Draft Phase 1 Seychelles Marine Spatial Plan, 2018.

9. Seychelles Marine Spatial Plan, Seychelles Marine Spatial Planning on the Leading Edge of Marine Conservation and Climate Adaptation, 2015.

10. The Nature Conservancy, Case Study: Seychelles Debt Conversion for Marine Conservation and Climate Adaptation, 2017.

三　主要参考网站

1. 联合国教科文组织，http://whc. unesco. org/en/list/185。

2. 全球环境基金（GEF），https://www. thegef. org/project/strengthening-seychelles-protected-area-system-through-ngo-management-modalities。

3. 塞舌尔环境、能源和气候变化部（Ministry of Environment, Energy and Climate Change of the Republic of Seychels），http://www. meecc. gov. sc/。

4. 塞舌尔项目协调处（Programme Coordination Unit of Seychelles），http://www. pcu-sey. sc/index. php/84-news/74-new-protected-area-policy-for-seychelles。

5. 中华人民共和国外交部，https://www. fmprc. gov. cn/web/gjhdq_676201/gj_676203/fz_677316/1206_678428/1206x0_678430/。

结　论

　　随着海洋科学技术的不断发展，人类探索海洋的步伐加快。在人类获得开发利用海洋资源巨大收益的同时，也使全球范围内的海洋生态和环境面临着巨大的挑战。这些挑战既有来自气候变化和非法的、不报告和不受管制的捕捞活动（IUU）等全球性环境问题，也有陆源污染和海洋资源过度开发利用造成的生态破坏等沿海国环境问题。一般而言，人类活动与海洋生态质量是成反比的。人类活动的干扰必然会影响自然状态下的海洋环境，而当活动介入的程度超过海洋生态自我更新和修复的极限，那么便会对海洋原有的生态环境造成损害。尤其是无规划、无管制甚至是破坏性的活动更会加剧海洋生态衰退。人类的发展无法停止探索自然和利用资源的脚步，但是广袤的海洋及其资源并非如之前所认为的"取之不尽，用之不竭"。因此，如何在开发利用海洋资源的同时，又不对海洋生态环境带来持续性的影响是亟须解决的一个难题。在这种背景下，海洋保护区的概念被提出，并得以发展。

　　致力于寻求海洋生物多样性养护和可持续利用之间的平衡，海洋保护区已被认为是较为有效的划区管理工具之一，并被各国政府普遍采用。尽管为捕鱼活动而划定渔业保护区的实践已经存在了数百年，甚至上千年，但是新的海洋保护区的概念最早在1962年世界国家公园大会上被提出，并且直到20世纪末才开始在理论和实践上取得较快发展。从海洋保护区的全球发展现状来看，随着环境保护意识的提高，海洋保护区的概念快速普及，有关海洋保护区的价值和作用也得到了逐步认可。尤其是近几年，全球掀起海洋保护区的热潮。海洋保护区无论是在数量上还是在覆盖的面积上，都得到了突飞猛进的发展。国际社会和各国政府充分肯定了海洋保护区在实现海洋可持续发展方面的作用，加大了海洋保护区的建设和发展的力度。在联合国环境规划署颁布的2017年全球环境问题新兴报告中，海洋保护区被认为是维持和恢复海洋和沿海生态系统健康的最佳选择。

　　世界上绝大多数沿海国都已采取海洋保护区手段，并且其中的多数国家正积极推动本国海洋保护区的建设。通过详细考察各国海洋保护区的情况，可以发现各国的海洋保护区立法和实践可圈可点。总体而言，各国推动海洋保护区建设，使其在面积上和数量上确实有所增加；另外，在海洋保护区掀起热潮的同时，也需要冷静思考到底什么是有效的海洋环境管理工具。通过考察国家海洋保护区的具体立法与发展，可以发现，良好管理和具有实效的海洋保护区一般具有以下特征。

　　第一，对于海洋保护区而言，目前并没有均为各国普通认可的国际规则，主要由 IUCN 等国际组织发布的一系列关于海洋保护区的实施指南。这些文件并不具有约束力，只是对各国的海洋保护区实践提供建议和指导。各国在其海洋保护区的国家实践中往往根据国家实际情况及其海洋环境的特点，选择采取不同的态度和举措，部分国家通过立法进行管理赋权，并明确规定海洋保护区相关的权利义务等。因此，对于各国而言，并没有适用于所有国家实际情况的固定的海洋保护区的管理和立法模式。在实践中，各国也正在积极探索和推进海洋保护区的新模式。如塞舌尔首次将"债务换取保护"的模式运用于海洋保护区建设中。

　　第二，本国政府的推动以及公众环保意识的加强。国家政府的重视程度及其国民的环保意识与海洋保护区的建设情况密切相关。以澳大利亚为例，由于澳大利亚具有得天独厚的地理位置和海洋生态环境，澳大利亚人以其海洋环境为荣并与之有着天然的紧密性。因此，无论是澳大利亚政府还是国民都非常注重海洋环境的保护和资源的养护问题，很早便建立和不断完善大堡礁国家公园，使澳大利亚成为海洋保护区的实施典范。以美国为例，由于美国总统可以通过总统令直接创设海洋国家遗址，因而其个人意愿可以影响甚至直接决定海洋保护区的发展。奥巴马时期对海洋环境保护领域取得了诸多突破，创建了当时世界上最大的海洋保护区，而特朗普则考虑缩减海洋保护区的面积或对商业捕鱼重新开放。

　　第三，充足的资金投入和人员配置及专业培训。海洋保护区的发展需要稳定的资金投入和专业人员的能力支撑。有些国家的海洋保护区建设得到本国政府的重视和公众的支持，但是受制于国家有限的经济技术水平使海洋保护区建设停滞不前。以巴西为例，巴西最初设立海洋保护区时采取了较高的保护标准，并在2018年取得了十分惊人的进展，彰显了其国家政府在推进海洋保护区建设方面的决心和目标。但是巴西在资金投入和管理能力方面存在明显不足，使该国海洋保护区的管理存在诸多障碍，面临成为"纸上公园"的风险。南非亦是如此。

第四，明确的政策引导和详细的法律规定。相应的政策规定能够为海洋保护区的发展提供明确的指导方向，同时详细的法律法规明确各主体的权利义务并对相关机构进行管理赋权。一些国家已经通过一系列政策文件阐明了国家的海洋发展战略，并将海洋生态环境保护作为国家海洋战略的一部分，为海洋保护区的发展奠定了基础，提供了政策支撑。有的国家针对海洋保护区制定了专门的政策，颁布了专门立法，如美国的海洋保护区实施"一区一法"，澳大利亚也颁布了大堡礁立法。有的国家仅将海洋保护区作为保护区体制的一部分，尚未制定专门的立法和政策，如俄罗斯等国。

第五，建立完善的评估和补偿机制。海洋保护区对人类活动进行不同程度的限制，因此必然会对以捕鱼为生的社区居民等群体的原有利益造成影响。在这种情况下，一方面，有必要在划定海洋保护区之前开展充分的公众评议；另一方面，尤其在海洋保护区建立之初或最初的一段时期内，对渔民等利益相关者的受影响利益进行合理评估，并建立完善的补偿机制对推动和健全海洋保护区机制发挥着非常重要的作用。如澳大利亚、菲律宾等国在批准海洋保护区计划之前就已经对渔民收入的影响进行了评估，并制定了相应的补偿机制。

第六，强大的海洋监测技术和网络数据建设。从海洋保护区的选址到实施效果评估的整个过程都需要以强大的海洋监测和遥感技术为支持。此外，真实的网络数据库能够为政策制定者和研究人员全面掌握海洋保护区建设的整体和具体情况提供平台，为及时和更好地调整政策以及提出建议创造条件。如美国、加拿大和菲律宾等国都设立了比较全面的海洋保护区数据库。

第七，基于可获得的最佳科学证据制定管理计划和实行分区管理。每一处海洋保护区在划定之前都应当制定详细的管理计划，内容至少应当包括保护目标、保护对象、管理和行政安排、研究和监测计划以及保护的期限等要素。在海洋保护区覆盖范围内，可以基于可获得的最佳科学信息进行分区管理，在不同的区域内采取不同的管理措施。目前大多数国家都采取了分区管理，以最具有灵活性和科学性的方式实现海洋保护区的最佳保护效果。

第八，海洋保护区定期评估制度。海洋保护区的设立并不是一件一劳永逸的事情，需要采取监测和定期评估制度，对海洋保护区的实施效果进行考察，掌握海洋保护区对生物多样性养护目标的实际效果，并及时做出调整和采取后续措施。以澳大利亚为例，该国的海洋保护区的管理计划都规定了日落条款，并且定期开展独立的评估报告，对海洋保护区体系的目标和原则、管理计划发展的立法和规章以及保护管理活动进行评估，为最好地保护海洋环境以及处理利用海洋活动的管理安排提出建议。

第九，海洋保护区建设的国家和区域合作。鉴于海洋生态系统具有整体性和区域性的特征，国家和区域合作有助于海洋保护区的建设和发展以及其目标的实现。在各国的实践中，不少国家都加强了海洋保护区地区合作。如美国、加拿大和墨西哥建立了北美海洋保护区网络，加强三国之间的合作，共同保护北美大陆富有多样性的海洋生物。澳大利亚和新西兰也加强了海洋保护区域的合作，建立了澳大利亚和新西兰环境和养护理事会，并设立了海洋保护区专门工作小组，协调和推动两国海洋保护区管理和活动。印度尼西亚、马来西亚和菲律宾等国发起了《珊瑚三角区倡议》，旨在建立一个珊瑚三角区合作管理机制，并在该倡议下，推动了海洋保护区的发展。

第十，正确平衡和处理海洋资源保护和可持续利用之间的关系。虽然海洋保护区的首要功能为自然保护，但是海洋保护区类型众多，功能较广，还包括社会和经济目的以及文化目的等，具体表现为海洋生物多样性养护和可持续利用之间的平衡。因此，海洋保护区建设不应仅关注科学因素，还要尊重社会经济因素等。

海洋保护区的划定并不应单为生物资源养护，还需要兼顾对海洋资源的可持续利用，使两者之间达到平衡。如美国在设立海洋保护区的目标中，始终强调美国人民的利益；澳大利亚已将本国所有的国家海洋保护区统一更名为海洋公园，将澳大利亚人对海洋的享乐作为建立海洋保护区必不可少的目标之一。

　　另外，海洋保护区作为环境管理工具，其本意为加强海洋环境保护以及平衡海洋生物资源养护与可持续利用之间的关系，然而，需要指出的是，一些国家的实践显示了它们已经不仅仅将海洋保护区作为环境工具，而是掺杂了复杂的政治因素和考量，使海洋保护区的功能呈现政治和军事等特征。例如，近年来，美、英、法等国家建立大型远洋海洋保护区，实则在保护海洋生物多样性的目的之外，确定和巩固新的势力范围、提升地区话语权以维护其海洋霸权、获取全球海洋利益。争议海域更是如此，如马来西亚和越南等南海周边国家已经或宣布计划在涉及争议海域范围内的地区建立海洋公园等形式的海洋保护区。因此，在新的国际形势下，海洋保护区又被赋予维护和拓展国家海洋权益的"新使命"。

　　中国的海洋保护区建设已初具规模，并取得了一定的成就，但是不可否认的是其海洋保护实践依然存在诸多问题，并且与海洋保护区发达和最佳实践国家之间存在较大差距。海洋环境是"海洋强国"目标的重要组成部分，中国可观照其他国家的海洋保护区实践，从中汲取经验教训，积极推动和完善自身海洋保护区体制，有效利用海洋保护区工具，以实现海洋生态环境保护目标以及促进海洋生物资源养护和可持续利用的平衡。此外，中国在警惕他国利用海洋保护区拓展其海洋权益的同时，也可考虑将海洋保护区作为维护国家海洋权益的新举措。

后 记

刚上本科的时候，有一次旁听一位法理学老师的课程，老先生语重心长地对我们说，"做研究就是要经得起坐冷板凳"。彼时的我，懵懂无知，只是隐约觉得"当老师好辛苦，要写这么多的东西"。自2007年到澳大利亚读博士到现在，十多年过去了，我才开始慢慢体会到老师所说的什么是做研究，以及该怎么样去做研究。输出性的工作比输入性的工作更具难度，于我而言，每一次创造性的论文写作过程都是极其艰难的，从未有轻松二字和任何捷径可寻。我现在所经历的和理解的做研究，即为在一点点所谓灵性的支配下，心无旁骛，推开一切杂事，用大量的时间和精力搭建起自己的文字王国。拙作也正是在这种模式下完成的。本书的主要内容完成于2018年，后因申请国家社科基金后期资助项目和受疫情影响，直至今日方得以出版。书中涉及的海洋保护区体系庞大，覆盖范围广，且发展变化较快，因而尽管已尽心尽力，但是由于能力和水平有限，难免存在错漏之处，敬请各位专家和读者批评指正。

本书的顺利完成首先需要感谢本人所在单位武汉大学中国边界与海洋研究院提供的良好平台，使本人能够有机会扎扎实实地开展海洋环境问题的研究工作，并能够与国内外学术界同行及时分享相关的研究成果。

本书的顺利出版也离不开社会科学文献出版社的大力支持。出版社编辑人员专业、高效、细致、耐心，纠正了拙作中的诸多问题，完善了本书，特此致谢。

本人指导的硕士研究生程斌秀、何洁和禤嘉慧对本书部分章节的完成做了重要的基础性工作，在此对其所作出的努力和研究也表示肯定和感谢。

最后也是最重要的，我在此对家人的理解和支持表示感谢。我一直努力扮演好生活中的每一个角色，但是工作和生活难免顾此失彼。好在父母是不遗余力的，孩子们是越发懂事、善良的，能够让我在八小时之外抽出更多的时间和精力完成我的研究工作。大恩不言谢。工作总是做不完，陪伴家人才是最重要的。

蒋小翼

2022 年 2 月 24 日

图书在版编目（CIP）数据

　海洋保护区法律与实践之国别研究／蒋小翼著．－－
北京：社会科学文献出版社，2022.9
　国家社科基金后期资助项目
　ISBN 978 - 7 - 5201 - 9697 - 0

　Ⅰ.①海… 　Ⅱ.①蒋… 　Ⅲ.①海洋 - 自然保护区 - 立
法 - 研究 - 世界 　Ⅳ.①D993.5

　中国版本图书馆 CIP 数据核字（2022）第 022807 号

·国家社科基金后期资助项目·

海洋保护区法律与实践之国别研究

著　　者／蒋小翼

出 版 人／王利民
组稿编辑／高明秀
责任编辑／许玉燕
文稿编辑／谢　拢
责任印制／王京美

出　　版／社会科学文献出版社·国别区域分社（010）59367078
　　　　　地址：北京市北三环中路甲 29 号院华龙大厦　邮编：100029
　　　　　网址：www.ssap.com.cn
发　　行／社会科学文献出版社（010）59367028
印　　装／三河市龙林印务有限公司

规　　格／开　本：787mm × 1092mm　1/16
　　　　　印　张：30　字　数：467 千字
版　　次／2022 年 9 月第 1 版　2022 年 9 月第 1 次印刷
书　　号／ISBN 978 - 7 - 5201 - 9697 - 0
定　　价／198.00 元

读者服务电话：4008918866